BIBLIOTECA
**ELÍAS
PINO
ITURRIETA** [8]

Edición exclusiva impresa bajo demanda por CreateSpace, Charleston SC.

© Editorial Alfa, 2014
© alfadigital.es, 2017

Reservados todos los derechos. Queda rigurosamente prohibida, sin autorización escrita de los titulares del Copyright, bajo las sanciones establecidas en las leyes, la reproducción parcial o total de esta obra por cualquier medio o procedimiento, incluidos la reprografía y el tratamiento informático.

Editorial Alfa
Apartado 50304, Caracas 1050, Venezuela
Telf.: [+58-2] 762.30.36 / Fax: [+58-2] 762.02.10
e-mail: contacto@editorial-alfa.com
www.editorial-alfa.com

ISBN: 978-980-354-378-5

Diseño de colección
Ulises Milla Lacurcia

Diagramación
Yessica L. Soto G.

Imagen de portada
Ciudad Bolívar Tomado de Museo venezolano. Tomo I, Bolet Hermanos Editores, Caracas, 1866.
Litografía de Henrique Neun. Col. Libros Raros Biblioteca Nacional.

Fotografía de solapa
Efrén Hernández

Corrección
Magaly Pérez Campos

Printed by CreateSpace, An Amazon.com Company

ELÍAS PINO ITURRIETA

PAÍS ARCHIPIÉLAGO
VENEZUELA 1830-1858

EDITORIAL
ALFA

ÍNDICE

Introducción 7

Capítulo I. Entrada con Bolívar 33

Capítulo II. Los ideales 61
    Cambios, retos y esfuerzos 64
    Incitados, modernos y fastidiados 78
    Maquillajes, economías y apegos 110
    Groseros, indiferentes y tradicionales 132

Capítulo III. Las islas 167
    Patriotismo, utilidad y vaticinios 168
    Deseos, desencuentros y límites 175
    Libertades, villanías y obsolescencias 185
    Catones, lecciones y fantasías 213
    Arcadias, amenazas y fantasías 218

Capítulo IV. Los agujeros 233
    Legalidad, igualdad y felicidad 234
    Engorros, frustraciones y resistencias 241
    Improvisaciones, miserias y esperas 248
    Evasivos, ineptos y sorprendidos 261
    Complicidades, influencias y tropelías 282

Capítulo V. Las dolencias 309
    Pobreza, prioridades y desidias 310
    Desvalidos, finados y rechazados 330
    Roña, mugrientos e higiénicos 351

Capítulo VI. Las redenciones 373
    Prendas, delicadezas y vanguardias 374
    Luces, controles y esperanzas 407
    Padre, padrastros y glorias 434

Capítulo VII. Salida con Guzmán 459

Bibliografía 473
    I. Piezas de archivo 473
    II. Hemerografía 486
    III. Artículos y anuncios en la prensa 487
    IV. Impresos de la época 493
    V. Bibliografía auxiliar 496

INTRODUCCIÓN

Se me dirá: «Es una desgracia ser engañado». Mentira. Mayor desgracia es que no lo engañen a uno. Es un craso error creer que la felicidad del hombre depende de las cosas mismas, mientras lo cierto es que depende de la opinión que sobre ellas nos formemos. Las cosas humanas son tan variadas y tan oscuras, que es imposible saber algo de una manera cierta, como lo han dicho muy bien los platónicos, los menos impertinentes de los filósofos. Y si se llega a saber alguna cosa, casi siempre es a costa de la dicha de la vida. El espíritu del hombre está hecho de tal manera, que la mentira influye cien veces más sobre él que la propia verdad. Si queréis una prueba convincente de esto, entrad en una iglesia en el momento del sermón. Si se trata de cosas serias, todo el mundo se duerme, bosteza y se muere de aburrimiento; pero que –como ocurre a menudo– el relinchador –¡perdón, quise decir el orador!– se ponga a narrar algún cuento de viejas, y en seguida el auditorio despierta y escucha con atención. Del mismo modo, si se celebra el aniversario de algún santón apócrifo o de pura invención, como, por ejemplo, San Jorge, San Cristóbal o Santa Bárbara, la gente se enfervorizará más que si se tratara de San Pedro, de San Pablo o del mismo hijo de Dios. Sin embargo, estas cosas no nos importan.

La tenencia de semejante dicha no cuesta absolutamente nada, mientras que los menores conocimientos, como la gramática, se adquieren frecuentemente al precio de muchos esfuerzos. El espíritu humano tiene, naturalmente, una gran afinidad con el ensueño, que lo lleva sin esfuerzo alguno hacia países encantados. Por ejemplo, un aldeano come un trozo de tocino rancio; vosotros apenas podéis soportar su hedor; pero él se imagina que está saboreando un manjar. ¿Qué le importa, en el fondo, la verdad?

Erasmo de Rotterdam, *Elogio de la locura*.

La idea que se ha formado del siglo XIX venezolano está saturada de matices oscuros. Las lecturas usuales estiman que la República comienza en una edad dorada, la guerra de Independencia, cuyas glorias se eclipsan a partir de 1830 en un proceso susceptible de conducir a la desintegración. Para el sentimiento más común, las hazañas de los libertadores se malogran cuando desaparece Colombia en un teatro manipulado por personajes menores. Los manuales escritos para escolares machacan sobre el desafortunado cauce que tomaron las cosas al fundarse el Estado nacional, después de la muerte de Bolívar. Hasta en sus discursos de rutina, los políticos buscan en el lapso, desde el gobierno fundacional de José Antonio Páez (1830) hasta la administración de Ignacio Andrade (1899), ejemplos de desatinos y tropelías.[1]

La subestimación llega al extremo de excluir el proceso de la Independencia (1810-1830) como parte del conjunto. Pese a la vecindad cronológica y a la parentela de los sucesos, en los intentos de periodización se presenta el conflicto contra España como pieza de un fenómeno diverso. Todo constituye una apreciación que a estas alturas debe revisarse. Pero también una sensación arraigada que viene resistiendo la posibilidad de interpretaciones distanciadas de las predominantes. De seguidas se ofrecen algunas

---

1 La primera parte de esta introducción es fiel a una aproximación que escribí: «El siglo XIX en Venezuela: sugerencias para una nueva interpretación», en: *Cincuenta años de historia en México*, Edición coordinada por Alicia Hernández Chávez y Manuel Miño Grijalva, México, El Colegio de México, 1991, vol. I.

ideas sobre el problema en sentido panorámico, antes de entrar en el asunto que incumbe a la investigación.

1. Los autores que han gozado de mayor acatamiento en el gran público tienen responsabilidad en la postura. Desde comienzos del siglo XX, la respetabilidad de un elenco de historiadores divulgó un sentimiento de vergüenza frente a los episodios sucedidos luego de la época encabezada por Bolívar. Así ocurrió con los positivistas, cuyo largo pontificado desde las alturas debió influir en el entuerto.² Al ocuparse de analizar las raíces con el objeto de justificar un régimen centralizado y autoritario, trazan un lúgubre panorama del pasado inmediato. Venezuela envuelta en guerras y sujeta a desenfrenados apetitos labra su destrucción. La sociedad guerrera se suicida progresivamente, mientras las instituciones apenas existen en el papel. Ninguna alternativa de fomento material, ni de atención colectiva, destaca en un tiempo cuya única salida es la dictadura.

De acuerdo con Pedro Manuel Arcaya:

> Los principios del legalismo republicano quedaban [durante el período] en el piso superior en las regiones superficiales del instinto […] ocupando el fondo inconsciente, ora las tendencias hereditarias al sometimiento absoluto a un caudillo, ora la necesidad de la actitud tumultuosa de los campamentos, ora algo como vaga nostalgia de la vida libre nómada, por lo cual a la postre en vez de la República soñada debía imponerse la monocracia.³

José Gil Fortoul también destaca la inestabilidad como elemento predominante del período: «En tanto que la vida social se

---

2   Para una visión sobre los positivistas venezolanos, ver: Alicia Nuño, *Ideas sociales del positivismo en Venezuela*, Caracas, Universidad Central de Venezuela, 1969; Elías Pino Iturrieta, *Positivismo y gomecismo*, Caracas, Universidad Central de Venezuela, 1978.
3   Pedro Manuel Arcaya, *Estudios de sociología venezolana*, Caracas, Editorial Cecilio Acosta, 1941, p. 60.

iba transformando lentamente por la acción pausada del tiempo y por las comunicaciones más frecuentes con la civilización extranjera, la vida política iba a seguir su curso fatal entre las trabas del personalismo y el huracán de las revoluciones».[4] Los intereses disgregativos propios de una sociedad elemental, concluye Laureano Vallenilla Lanz, prevalecen entonces frente a los nexos capaces de consolidar a la sociedad civil.[5] Los autores de la generación posterior ratifican el penumbroso boceto. Un historiador tan lúcido como Mariano Picón Salas se muestra desdeñoso cuando reflexiona sobre la vida intelectual:

> ¡Qué pena la de escribir en un país como el nuestro, cuando el periódico mayor llegaría a los mil quinientos o dos mil ejemplares, y los pocos libros que podrían imprimirse se amontonaban, por falta de lectores, en los sótanos... o se prestaba el libro o el periódico, de una casa a otra, de uno a otro solar desierto, para distraer las largas noches perforadas de cantos de gallos, a veces balas de guerrilleros y cabalgadas de cuatreros, en la provincia demasiado espesa... Después de Bello y Bolívar no hay mucho que leer en la Literatura Venezolana del siglo XIX. La literatura, lo que ellos llaman literatura, se confundía con la pequeña política parroquial, con el discurso de ocasión, con la lección de gramática o la novelita y el cuento irrealmente sensibleros.[6]

Arturo Úslar Pietri, una de las plumas más reverenciadas del país, se suma al coro con un juicio lapidario:

---

4   José Gil Fortoul, *El hombre y la historia*, Caracas, Ministerio de Educación, Colección Obras Completas, vol. IV, p. 374.
5   Laureano Vallenilla Lanz, *Disgregación e integración*, Caracas, Tipografía Universal, 1930, p. 160.
6   Mariano Picón Salas, «Venezuela: algunas gentes y libros», en: *Venezuela independiente*, Caracas, Fundación Mendoza, 1962, pp. 10-11.

La guerra civil endémica desarticula y destruye las escasas fuentes de producción a partir de 1831, sin que las cosas cambien más adelante. El campesino miserable se convierte fácilmente en merodeador y en soldado de montonera. El fenómeno del caudillismo político se asienta sobre la base de la pobreza tradicional, del orden feudal y de la inestabilidad económica y social. La única forma de orden era la que podía imponer temporalmente el hombre armado a caballo seguido de su montonera.[7]

Para uno de los introductores del materialismo histórico, Carlos Irazábal, el panorama es semejante. Maneja la vista según el prisma del marxismo, pero acompaña a sus colegas en la opinión: «Continuó como antes la masa rural, sin tierra, atada al latifundio y sometida a la opresión y a la explotación semifeudal [...] Los nuevos detentadores del poder político se valieron de él para extender o construir su base económica y enfrentar el espíritu revolucionario de las grandes masas populares abandonadas».[8]

Los manuales de orientación general hacen ascos sobre el proceso en cuestión.

Uno de los de mayor circulación, escrito por J.L. Salcedo Bastardo, apunta en un capítulo que lleva como elocuente título «La contrarrevolución»:

El desarrollo de todos los elementos desorganizadores devuelve a Venezuela hacia un estado lamentable, y su efecto comienza por percibirse en el orden más delicado, el de los principios, donde queda indeleble quién sabe hasta cuándo. Porque la lesión material, el atropello, el despojo económico y el daño físico son poca cosa en comparación con el irrespeto a la ley que se hace habitual, y con la desnaturalización de las altas concepciones políticas que entonces

---

7 Arturo Úslar Pietri, *Materiales para la construcción de Venezuela*, Caracas, Ediciones Orinoco, 1959, p. 73.
8 Carlos Irazábal, *Hacia la democracia*, Caracas, Catalá Ediciones, 1974, p. 58.

campea. Por mucho tiempo, la paz y el derecho se volatilizan y reducen a simples palabras. La desconfianza cunde, y el recelo, el sarcasmo y el escepticismo dan su tono a la actitud del venezolano sobre los ideales que antes lo guiaron hacia el holocausto. Ruina plural domina a Venezuela en el período de la contrarrevolución. Ruina política con la sucesión de autocracias, de variadas formas y estilos, que frustran e imposibilitan cualquiera práctica de regularidad institucional; ruina política, además, por las asoladoras guerras fratricidas. Ruina económica [...] porque las mayorías venezolanas son más pobres que antes: la miseria cébase en ellas [...] Ruina social: la esclavitud recobra su vigencia, y ni siquiera la ley de abolición significa que llegue la igualdad tan pregonada.[9]

Aunque no llega a una proposición contundente, la *Historia de Venezuela* de Guillermo Morón suelta párrafos de esta guisa:

Venezuela va a vivir un clima de guerra y cuando ese clima falte será substituido por la dictadura [...] la democracia política se alcanza [...] solo a la letra; pero esa democracia política no funciona en la realidad, pues la revolución, la guerra, la dictadura ejercen su imperio. Por el contrario, la democracia social logra establecerse en forma tal que en ciertos momentos la igualación fue motivo de confusionismo y de depresión cultural [...] Los intervalos de una actuación democrática son tan escasos que en el conjunto desaparecen [...] La función intelectual se desvirtúa por la mano militar en el poder.[10]

Si se sigue a las obras referidas, independientemente de la tendencia en que militen, el siglo XIX venezolano es tiempo de oscuridad que significó un retroceso frente a las conquistas

---

9 J.L. Salcedo Bastardo, *Historia fundamental de Venezuela*, Caracas, Universidad Central de Venezuela, 1970, pp. 395-396.
10 Guillermo Morón, *Historia de Venezuela*, Nueva York, Mells Co., 1963, vol.v, pp. 229-231.

de la Independencia. La actividad intelectual es un remedo. Las instituciones, un estorbo o un adorno. Manejado por caudillos y dictadores, un pueblo rudimentario sufre los extremos de la explotación. Debido al predominio de los hombres de presa, la legalidad llega al colmo del menoscabo y el control del poder solo se dirime en las guerras civiles. Las taras orgánicas y la distancia frente a las obras de la civilización que observan los positivistas, un parecer despectivo como el de Picón Salas, tan genérico y débil que revela las costuras en medio de palabras bien escritas; y unas descripciones, también harto panorámicas, que son el asiento de calificaciones extremas, desembocan en una sentencia única e irrebatible: nuestro siglo XIX, después de la Independencia, no es época de construcción nacional.

2. Desde su edición de 1909, la *Historia constitucional de Venezuela* que escribió en tres volúmenes José Gil Fortoul, fecundo vocero de la escuela positivista, ha determinado el rumbo de los manuales y las monografías redactados en adelante.

Es el texto más socorrido por los docentes de educación media, pero también en las universidades. Escrito con claridad y preocupado de exponer las materias de manera ordenada, profundo y coherente en muchas de las situaciones que analiza, se considera todavía como el mejor texto de contenido general. Su examen del siglo XIX debe ser la raíz de cuanto se ha mostrado. En consecuencia, conviene comentarlo. Según el autor, *grosso modo*, en 1830 comienza un ensayo constructivo que dirige el presidente Páez junto con los propietarios más ricos. Gracias a ellos, circulan benéficos planes de organización que son interrumpidos por la insurgencia de los liberales, quienes, bajo la dirección de Antonio Leocadio Guzmán, incorporan al pueblo para desestabilizar el proceso a partir de 1840. Denomina a este lapso «la oligarquía conservadora», cuyas conquistas se fracturan debido al establecimiento de un régimen dictatorial encabezado por José Tadeo Monagas en 1847. Tal régimen carece de vínculos con su predecesor, o tiene pocos, y significa la privanza de una bandería contraria de propietarios.[11]

En adelante, de acuerdo con Gil Fortoul, predominan el personalismo y la desorganización, comienzan las guerras intestinas y desaparecen las sensaciones de coherencia experimentadas antes. Denomina «la oligarquía liberal» a este lapso que cronológicamente ve correr entre 1847 y 1858, cuando retornan los conservadores al poder después de una nueva conflagración.[12] A partir de 1859 encuentra en los caudillos de raigambre popular el motor de los sucesos. Debido a su influjo se llega a situaciones aberrantes durante la Guerra Federal (1859-1863), reina la anarquía durante la presidencia de Juan Crisóstomo Falcón (1863-1868) e impera la mediocridad durante el denominado «Gobierno Azul» de los Monagas (1868-1870). Los personalismos proclives a la depredación caracterizan la historia desde 1847, salvo lapsos de legalidad intentados por los conservadores. El proceso encuentra contención en la autocracia de Antonio Guzmán Blanco, gestión que no llega a estudiar. La división que hace del proceso en «la oligarquía conservadora» y «la oligarquía liberal» sugiere la existencia de dos facciones enfrentadas en atención a un fundamento doctrinario: aquellos que prefieren el credo tradicional, luchan contra los acólitos de un pensamiento moderno y más democrático. A la cabeza del primer partido está José Antonio Páez, mientras que del otro lado mueve los hilos Antonio Leocadio Guzmán en compañía del pueblo y de muchos hombres turbulentos e intrépidos. El pugilato se desvanece poco a poco debido al predominio de los caudillos, así como al establecimiento de una cadena de autocracias y de gobiernos mediocres. Su hincapié en el

---

11 Para un conocimiento más profundo, ver: Antonio Mieres, *Ideas positivistas en Gil Fortoul y su historia*, Caracas, Universidad Central de Venezuela, 1981; Elena Plaza, *José Gil Fortoul. Los nuevos caminos de la razón*, Caracas, Academia Nacional de la Historia, 1988.

12 Por lo voluminoso de la fuente, no es fácil ofrecer ahora referencias precisas que acrediten cuanto se dice. Las obras referidas en la nota que precede, pero especialmente la fama de la *Historia constitucional...* y de su autor, cuyas páginas no son de dominio restringido, permiten esta libertad.

papel de los tales caudillos sugiere la existencia de un abrumador criadero de capitanes carismáticos que hacen daño a la sociedad; y su presentación de los dictadores los exhibe como factores de retroceso ante los planes de los propietarios.

3. Hay que revisar el encasillamiento que separa a las facciones en dos partidos de contenido antípoda. Ni aun en lo más enconado de los enfrentamientos se observa una pelea entre gente distinta. Los líderes se parecen demasiado como para colocarlos de rivales. Los mueve una versión diversa de las circunstancias, pero no una noción realmente contradictoria de la sociedad en general.

A partir de 1827, cuando comienzan a pensar los notables venezolanos en desmantelar Colombia, se constituye un grupo mayoritario que se ocupa de conspirar. Hombres de armas, letrados, políticos veteranos, propietarios, clérigos, exiliados y personajes nuevos en la plaza, descontentos con el centralismo dependiente de Bogotá y con el autoritarismo de Bolívar, forman un solo núcleo de propaganda y agitación que termina segregando la república, en 1830. El gobierno dirigido por José Antonio Páez procura el apoyo de todos para fabricar una nación moderna que transite sin desasosiegos el camino del capitalismo, según los modelos europeo y estadounidense. Los notables de entonces pretenden una meta: multiplicar las fortunas particulares como fundamento del progreso social, sin la injerencia de los pobres, que no son ciudadanos de acuerdo con la Constitución, ni el predominio de un autócrata que impida la deliberación y el crecimiento de las fortunas de los propietarios.[13]

Como el escollo mayor del designio radica en la falta de capitales, escasos por la difícil guerra que acaba de terminar y por la inexistencia de instituciones financieras, el concierto de

---

13 Ver mi trabajo: *Las ideas de los primeros venezolanos*, Caracas, Monte Ávila Editores Latinoamericana, 1993.

la cúpula resuelve establecer la política del *laissez-faire*, a través de la cual se ofrecen premios inusuales a los contados poseedores de numerario mientras el gobierno prefiere mirar las operaciones desde una distancia prudente. Con el apoyo del Congreso y de las Diputaciones Provinciales, el Ministerio de Hacienda establece la libertad de contratos que autoriza el libre juego del interés, según convengan los particulares en el ajuste de sus negocios, y una regulación especial mediante la cual se protege al prestamista a la hora de cobrar las acreencias. Hay entusiasmo por las leyes, revolucionarias ante los usos pasados, debido a que los precios de los productos agrícolas son remuneradores y nadie teme a los altos réditos (1831-1836). Por consiguiente, puede hablarse de un acuerdo entre los fundadores de la república en torno a las reglas para crear y distribuir la riqueza. Ningún sector hace una seria oposición al experimento.

Antes que molestos por las formas de manejarse la cosa pública, en breve los notables aparecen unidos ante un intento golpista organizado por oficiales del desaparecido Ejército Libertador y por sectores de la Iglesia católica. En 1835, pretenden el establecimiento de los fueros castrenses y religiosos. Sin embargo, son motejados de «parásitos» por los dirigentes del nuevo país y rechazados luego. Ciertamente comienzan a ocurrir ahora inconvenientes entre cabecillas como Páez y Antonio Leocadio Guzmán, quien es retirado de altas funciones en el Ministerio de lo Interior y Justicia. Ciertamente surgen críticas ante la represión dispuesta por el Ejecutivo contra los golpistas derrotados, para quienes se pide el patíbulo. Ciertamente circulan reparos aislados en torno a la marcha de la economía, pero todo se dirime sin que la sangre llegue al río. Casi después de una década de administración, ni siquiera existe la sombra de una separación seria entre los dirigentes.

Hay molestias individuales y posturas de diferencia ante algunas medidas oficiales, sin choque de pensamientos.

Debido a la caída de los precios agrícolas, después de 1838, muchos hacendados que no podían cancelar sus deudas contratadas bajo las reglas de la libre concurrencia, solicitan un cambio susceptible de protegerlos. El Ejecutivo los desatiende. Aun cuando crecen las pérdidas de numerosos cosecheros, mientras las siembras siguen en baja cotización, el Ministerio permanece fiel al catecismo manchesteriano. La cerrazón desemboca en la unión de los descontentos, quienes fundan el Partido Liberal en 1840 denunciando la existencia de una oligarquía liderada por Páez y pidiendo el auxilio del Estado para los terratenientes quebrados. Una frondosa polémica de prensa, colmada de recíproca agresividad, conmueve en adelante los ánimos y hace que el pueblo se entusiasme con la bandería de oposición, a la cual sigue a su manera. Ahora se denomina «godos» o «conservadores» a los que gobiernan con Páez y con su sucesor, Carlos Soublette, mantenedores de la proposición económica causante del malestar. Así mismo, se denomina «liberales» o «amarillos» a quienes solicitan el proteccionismo a la manera tradicional, mediante la injerencia del Ministerio de Hacienda en los convenios particulares.

Pese a que muchos ven en los sucesos una querella frontal entre los comerciantes poseedores de capital y los hacendados, no parece que en verdad existieran dos grupos cabalmente diversos. Resulta difícil encontrar distancias nítidas entre los propietarios de la época, puesto que no pocos comparten su calidad de terratenientes con el movimiento mercantil. Así mismo, diversos mercaderes desarrollan fincas de importancia. Además, consumen la misma literatura, comparten las amistades, frecuentan los mismos círculos y llevan idéntica indumentaria. Aparte de discrepar sobre las leyes de crédito, presentan una postura común en los asuntos fundamentales de la república: control político, alternabilidad, sufragio censitario, usos parlamentarios, régimen municipal, aplicación de la justicia, libertad de expresión, respeto de la propiedad privada, esclavismo…

Seguramente para los godos sea más difícil tragar la papeleta de la participación popular, mientras los liberales no se advierten incómodos por el surgimiento de clubes de pardos libres y de mítines animados por sirvientes, como sucede desde 1844.[14] Tal vez sea un punto que los diferencie, pero solo relativamente. Cuando la plebe comienza a vociferar sobre la abolición de la esclavitud, o a divulgar temas escabrosos como la «comunidad de bienes» y la decapitación del primer magistrado; y cuando brotan partidas insurrectas que atacan fincas de valor, El Liberal Guzmán pretende un arreglo con el godo Páez para sofocar una revolución social. El solicitado prefiere atacar de una sola vez a los amarillos y a los alzados, haciéndose de la vista gorda ante los llamados de avenencia.

¿Dos oligarquías en combate? Nadie puede dudar de la existencia de una seria división de opiniones y de un malestar que conduce a conductas radicales. Sin embargo, parece razonable hablar de un grupo dominante que llega al divorcio y funda dos partidos sin alejarse del ideario liberal y que teme al pueblo para quien no construyó la república, sentimiento susceptible de conducirlo a la búsqueda de un dictador en tiempos de borrasca. El advenimiento de José Tadeo Monagas, a quien se juzga como primera cabeza de un dilatado personalismo que liquida el ensayo civilizador de los notables, es responsabilidad de los propietarios temerosos ante la beligerancia popular.

Cuando los peones se levantan en armas, aguijoneados por capitanes de origen popular que ordenan, en 1845 y 1846, la liberación de los sirvientes y la muerte de los blancos, con el acuerdo de la «gente decente» Páez llama a un espadón que vive en el retiro de sus latifundios. Necesita que lo acompañe en la misión de disciplinar a la canalla. José Tadeo Monagas acepta y es aclamado por los godos cuando llega a Caracas, en 1847, pero

---

14 Ver: Manuel Pérez Vila y otros, *Política y economía en Venezuela*, Caracas, Fundación J. Boulton, 1976; Enrique Bernardo Núñez, *La estatua de El Venezolano*, Caracas, Universidad Central de Venezuela, 1960.

también por los liberales cuando en breve se distancia del anfitrión y resume el poder en su persona. A poco gobierna como dictador, sujetando a los partidos hasta 1857.

En consecuencia, el advenimiento de la autocracia debe incluirse en el inventario de los padres conscriptos, en lugar de ser visto como un ingrediente extraño que tuerce el rumbo de los acontecimientos. Así mismo las guerras que corren entre 1848 y 1857, por cuanto las animan los partidos fusionados contra el mandón, su criatura. La escena se repite veinte años más tarde, cuando la anarquía es incontenible. Entonces los patrones de las fincas y los directivos de las casas comerciales acogen con beneplácito la dictadura de Antonio Guzmán Blanco. Tanto la implantación de los gobiernos fuertes como las primeras contiendas civiles pueden adjudicarse al interés de un solo sector encumbrado desde la segregación de Colombia.

4. El asunto del predominio de los caudillos, que tanto ocupa a Gil Fortoul y a sus colegas positivistas, ofrece la posibilidad de una apreciación distinta de las usuales. Primero en relación con su pregonada presencia y luego sobre lo nefasto de su participación.

Quienes han ensayado una tipología de los socorridos personajes –en Venezuela y en otros países latinoamericanos– coinciden en presentarlos como individuos dotados de cualidades portentosas: valor, perspicacia, talento natural, simpatía, presencia física atrayente, dotes especiales de comunicación, fe en su papel de conductores, capacidad para la improvisación y facilidad para los tratos políticos. Aun cuando carecen, de acuerdo con los mismos estudiosos, de parapetos estables a través de los cuales puedan sostenerse en el poder de manera permanente, y de influencias arraigadas a escala nacional, ante la flaca presencia de la autoridad central y utilizando el desamparo de los campesinos, llegan a determinar el rumbo de los sucesos.[15]

---

15 Ver: Virgilio Tosta, *El caudillo en once autores venezolanos*, Caracas, s/e, 1960; Fernando Díaz, *Caciques y caudillos*, México, El Colegio de México, 1972.

Pero si, en efecto, tales cualidades adornaron a los personajes hasta el punto de permitirles un predominio casi secular, se presentan algunos problemas con las versiones tradicionales sobre su rol. En primera instancia, en lugar de lamentos, un almácigo tan abrumador de seres singulares debería provocar coros de admiración. Una sociedad que en medio de aprietos materiales y con problemas sin tasa es capaz de producir, en copioso volumen, hombres semejantes a Moisés y a Mahoma, por ejemplo, merece colocarse en la categoría de las colectividades de excepción en la historia universal.

Según la historiografía más difundida, el catálogo de nuestros caudillos incluye más de un centenar de varones que representan con lucimiento a la estirpe.[16] Pero no debe ser así. De los vericuetos de la política venezolana no pudo surgir un colosal semillero de superdotados ni aunque fuera para enorgullecernos con sus hazañas. A lo sumo una media docena de protagonistas, debido a la ascendencia lograda ante la muchedumbre de labriegos como producto de sus dotes individuales, calzan en la clasificación. Los demás son simples hombres de armas, hombres de presa que actúan con suerte varia, cabecillas menores sin posibilidad de dejar huellas profundas en los sucesos de su tiempo. En consecuencia, conviene observar con otros ojos el asunto.

---

16 Se trata de figuras como: José Antonio Páez, Ezequiel Zamora, Joaquín Crespo, Francisco Linares Alcántara, José Ignacio Pulido, Ramón Guerra, Luciano Mendoza, Ramón Ayala, Luis Loreto Lima, Matías Salazar, Francisco Olivo, Juan Bautista Araujo, León Colina, Diego Colina, Rafael Montilla, Juan Antonio Sotillo, Gregorio Riera, Domingo Monagas, José Manuel Hernández, Amábilis Solagnie, Hermenegildo Zavarce, Manuel Ezequiel Bruzual, Juan Pablo Peñaloza, Nicolás Rolando, Diego Bautista Ferrer, José Antonio Velutini, Ovidio María Abreu, Rafael González Pacheco, Celestino Peraza, Jacinto Lara, Espíritu Santo Morales, Zoilo Bello Rodríguez, Pedro Julián Acosta, Venancio Pulgar, Julio Sarría, Leopoldo Baptista, Manuel Modesto Gallegos, Gregorio Cedeño, Augusto Lutowski, José Ruperto Monagas, José María Ortega Martínez y Alejandro Ibarra. El elenco, desde luego incompleto, incluye a los más célebres varones de una estirpe que contó, al decir de sus entusiastas, con más de un centenar de representantes. Con la consulta de Francisco González Guinán, *Historia contemporánea de Venezuela*, Caracas, Ediciones de la Presidencia de la República, 1954, 15 vols., seguramente aumentará la estadística.

No son todos los que están, lo cual indica cómo la historia no ha quedado bien contada.

En relación con la autoridad de los paladines campestres, independientemente de su estatura de líderes, que no la tienen como se ha juzgado, salta un trío de preguntas susceptible de relacionarlos de veras con el ambiente en el cual aparecen. ¿Podían otros, entonces, competir con el mando? Bien extravagante hubiera sido un régimen de arcontes, de peritos, de sabios en el siglo XIX venezolano.

Quién sabe por qué los extrañan, cuando realmente no acomodan en el centro del teatro ni pueden figurar en el libreto. ¿Que hicieron numerosas guerras, apoyados en campesinos analfabetos y en sirvientes desarrapados? No podían atacar con doctores porque la mayoría de los hombres carecía de la credencial correspondiente, ni con tropas coherentes que solo habitaban el reino de las fantasías, ni con seminaristas inexistentes. ¿Que ni siquiera sabían redactar un parte de combate? Cuando funcionaba, la universidad era para un grupo selecto. Pero en sus correrías juntaron más a las regiones e hicieron que el pueblo participara en la forja de la igualdad, o se entusiasmara con ella. Por eso muchos zambos bembones llegaron a las gobernaciones, a los ministerios, a los puestos del Congreso y hasta a la primera magistratura, un fenómeno de la época que amerita también pareceres apacibles.

5. El pulular de personajes a caballo no traduce precariedad de la faena cultural. Pese a cuanto se ha escrito negándola, o cuestionándola, desde el momento de la fragmentación de Colombia ocurre una solvente reflexión sobre el destino de la sociedad y sobre los asuntos del mundo, que destaca en comparación con el pensamiento antecedente y aun ante producciones de nuestros días. En materia de ideas, de diagnósticos sobre los problemas inmediatos y de movimiento periodístico, a partir de 1827 comienza un quehacer de excepcional calidad, apenas abocetado durante la Independencia y pocas

veces logrado en el siglo XX. Solo el uso de gríngolas que apenas dejan ver las glorias de los insurgentes, las aventuras de los hombres de presa y los hechos de los poderosos explica la desatención del tema.

La ruptura con Colombia es precedida por la fundación de la Sociedad Económica de Amigos del País, cuyos miembros estudian las urgencias nacionales para generar un puñado de análisis que constituyen un plausible ensayo de interpretación en términos modernos. Las monografías que redactan sobre el estado de la educación, sobre la falta de caminos, sobre navegación fluvial y lacustre, sobre matemáticas y mineralogía, banca y moneda, propiedad territorial y agricultura, población e inmigración, geografía e historia representan el primer intento de los pensadores venezolanos por ponderar su entorno en sentido colectivo, con el objeto de sugerir derroteros sensatos para la próxima autonomía.[17]

Después de 1830 y hasta 1845, la profundidad y el estilo de estas primeras contribuciones prosigue a través de la edición de importantes periódicos cuya función no es solo noticiosa o de comentario político. La prensa publica de manera cotidiana ensayos como los aludidos, mas también propuestas teóricas y fragmentos literarios muy valiosos. Así, por ejemplo: *El Copiador*, redactado por José Cecilio Ávila; *La Oliva*, que dirige José Luis Ramos; *La Bandera Nacional*, manejado por Juan Bautista Calcaño; *El Liberal*, de larga vida y variados frutos en las manos de José María Rojas, y *El Venezolano*, tal vez el más descollante, bajo el control de Antonio Leocadio Guzmán y Tomás Lander. No se trata de fascículos de difusión superficial, sino de órganos coherentes de divulgación de pensamiento por las mentes más cultivadas.

---

17 Ver: Domingo Miliani, *Tríptico venezolano*, Caracas, Fundación de Promoción Cultural Venezolana, 1984; Elías Pino Iturrieta, *op. cit.*

Durante el lapso destaca a la cabeza de los intelectuales Fermín Toro, con tres obras fundamentales: *Ideas y necesidades*, ensayo referido al problema de la importación inadvertida de pensamientos y valores; *Europa y América*, pieza que plantea temprano los males del imperialismo, la posición del continente frente a sus nuevos conquistadores y la trascendencia del socialismo frente a los males de la industrialización; y *Reflexiones sobre la ley del 10 de abril de 1834*, primer análisis panorámico de la sociedad venezolana que advierte la colisión de los valores y las actitudes en el tránsito hacia la modernización. En el campo de la historiografía, dos obras mayores inician la reconstrucción de la memoria común: el *Resumen de la historia de Venezuela*, de Rafael María Baralt y Ramón Díaz, y el *Compendio de la historia de Venezuela*, de Francisco Javier Yanes. Encuentran complemento en el *Resumen de la geografía de Venezuela* y en el *Atlas político de la República* debidos a un esfuerzo de grandes proporciones que realiza Agustín Codazzi.

En la parcela de la polémica, el ensayo y la creación literaria sobresale Juan Vicente González, de cuya pluma surgen páginas magistrales: *De Cicerón a Catilina*, *Biografía de José Félix Ribas* e *Historia del poder civil en Colombia y Venezuela*. Se edita entonces el *Manual político del venezolano*, escrito por Yanes en las postrimerías de la Independencia y referido a la conducta cívica de sus connacionales. Cecilio Acosta, escritor de tendencia conservadora, redacta uno de los textos medulares de la centuria: *Cosas sabidas y cosas por saberse*. Los numerosos *Fragmentos* de Tomás Lander, heterogéneos y sugestivos, mueven la conciencia de los lectores. Los puntos de vista modernos sobre ciencias físicas y naturales son divulgados por Juan Manuel Cajigal, autor de *Tratado de mecánica elemental* y *Curso de Astronomía*, así como fundador de la Academia de Matemáticas; y por José María Vargas, reformador de los estudios de Medicina en la universidad, pero también insistente publicista en torno a los valores capitalistas del trabajo, la competitividad y la productividad.

El control del monagato y el desarrollo de la Guerra Federal obligan a una pausa, pero surgen entonces dos ensayistas de entidad: Pedro José Rojas, teórico del autoritarismo conservador, e Ildefonso Riera Aguinagalde, quien formula atrevidas proposiciones de reforma social. Al concluir la conflagración, cuatro historiadores que alternan la investigación con la publicidad política retoman el hilo quebrantado en los últimos quince años. Son ellos: Ricardo Becerra, Felipe Larrazábal, Luis Level de Goda y Francisco González Guinán. La obra de este último, una monumental *Historia contemporánea de Venezuela* en quince volúmenes, se convierte en material de ineludible consulta. A la sazón el guzmanato anima la publicación de grandes colecciones de fuentes primarias sobre la Independencia, entre las cuales deben mencionarse: los *Documentos para la vida pública del Libertador Simón Bolívar*, en quince volúmenes recopilados por José Félix Blanco y Ramón Azpurúa, y los veintisiete tomos de las *Memorias* agrupadas por Daniel Florencio O'Leary.

El año de 1866 marca la introducción formal del positivismo, a través de un discurso pionero de Rafael Villavicencio, investigador laborioso a quien respaldan en su tarea de enseñar las recién llegadas ciencias sociales los maestros Adolfo Ernst, rastreador incansable de la realidad, Gaspar Marcano y Teófilo Rodríguez. Pronto el discipulado será abundante y dinámicos los debates entre los profesores tradicionales y los «científicos». Se funda la Sociedad de Ciencias Físicas y Naturales, los conferenciantes hablan sobre el nuevo magisterio ante auditorios repletos, circulan revistas y folletos llenos de sugestiones. Dentro del campo de los estudios médicos, David Lobo, Luis Razetti y Guillermo Delgado Palacios redactan libros y cambian los programas de estudios para explicar la evolución de las especies. Nicomedes Zuloaga y Alejandro Urbaneja interpretan la jurisprudencia a la luz de la flamante escuela. Uno de los voceros más eminentes del período finisecular, Lisandro Alvarado, estudia las lenguas, la naturaleza, la arqueología, la antropología y la historia para marcar la formación de una generación de acólitos. Luis López Méndez hace crítica literaria y Manuel Revenga escribe sobre el espectáculo teatral, con el propósito de cambiar los gustos del público. La historiografía y la filosofía de la historia encuentran en José Gil Fortoul un maestro de masiva aceptación. Forman el elenco fundacional de una orientación que resucita a los círculos cultos cuando ya se anuncia el siglo XX.[18] Aunque los positivistas protagonizan un segundo capítulo de reflexión sobre el país, continuación del primer tramo que ahora se ha resumido, se empeñan en subestimar las producciones antecedentes y en presentarse como heraldos del conocimiento realmente útil que jamás había existido.

Los límites de una aproximación que solo pretende servir de pórtico al tema de *País archipiélago* no permiten ofrecer otros pormenores sobre el punto. Abundan evidencias en el terreno de la educación y de la literatura propiamente dicha, en especial dentro de las modas románticas, que ahora no se consideran. La muestra parece suficiente para discutir sobre la precariedad de la fragua institucional y de la vida intelectual después de la Independencia, pero especialmente para proponer una plataforma distinta de inquietudes que pueda conducir a un conocimiento nuevo de los hechos.

6. El país que triunfa sobre la metrópoli es un desastre. La guerra lo convierte en un escombro. Las pérdidas de la población se calculan en más de un 30 por ciento, sufriendo la aristocracia que había dirigido la sublevación y tenía experiencia de mando un golpe que casi la extingue. Cerca del 46 por ciento de las esclavitudes se pierde en los combates. De 4 500 000 reses

---

18 Ver: Luis Beltrán Guerrero, *Perpetua heredad*, Caracas, Ministerio de Educación, 1965; Marisa Kohn de Beker, *Tendencias positivistas en Venezuela*, Caracas, Universidad Central de Venezuela, 1970; José Ramón Luna, *El positivismo en la historia del pensamiento venezolano*, Caracas, Editorial Arte, 1971.

contadas al principio del conflicto, solo quedan unas 250 000. Los precios de la agricultura se ven reducidos de manera drástica. El comercio interior y exterior es espasmódico. La mano de obra llega a extremos de mengua. Debido al terremoto de 1812, los mejores edificios de la Colonia se han convertido en desechos. La comunicación entre las regiones constituye una aventura riesgosa por la falta de caminos, de puentes y vigilancia. Tampoco hay escuelas, ni bibliotecas. Apenas la Universidad de Caracas puede ofrecer un simulacro de instrucción superior.[19]

¿Cómo pueden ser la vida y las aspiraciones de una comarca tan maltrecha?, ¿acaso como explican los positivistas y reclaman los autores más recientes? Aun en medio de una rutina orientada hacia la construcción de la sociedad, aun mientras mana un pensamiento digno de atención, la sola partida desde la calamidad de la posguerra sugiere la necesidad de buscar un sendero más comprensivo de los hombres de entonces. Por lo menos debe conducir a pensar que no es lícito solicitar a ese pasado aquello de lo que carece por razones obvias: un proyecto nacional perfilado, partidos estructurados y distintos, corrección administrativa y planes de justicia social, por ejemplo. En consecuencia, en lugar de plantarse en las explicaciones más abundantes y establecidas, debe extrañar que se hable sin vacilación de la existencia de dos oligarquías, que se anhele un duradero régimen civil, se lamente el irrespeto de las instituciones y la proliferación de guerras domésticas en tal escena. Más aún cuando lo áspero del ambiente conduce a abultar la aritmética de los caudillos y a subestimar las faenas del espíritu. Los problemas y los protagonistas son los que tienen que ser.

Pero, ¿por qué tantas solicitudes anacrónicas? Una razón las explica: se ha buscado entre nosotros lo que está o debe estar

---

19 Basta leer la *Historia fundamental...* de J.L. Salcedo Bastardo, someramente comentada ya, para darse cuenta de la situación.

en Europa o en los Estados Unidos coetáneos. Ver a Europa y a la América del Norte como modelos conduce a una apreciación susceptible de descalificar el período. Si nos asomamos con otro lente hasta el interior de la colectividad la imagen resulta diferente. Como la efectuada por esas sociedades que se tienen como espejo y las cuales jamás juzgan negativamente a sus reyezuelos asesinos, a sus barones bárbaros, a sus monjes corruptos y a sus próceres tenderos, por ejemplo, sino como ingredientes de una levadura de la cual terminaron formando parte las generaciones posteriores sin incomodidad y sin sonrojo. ¿Por qué no iniciar un diálogo con unos testimonios hasta ahora subestimados, o poco trajinados, que permitan el entendimiento de un tiempo cuyas criaturas pueden ofrecer una explicación diversa de su actuación? El libro que va a empezar pretende abrir una trocha en esa dirección.

En otras palabras, el historiador quiere hacer las preguntas requeridas por su actualidad. Los positivistas no se metieron como se metieron en el siglo XIX por capricho, o por miopía, sino guiados por la escuela que su tiempo estimó como un fanal penetrante e infalible. Además, y como sabe cualquier lector medianamente informado, orientaron su análisis por el interés de justificar la presencia de un César producido por la evolución de la sociedad. Los autores posteriores miraron desde la urgencia de sus días, en torno al establecimiento de un régimen democrático que en pleno siglo XX había recibido el porrazo de tres dictaduras y el lastre de una tendencia hacia el autoritarismo, heredada de la sensación de tranquilidad y protección que habían dejado cincuenta años de cadenas. De allí que llegaran a lamentarse de unas horas estériles que parecían negadas a desaparecer.

Hoy, luego de que la democracia venezolana dejó de ser una ficción para prolongarse durante media centuria, aun en medio de frustraciones y dificultades innegables, el ambiente desde el cual se busca la reconstrucción del pasado obliga a otro repertorio de interrogantes y a otro ensayo de búsquedas. Por lo menos debe partir de una experiencia de control de los asuntos públicos dentro de las pautas de la democracia representativa y de un experimento de cohabitación que obligan a pensar sobre el pasado desde sus vivencias. Más todavía, en la medida en que ese régimen en el cual se formó el historiador, si no cumple las últimas fechas de su calendario, está en el trance de una metamorfosis que parece inminente, la brújula de la exploración debe ser otra.

Como la nación ha adoptado desde su nacimiento el credo republicano sin que nadie, ni el más altivo de los dictadores, ni el más extraño de los partidos políticos, ni el más inusual ideólogo se haya atrevido a abjurar de esa fe proclamada con formalidad y pompa en 1811, la investigación tiene a tal proposición como su eje. El designio republicano ha estado presente en la sociedad desde las vísperas de la guerra de Independencia. Luego siempre está allí como conminación y como pretexto, como dogma y como estorbo. De otra manera no se explicarían las dificultades de la insurgencia contra el imperio que había fortalecido la urdimbre de los hábitos en el seno de la monarquía, un conjunto de usos y valores capaces de resistir el mensaje de la revolución y el correr de los tiempos. De otra manera no se explicaría la propuesta de país que se estrena en 1830, empeñada en una modernización dependiente de nociones como aptitud, acatamiento de la ley y de la obligación que impone a cada cual, responsabilidad individual y honestidad en las funciones públicas. Ni las reacciones violentas de quienes entonces se atribuyen la posesión de fueros. Ni el malestar de los elementos parasitarios que no podían permitir la desaparición de un dominio nacido de la tradición y de la guerra reciente, pero que no se apartan de las palabras anunciadas sobre la forma de gobierno desde cuando se provocó la salida del capitán general. Tampoco el pudor de los dictadores que jamás encuentran en su actitud incivil, sino en factores ajenos a su voluntad, los motivos de la traición a un discurso machacado desde las postrimerías del siglo XVIII sin solución de continuidad.

Pero la república como suceso en torno al cual se reitera un conjunto de problemas medulares no es solo un asunto del pasado, sino también una necesidad de nuestros días. En la medida en que la sociedad no ha buscado la solución de sus entuertos, ni el concierto de los negocios públicos, ni el ajuste de la vida privada asumiendo el pasar cuotidiano desde la perspectiva de la ciudadanía, los nidos de hogaño sirven de guarida a los pájaros de antaño debido a cuyo vuelo se ha impedido la transformación del discurso sobre los negocios que incumben a todos, no solo en fenómeno plenamente establecido, sino en logro susceptible de provocar orgullo y de concitar iniciativas en su defensa. Siendo la república moderna y sus criaturas –el ciudadano, la ciudadanía, el legislador, la ley, la igualdad ante la ley, la igualdad de oportunidades, el talante laico, la voz levantada sin temores en la búsqueda del bien común, el político servicial…– una herencia del pasado que tal vez se deba recibir a beneficio de inventario, su persistencia en el tránsito de la sociedad la convierte en una semilla obligada a fructificar.

En el momento de la aparición de *País archipiélago*, se ha vuelto en Venezuela a la prédica de un Estado benefactor cuyo propósito es la custodia de un conglomerado de protegidos a quienes se solicita, más que un compromiso con sus semejantes, la espera del auxilio de una administración llamada a atender sus necesidades; en lugar de la obligación de responsabilizarse de su destino y de mirar por el destino de sus pares, la paciencia para recibir el bálsamo que sane sus heridas desde las alturas. Se han puesto de nuevo los ojos en un hombre-salvador, cuya función es la custodia de una sociedad desvalida. ¿No representan esos hechos un nuevo escollo en el sendero de la república y de los valores que la han sostenido a través de la historia? ¿No se está ante una ocurrencia de antigua data sobre cuya reiteración conviene reflexionar? En la investigación que en breve examinará el lector ha pesado mucho tal fenómeno. Una antirrepública vigorizada por el entusiasmo de las muchedumbres y por el encumbramiento de unos ángeles de la guarda que sienten su misión con un entusiasmo digno de mejor causa obligó al historiador a que hiciera su trabajo como lo hizo. Pero no a que lo hiciera de acuerdo con su capricho, según se tratará de explicar después de esta imprescindible confesión.

7. Aunque nace de una vivencia actual, desde luego, la investigación encuentra origen en el interés profesional de pensar sobre el pasado, pero de tratar de elaborar el pensamiento desde una inquietud gracias a la cual se aprecien distintos los elementos que lo forman. Se trata de una operación sencilla en apariencia, consistente en un examen capaz de distanciarse de los usuales y también capaz, por lo tanto, de apreciar unas realidades que otros no han visto o no han calibrado suficientemente. Los comentarios de carácter general sobre el siglo XIX que se han adelantado forman la plataforma del trabajo y se pretenden sustentar en términos parciales con el rastreo de algunas particularidades que seguramente nadie ha considerado. Una angustia nacida de la actualidad mueve la reconstrucción, pues, pero sin la manga ancha que permita hacer lo que uno quiera. Está el lector frente a un trabajo de historiador como los de siempre, orientado por el presente y determinado por las pautas de la especialidad según suenan en su tiempo en atención a cómo viene evolucionando la historiografía.

Dentro de tales evoluciones aparece el intento de buscar que los hombres cambien de opinión sobre el pasado, esto es, que se formen ideas nuevas y distintas de la historia a la cual pertenecen, de manera que una memoria flamante y si se quiere original permita que la gente viva con autonomía y autenticidad mayores. Seguramente sea un reto sin resultados, si recordamos las palabras de Erasmo utilizadas como epígrafe al principio, pero la oferta de una perspectiva más amplia de comprensión de la vida mediante una comprensión inédita del tránsito de los mayores puede desatar muchos nudos de la posteridad. Hay muchos seres a quienes jamás se ha escuchado. Hay muchos problemas que nadie jamás avizoró, que nadie consideró jamás como problemas. En el pasado hay un misterio oculto que nadie ha querido desentrañar, acaso porque resulta demasiado cómodo el aferrarse a la conformidad de las opiniones establecidas, de los pareceres sobre el mundo anterior que nos ha transmitido una sabiduría antigua y el ordinario parecer de nuestros padres. Bastaría pensar junto con Theodore Zeldin, historiador de Oxford, que cada generación comete errores o se sumerge en frustraciones por reconocer solo lo que ya sabe, sin atreverse a pensar en otros contextos que tiene al alcance de la mano, para mirar una parte de la Venezuela del siglo XIX como se quiere intentar ahora.[20] Bastaría con considerar, partiendo de la lógica más simple, cómo puede resultar reconfortante alejarse de lo obvio para introducirse en lo olvidado, para iniciar un periplo desusado por algunos enigmas del *País archipiélago*.

No resultará del viaje la aclamación de una época tratada como se ha dicho. La idea no es la de que ahora las tinieblas se conviertan en luminarias. Se trata solo de encontrar explicaciones convincentes de un proceso condenado a múltiples fulminaciones porque no cumplió unas expectativas fabricadas fuera de su escenario y después de su tiempo. La respuesta se busca en el contraste de lo que los hombres de entonces pensaron sobre cómo debía ser la vida, con lo que la vida de cada día podía depararles. El contraste no se refiere a todo el siglo, luego de 1830, sino a un primer capítulo que concluye en 1858. Tampoco a todas las situaciones, sino a unas pocas. Como el ensayo

---

20 Theodore Zeldin *Historia íntima de la humanidad*, Madrid, Alianza Editorial, 1997; T.S. Kuhn, *La estructura de las revoluciones científicas*, México, Fondo de Cultura Económica, 1990; Jérôme Clément, *Un homme en quête de vertu*, París, Grasset, 1992.

republicano que sigue a la disolución de Colombia se desarrolla con una caracterización de conjunto que lo distingue hasta el estallido de la Guerra Federal, sin interrupciones de fondo que obliguen a dejar de verlo como un tramo homogéneo, pareció aconsejable mantenerse en tales límites cronológicos. Como entonces se quiere sembrar el ideario republicano y aparece su colisión con el entorno y con las criaturas que lo habitan como jamás había ocurrido antes, tal vez en esos confines se encierren la esencia de la vida que se quiere y los escollos capaces de evitar su realización, con una intensidad capaz de prolongarse en el segundo capítulo del siglo y más lejos. De allí el tiempo en cuyos linderos quiere explorar la investigación. La variedad de la temática capaz de desarrollarse en casi cuatro décadas aconsejó la indagación solo sobre aquella que parecía más vinculada con los valores en boga, o más distanciada y enfrentada con ellos. De allí que sucesos como la vida de los humildes, los juegos de azar, los procesos de enseñanza y aprendizaje propiamente tales, la influencia del templo y del cuartel, entre otras, no aparezcan ni siquiera abocetados, o apenas se toquen en forma somera. En todo caso, se ha hecho un trabajo de archivo que ha terminado por seleccionar un rico caudal de testimonios sobre los cuales no se había fijado la atención, y que han permitido una versión susceptible de sugerir pistas distintas para el seguimiento de los pasos de los antepasados. Lo que la labor incluye confirma cómo es posible una explicación diversa del ayer que pueda influir en el entendimiento de la actualidad, si los interesados quieren. Lo que ha dejado de lado puede ser un desafío que desemboque en un análisis más satisfactorio luego de que otros colegas lo perfeccionen; y cuando se utilice para despojarnos de las gríngolas desde cuya barrera solo se accede a un lectura deforme del compromiso con el país contemporáneo. Muchos sucesos ya no están desvanecidos. Ojalá sirva su restablecimiento.

CAPÍTULO I
ENTRADA CON BOLÍVAR

El pronóstico sobre el destino sombrío de la Independencia mana de quien fue su artífice. Basta mirar los testimonios escritos por Bolívar en 1828 y 1829 para presentir, no solo el fracaso de la gesta, sino también los compromisos que esperan a los venezolanos en el comienzo del período nacional. Todavía en la cúspide del poder, pero mirando el panorama desde una atalaya que le permite captar los problemas del presente y las miserias del futuro próximo, el Libertador sabe que está a punto de concluir el proceso iniciado en 1810. Las cartas que redacta inmediatamente antes de 1830, año del fin de su vida y de la desaparición de Colombia, pero también lapso en el cual se inauguran los entuertos del país archipiélago, son el prólogo cuya lucidez abre la puerta a los eventos de la autonomía y el camino a las explicaciones sustentadas en una lectura plausible de la realidad.

Debido a su posición de presidente de la República y al poder que aún resume en su persona por la autoridad detentada sobre un ejército triunfante, pero también debido a las posibilidades que su prestigio de estadista le dan para enterarse de la evolución de los acontecimientos, puede hacer un análisis susceptible de registrar con fidelidad el itinerario del derrumbe. Seguramente realiza exámenes contradictorios porque tiene la obligación de sembrar esperanzas en el ánimo de los colaboradores más apocados, o porque necesita eliminar a sus adversarios en un postrer intento de sobrevivencia; o porque, de súbito, siente que divisa la luz en el fondo del agujero. La literatura bolivariana de los años mencionados salta entre la depresión y la alegría, entre la debilidad y la fortaleza, entre sentimientos terminales y señales de resurrección, según las características del destinatario de su pensamiento. El político que no quiere desaparecer, pero que busca igualmente la salvación de una república que ha sido su aporte al concierto de las naciones, envía a cada cual las letras que convienen. Este sonar del redoblante según corresponda al oído de la personas a la cuales pretende mover a través de partituras especialmente compuestas para el caso puede provocar desconfianza sobre el contenido de los testimonios. Sin embargo, a la vez ofrece pistas para el encuentro de los más confiables.

La actitud del personaje no es sino el reflejo de un rasgo general, debido a que la sociedad posterior a los éxitos militares frente a España vive el salto de mata producido por las élites que buscan el poder, y por las presiones de un aluvión de episodios que emiten señales diversas y enfrentadas. Lo que es verdad hoy se vuelve mentira mañana. La conveniencia de la semana actual será el dislate de la quincena siguiente. La amistad y la enemistad de los soldados no son cosas permanentes, sino fenómenos tan inesperados como la dirección de los vientos. Escribiendo desde el centro de la Babel colombiana, Bolívar debe producir testimonios enmarañados. Pero no tanto como para que el historiador repita la confusión de las versiones que pretende reconstruir.

Luego de entender cómo debe el grande hombre tocar al son de las conveniencias y cómo la olla de grillos en la cual se consume colabora en la confusión, el historiador puede toparse con un conducto susceptible de llevar a una lectura equilibrada del asunto. Aun en medio del abigarramiento cuenta el productor de los testimonios con destinatarios que por su fidelidad a toda prueba, por el cargo público que ejercen y por el papel que parece ofrecerles el porvenir se convierten en recipiendarios de un diagnóstico alejado de lo acomodaticio en el cual se privilegian los datos esenciales. ¿Tienen sentido las mentiras, las omisiones, las tergiversaciones y las exageraciones, cuando el correo llega a las manos de Rafael Urdaneta y Daniel Florencio O'Leary? Leales servidores, oficiales que han demostrado sin vacilación su apoyo en circunstancias difíciles y que han probado la voluntad de seguir a su lado, los últimos ases en el escuálido mazo para jugar la apuesta colombiana pueden recibir la verdad sin cortapisas. Tampoco parece razonable que oculte el pensamiento en las misivas dirigidas a Etanislao Vergara. Le escribe a un funcionario alejado de murmuraciones y conjuras, el ministro de Relaciones Exteriores cuyo desvelo es el funcionamiento feliz de la diplomacia. Pero, ¿acaso no debe disfrazarse frente a José Antonio Páez, su adversario en Venezuela? Páez es el futuro sin remedio, la evidencia de los errores que se deben pagar, la voz de una comarca dispuesta a caminar en cualquier trance sin la muleta de su Libertador. Tal vez ante el futuro presidente del país natal pueda ser mayor la sinceridad, aunque también más dolorosa.

El encuentro de los canales a través de los cuales hace Bolívar circular datos verosímiles sobre la muerte de Colombia y el nacimiento de Venezuela no solo importa por la luz que arroja sobre los hechos específicos, sino especialmente porque comprende la decadencia de la una y el advenimiento de la otra como corolario de un negocio cuya única conclusión es la bancarrota frente a la cual debe pensarse en mejores oportunidades. La historia del país archipiélago que pretende presentarse en las páginas sucesivas usualmente se ha anunciado como un mal parto. Para no pocos estudiosos, la república surgida de los escombros colombianos es el resultado de la traición al Padre de la Patria. O, en el mejor de los casos, el producto de un cálculo realizado por la miopía de unos hombrecitos incapaces de comprender el valor de sus raíces. Tal parecer ha permitido la explicación de la cadena de supuestos fracasos que marca los primeros capítulos del período nacional.

El pecado de la traición al ideal integracionista y, muchísimo peor, del parricidio ejecutado por la generación fundacional en la persona de Simón Bolívar tuerce el derrotero de la sociedad hasta conducirla a extremos de postración, han llegado a afirmar. Aparte de impedir la comprensión de lo que sucede de veras en el arranque de la autonomía –materia de nuestro libro– echa sobre los hombros de los herederos de la Independencia una carga injusta e insoportable. Si consideramos que esos repúblicos fueron unos felones y unos políticos infelices, como han querido los voceros de la aludida interpretación, no solo torcemos la verdad del pasado en el cual encuentra origen la nación venezolana, sino que, en la perfección del disparate, también nos convertimos en sucesores de un vicio congénito y transmisible, de una maldad difícil de lavar. De allí que el testimonio al que acudimos sea el pórtico adecuado para entender la razón de ser de la sociedad que en breve caminará por rutas aventuradas. Esos senderos abruptos serán motivo suficiente de preocupación como para que se les añada la mácula de un nacimiento lamentable.

Ya en 14 de diciembre de 1828, el Libertador siente que las cosas marchan mal. No se atreve a tomar decisiones en materia internacional, debido a las nubes que oscurecen el panorama. Desde Bojacá, confiesa a Etanislao Vergara:

> Una conducta circunspecta y aun pasiva es preferible al presente. Un gobierno cuya posición es precaria y vacilante no puede tener miras extensas. Mañana u otro día sucederá otra administración a la presente, y ella o el congreso resolverán lo conveniente sobre los compromisos en que pueda empeñarse Colombia. Conforme a las condiciones que propongan serán o no aceptables; porque además de todo Ud. debe estar seguro de que nosotros no tenemos representación alguna en el día por causa de la guerra con los peruanos y de dos o tres motines militares que nos afligen por todas partes. Los extranjeros ven mejor que nadie las tendencias de las cosas

[...] Necesitamos de un grande esfuerzo y de un grande ejército para triunfar de todos; y entonces podremos decir sí o no, siempre seguros de que nuestra voz se cuenta por muy poco [...][1]

El estadista que había escrito sobre el nacimiento de una nación que cambiaría a la humanidad ahora duda de que, establecida ya en el mapa del continente, se consideren sus intereses en el concierto de las naciones. Ni siquiera ante la alternativa de que mejoren las cosas para el gobierno piensa en la adquisición de una posición digna para Colombia en el mundo. La endeblez de la autoridad asentada en Bogotá aconseja una actitud de inacción y expectativa, debido al conocimiento que se tiene en Europa sobre los apuros del régimen. La república no es una obligación de la autoridad, sino una decisión foránea debido a los aprietos de naturaleza militar que encuentran desenlace en elementos militares, esto es, en factores alejados de la trama institucional.

Una carta que escribe a Urdaneta cinco meses más tarde desde Buijó, cerca de Guayaquil, es un compendio de desilusiones. Aun cuando su destinatario acaba de comunicar buenas nuevas sobre la situación de Venezuela y sobre la satisfactoria marcha del proceso para la elección de representantes al congreso, se hunde en un mar de abatimiento desde el cual refiere en tono penumbroso la suerte de Hispanoamérica. No es solo la disolución de Colombia lo que mueve su pesadumbre.

> Hemos ensayado todos los principios y todos los sistemas y, sin embargo, ninguno ha cuajado, como dicen. El imperio de Méjico cayó y Guerrero ha hecho caer la federación. Guatemala ha caído en manos de sus enemigos y la han destruido. En Chile hay nuevas revoluciones; en Buenos Aires sucede lo mismo, y la del Perú

---

1 Carta de Simón Bolívar para Etanislao Vergara, ministro de Relaciones Exteriores, Bojacá, 14 de diciembre de 1828. Simón Bolívar, *Obras completas*, Caracas, Librería Piñango, 1982, tomo III, pp. 74-75.

es espantosa, a pesar de que nos tenga cuenta por causa de la guerra; pero no por eso deja de ser menos desordenada. En fin, la América entera es un tumulto, más o menos extenso. Por consiguiente, ¿qué cree Ud. que puede hacer ese pobre congreso? Dará una Constitución que nos gustará a todos; ¿y quién la garantiza? Ud. dirá que yo. ¿Quién responde de mi vida, ni de mi acierto, ni de las olas populares, ni de los traidores? Este es un caos, mi amigo, insondable y que no tiene pie ni cabeza, ni forma ni materia; en fin, esto es nada, nada, nada. Lo que acaba de suceder en Guatemala me tiene espantado. ¿Creerá Ud. que esos federales se matan unos a otros como si fueran caribes? Allí no hay realistas, ni centralistas ni vitalicios, y, sin embargo, la guerra es a muerte y exterminio. Desde luego una expedición española tomará el país, y es muy probable que todo el mundo se agregue a los españoles, porque unos y otros están desesperados, quiero decir, vencidos y vencedores. Lo que sucede en Guatemala sucederá en toda la América antes de cuatro años; y lo peor es que la Europa toda se pondrá de acuerdo con la España y conquistarán todo el país sin que puedan hacer resistencia los antiguos patriotas. Yo veo esto tan claro como la luz del día. Considero a Ud. tan comprometido con nuestros enemigos, que me atrevo a aconsejarle que venda lo poco que tenga y se vaya para Maracaibo a fines de año. Cada uno saldrá como pueda, pero Ud. no podrá salir bien de esa ciudad; y créame Ud. como si fuera el oráculo de la divinidad misma.[2]

En una primera lectura, el fragmento puede respaldar la tesis de la mala jugada que entonces se hace contra el fundador de la república que pronto desaparecerá hecha pedazos. Pareciera que, ni en Colombia ni en el vecindario se han seguido sus instrucciones y debe sobrevenir el consiguiente fracaso. No obstante, estamos frente a una confesión que involucra al arquitecto

---

2   Carta a Rafael Urdaneta, Buijó, al frente de Guayaquil, 5 de julio de 1829. *Ibidem*, pp. 236-237.

de la libertad y a quienes lo acompañaron en la fábrica. Según se desprende de sus letras, hubo un experimento de formas de gobierno y un proceso de divulgación de ideas que no condujeron a puerto seguro. Los regímenes establecidos no lograron el propósito de suplantar la autoridad del monarca. El pensamiento moderno no se impuso frente a los principios de la ortodoxia. Se carece de una armazón institucional que garantice la sobrevivencia del designio republicano. El apego a las ideologías es tan frágil que permite pronosticar cómo predominará la violencia, cómo la Constitución será un juguete en las manos de unos hombres balbuceantes y cómo podrá España recuperar con facilidad los dominios perdidos. El corolario de la Independencia es un caos sin valores que se respeten, sin un Estado de Derecho que importe de veras y sin una opinión uniforme en torno a las soluciones.

Pero es un caos sin aparente remedio. Bolívar forma parte del desconcierto, hasta el extremo de que parece negado a encontrar la alternativa de una desembocadura plausible. Cuando indica a su corresponsal y ferviente partidario que tome las de Villadiego, se diría que solo atina a pensar en el abandono del barco. Es así apenas en parte. Como vimos, aconseja a Urdaneta el arreglo de sus negocios en Bogotá y el retorno a Maracaibo, su tierra natal. Ciertamente le propone al amigo el remojo de la barba, pero no sugiere un manantial remoto. Si referimos el asunto a un problema que traspasa el ámbito de las relaciones personales, que supera el nexo entre el político preocupado por la mengua de su autoridad y la suerte del seguidor constante, observaremos que mira hacia Venezuela. No niega la inminencia de la hecatombe, pero tampoco está renuente ante la alternativa de una rectificación de los planes. Lo que está punto de perderse en la vastedad puede encontrar alicientes en una de sus parcialidades. ¿No está presintiendo cómo, ya cerca de las candelas del infierno, existe un purgatorio nacional desde cuyos aprietos puede intentarse el propósito de la enmienda?

No pasa una semana cuando insiste sobre la posibilidad en correspondencia para el ministro Etanislao Vergara. Lo que se presiente en la carta para Urdaneta, aparece con claridad ahora en un documento donde los cálculos se sobreponen a la melancolía.

Mi opinión es vieja, y por lo mismo creo haberla meditado mucho.
PRIMERO. No pudiendo yo continuar por mucho tiempo a la cabeza del gobierno, luego que yo falte, el país se dividirá en medio de la guerra civil y de los desórdenes más espantosos.
SEGUNDO. Para impedir daños tan horribles que necesariamente deben suceder antes de diez años es preferible dividir el país con legalidad, en paz y buena armonía.
TERCERO. Si los representantes del pueblo en el congreso juzgan que esta providencia será bien aceptada por éste, deben verificarlo lisa y llanamente, declarando al mismo tiempo, todo lo que es concerniente a los intereses y derechos comunes.
CUARTO. En el caso de que los representantes no se juzguen bastantemente autorizados para dar un paso tan importante, podrían mandar pedir el dictamen de los colegios electorales de Colombia, para que estos digan cual es su voluntad y sus deseos; y, conforme a ellos, dar a Colombia un gobierno.
QUINTO. No pudiéndose adoptar ninguna de estas medidas porque el congreso se oponga a ellas, en este extremo solamente debe pensarse en un gobierno vitalicio como el de Bolivia, con un senado hereditario como el que propuse en Guayana. Esto es todo cuanto podemos hacer para consultar la estabilidad del gobierno, estabilidad que yo juzgo quimérica entre Venezuela y Nueva Granada, porque en ambos países existen antipatías que no se pueden vencer. El partido de Páez y el de Santander están en este punto completamente de acuerdo, aunque el resto del país se oponga a estas ideas.
El pensamiento de una monarquía extranjera para sucederme en el mando, por ventajosa que fuera en sus resultados, veo mil inconvenientes para conseguirla:

PRIMERO. Ningún príncipe extranjero admitirá por patrimonio un principado anárquico y sin garantías.
SEGUNDO. Las deudas nacionales y la pobreza del país no ofrecen medios para mantener un príncipe y una corte miserablemente [*sic*].
TERCERO. Las clases inferiores se alarmarán, temiendo los efectos de la aristocracia y de la desigualdad.
Y CUARTO. Los generales y ambiciosos de todas condiciones, no podrán soportar la idea de verse privados del mando supremo.[3]

La carta es de julio de 1829, data en la cual reconoce la existencia de un desorden que solo puede detenerse a través de un sistema parecido a la monarquía, o de una administración lo suficientemente dotada de autoridad y de plazo para su ejercicio como para que inicie un proceso susceptible de controlar los impulsos partidarios que se han desbocado. Pero prefiere la disolución pacífica del Estado, antes de atreverse a imponer una administración más enfática. Las circunstancias lo llevan a pensar como Santander y como Páez, quienes encabezan, no solo las banderías que pretenden la disolución, sino también dos antagonismos regionales que jamás encontrarán el desenlace de la concordia. Para impedir la conflagración doméstica, pero también con el propósito de evitar que los acontecimientos lo arrollen junto con su república, quiere orientar las disidencias para que logren sus objetivos a través de las instituciones.

Está tan convencido de la inminencia de la desmembración que se detiene a pensar en la alternativa de la monarquía sin rechazarla porque se trate de un problema esencial de valores. Al principio sugiere que será un pésimo negocio para los candidatos a coronarse, considerados el deterioro de la economía y la situación de fragmentación política. Luego examina dos tipos de trabas, una de las cuales apenas toca el problema de la

---

3 Carta para el doctor Etanislao Vergara, Campo de Buijó, 13 de julio de 1829. *Ibid.*, pp. 246-247.

contradicción principista que seguramente producirá: el pueblo puede sentirse burlado por el retorno a los usos de la sociedad oligárquica, después de tantos años de prédicas republicanas y de mil batallas por imponerlas. El otro argumento no puede estar más apegado a la realidad en sentido práctico: los hombres de armas no permitirán la burla de sus ambiciones.

El análisis pudo moverse por el resorte de los episodios cercanos, pero obedece a una reflexión profunda. «Mi opinión es vieja, y por lo mismo creo haberla meditado mucho», declara Bolívar en el encabezamiento del documento. Tiene tiempo pensando en el fracaso de Colombia y en su sosegado entierro, según propia confesión. El texto fechado en 13 de julio de 1829 recoge un diagnóstico sopesado desde la experiencia de un ensayo que poco a poco se viene desmoronando. No solo lo comprobamos porque lo asegura el firmante de la correspondencia, sino también por la memoria que hace de los planes de gobierno que esbozó hace diez años en Guayana. El hombre que termina coincidiendo, aunque a regañadientes, con los intereses de los grupos venezolanos y neogranadinos cuyo objetivo es el regreso a las primeras configuraciones republicanas dirige la memoria a los planes que propuso en las orillas del Orinoco ante la reunión del Congreso de Angostura, cuando está a punto de nacer Colombia. Ahora, cuando la gran nación sucumbe, los refiere de nuevo. Conviene detenerse en sus ideas de entonces, no solo porque él ahora las reviste de actualidad, sino porque de ellas mana un punto de vista susceptible de explicar el gatuperio que espera a Venezuela después de 1830.

Como acaba de escribir a Vergara, plantea en Angostura la presidencia vitalicia y el senado hereditario a los que solo puede acudirse en el día *in articulo mortis*. Pero, ¿por qué Bolívar quería en 1819 esas formas de gobierno que en última instancia podían servir de salvavidas en 1829? Veamos cómo observa originalmente la situación de los futuros ciudadanos:

Uncido el pueblo americano al triple yugo de la ignorancia, de la tiranía y del vicio, no hemos podido adquirir ni saber, ni poder, ni virtud. Discípulos de tan perniciosos maestros, las lecciones que hemos recibido y los ejemplos que hemos estudiado, son los más destructores. Por el engaño se nos ha dominado más que por la fuerza; y por el vicio se nos ha degradado más bien que por la superstición. La esclavitud es la hija de las tinieblas; un pueblo ignorante es un instrumento ciego de su propia destrucción; la ambición, la intriga, abusan de la incredulidad y de la inexperiencia de hombres ajenos de todo conocimiento político, económico o civil; adoptan como realidades las que son puras ilusiones; toman la licencia por la libertad, la traición por el patriotismo, la venganza por la justicia. Semejante a un robusto ciego que, instigado por el sentimiento de sus fuerzas, marcha con la seguridad del hombre más perspicaz, y dando en todos los escollos no puede rectificar sus pasos. Un pueblo pervertido si alcanza su libertad, muy pronto vuelve a perderla; porque en vano se esforzarán en mostrarle que la felicidad consiste en la práctica de la virtud; que el imperio de las leyes es más poderoso que el de los tiranos, porque son más inflexibles, y todo debe someterse a su benéfico rigor; que las buenas costumbres, y no la fuerza, son las columnas de las leyes; que el ejercicio de la justicia es el ejercicio de la libertad. Así, legisladores, vuestra empresa es tanto más ímproba cuanto que tenéis que constituir a hombres pervertidos por las ilusiones del error y por incentivos nocivos. La libertad, dice Rousseau, es un alimento suculento pero de difícil digestión. Nuestros débiles conciudadanos tendrán que enrobustecer su espíritu mucho antes que logren digerir el saludable nutritivo de la libertad. Entumidos sus miembros por las cadenas, debilitada su vista en las sombras de las mazmorras, y aniquilados por las pestilencias serviles, ¿serán capaces de marchar con pasos firmes hacia el augusto Templo de la Libertad? ¿Serán capaces de admirar de cerca sus espléndidos rayos y respirar sin opresión el éter puro que allí reina?[4]

---

4 Discurso de Angostura, Angostura, 15 de febrero de 1819. *Doctrina del Libertador*, Prólogo

Partiendo de lo que ha observado en Venezuela y en otras latitudes del continente, el arquitecto de Colombia no tiene dificultad en pregonar la causa de los males que distorsionarán el futuro: la incapacidad de los hombres que deben ejercer el inédito rol de la ciudadanía. Según Bolívar, la república es en nuestro predicamento casi una imposibilidad debido a las carencias de los individuos para cuya salvaguarda se quiere levantar una prometedora mansión. Tales individuos no habitarán con propiedad en su seno. Habla de una congregación de sujetos incompetentes para el ejercicio de las cualidades sin las cuales deviene imposible el funcionamiento del designio regenerador que encabeza. Leyendo desde la tribuna del parlamento un texto que ha debido ocuparle un lapso de meditación, un discurso que debe pronunciar frente a la representación nacional convocada para que redacte una nueva Constitución, descubre la existencia de una libertad sin partidarios conscientes y denuncia el gigantesco valladar de una virtud republicana sin personas que la profesen. La atribución de las limitaciones no parte de una descalificación relacionada con la naturaleza de los destinatarios del plan, sino de un impedimento de origen histórico. La formación de los destinatarios del plan conspira contra la transformación. La historia impide que los hombres quienes han sido vasallos durante tres siglos, se conviertan de buenas a primeras en republicanos cabales. Las aptitudes reclamadas por la revolución difícilmente se desarrollarán en el carácter de un pueblo acostumbrado a las disposiciones de un régimen hermético frente a los tirones de la modernidad.

Las palabras se pronuncian en la víspera de la escritura de la Carta Magna. En consecuencia, no son unos elementos esencialmente retóricos, sino consejos para que los competentes enseñen a los ineptos, para que un elenco de notables destierre

---

de Augusto Mijares; Compilación, notas y cronología de Manuel Pérez Vila, Caracas, Biblioteca Ayacucho, 1976, p. 105.

los males de trescientos años que se han adherido a la personalidad del pueblo. Habla así ante el congreso porque considera que desde 1811 se ha hecho poco desde la cúpula para mejorar una situación que los padres fundadores se atreven a comentar en privado, sin dar el paso de declararlo en las asambleas para poner manos a la obra:

> Estoy penetrado de la idea de que el Gobierno de Venezuela debe reformarse; y que aunque muchos ilustres ciudadanos piensan como yo, no todos tienen el arrojo necesario para profesar públicamente la adopción de nuevos principios. Esta consideración me insta a tomar la iniciativa en un asunto de la mayor gravedad, y en que hay sobrada audacia en dar avisos a los consejeros del pueblo.[5]

Pero tal vez los consejeros del pueblo a quienes apela no hayan advertido la profundidad del problema ni la necesidad de convertirse en los padres severos y distantes que su interlocutor llega a proponer, debido a que finalmente no aceptan las sugerencias.

Una de ellas es el establecimiento del senado hereditario, sobre cuya urgencia argumenta como puede verse de seguidas:

> Debemos confesarlo: los más de los hombres desconocen sus verdaderos intereses, y constantemente procuran asaltarlos en las manos de sus depositarios: el individuo pugna contra la masa, y la masa contra la autoridad. Por tanto, es preciso que en todos los gobiernos exista un cuerpo neutro que se ponga siempre de parte del ofendido y desarme al ofensor. Este cuerpo, para que pueda ser tal, no ha de deber su origen a la elección del gobierno, ni a la del pueblo; de modo que goce de una plenitud de independencia que ni tema ni espere nada de esas dos fuentes de autoridad. El Senado

---

5 *Ibidem*, p. 107.

hereditario como parte del pueblo, participa de sus intereses, de sus sentimientos y de su espíritu. Por esa causa no se debe presumir que un Senado hereditario se desprenda de los intereses populares, ni olvide sus deberes legislativos. Los Senadores en Roma y los Lores en Londres han sido las columnas más firmes sobre las que se ha fundado el edificio de la libertad política y civil.[6]

Los venezolanos de entonces no pueden vivir en libertad ni practicar la civilidad moderna debido a la ignorancia de aquello que les conviene. Pero ha de ser una ignorancia medular, susceptible de conducirlos, por una parte, a ciegos combates contra el derecho de cada quien y contra el gobierno que los representa; y por la otra, a la necesidad de un control que no provenga de su seno y que solo advierte el líder audaz que se atreve a confesarlo en público. Es tal la indigencia de principios y de costumbres republicanas que el destino de la sociedad debe entregarse al arbitrio de una especie de cónclave integrado por sujetos parecidos a los ángeles.

Ningún estímulo puede adulterar un Cuerpo Legislativo investido de los primeros honores, dependiente de sí mismo sin temer nada del pueblo ni esperar nada del Gobierno; que no tiene otro objeto que el de reprimir todo principio de mal y propagar todo principio de bien; y que está altamente interesado en la existencia de una sociedad en la cual participa de sus efectos funestos o favorables. [...] no solo sería un baluarte de la libertad, sino un apoyo para eternizar la República.[7]

La masa incompetente debe someterse a un elenco de consejeros perfectos que no nacerán de su seno –de la ineptitud extrema no puede salir el inmaculado juicio que adornará a los

---

6 *Ibid.*, pp. 114-115.
7 *Ibid.*, p. 116.

senadores hereditarios–, sino de una instancia diversa en la cual se formen para convertir en rutina el predominio de las virtudes y el combate de los vicios. No incumbe al objeto de nuestra investigación la crítica del *Discurso de Angostura*. Apenas se intenta el comentario de contados fragmentos, por el hecho de que Bolívar refiere sus soluciones cuando enfrenta la última crisis de Colombia. Queda para otro lugar, pues, la obligación de analizar con mayor detenimiento el club de serafines alejados de la gente sencilla que se propone como remedio en 1819. Ahora solo parece necesario llamar la atención en torno a cómo Bolívar, cuando acude al antídoto de la década antecedente, debe sentir que no ha variado el predominio de las falencias que ha pretendido cubrir con el trabajo de un equipo de cuño aristocrático. O también con la siembra de las virtudes ciudadanas a través de una peculiar y desmedida intromisión en la vida de las personas.

El Libertador llega a proponer en Angostura el establecimiento de un cuarto poder dedicado a la instrucción de los venezolanos, pero no se trata de la creación de escuelas de rudimentos que ha destacado la miopía de muchos observadores posteriores, ni del interés por la multiplicación de los procesos de enseñanza y aprendizaje usualmente considerados como tales. La angustia que le provoca la falta de virtudes y de principios cívicos en el pueblo lo conduce al extremo de buscar la manera de levantar una fábrica compulsiva de republicanos.

> La educación popular debe ser el cuidado primogénito del amor paternal del Congreso. Moral y luces son los polos de una República, moral y luces son nuestras primeras necesidades. Tomemos de Atenas su Areópago, y los guardianes de las costumbres y de las leyes; tomemos de Roma sus censores y sus tribunales domésticos; y haciendo una santa alianza de estas instituciones morales, renovemos en el mundo la idea de un pueblo que no se contenta con ser libre y fuerte, sino que quiere ser virtuoso. Tomemos de Esparta

sus austeros establecimientos, y formando de estos tres manantiales una fuente de virtud, demos a nuestra República una cuarta potestad cuyo dominio sea la infancia y el corazón de los hombres, el espíritu público, las buenas costumbres y la moral republicana. Constituyamos este Areópago para que vele sobre la educación de los niños, sobre la instrucción nacional; para que purifique lo que se haya corrompido en la República; que acuse la ingratitud, el egoísmo, la frialdad del amor a la patria, el ocio, la negligencia de los ciudadanos; que juzgue de los principios de corrupción, de los ejemplos perniciosos; debiendo corregir las costumbres con penas morales, como las leyes castigan los delitos con penas aflictivas, y no solamente lo que choca contra ellas, sino lo que las burla; no solamente lo que las ataca, sino lo que las debilita; no solamente lo que viola la Constitución, sino lo que viola el respeto público. La jurisdicción de este Tribunal verdaderamente santo, deberá ser efectiva con respecto a la educación y a la instrucción; y de opinión solamente en las penas y castigos.[8]

Quiere una fiscalía de las costumbres que vigile los hábitos de las personas y tache la conducta de las criaturas descarriadas, para que al fin exista una moralidad compartida por la sociedad y convertida en pilar de la república, que no puede existir sin unos censores ocupados de corregir los hábitos y purificar los sentimientos del pueblo. De la inoculación de cualidades que propone, una inoculación proclamada en nombre de la virtud y dispuesta desde una cúpula inaccesible, se desprende la orfandad de republicanismo que advierte. Ha de ser gigantesca, para que llegue al atrevimiento de buscar el juicio y el castigo en asuntos tan difíciles de tasar y tan íntimamente ligados al patrimonio de cada cual, en términos republicanos y en una sociedad respetuosa de las inmunidades individuales, como el patriotismo,

---

8 *Ibid.*, pp. 121-122.

el entusiasmo, el egoísmo, la pereza y la dejación de las responsabilidades. El Poder Moral desde el cual se realizaría el azaroso inventario podía llegar a comprometedores actos de inquisición. Un conjunto de padres de familia, escogidos porque han sembrado virtudes entre su descendencia y han servido al gobierno con pulcritud[9], estaría autorizado para la ejecución de actos como el siguiente:

> Proclamar con aplauso en las juntas de que se ha hablado arriba [círculos de patriarcas seleccionados por el Congreso] los nombres de los ciudadanos virtuosos, y las obras maestras de moral y educación. Pregonar con oprobio e ignominia los de los viciosos, y las obras de corrupción y de indecencia; y designar a la veneración pública los institutores e institutrices que hayan hecho mayores adelantamientos en sus colegios.[10]

Acaso movidos por la consternación, los diputados de Angostura rechazaron el plan. El congreso lo consideró «como de muy difícil establecimiento y en los tiempos presentes absolutamente impracticable», pero dispuso que se imprimiera como un apéndice de la Constitución. Quería que los sabios del mundo opinaran sobre el punto, sin establecer fecha para una futura discusión.[11] No resulta peregrino imaginar cómo repugnó a los representantes la posibilidad de que unos individuos supuestamente perfectos arrojaran la reputación de muchos ciudadanos a la carnicería de la vindicta pública. En todo caso, nadie entre los miembros de la representación nacional estuvo dispuesto a allanar el camino para la clasificación de los individuos en atención a sus excelencias y a sus miserias personales, ni a aprobar la distribución de los premios y los castigos correspondientes al inhabitual examen

---

9   *Ibid.*, p. 128.
10 *Ibid.*, p. 130.
11 *Ibid.*, p. 127.

que proponía el estadista angustiado por la existencia de un erial de prendas cívicas.

En lugar de profundizar en las sugerencias de Angostura, ahora parece pertinente interrogarse sobre las razones que mueven a Bolívar a referir la iniciativa cuando Colombia está punto de desaparecer. ¿Por qué el recuerdo del senado hereditario? ¿Porque piensa otra vez, aunque solo como último escudo, en el colegio de areopagitas que no pasó el filtro de 1819? Aparte de descubrir la infructuosa siembra de virtudes que ha impedido la consolidación del Estado, la respuesta es un prólogo para la comprensión de la futura Venezuela. Ni en el arranque ni después de un tránsito de dos décadas se ha hecho el trabajo de crear ciudadanos. Si tal es el problema que cavará la tumba de Colombia, según su gobernante, es evidente que persistirá en la jurisdicción que proclama su autonomía en 1830. El diagnóstico de Bolívar no solo se ocupa de los problemas del presente, pues, sino que también anticipa los retos que enfrentará su comarca natal cuando inicie la ruta a solas. Porque, para él, la desaparición del gran Estado no significa el fin. Mientras entiende que no puede deshilvanar la madeja colombiana, piensa en la alternativa de encontrar una solución en las jurisdicciones que la han formado. De allí que relacionemos con el destino nacional sus observaciones previas al desastre. De allí que veamos los problemas de Colombia no solo como un tema que incumbe a su propio descalabro, sino también como una herencia de la familia arruinada que deberá administrar la rama venezolana de la parentela. O también la de la Nueva Granada, si se mira desde su perspectiva. Pero volvamos a las vísperas del primer desenlace para descubrir su manejo de la situación.

De nuevo escribe a un hombre de confianza, Rafael Urdaneta, tras la búsqueda de salidas nacionales. Redacta la misiva en 13 de junio de 1829.

Escribo al señor Vergara diciéndole redondamente lo que pienso y deseo. No me he parado en pelillos y le aconsejo que procure que se divida el país en el congreso próximo. La Nueva Granada puede quedar entera, y mis amigos que son infinitos, pueden tomar la preponderancia. [...] Si se aprovecha este momento de triunfo en que estamos, mis amigos pueden hacer lo que quieran en la Nueva Granada, porque son muchos y están unidos, pero si no aprovechan esta oportunidad, después serán batidos [...]

Esto es lo que conviene, mi amigo, al país, a Ud. y a mí. Digo a Ud., porque, aunque es el más comprometido, no deja de tener retirada en el día. Si Ud. no quiere salir de Colombia, váyase Ud. a Caracas y ayude Ud. a Páez a reunir las opiniones de Venezuela. [...] Siendo necesario iré también a Venezuela a ayudar a mis amigos a constituir el país. Páez puede hacer un excelente jefe si todos lo ayudamos. Autorizo a Ud. para que avise a Montilla mi opinión.[12]

El presidente de Colombia abre el camino para la fundación de la Nueva Granada y Venezuela. Aparte de dejar pésimamente parada la tesis del nacimiento deforme de nuestra nacionalidad y la anexa doctrina del parricidio, plantea la formación del Estado Nacional que pronto será una realidad y una permanencia, como la búsqueda de una solución ajustada a las necesidades de los detentadores del poder. Está tan convencido del parecer que lo comunica a los acólitos inobjetables. En el fondo habla de la continuidad del establecimiento, con el objeto de evitar una temida tabla rasa.

En carta que dirige luego de dos meses a O'Leary, se extiende en la justificación del proyecto.

Los ciudadanos que tienen el mando, la influencia y la preponderancia, son los mismos que me han acompañado en los sacrificios de

---

12 Carta de Simón Bolívar para Rafael Urdaneta, Campo de Buijó, frente a Guayaquil, 13 de julio de 1829. *Obras completas*, tomo III, pp. 249-250.

la guerra y de los trabajos domésticos. Ellos están en todo su vigor y fuerza moral; se hallan revestidos de la autoridad pública; poseen los medios necesarios para sostenerla; y la opinión más general los acompaña y ayuda a salvar la patria. Estos personajes están gozando ahora de juventud y de vigor intelectual; por lo mismo, pues, tienen la capacidad que se requiere para defender el estado y su propio puesto. No será así dentro de cuatro o seis años más; ellos serán entonces lo que yo soy ahora; la edad les aniquilará y les someterá a merced de sus enemigos, o bien de sus sucesores. Llegada aquella época faltaría yo indefectiblemente, y conmigo todos los que me apoyan. Por consiguiente, faltarían de repente todas las columnas de este edificio y su caída sería mortal para los que estarían debajo. ¿Qué remedio habría que aplicar a tamaño mal? ¿No quedaba la sociedad disuelta y arruinada juntamente? ¿No sería esto el mayor estrago posible? En verdad que sí; mejor, pues, me parece preparar con anticipación esta catástrofe que no se puede evitar aunque se hicieran esfuerzos sobrenaturales.

La fuerza de los sucesos y de las cosas impele a nuestro país a este sacudimiento, o llámese mudanza política. Yo no soy inmortal; nuestro gobierno es democrático y electivo. De contado las variaciones que se puedan hacer en él no han de pasar de la línea de provisorias; porque hemos de convenir en que nuestra posición o estado social es puramente interino. Todos sabemos que la reunión de la Nueva Granada y Venezuela existe ligada únicamente por mi autoridad, la cual debe faltar ahora o luego, cuando quiera la Providencia, o los hombres. No hay nada tan frágil como la vida de un hombre: por lo mismo, toca a la prudencia precaverse para cuando llegue ese término. Muerto yo, ¿qué bien haría a esta república? Entonces se conocería la utilidad de haber anticipado la separación de estas dos secciones durante mi vida; entonces no habría mediador, ni amigo ni consejero común. Todo sería discordia, encono, división.[13]

---

13 Carta de Simón Bolívar para Daniel Florencio O'Leary. Guayaquil, 13 de septiembre de 1829. *Ibidem*, p. 314.

El argumento parte del reconocimiento de un par de duras realidades que ya ha revelado a los corresponsales, pero que ahora remacha sin vacilación. La primera:

> Si he de decir mi pensamiento, yo no he visto en Colombia nada que parezca gobierno ni administración ni orden siquiera. Es verdad que empezamos esta nueva carrera y que la guerra y la revolución han fijado toda nuestra atención en los negocios hostiles. Hemos estado como enajenados en la contemplación de nuestros riesgos y con el ansia de evitarlos. No sabíamos lo que era gobierno y no hemos tenido tiempo para aprender mientras nos hemos estado defendiendo. Mas ya es tiempo de pensar en reparar tantas pérdidas y asegurar nuestra existencia nacional.
> El actual gobierno de Colombia no es suficiente para ordenar y administrar sus extensas provincias. El centro se halla muy distante de las extremidades. En el tránsito se debilita la fuerza y la administración central carece de medios proporcionados a la inmensidad de sus atenciones remotas. Yo observo esto cada instante. No hay prefecto, no hay gobernador que deje de revestirse de la autoridad suprema y, las más veces, por necesidades urgentes. Se podría decir que cada departamento es un gobierno diferente del nacional, modificado por las localidades y las circunstancias particulares del país, o del carácter personal. Todo esto depende de que el todo no es compacto. La relajación de nuestro lazo social está muy lejos de uniformar, estrechar y unir las partes distantes del estado. Sufrimos, sin poderlo remediar, tal desconcierto, que sin una nueva organización el mal hará progresos peligrosos.[14]

La segunda, como corolario:

> El congreso constituyente tendrá que elegir una de dos resoluciones únicas que le quedan en la situación de las cosas:

---

14 *Ibidem*, p. 316.

1ª. La división de la Nueva Granada y Venezuela.
2ª. La creación de un gobierno vitalicio y fuerte.

En el primer caso la división de estos dos países debe ser perfecta, justa y pacífica. Declarada que sea, cada parte se reorganizará a su modo y tratará separadamente sobre los intereses comunes y relaciones mutuas. Yo creo que la Nueva Granada debe quedar íntegra, para que pueda defenderse por el Sur de los peruanos y para que Pasto no venga a ser su cáncer. Venezuela debe quedar igualmente íntegra, tal como se hallaba antes de la reunión.

Por más que se quiera evitar este evento, todo conspira a cumplirlo. Muchos inconvenientes tiene en sí mismo; mas, ¿quién puede resistir al imperio de las pasiones y de los intereses más inmediatos? Yo no veo el modo de suavizar las antipatías locales y de abreviar las distancias enormes. En mi concepto, estos son los grandes obstáculos que se nos oponen a la formación de un gobierno y de un estado solo. Siempre hemos de venir a caer en este escollo, y toca a nuestro valor franquearlo con resolución. Fórmense dos gobiernos ligados contra los enemigos comunes, y conclúyase un pacto internacional que garantice las relaciones recíprocas: lo demás lo hará el tiempo, que es pródigo en recursos.[15]

Hacia el final del pliego coquetea con la idea de una presidencia vitalicia y habla de las ventajas que supone la conservación del *status*[16], pero ya ha arrojado demasiados fertilizantes en el solar de las rectificaciones. Según su opinión, Colombia desaparecerá por los esfuerzos dedicados a la guerra, susceptibles de impedir la atención de las exigencias sociales; por la vastedad de un territorio cuyo dominio es imposible y por malquerencias regionales. Pero desea que muera en paz. Bolívar quiere escribir el testamento de la república, con el objeto de evitar desastres mayores a los que ya se sufren. En el empeño se hace partidario

---

15 *Ibid.*, p. 316.
16 *Ibid.*, p. 317.

de la desmembración, hasta el punto de que puede decirse que a poco los partidos consuman la obra como si hubiera estado él mismo manipulando la batuta de los desencuentros.

Solo que, más que destruir, quiere reparar. Cree que Colombia ha formado un grupo de líderes capaces de orientar los intereses de cada parcialidad. En consecuencia, más bien habla de continuidad que de un divorcio traumático. Las ideas que no han florecido en la república grande pueden aclimatarse en la Nueva Granada. Las influencias benéficas que apenas se abocetaron crecerán y se multiplicarán en Venezuela. La tarea que no se pudo cumplir en la dilatada geografía encontrará vías expeditas en cada una de las jurisdicciones que no aparecerán como criaturas rebeldes ante la madre nutricia, ni como recíprocos antagonistas, sino como hijos de un mismo tronco dispuestos a encontrar una felicidad más accesible.

Pero el Libertador piensa en una rectificación profunda. De lo contrario, no hubiera escrito a Páez, el mismo día que envió a O'Leary la correspondencia comentada, unas frases como las siguientes:

> Ha llegado el caso en que Venezuela se pronuncie sin atender a consideración alguna más que al bien general. Si se adoptan medidas radicales para decir lo que verdaderamente Uds. desean, las reformas serán perfectas y el espíritu público se cumplirá. El comercio abrirá sus fuentes y la agricultura será atendida sobre toda cosa. En fin, todo se hará como Uds. lo quieran. Como este congreso es admirable no hay peligro en pedir lo que se quiera y él sabrá cumplir con su deber decidiendo de los negocios con sabiduría y calma. Nunca se ha necesitado de tanta como en esta ocasión, pues se trata nada menos que de constituir de nuevo la sociedad o, por decirlo así, darle una existencia diferente.[17]

---

17 Carta de Simón Bolívar para José Antonio Páez, Guayaquil, 13 de septiembre de 1839. *Ibidem*, p. 320.

Plantea la reforma radical dentro del marco de las instituciones, pero alimenta las pretensiones venezolanas. No en balde toca el punto de los intereses que convienen a los propietarios cercanos al Centauro –la agricultura y el comercio, por ejemplo–, para animar una metamorfosis tan, pero tan grande, que se atreve a hablar de «existencia diferente». Aunque buscando que las aguas no circulen fuera del cauce del congreso, el capitán de la nave bendice el itinerario buscado para otra navegación. En alguna parte de sus cartas ha pensado con optimismo, pudiera juzgarse, debido a que parece contar con la asistencia de personas capaces de lograr la desmembración pacífica y la plausible marcha de las jurisdicciones que recobrarán sus demarcaciones políticas de 1810. Sin embargo, el hecho de insistir en el desarreglado manejo de la administración, problema que observa como una constante de los negocios colombianos; y debido a que solo habla de sus partidarios civiles y sus capitanes fieles cuando se anima a mirar con buenos ojos a los testigos de su crepúsculo, obliga a pensar de nuevo sobre el parecer. La consideración de las acotaciones aludidas conduce a entender cómo, en el fondo, no está seguro de que haya un grupo de dirigentes gracias a cuyo impulso se logre la «existencia diferente» con la cual anima a Páez. El punto es importante, debido a que ayudará a explicar los vaivenes de Venezuela en el futuro próximo.

De cómo ha visto desde mucho antes la urgencia provocada en la república por la falta de líderes capaces informa la conocida carta que escribe en 10 de julio de 1825 a Esteban Palacios, uno de sus tíos, de quien había perdido el rastro en la conmoción de la Guerra a Muerte. En apariencia es solo una desgarradora declaración familiar, pero sale del ámbito de la parentela en cuanto recoge la tragedia que se cierne sobre el país a partir de 1812 y que será el prólogo de los embarazos de 1830. Estudiemos de nuevo la trajinada fuente.

Mi querido tío, Ud. habrá sentido el sueño de Epiménides: Ud. ha vuelto de entre los muertos a ver los estragos del tiempo inexorable, de la guerra cruel, de los hombres feroces. Ud. se encontrará en Caracas como un duende que viene de la otra vida y observará que nada es de lo que fue.

Ud. dejó una dilatada y hermosa familia: ella ha sido segada por una hoz sanguinaria: Ud. dejó una patria naciente que desenvolvía los primeros gérmenes de la creación y los primeros elementos de la sociedad; y Ud. lo encuentra todo en escombros... todo en memorias. Los vivientes han desaparecido: las obras de los hombres, las casas de Dios y hasta los campos han sentido el estrago formidable del estremecimiento de la naturaleza. Ud. se preguntará a sí mismo ¿dónde están mis padres, dónde mis hermanos, dónde mis sobrinos?... Los más felices fueron sepultados dentro del asilo de sus mansiones domésticas; y los más desgraciados han cubierto los campos de Venezuela con sus huesos, después de haberlos regado con su sangre, por el solo delito de haber amado la justicia. Los campos regados por el sudor de trescientos años, han sido agostados por una fatal combinación de los meteoros y de los crímenes. ¿Dónde está Caracas? se preguntará Ud. Caracas no existe; pero sus cenizas, sus monumentos, la tierra que la tuvo, han quedado resplandecientes de libertad; y están cubiertos de la gloria del martirio. Este consuelo repara todas las pérdidas, a lo menos, este es el mío; y deseo que sea el de Ud.[18]

Ahora el lector debe mirar hacia los salones de la casa de los Bolívar y los Palacios, mas puede luego reflexionar sobre la suerte de los habitantes de mansiones parecidas y sobre la carga llevada por otros de domicilios más humildes que pasaron la misma adversidad. El detenerse en la desgracia de los linajes mantuanos da cuenta de la desaparición de una clase social

---

18 Carta de Simón Bolívar para Esteban Palacios, Cuzco, 10 de julio de 1825. *Ibid.*, tomo II, pp. 165-166.

poseedora de los recursos materiales de mayor valor, relacionada con la cultura tradicional y con el pensamiento moderno, acostumbrada al gobierno doméstico, respetada por los estratos inferiores durante el período colonial, próxima al ascendiente de la Iglesia, vinculada con el exterior y motivo de los episodios que desembocan en el ensayo republicano. El predicamento del tío Esteban Palacios, multiplicado por cien, proclama la falta de un elenco de individuos dotados para la función de gobernar después de la liquidación de la monarquía. A la altura de 1825, la guerra deja al país sin la experiencia de la aristocracia metamorfoseada en estamento insurgente, que podía, acaso como ninguno de los otros sectores de la sociedad, manejarse con propiedad en la gerencia de un destino incierto. Pero lo mismo ha sucedido con numerosos letrados blancos de menor abolengo, cuya carrera había despuntado en las postrimerías coloniales; con los pardos enriquecidos hacia finales del siglo XVIII, con los artesanos que entonces asomaban como un factor de peso en las poblaciones y con los hombres humildes que trabajaban la tierra de los patrones como siervos asalariados o como mano de obra esclava. La «hoz sanguinaria» que evoca Bolívar no ha tenido miramientos. No solo don Esteban Palacios es el gnomo que regresa de un embrujo a sentir «que nada es de lo que fue». Lo mismo pudo sucederle al propietario de piel oscura y a los hijos del dependiente más pobre, debido al desarrollo de una violencia capaz de acabar con la vida, según se había vivido en el pasado hispánico.

La carta refiere el predominio de unos «hombres feroces», en cuyas manos se perdieron las obras materiales y espirituales de los antepasados. Debido a las hostilidades, ha saltado a la escena un protagonista desconocido cuyas reglas deben ser distintas a las habituales. No es el antiguo dueño de vidas y haciendas escogido por Dios y consentido por la administración regia, ni el burócrata que atiende trámites corrientes, ni el hombre común cuya suerte ha dependido de respetar las regulaciones de la colectividad estamentaria, ni el actor convencido de las ventajas de la revolución. La fractura del orden colonial ha creado a un sujeto que vive de sus obras violentas sin sujetarse a las normas, viendo cómo sostiene la estrella personal en una perversa estrategia de sobrevivencia y ascenso. En el mejor de los casos puede acomodarse a la situación obedeciendo a la autoridad en ascenso y reverenciando las nuevas jerarquías militares, o es capaz de entusiasmarse con unas ideas debido a cuya influencia se van formando unos ejércitos cada día más numerosos y competentes, pero es una fuerza inédita con la cual se debe contar en lo adelante y debido a cuya actividad, de acuerdo con Bolívar, han quedado convertidas en escombros la rutina antigua y las intenciones de suplantarla. Es evidente que, si consideramos cómo tales personajes no desaparecen en la contienda, sino que, al contrario, pretenden mantenerse en el candelero, tendremos avisos elocuentes sobre los enredos que esperan a la república de 1830.

El documento llega al extremo de reconocer la bonanza que existía en las vísperas de la revolución, para lamentar cómo la riqueza trabajada durante tres siglos fue borrada por un huracán que apenas sopló en dos décadas. Las guerras y el terremoto de 1812 trocaron la abundancia en indigencia, según el Libertador. Pero, aparte de don Esteban Palacios, son muchos los que no se pueden reconocer en la estrechez que encuentran. Otros exiliados han debido espantarse frente a los resultados de la Independencia, capaces de llevarlos a pensar en la necesidad de un golpe de timón que incluía la alternativa de librarse de los responsables de la catástrofe. Los propietarios y los hombres de armas establecidos en la comarca, una de cuyas quejas ha sido la dificultad de influir las decisiones del poder central radicado en Bogotá, también deben encontrar incentivos y pretextos en el escombro que desfila ante sus ojos. Y un reto, desde luego. Si la situación es como la describe a su tío el informado sobrino, una descripción que más adelante ratifica cuando insiste sobre las limitaciones de Colombia, ya estamos pesando en balanza puntual la inopia que marcará a la posteridad.

Tomar anticipadamente la medida de la situación, utilizando como rasero las matemáticas bolivarianas, tal vez permitirá que miremos con ojos apacibles las señales del país archipiélago. También con unos ojos desprevenidos que no se empeñen en rebuscar dentro del período de iniciación el pecado original que no existe. También con unos ojos más justos que intenten, cuando sea menester, una distribución equitativa de responsabilidades dentro del proceso uno y único que significó el establecimiento de la república. Quizá gracias a esta aproximación orientada por el protagonista fundamental de lo que ya ha sucedido cuando debe comenzar la materia del presente libro, y quien finalmente se mueve tras el deseo de abrir un derrotero diverso para que concluya un sueño trocado en equivocación, se haga más fructífera la jornada que un historiador cansado de los estereotipos quiere hacer en la compañía de unos lectores capaces, según aspira, de conocer el tránsito de los primeros venezolanos con la indulgencia y la sorpresa negadas hasta la fecha.

**CAPÍTULO II
LOS IDEALES**

Venezuela nace en una cuna de buenas intenciones. Ha padecido casi tres décadas de combates frente a cuyos residuos comienzan los sobrevivientes a preguntarse por el futuro y a soñar un mundo mejor. Acaso la pregunta que repitan con mayor asiduidad se relacione con el hecho de saber cómo saldrá la sociedad del atolladero, cuando ha perdido sus mejores hombres y tiene como asiento una comarca en la cual apenas quedan rastros de la riqueza fundada en el período colonial. El paso de la abundancia anterior a 1810 a la desolación provocada por la guerra debe crear inquietudes infinitas que tocan, desde el problema de cómo procurarse alimento en el desierto, de cómo arreglárselas para recuperar una finca achicharrada en quince años de combustión, hasta el reto de hacer un gobierno capaz de levantar la mansión de felicidad que todavía no existe, pese a que se anunció en el primer capítulo de la Independencia. Entre tantos aprietos está uno que debe concitar la voluntad de los triunfadores, especialmente de aquellos que han presenciado el ímpetu de las fuerzas que disputan por el control y han comprobado la ascendencia aún vigente de la tradición; o que despierta la preocupación de los que vuelven del extranjero para reencontrarse con la patria transformada en cataclismo: el vacío de república. Se han desembarazado de la monarquía, pero echan de menos la existencia de un Estado capaz de llevar a cabo una administración de talante moderno. Aparte de dedicarse a combatir a Colombia para llegar a la meta de modernización que se les ha negado, o que no se acopla a los intereses de unos propietarios que no encuentran en Bogotá lo que parece estar al alcance de la mano en Caracas, los promotores de la autonomía que se hará realidad en 1830 entienden la necesidad de una campaña para que los sobrevivientes de la contienda y las generaciones jóvenes ajusten su conducta al plan de hacer de Venezuela una república moderna e independiente.[1] La inexistencia de ciudadanía es una de las deudas reconocidas ahora. La desaparición formal de los vasallos no ha significado que los ciudadanos ocupen su lugar a conciencia. No hay república sino en las palabras de los próceres, porque no existen las criaturas que la vivan con intensidad y la cuiden como parte de una cruzada trascendental. Por consiguiente, en la víspera y en el arranque de la nueva nación se desarrolla un plan de difusión de juicios, cuyo cometido es la fundación de una forma republicana de enfrentar la existencia y de comprometerse con las expectativas que se consideran justas. Creen los líderes que ofrecen un bálsamo para las heridas. Los mueve la voluntad de hacer el bien, cuando insisten en meter la república en el cuerpo de unos hombres que no han podido disfrutar sus ventajas. El trabajo se empieza desde el principio, como si la prédica de la revolución no hubiera permeado a la población que participa en los sucesos entre 1810 y 1825. Se proponen novedosas formas de relacionarse, así como fundamentos ideológicos para asentar y fomentar la relación, considerando la necesidad de efectuar una pedagogía desde la escala más elemental. En un

---

1   Para el proceso de desmembración de Colombia y los numerosos resortes que la mueven, ver: Caracciolo Parra Pérez, *La monarquía en la Gran Colombia*, Madrid, Ediciones Cultura Hispánica, 1957; David Bushnell, *The Santander regime in Gran Colombia*, Univ. of Delawere Press, 1954; Hans Joachim König, *En el camino hacia la nación*, Bogotá, Banco de la República, 1994; Graciela Soriano de García-Pelayo, *Venezuela 1810-1830: aspectos desatendidos de dos décadas*, Caracas, Cuadernos Lagoven, 1988; Elías Pino Iturrieta, *El pensamiento de Tomás Lander. Ideas y mentalidades de Venezuela*, Caracas, Academia Nacional de la Historia, 1998.

universo de bisoños, pero también frente a los factores que inducen a pontificar ante quienes, según la óptica de los preceptores, apenas se diferencian de un muchacho descarrilado e inexperto, funciona un aula de republicanismo estrechada por límites comprensibles y en ocasiones insalvables. No solo porque de veras se trabaja por unas ideas cuyo desarraigo parece evidente, sino también porque se pretende emprender un viaje cuyo itinerario no es halagüeño para un conglomerado que debe sus costumbres a un tiempo en el cual sus criaturas no tuvieron que fungir de artífices del destino para cumplir la obligación de ajustarse al orden de las cosas. Pero el nuevo orden, según lo muestran sus presentadores, no es lo suficientemente atractivo para motivar a las masas que deben alejarse del mundo tradicional en la fábrica de un insólito edificio, ni tiene suficientes aliados en la escena circundante, ni cuenta con un derrotero cómodo para llegar a la cima. Es un deber ser de trabajosa conclusión, cuyas solicitudes a veces incomprensibles y cuyo desencuentro con los destinatarios puede marcar el presente y el porvenir. Existe una masa de sujetos renuentes a aceptar la invitación a ser modernos, debido a que la modernización no solo es ajena, sino también importuna. El mensaje de la república se quiere diseminar en un ambiente que no puede ser hospitalario. Ciertamente las criaturas que lo habitan no están ganadas para una cohabitación sorpresiva, pero no necesita el teatro de los actores para que de sus entrañas brote la resistencia. Según se pretende mostrar de seguidas y en el resto de las páginas, la mengua material que alcanza a toda la nación tiende a conspirar contra una oferta más parecida a un calvario que a un agasajo. Una visita al primer tramo de la autonomía acaso ilumine, no solo sobre las aspiraciones y los óbices de la época, sino también sobre una hostilidad de mayor proyección que determinará la suerte de la república más adelante.

CAMBIOS, RETOS Y ESFUERZOS

El primer intento de enseñar la nueva sociabilidad sucede en el lustro anterior a la desmembración de Colombia. Cuando se sienten libres de la amenaza de los ejércitos españoles, o cuando observan cómo se va estabilizando la situación después de un conflicto que data de 1811, los encargados de manejar los negocios que por fin parecen establecidos deben entender que ha llegado un período cuya suerte no depende solo de las menguadas posibilidades del enemigo, sino también del soporte de una ciudadanía en torno a la cual se han hecho numerosas proposiciones que no han pasado del gasto de la tinta, de un ciudadano que se ha invocado en las constituciones y en los textos doctrinarios sin aparecer todavía en la realidad.[2] En 1825 sale de la imprenta caraqueña de Tomás Antero un texto ocupado del asunto. Se trata del *Manual del Colombiano o explicación de la Ley Natural*, redactado como catecismo para iniciar por el camino de la ciudadanía a los hombres que abandonan los campamentos o que esperan en los pueblos asolados por la guerra la nueva época que se viene anunciando. Lo escribe *Un Colombiano*, quien así se erige en el primer pedagogo de unos valores capaces de sustentar hábitos diversos.[3] Debido a su orientación práctica y a su alejamiento de las recetas de civilidad procedentes de la cultura colonial, el *Manual del Colombiano o explicación de la Ley Natural* es un documento precioso para el entendimiento de los modelos por cuyo arraigo se trabaja entonces. Como epígrafe de la portada, el

---

2   Conviene remitirse a los escritos de Bolívar, especialmente a su *Discurso de Angostura*, para encontrar los antecedentes más firmes del intento. Así mismo, al libro de Juan Germán Roscio, *El triunfo de la libertad sobre el despotismo*, a numerosos pasajes del *Correo del Orinoco*, al texto constitucional de Cúcuta y a los debates que lo precedieron.

3   Muchos atribuyen el *Manual* a Tomás Lander, escritor y publicista recién llegado del extranjero que destaca entre el elenco fundacional de la república, pero no se ha establecido la autoría con propiedad. Tal vez lo escribió, aunque pudo ser obra de cualquiera de los dirigentes que analizaban el proceso de la culminación de la Independencia y la necesidad de luchar por el arraigo de hábitos diversos.

autor escribe: «Siempre tras el delito irá el castigo: Jamás virtud habrá sin recompensa». Y anota en la primera página el siguiente proverbio del marqués de Santillana:

> El comienzo de salud es el saber
> distinguir y conocer cuál es la virtud:
> quien comienza en juventud
> a bien obrar,
> señal es de no errar en senectud.[4]

Las normas para inaugurar la civilidad republicana no vienen como formalidades, pues, sino como herramientas para triunfar en la vida. No solo porque lo que se aprende en la mocedad sirve para el ocaso, según dice el célebre castellano. Además de una retribución tan general, el seguimiento de las pautas produciría premios por los cuales no se tendría que esperar en el pasar cotidiano, así como alejaría los escarmientos. El contenido sirve para llenar de logros la peripecia de cada quien y para zafarse de penas, de acuerdo con *Un Colombiano* que intenta en Caracas un catecismo para formar lectores de quienes dependerá la suerte de la república, entendida como parte del destino que cada quien labre para sí.

Para pensar en la república, es esencial que exista primero un republicano a quien se enseñe a vivir en adecuada policía. Pero en 1825, de acuerdo con *Un Colombiano*, los destinatarios necesitan leer frases como la que aparece de seguidas:

> [el hombre] si no conoce los efectos del fuego, se quema; si no conoce los del agua, se ahoga; si los del opio, se envenena. Si en el estado salvaje no aprende las astucias de los animales y el

---

4 «Manual del Colombiano o explicación de la Ley Natural. Van añadidos los deberes y derechos de la nación y del ciudadano», en: *La Doctrina Liberal, Tomás Lander*, Caracas, Colección Pensamiento Político Venezolano del Siglo xix, Ediciones de la Presidencia de la República, 1962, tomo 4, p. 53.

modo de cazarlos se muere de hambre; si en lo social no conoce la variedad y sucesión de las estaciones, no puede labrar el campo ni alimentarse, y así de las demás acciones en todos los casos de su conservación.[5]

Unas aclaraciones tan elementales indican cómo se piensa entonces en la necesidad de ofrecer lecciones de rudimentos a las personas que se estrenan en la independencia política. Pese a la enseñanza de los próceres, aún conviene tratar a los lectores como párvulos. Las décadas anteriores han dejado un rebaño de legos a quienes se debe dirigir, o ante quienes se debe insistir para que disipen los errores del pasado, eso que el lenguaje de la época llama *preocupaciones*. El autor está frente a una parcela virgen que necesita un abono distinto del usado antes para lograr frutos y capaz de auspiciar una cosecha desconocida. Solo que parecen adecuados los consejos más simples, en lugar de explicaciones arduas y teorías. Es lo que predomina en el *Manual...*, cuando se ocupa de enseñar las virtudes esenciales, tanto a título individual como social. Son ellas: la ciencia, la templanza, la continencia, la fortaleza y la limpieza, cuya explicación se efectúa mediante ejemplos que no llaman la atención solamente por la sencillez, sino por su novedad en sentido republicano.

El interés por la búsqueda de objetivos accesibles en la realidad inmediata y el alejamiento de la relación con lo metafísico, una de las constantes del impreso, se advierte en los párrafos dedicados a la ciencia. *¿Cómo prescribe la ciencia la ley natural?*, interrogan las primeras páginas para asegurar:

> Por la razón que el hombre, que conoce las causas y efectos de las cosas, provee muy de antemano y de un modo seguro y extenso a su conservación y al desarrollo de sus facultades. La ciencia es

---

5   *Ibidem*, p. 63.

para él como el ojo y la luz, que le proporcionan el distinguir con claridad y exactitud todos los objetos entre los cuales se mueve. Con la ciencia y la instrucción se encuentran siempre recursos y medios de subsistir, y por eso aquel filósofo que había naufragado decía y exclamaba con razón, en medio de los demás compañeros que se afligían por la pérdida de sus bienes: *Yo todo lo llevo conmigo*.[6]

La ciencia importa debido a su carácter utilitario. No hace falta para conocer a Dios, ni para acceder a los valores enaltecidos por el humanismo cristiano, ni siquiera para la obtención de gratificaciones espirituales. Es una guía para aprovechar la vida, para prevenir el futuro y conservarse el hombre que sin su auxilio se perdería en las vacilaciones del irracional. Es una muleta que hasta ahora nadie había presentado en Venezuela a través de la imprenta desde una orientación tan antropológica y materialista. Pero la referencia a la ciencia, planteada desde la flamante perspectiva, es apenas un atrevimiento. Hay otros, según se observará a continuación.

Veamos, por ejemplo, cómo habla del hombre sobrio el catecismo de 1825:

> El hombre sobrio y parco digiere con facilidad, y no se siente incomodado con el peso de los alimentos: sus ideas son claras y naturales; ejerce bien todas sus funciones; se dedica con inteligencia a sus negocios; envejece sin llenarse de achaques, no malgasta su dinero en medicinas, y goza con alegría de los bienes que la suerte y su prudencia le proporcionaron.[7]

De inmediato, describe como sigue los problemas de la gula:

---

6   *Ibid.*, p. 67.
7   *Ibid.*, p. 69.

> El glotón atestado de alimentos digiere con suma dificultad; su cabeza, trastornada con los vapores de una mala digestión, no concibe las ideas con claridad, se entrega violentamente a movimientos desarreglados de cólera y lujuria, que acarrean luego graves daños a su salud; engorda con exceso, se entorpece y amodorra, y se inutiliza para el trabajo; sufre enfermedades dolorosas que le causan también mil dispendios; rara vez llega a viejo, o su senectud viene acompañada de muchos sinsabores y dolencias.[8]

Aquí el texto realiza la apología de la templanza partiendo de la consideración de los problemas que causa al hombre su antípoda, sin meterse en sermones de naturaleza moral como los que antes dirigía la cátedra religiosa. La gula y los golosos no son ahora un pecado capital y su encarnación, sino las evidencias de una conspiración contra la salud personal y contra el desenvolvimiento de la sociedad. El hombre sobrio no es un ejemplo de bienaventuranza, sino un modelo de conservación particular y de utilidad colectiva, un testimonio de victoria en el trato con los semejantes. Tal consideración orientada hacia lo moderno, esto es, alejada del fin superior de la salvación del alma, aparece igualmente en la descripción de los borrachos.

> El borracho privado del sentido y de la razón que Dios nos concedió, profana el mayor beneficio de la divinidad; se rebaja él mismo a la condición de los brutos; incapaz de guiar sus pasos, tambalea y cae al suelo como un epiléptico; se lastima, y aun suele matarse; la debilidad en que se pone cuando llega a semejante estado le hace ser el escarnio e irrisión de cuantos lo encuentran; en el calor del vino hace tratos ruinosos y disparatados, y malogra los mejores negocios; se le escapan palabras injuriosas y denuestos que le suscitan enemigos, y le traen luego grandes sentimientos;

---

8   *Ibid.*, pp. 69-70.

llena su casa de disgustos y pendencias, y acaba sus días antes de tiempo o hecho un viejo ridículo y despreciable.[9]

La referencia a la divinidad se hace en cuanto ella ha creado a los hombres para una vida individual y colectivamente provechosa que encuentra la negación absoluta en una de sus criaturas que daña la salud, el peculio y el prestigio debido al perjuicio que se causa y que provoca a los demás. Lo que más importa al párrafo es la descripción de un sujeto disminuido, debido a que carece de utilidad para los planes particulares y para los ajenos.

En la explicación de la virtud de la continencia, la condena del libertinaje circula por un asombroso derrotero en el cual tampoco caben las consideraciones religiosas y de conciencia que ha divulgado la tradición. ¿Cuáles son las razones por las cuales la ley natural prohíbe el libertinaje, según el *Manual*...?

> Por los infinitos males que de él se originan a nuestra existencia física y moral. El hombre que abusa de las mujeres se enerva y enflaquece; no puede dedicarse a sus estudios, ocupaciones o trabajos; adquiere hábitos ociosos y dispendiosos, que al cabo le arruinan y menoscaban su crédito y su consideración pública; sus galanteos le acarrean mil cuidados, tropiezos, quebraderos de cabeza, pendencias y pleitos, sin contar las graves y terribles enfermedades que siguen en pos de todo esto, y la pérdida de sus fuerzas por un veneno interior y lento que le consume, el embotamiento de su espíritu por la extenuación del sistema nervioso y, por último, una vejez prematura y achacosa.[10]

Solo la referencia a la castidad, atenida a la ortodoxia en cuanto a la consideración de la estatura de la falta si es cometida por la mujer, huele a rapapolvos anticuado. Sin embargo, no es

---
9 *Idem.*
10 *Ibid.*, p. 71.

menor la distancia que toma del análisis del libertinaje, debido a que la discriminación se soporta en argumentos de la misma especie. Veamos:

> ... no digo yo el abuso, sino el uso mismo del placer tiene muchos más graves inconvenientes en el estado social para las mujeres que para los hombres; pues además de las incomodidades de la preñez y los dolores del parto, quedan con la carga de alimentar y educar a sus tiernos hijos, gastos que les empobrecen, disminuyen sus medios de subsistencia, y aun arruinan su ser físico y moral. En semejante estado, ajada su hermosura, deteriorada su salud y desaparecidas sus gracias, son menos apreciadas del hombre que nunca quiere cargar con el peso terrible y costoso de niños ajenos; no encuentran una decente colocación, vienen a la pobreza, caen en la miseria y envilecimiento, y mueren al fin arrastrando una vida desgraciadísima.[11]

Mezcla de moralina con economía doméstica, de conmiseración y cálculo, el fragmento carga la mano a las féminas partiendo de argumentos que no pueden vincularse con la ortodoxia católica, ni con el juicio que antes merecía la lujuria. Porque ahora, como en las letras dedicadas al sexo masculino, no se habla de pecado, sino de un atentado contra el organismo, contra la formación intelectual y contra la laboriosidad propia de las personas juiciosas. Tampoco se habla del infierno, sino del castigo terrenal del fracaso de unas personas cuyas pasiones impidieron que ocuparan el lugar que merecían en la comunidad. Es evidente cómo el *Manual...* arrima la brasa para la sardina de la responsabilidad de los individuos y del beneficio colectivo, sin detenerse, como los catones antiguos, en las consecuencias de un yerro que conduce a la perdición del alma. El más allá ganado en este valle de lágrimas

---

11 *Ibid.*, pp. 71-72.

no es asunto de la Colombia que pronto se convertirá en Venezuela. La mirada se dirige hacia negocios terrenales, como los referidos al aseo del cuerpo. La limpieza de las personas importa por los beneficios que trae a quienes la practican y a su entorno:

> El desaseo o suciedad es la causa secundaria, y a veces primaria, de una multitud de incomodidades, y aun enfermedades peligrosas; porque es cosa sabida en la medicina que, no menos que el uso de alimentos viciados o acres, engendra la sarna, tiña, herpes y lepra; que contribuye a la propagación o influencia contagiosa de la peste y calenturas malignas; que llega a producirlas en las cárceles y hospitales; que ocasiona reumas y otros achaques, dejando criar sobre la piel una costra de mugre, y deteniendo la transpiración; eso sin contar la asquerosa incomodidad de verse plagado y comido de insectos, que son la pensión inmunda de la miseria y del abandono.[12]

Como se observa, el tratamiento del aseo personal se enfoca mirando hacia el beneficio de la colectividad. La limpieza del cuerpo no es solo una empresa del individuo y un mandamiento de la ciencia médica, sino también una actividad que influye en la rutina de los semejantes. Además, se considera como señal de progreso material. El lector habrá captado cómo el *Manual...* relaciona la suciedad con los ambientes miserables en los cuales difícilmente puede reinar la higiene. Porque para el autor es importante el tratamiento de la economía, inquietud que lo lleva a la censura del dispendio y a penetrar en los hogares para inducir a los padres a transmitir tales conceptos a la prole.

> El hombre que no hace gastos inútiles [dice] se encuentra con un sobrante que es la verdadera riqueza, y por medio de él asegura a su familia todo lo que es útil y cómodo; y además está precavido

---

12 *Ibid.*, pp. 75-76.

contra cualquier desgracia o accidente imprevisto; de modo que él y su familia viven en una dulce paz y comodidad, que es la base de la felicidad humana.[13]

La sinonimia que establece entre la previsión del gasto doméstico y la bienandanza del género humano concluye en la crítica de la disipación y la prodigalidad, que considera como vicios:

> ... porque el hombre que los tiene llega a verse falto de lo más necesario, viene la pobreza, y cae en la miseria y envilecimiento; y temiendo entonces sus mismos amigos que les obligue a gastar o restituir lo que ha malrotado con ellos o por causa de ellos, huyen de él como el tramposo de su acreedor, y llega por fin a verse abandonado de todo el mundo.[14]

La pobreza no aparece como una imposición del destino, ni como un estado en cuyas garras cae el hombre por motivos que no le incumben. Es el resultado de la conducta individual y de las maneras que tiene esa conducta de responder a las necesidades del ambiente inmediato, especialmente al método susceptible de vincularse con el prójimo sin llegar a compromisos excesivos. De allí la obligación de ser cauteloso en materia de limosnas:

> ... si se hiciese [la limosna] con indiscreción e imprudencia, puede llegar a fomentar la ociosidad, que es perjudicial tanto al mendigo como a la misma sociedad.[15]

Tal vez pudieron sentir un terrible desgarramiento los hombres formados en la escuela tradicional que leían el párrafo.

---

13 *Ibid.*, p. 77.
14 *Idem.*
15 *Ibid.*, p. 82.

La solidaridad depende ahora de un cálculo anterior cuyo contacto con los mandatos del púlpito ha desaparecido. Solo debe existir una caridad conveniente, una generosidad comedida, una ayuda restringida a los menesterosos, porque en la puerta del nuevo cielo tiene precedencia la economía doméstica frente a una de las virtudes teologales. Se trata de una estrategia, acaso demasiado fría y escandalosa para las criaturas del mundo colonial, que consiste en impedir que el combate de la pobreza ajena se convierta en camino de la pobreza personal. Por si fuera poco, la conducta se debe transmitir a los niños. El cabeza de familia tiene el deber de entender el amor a la descendencia como: «Aquel incesante cuidado que se toman los padres por hacer adquirir a sus hijos el hábito de todas las acciones útiles a ellos mismos y a la sociedad».[16] Más que un nexo afectivo, el vínculo paterno-filial es una escuela de frugalidad que convertirá a la progenie en un bastión de la ventura común.

¿En tal caso, la pobreza parece un vicio?, pregunta después la cartilla para establecer con claridad la valoración que se atreve a hacer de una realidad juzgada en el pasado de manera diversa. La respuesta aclara las intenciones del maestro de civilidad.

> No es un vicio; pero más daña que aprovecha, cuando es, como vemos muy comúnmente, o principio o resultado de otro vicio; y entonces si ya no lo es, tampoco es virtud; porque los vicios individuales tienen la particularidad de conducir a la indigencia o privación de lo más indispensable para satisfacer las primeras necesidades, y cuando un hombre carece de lo necesario, está muy tentado o muy cerca de pretender adquirirlo por medios viciosos, es decir, perjudiciales a la sociedad. Por el contrario, las virtudes individuales todas se dirigen a procurar al hombre una abundante subsistencia; y lo cierto es que el que tiene más que lo que gasta

---

16 *Ibid.*, p. 77.

puede dar de lo suyo a los demás lo que le cumpla y practicar acciones virtuosas a la sociedad.[17]

El párrafo seguramente sorprende a quienes se habían formado en la estrechez de los espacios estamentales, todavía vigentes en los principios del siglo XIX. Los hombres a quienes se había enseñado que vivirían hasta la consumación de los siglos en un estado irreductible cuya vigencia dependía del orden de las cosas, establecida por Dios y vigilada por el Príncipe[18], oyen la voz de una cátedra que borra las antiguas diferencias, o que permite la alternativa de que cada quien las borre si está en su voluntad personal. Una cátedra que no se oculta, sino que sale de una imprenta conocida y cuenta con el apoyo de los triunfadores en la reciente guerra. Una voz que no ve la pobreza como un designio inmutable de la Providencia, sino como la consecuencia de una actitud particular y de una irresponsabilidad frente al prójimo.

Y cuando habla de la riqueza, esto es, de una meta que ahora puede estar al alcance de la mano por obra de la laboriosidad de los individuos, el *Manual...* igualmente se atreve a plantear la situación en términos novedosos. La riqueza es accesible, según ya sabemos, pero además no es necesariamente un camino para la perdición del hombre.

> No es una virtud; pero tampoco vicio cuando se adquirió honradamente. Su uso es el que podemos graduarle de virtuoso o vicioso, según sea útil o perjudicial al hombre y a la sociedad. La riqueza viene a ser como la ciencia o la fortaleza, un instrumento cuyo uso y manejo, bueno o malo, determinan la virtud o el vicio.[19]

---

17 *Ibidem*, p. 74.
18 Ver: Elías Pino Iturrieta (coordinador). *Quimeras de amor, honor y pecado en el siglo XIX venezolano*, Caracas, Editorial Planeta, 1994.
19 *Manual del Colombiano...*, p. 75.

La aproximación tan proclive a la comprensión de un fenómeno que antes se vinculaba con la culpa de los mortales, con yerros capitales como la avaricia o la codicia y con la prevención de llevar la hacienda con tiento para superar el ojo de la aguja advertido por los Evangelios, concluye la receta proveniente de la «ley natural» que se ofrece para que la república se llene de republicanos. A fin de cuentas, el bien es «todo aquello que se dirige a conservar y perfeccionar al hombre»; mientras el mal es «Todo lo que se dirige a destruirle y empeorarle»[20] asegura el *Manual...* La estimación del hombre como centro y protagonista de la vida, sin consideraciones ulteriores, sin atenerse al catálogo de excelencias que pregonaba la ortodoxia, sin mirar hacia necesidades que solo podían remediarse en este valle de lágrimas a través del auxilio espiritual, o con el cayado de la monarquía, permite llegar a la audaz desembocadura.

Un Colombiano que pontifica en la Caracas de 1825 acaba de entregar en términos sencillos, como para niños, las premisas de un sistema que dependerá de la metamorfosis de las personas comunes y corrientes, quienes en adelante deben ser lo que no fueron en el pasado: laboriosas y responsables, aprovechadas y honestas, tan cabalmente individuales y sociales como para entender la misión que les espera de alzar con el ladrillo de cada una el edificio cuyas características apenas aparecían abocetadas en los papeles de los antecesores. Jamás había pasado frente a los ojos de los venezolanos un catecismo dispuesto a presentar la felicidad como negocio de este mundo, pero especialmente como cruzada hecha por unos hombres cuyo destino no depende del nacimiento, ni de un ordenamiento sempiterno, ni de las disposiciones oficiales. Tampoco de un Dios dispuesto a manejar la creación según sus deseos inflexibles; sino de entender que el sustento plausible de la vida se encuentra en el aclimatamiento de protagonistas

---

20 *Ibidem*, p. 65.

diversos. La prédica de unos valores que no figuraban en el repertorio de las reglas usuales y cuyo cometido era el establecimiento de unas conductas igualmente insólitas debe considerarse como el interés por el perfeccionamiento de un proceso que no había terminado con la victoria militar ni con el trabajo de los hombres de armas. Aquella debía continuar en la fundación de una convivencia civilizada y a estos debía reemplazarlos el ciudadano a través de su responsabilidad y su conciencia.

Es evidente la novedad de la proposición, pero también la amenaza que puede significar para los hombres a quienes corresponde vivir la transición que lleva de la Independencia a la autonomía, de los hábitos guerreros a las costumbres pacíficas. Ahora resulta que el triunfo frente a España no es el comienzo de una época dorada que se producirá debido a la liquidación del enemigo. Al contrario, apenas es el arranque de una etapa cuya evolución no dependerá, como antes, de las autoridades constituidas y del favor de Dios. Para que sean realidad los anuncios de grandeza que se vienen haciendo desde 1810, hace falta que los venezolanos se conviertan en hombres sobrios y trabajadores, sanos y aseados, previsivos y calculadores, en seres comprometidos con los demás hasta el punto de entender que sin su acción no funcionará el sistema por el cual se ha luchado durante casi tres décadas. Ahora resulta que no ha bastado la sangre derramada en las batallas, ni la desaparición de la riqueza publica y de los bienes de los particulares debido al movimiento bélico. Esas pérdidas solo fueron una primera cuota que debe continuar en el sacrificio sugerido por el *Manual...* que invoca en su título la *ley natural* para obligar a los venezolanos a un nuevo compromiso que no parece tener fin. De acuerdo con la orientación del catecismo de 1825, comienza un proceso destinado a llegar al cenit y a mantenerse allí por siempre, atento frente a las desviaciones y los retrocesos. Pero un proceso que no se da simplemente en el orden de las cosas, sino que depende ahora y dependerá en el futuro de la actitud de quienes deben convertirse en ciudadanos, esto es, de todos los hombres a quienes espera la obligación de ser republicanos.

Entendido desde tal perspectiva, más que un motivo para felicitarse, el mensaje se puede sentir como una camisa de fuerza a la que se sujeta la gente sencilla por mandato de un grupo de personas que ahora imponen sus criterios en nombre del bien común, como antes lo hacían los privilegiados escudándose en la entidad del rey y en la influencia eclesiástica. El simple hecho de cambiar es un reto y una incomodidad, pero cambiar para cumplir una misión que implica una responsabilidad inmediata y transmisible, esto es, un trabajo que debe atender cada quien frente a la solicitud de su ambiente pero que pasa a las generaciones siguientes en torno a lo privado y a lo público, puede ser una cadena tanto o más pesada que las anteriores. Conviene fijarse en esta alternativa, para entender por qué se sale de los rieles el carro en el futuro.

No es cosa de insistir solo en que los destinatarios del mensaje sean ineptos para digerirlo y hacerlo propio con la intensidad adecuada, o en que hace falta una educación y una dirigencia que por fin los haga aptos e instruidos para la vida en república. Ciertamente son aspectos susceptibles de consideración; no en balde se redacta en atención a ellos el *Manual del colombiano...* e instrucciones semejantes de las cuales veremos una muestra, pero es evidente que, luego del costo de la guerra, no se está ofreciendo un lecho de rosas para que disfrute de las mieles del triunfo una muchedumbre regocijada. Cada página de esos catecismos es una disciplina que debe asumir por fuerza una sociedad que tal vez confiaba en un futuro menos exigente. Entendido así, el trabajo de llegar a la ciudadanía es un nacimiento, pero también un repudio de la vida anterior, una corona que puede llevar cualquiera, mas igualmente un silicio. La apreciación de los rigores que han de tragarse para acceder al paraíso de la república, puede llevarnos a entender cómo nadie se dispuso a conspirar contra la nueva sociabilidad y contra sus heraldos porque no era necesario. Si solo miramos hacia factores como el apego a las costumbres del pasado, la privanza de las autoridades de la Colonia que no ha desaparecido a pesar de las críticas ilustradas, la dificultad de cambiar y el advenimiento de unas reglas que no han pensado ni redactado las gentes sencillas, ¿para qué buscarle cinco patas al gato? ¿No están dadas las condiciones para rechazar el nuevo catón, sin ponerse a pensar expresamente en la forma de echarlo a la basura en otro campo de batalla bañado en sangre? Lo más natural era esperar una resistencia tesonera y silvestre.

INCITADOS, MODERNOS Y FASTIDIADOS

Seguramente con tales prevenciones se topará el trabajo misional que continúa a partir de 1830 para pregonar los artículos de la nueva fe. Remitidas a un destinatario que acaso no las acepte de buenas a primeras, las enseñanzas del *Manual del colombiano...* prosiguen cuando los venezolanos toman la decisión de hacer el camino sin las ataduras de Bogotá y Quito. Cuando se observe la continuación de la prédica, no solo conviene pensar en el interés que se tiene por la pedagogía de la sociabilidad republicana, sino también en la existencia, por lo menos, de una incomodidad entre los anhelados discípulos. Pero las lecciones no vienen ahora en un catecismo expresamente dedicado a su explicación. Aparecen en la prensa que leen a diario los suscriptores y que debe llegar a un numeroso sector de la sociedad. Aparte de la población alfabetizada, que no es entonces considerable, y de las personas que pueden pagar el importe de los periódicos por el hábito de leerlos y por su interés en torno a los negocios públicos, quizá poco relevantes en términos cuantitativos, el mensaje debe llegar a su destino o difícilmente se puede ignorar. Lo pregona la gente principal desde la cúspide, por una parte, y también circula a través de mensajes orales o mediante el ejemplo de grupos organizados como el que integra la Sociedad Económica de Amigos del País en 1829. En consecuencia, podemos pensar en una exhortación recurrente de cuya influencia apenas pueden escapar unos pocos.

Cuando apenas arranca el proceso de la autonomía, *El Mercurial* de Valencia, cuna del movimiento contra la integridad de Colombia, llama la atención sobre cómo el futuro dependerá del gobierno en términos relativos. La administración garantizará los derechos fundamentales a través de regulaciones, pero los derechos encontrarán resguardo en el esfuerzo individual: «La condición del hombre depende en gran parte del producto del trabajo para obtener los medios de subsistencia, y de disfrutar de la mayor parte de los placeres. Las leyes que aseguran al hombre la vida y la propiedad son de la mayor importancia»[21], dicen los redactores en 3 de marzo de 1831. La idea se desarrolla con mayor extensión en la siguiente entrega del periódico.

> La felicidad no puede salir de las acciones del gobierno, como pensaban hasta hace poco los venezolanos. La felicidad sale de los interesados, y únicamente de ellos, que pueden reclamar a la autoridad política los elementos para lograr el propósito, como es su obligación. Una obra como la que comienza, garantiza su existencia en la voluntad de los ciudadanos, cuyo interés debe ser, primero, la industria constante; después, la vigilancia de la administración para que la autoridad proteja el fruto de la industria y la permita el crecimiento en que se apoye la subsistencia y florezcan los placeres ganados por la industria. Hasta ayer se esperaba todo del gobierno con ciega contumancia [*sic*] pero hoy la clarividencia espera más del trabajo de los venezolanos y de las formas que practique el gobierno para proteger el trabajo como fuente de felicidad, siempre bajo

---

21 *El Mercurial*, n.º 2, Valencia, 3 de marzo de 1831.

la mirada de los hombres que cuidan los pasos del gobierno en su beneficio. Primero, el hombre trabaja, y después sube la suave colina del gobierno para vigilar sus intereses. Baja después y vuelve a trabajar y a tener los momentos placenteros que obtiene del esfuerzo. El respeto de estas reglas de oro, hará que sea Venezuela, en un plazo verdaderamente breve, lo que no ha podido ser hasta ahora: Una Mansión levantada y habitada por hombres prósperos que la convertirán en un ejemplo al mostrar la heredad nacida de su fruto y custodiada por prudente gobierno.[22]

Un hombre que trabaje y un gobierno al servicio del hombre que trabaja, en suma. No es la misma ecuación del pasado para el encuentro del bienestar, debido a que los fragmentos anuncian una ruptura con la versión anterior de las relaciones entre los súbditos y el régimen, e igualmente a que valoran en términos diversos el papel de los dos elementos. La intensidad de un rayo de luz que acaba con la obstinada ceguera de la sociedad, una ceguera capaz de ignorar o distorsionar la realidad aún en los días cercanos de la Independencia y de Colombia, modifica el rol de los factores responsables del bien común. El hombre asciende en su papel de actor, a través de lo que aporta como trabajador y como vigilante de la administración, y el gobierno asume la misión de servidor mientras facilita la vigilancia del ciudadano. Ya no está el gobierno en alturas inaccesibles, sino en una «suave colina» que transitará sin estorbos el venezolano cuyos intereses serán el fundamento de la vida y la guía de unos negocios públicos obligados a garantizar la existencia, la propiedad y el derecho al esparcimiento que tiene el nuevo protagonista de la vida. Terminará la abismal distancia de unos regímenes establecidos en Madrid y Bogotá, en los cuales difícilmente podían influir los administrados.

---

22 *Ibidem*, n.º 3, Valencia, 10 de marzo de 1831.

En adelante no se hará lo que desee un poder remoto y encumbrado, sino aquello que resuelva la voluntad de los ciudadanos. El individuo pasa de espectador a actor con el objeto de hacer de su peripecia y de sus intereses la médula de la sociedad en una metamorfosis que no se reduce a una meta particular y mezquina, en cuanto termina por provocar la felicidad de la nación. Hay un nexo estrecho entre la suerte del individuo y el destino de la sociedad, hasta el punto de que, mientras se respete la «regla de oro» que obliga a custodiar la subsistencia, el trabajo, la propiedad y los placeres particulares, la república será un conglomerado dichoso y digno de emulación. Un discurso de José María Vargas ante la Sociedad Económica de Amigos del País, pronunciado el 3 de febrero de 1833, resume el asunto: «Así como una nación es el conjunto de todos los ciudadanos, así la felicidad nacional es la suma de todas las felicidades individuales».[23] Solo que la reunión de la dicha no se da como un regalo, de acuerdo con la opinión que se viene expresando desde 1825, sino como corolario del empeño de cada quien apoyado por el Estado.

Dos años después del discurso de Vargas, uno de sus consocios, Domingo Briceño, habla de cómo la república llegaría a la cima como consecuencia de lo que cada quien hiciera desde su interés. Un motor desconocido hasta la fecha se ocuparía de fabricar el edén.

> Figuraos por un momento a Venezuela unida y animada por el espíritu de empresa, marchando por la nueva ruta que abre el patriotismo, y vosotros veréis correr los caudales particulares a colocarse en obras públicas, para limpiar los puertos, formar los muelles, construir acueductos, secar las ciénagas, excavar canales, allanar caminos, abrir bazares [...][24]

---

23 «Discurso pronunciado en la Sociedad Económica de Amigos del País, el 3 de febrero de 1833» en: *Liberales y Conservadores. Textos Doctrinales*, Colección Pensamiento Político Venezolano del Siglo XIX, Caracas, Ediciones de la Presidencia de la República, tomo X, p. 208.
24 *Ibidem*, «Discurso pronunciado en la Sociedad Económica de Amigos del País», pp. 277-278.

Las palabras se escuchan en medio de la ruina provocada por la Independencia. Anuncian que el hombre trabajador terminará con las penurias, debido a que saldrá de su laboriosidad un aliento superior que no había ejercido influencia en el pasado. Los portentos que se esperan debieron dar una connotación particular, seguramente inédita, a ese «espíritu de empresa» nacido de la reunión de los individuos y protegido por el gobierno debido a su identificación con el patriotismo. Pero lo más particular de las palabras se encuentra en un planteamiento implícito, igualmente asomado en los textos precedentes, que había carecido de interés para la sociedad. Domingo Briceño habla de *iniciativa*, esto es, de un resorte que lleva a los hombres a moverse en el mercado, o también al revés, de un reclamo del mercado debido al cual los hombres son capaces de convertir el desierto en un jardín luego de haber cambiado ellos en lo más íntimo de su ser. Que el destino no dependa ahora del rey, ni de Dios, ni de los capitanes que ganaron la guerra, ni del poder que algunos detenten en el gobierno, sino de la *iniciativa individual* entendida como pilar de un movimiento de trascendental profundidad que llenará de bienes la cornucopia, es una proclama que jamás se había escuchado y que podía conducir a un profundo trastocamiento de la existencia.

Todavía en 1845, cuando una crisis económica pone en aprietos el discurso de la bonanza asentada en la nueva concertación entre el ciudadano y su gobierno, Santos Michelena, secretario de Hacienda y uno de los pensadores más estimados entonces, insiste en el argumento:

> Trabajo y economía por parte de los ciudadanos; caminos, inmigración y policía por parte del gobierno. Obre cada uno en su respectivo círculo; no busquemos excentricidades porque nos iremos a vagar en caos.[25]

---

25 *Ibidem*, «Movilización del crédito territorial», pp. 443-444.

Michelena siente que refuerza un punto de vista nacional acosado por ideas exóticas. Según se desprende de su opinión, el mensaje de responsabilidad individual y de gestión pública en torno a la solicitud de los particulares, proclamado desde 1825 con la ayuda de un catecismo y dispuesto a fundar unas costumbres y una disciplina desconocidas, ya es una receta que no admite mudanzas. No cabe duda, para el funcionario, de que el círculo público debe girar alrededor del círculo de los intereses privados en una evolución que culminará en desenlaces constructivos. Ahora muestra la acción del gobierno como la obligación de proveer elementos materiales que influyan positivamente en el campo manejado por los individuos: rutas que faciliten los contactos, ayuda proveniente del extranjero y medidas de seguridad, esto es, evidencias de acción que ilustran sobre lo que se ha venido mostrando en términos abstractos como panacea. Aquello que adverse la idea y se enfrente a las formas de materializarla cabe en la casilla de la excentricidad. Tal vez la multiplicación del mensaje y sus diversas formas de difusión lleven al funcionario a considerarlo como algo establecido con propiedad en el país. En la difusión se ha recurrido a autoridades como Napoleón, por ejemplo, quien no debía alimentar las simpatías de una sociedad que lo había juzgado como invasor y tirano. En julio de 1831, la *Gaceta Constitucional de Caracas* repite una de las máximas de «El prisionero de Santa Elena», para insistir en las bondades de la fe republicana en boga: «El nombre y fortuna de un gobierno son del todo indiferentes. Con tal que se haga justicia a todos los individuos: que todos tengan igual derecho a la protección, a los cargos públicos, a los sacrificios y a las recompensas: bien regido está el Estado»,[26] dijo el cautivo Emperador, de acuerdo con el periódico. En 1837, *El Nacional* recurre a una autoridad

---

26 «El prisionero de Santa Elena», *Gaceta Constitucional de Caracas*, n.º 10, Caracas, 28 de julio de 1831.

más tragable y menos contradictoria, Benjamín Franklin, a quien presenta como «gran filósofo y estadista americano» que pudo llegar a la meta ansiada por los publicistas venezolanos de la época: [...] «mejorarse y hacerse un hombre feliz».[27] De un «código moral» redactado por el personaje, copian unas máximas parecidas a las del *Manual del colombiano*... Entre ellas:

> No comas hasta la saciedad, ni bebas hasta la exaltación [...] Resuélvete a ejecutar tus deberes; ejecuta sin falta tus resoluciones [...] No gastes sino en provecho de otros o de ti mismo, esto es, nada mal gastes [...] Evita todo fraude pernicioso, piensa con inocencia y justicia; y cuando hables, habla de conformidad con estos principios [...] A nadie ofendas con injurias, ni omitiendo beneficios que sean de tu deber [...] Evita los extremos, no sufras desaseo en el cuerpo, en los vestidos o en la habitación [...][28]

Unas píldoras para la conducta que cambiaron a sujeto tan eminente podían cumplir igual cometido entre nosotros. Además, se parecían demasiado a las suministradas por el catecismo de 1825. Podemos calcular, entonces, que los dirigentes del país llevan una docena de años con la misma prescripción. O más tiempo, según se desprende de unas notas redactadas por el secretario del Interior en 1842 sobre los consejos que ofrece *Un Ilustre Español* a sus compatriotas:

> Que Un Ilustre Español recomiende el trabajo a los españoles, viene bien para escribir en los papeles de la imprenta. Hay cuatro o siete consejos para repetir: que se huya de la pobreza; que se trabaje, sin perder el tiempo en minucias, rumores; que entiendan el bien propio como igual al ajeno; los inconvenientes del boato y la molicie; de las familias lujosas a las familias haraposas; que

---

27 «Código moral del doctor Franklin», *El Nacional*, n.º 82, Caracas, 29 de octubre de 1837.
28 *Idem*.

el desaseo no es bueno; y que uno para todos, y todos para uno, etcétera y etcétera.[29]

No solo sirven las letras del ministro para saber cómo continúa durante otro lustro la campaña de civilidad, ni para comprobar cómo sirven para el cometido las voces de la cultura contra la cual se hizo una guerra. Estamos frente a una especie de apunte para ordenar expresamente detalles de los preceptos que se deben transmitir, testimonio a través del cual se demuestra la existencia de un plan capaz de involucrar a los altos poderes del Estado. El titular de uno de los despachos fundamentales del gobierno se fija en las máximas de un autor español, selecciona algunas y las copia para que se repitan en la prensa, seguramente con el auxilio de los subalternos. Aparte de ocuparse de las funciones de gobierno, atiende labores de propaganda relacionadas con el pensamiento que respalda sus funciones y con la necesidad de cambiar las costumbres. El testimonio invita a pensar que el silabario y otros escritos más elaborados no son producto de voces aisladas, sino de un designio compartido por los fundadores de la república en el cual se involucran los burócratas de mayor elevación.

En consecuencia, un curioso consejo que se publica en octubre de 1837 debió hacer las delicias de los preceptores instalados en la casa de gobierno. Veamos su contenido.

> Si observamos la conducta de muchos de nuestros conocidos hallamos que la mayor parte de su vida se pasa en los 3 importantes ítems (comer, beber y dormir). No pierde a la verdad su tiempo el hombre que no está ocupado en los negocios públicos o en alguna otra ilustre carrera de vida, al contrario él puede emplear muchas horas con más provecho que si estuviera empeñado en aquellas transacciones que hacen tanto ruido en el mundo. Nosotros

---

29 Nota del Sor. ministro para proposición, Caracas, septiembre de 1842. *AGN*, Interior y Justicia, tomo XLVI, fol. 114.

recomendaríamos a nuestros lectores el hacer aunque sea por una semana un diario apuntando puntualmente todo lo que ha hecho durante aquel tiempo. Este examen de sus ocupaciones les hará conocer a sí mismos y les inclinará a considerar seriamente su vida. Un día corregirá las omisiones del día anterior y las hará pesar en la balanza de su conciencia, todas las acciones que usualmente se olvidan y de las que en toda probabilidad, tarde o temprano tendrá que arrepentirse.

Pero si esta especie de examen propio por un diario o apunte de lo que uno hizo el día o semana pasada, tendría buen efecto en el hombre inactivo, en el holgazán, ¿qué lección no sería para el frívolo, pisaverde o para el vicioso criminal?

Si el que ha nacido en un país civilizado, tiene la costumbre de raciocinar, si el que ha sido instruido en los catecismos de la Religión y Moral siente el dictado de la conciencia, o si el que frecuenta la sociedad de personas respetables es susceptible de rubor o vergüenza, ¿qué sensación no experimentaría en el día siguiente al leer su vida del día anterior, si está personificado en el siguiente epigrama de Iriarte?

Levántome a las mil como quien soy.
Me lavo. Que me vengan a afeitar.
Traigan el chocolate y a peinar.
Un libro -ya leí- basta por hoy.
Si me buscan que digan que no estoy.
Polvos -venga el vestido verdemar.
¿Si estará ya la misa en el altar?
¿Han puesto la berlina? pues me voy.
Hice ya tres visitas. A comer.
Traigan barajas. Ya jugué, perdí.
Pongan el tiro. Al campo, y a comer.
a Doña Eulalia esperaré y a por mí.
Dio la una. A cenar y recoger.

¿Y es éste un racional? Dicen que sí.

Esto es ciertamente intolerable en el hombre a quien se le presentan abiertos tantos caminos para conducir su vida con utilidad suya, de su prójimo, de su patria, con la circunstancia de que el rico tiene más medios para conseguir estas ventajas.

No es el hombre solo el que derivaría gran beneficio de esta especie de examen, mas también la mujer. No hay duda en que serán muy pocas las madres de familia que no empleen bien su tiempo en ocupaciones domésticas, pues está contenida exclusivamente en criar y cuidar a sus criaturas siempre con el mayor deber que le ha impuesto la naturaleza. Pero, ¿a cuántas solteras no podía aplicárseles el epigrama siguiente?

Cuatro horas gasta en peinarse,
la graciosísima Inés.
En ataviarse tres.
cuatro en beber y hartarse.
Dos horas se le van en reír, sin motivo o causa alguna.
En desnudarse pasa una, y las diez restantes en dormir.[30]

El escrito está firmado por uno de esos heraldos de las alturas, por cualquiera de los que se han impuesto la tarea de hacer distintos a los venezolanos. De allí que suscriba el asesoramiento con el seudónimo de *El Instructor*, elocuente manera de confesar el rol asumido por los dirigentes frente a la mayoría de la sociedad. Solo que, aunque no abandona el tono de maestro de rudimentos, *El Instructor* se atreve a dejar autonomía para que las personas enmienden la conducta. Admite que ya los chiquillos pueden hacer ejercicios de introspección que los conviertan en administradores de las advertencias de la cátedra. Tal vez piense que ha pasado un lapso razonable como para que

---

30 «Un Diario» *El Nacional*, n.º 79, Caracas, 1 de octubre de 1837.

cada quien digiera las recetas y analice si las ha aplicado, a través de un método sencillo que pueda vigilar según su punto de vista y que lo lleve a reformarse sin permanecer atado a un pupitre. Ahora la posibilidad de ensayar a solas los pasos de la ciudadanía parte de una valoración de las actividades privadas y aun de las nimiedades de la cotidianidad, cuyo desarrollo se parangona con los hechos usualmente más celebrados de los soldados y los políticos. El éxito y la posibilidad de reconocerse en epopeyas no solo se da en el campo de batalla, o en el congreso. Pueden ocurrir en el hogar doméstico y en la oficina, según probará el diario que cada uno redacte de sus hazañas. Los episodios de la rutina, hechos según una racionalidad vigilada por el individuo a través de un apunte que ha creado especialmente para el caso, aumentan en trascendencia. Venezuela puede ser una congregación de héroes, pues, si los individuos llegan a considerarse como tales vigilando sus pasos y ponderándolos como parte esencial de la república. Pero *El Instructor* no se dirige a todos los venezolanos, si se juzga por el ejemplo de los epigramas. Las evidencias de descarrío contra las cuales se dirige la crítica se encarnan en personas acomodadas que tienen sirvientes, coches de paseo, ropas de moda, gusto refinado, diversiones y relaciones con sus pares que forman la clase elevada de la sociedad. No parecen empeñados los maestros de civilidad por hablar ante un aula abarrotada de individuos procedentes de todos los estratos sociales. Tal vez prefieran la compañía de un auditorio más selecto que se resume en los casos ventilados por Iriarte. El autor de las *Fábulas literarias*, acaso una de las obras de mayor difusión entre los lectores de España y América desde finales del siglo xviii, una obra que seguramente circuló con éxito entre nosotros después del triunfo de Carabobo, no escribe para la reforma de las costumbres generales, sino para rivalizar con los escritores del entorno; no busca un auditorio popular, sino círculos encumbrados entre cuyos integrantes estaban los asiduos a la corte en Madrid. El tono de los consejos de *El Instructor* y la cita de Iriarte nos aproximan a los límites de la pedagogía ensayada en la prensa venezolana.

Sin embargo, la posibilidad de que la enseñanza de civilidad tenga tal restricción no impide registrar el avance que su contenido implica en la consideración de lo que se debe entender por tiempo en la sociedad venezolana. Así se piense en el tiempo de un grupo de personas, y no de la masa general de la población, las indicaciones significan una distancia frente a lo sugerido por el título de uno de los textos que se pueden considerar como referencia sobre el punto, el *Kalendarium Sanctorum et Festorum* del arzobispo de Caracas, Francisco Ibarra, que data de 1793. La escritura de un almanaque con el objeto de precisar las obligaciones de los fieles con el culto, las cuales deben expresarse a través de ceremonias en el templo y en el hogar doméstico, o mediante la inactividad propia de las fiestas de guardar, remite a una escena en la cual la vida de los hombres depende de una instrucción religiosa de obligatorio cumplimiento que coloca en segundo plano las actividades terrenales, se trate de negocios civiles o de transacciones económicas. En la trama temporal del arzobispado no caben las consideraciones de este mundo que un publicista de *El Nacional* ofrece en 1837. Mucho menos la alternativa de que cada quien haga cálculos de su tiempo para enaltecer sus peripecias personales y para cumplir una función social. Las duraciones auspiciadas por un periódico de la república en ciernes hacen trizas los hilos del código tejido por la Iglesia para medir el ritmo de la vida y el concepto de utilidad individual y colectiva que pudiera caber en la medición.[31] Ahora no se quiere

---

31 El tema de la consideración del tiempo, de cómo lo usan los hombres y de cómo se ha pensado sobre su uso a través de la historia no se ha estudiado todavía con profundidad en Venezuela. Solo existe una investigación digna de encomio: Katty Solórzano, *Se hizo seña. Medición y percepción del tiempo en el siglo XVIII caraqueño*, Caracas, Editorial Planeta, 1998. De allí se parte para el comentario del almanaque arzobispal.

que el tiempo sea gobernado por los campanarios, como sucedía antes, sino por la reflexión que cada individuo realice sobre el sentido de su tránsito en el mundo y sobre la relación de ese tránsito con la colectividad.

Tal vez se esté planteando el tema desde la perspectiva de unos pocos, pero conviene llamar la atención sobre cómo podía conducir a transformaciones difíciles de aceptar. Un texto de Tomás Lander sobre las festividades religiosas, publicado en 1835 e inscrito dentro del marco de las nuevas valoraciones, es una incitación, capaz de provocar incomodidad y resistencia. Escribe en uno de sus *Fragmentos*:

> ¿Qué es lo que sucede en nuestro país, con la multitud de días festivos establecidos [...] cuando la espada y el bonete se dividieron el imperio del mundo? Deja el campesino de trabajar en el día festivo para entregarse a la holganza y a la beodez; deja el ciudadano de ocuparse para pasear y distraerse, gastando en profusiones lo que no tiene. Así vienen a ser la ociosidad, el licor y el excesivo gasto, otras tantas prendas que dedican a Dios los extraviados venezolanos. Así viene a ser la miseria, prenda de nuestra falsa piedad. Nuestros campos inspiran compasión observados los días que suceden a San Pedro o a otros semejantes, abandonadas las sementeras y los peones, o todavía embullados tocando la maraca, el tambor y el carrizo, o lánguidos y postrados sobre los bancos de las pulperías, recobrando las fuerzas que perdieron por el licor y la intemperancia.[32]

La descripción de Lander, quien representa entonces a los electores en la Diputación Provincial de Caracas, muestra el peligro contenido en esas instrucciones para que los ciudadanos usen el reloj de manera provechosa. ¿No provocarían una

---

32 *Fragmentos* Número 12, Caracas, Imprenta de Tomás Antero, 1835. En: *La Doctrina Liberal...*, tomo 4, pp. 410-411.

mudanza en la vida de los hombres comunes, pero también entre los espectadores de la religiosidad tradicional y en la influencia de instituciones respetadas y poderosas? Gracias a la mudanza esperada por el texto, disminuiría la privanza de organizaciones y personas que antes determinaban la vida, pero que ahora son presentadas en términos peyorativos. Los acólitos que disfrutaban la holganza normal de antaño ahora protagonizan escenas criticables. En el texto escrito por un famoso personaje que ha participado en la lucha por la desmembración de Colombia, que aparece a menudo en los periódicos, que habla en la legislatura regional y tiene haciendas, es malo lo que antaño era bueno, la religiosidad deviene esterilidad, los patronos del altar conspiran contra el progreso, la alegría se transforma en desolación, los fieles se vuelven responsables de una tragedia nacional. No se trata de palabras huecas, sino de la proposición de unas prácticas que muchos deben considerar como un atentado, o como la obligación de trajinar más de la cuenta para el bien de una causa que acaso no entiendan del todo. Las prescripciones que menudean en la prensa y en los papeles de los padres fundadores no son una retórica trivial, por consiguiente.

Aun en impresos dedicados a la mujer, aparecen afirmaciones capaces de consternar a las lectoras más perspicaces, o más apegadas a la tradición, aunque se presentaran como sencillos ejemplos para alabar el progreso en las sociedades del siglo que se tomaban como modelo. En el fascículo 9 de *La Guirnalda*, que circula en enero de 1840, se exhiben los logros de la economía a través de las siguientes prendas:

> El mundo es en el día como un gran almacén, un mercado en el que los pueblos se enriquecen con sus cambios recíprocos. La industria ha penetrado por todas partes. Los antiguos conventos se han transformado en fábricas de algodón, y las antiguas iglesias en pajares, o almacenes de cebada y trigo. En las chozas de los

Alpes encontramos ya fábricas de relojes. Tales son entre otras las mudanzas que se notan en el mundo en nuestros días.[33]

Cuando refiere los progresos de la época, el periódico dedicado «a las hermosas venezolanas» selecciona con la mayor naturalidad, como si cual cosa, el caso de los institutos religiosos que desaparecen para colocarse al servicio de la economía. Los prototipos no aparecen como una incitación revolucionaria, ni como adelanto de un plan del gobierno para arremeter contra la Iglesia, pero hacen la alabanza de un paradigma reñido con las costumbres del país que dependerá, en última instancia, de la responsabilidad de los ciudadanos. ¿Acaso la referencia a la fábrica alpina de relojes no es un recordatorio de lo que cada quien debe hacer con puntualidad para crear y difundir la riqueza, una encomienda que puede terminar en un cambalache de monasterios por talleres? De cómo se trata de una misión que corresponderá a los republicanos de la época no deja dudas el texto en sus comienzos:

> La sociedad no puede gozar de prosperidad durable sin que llegue el hombre a dominar la naturaleza exterior, que está a disposición de su inteligencia [dice]. Los progresos intelectuales de la sociedad se hallan en proporción directa con su prosperidad material: la ignorancia acompaña ordinariamente a la miseria; y la prosperidad conduce al talento [...] Las necesidades físicas imponen al hombre como ley inexorable el trabajo. Los brutos solo pueden emplear para el servicio de sus apetitos lo que llamamos instinto; pero el hombre los logra con su inteligencia, su previsión, y su propensión a vivir en sociedad. La prosperidad y el espíritu de asociación aumentan las facultades intelectuales y morales; y el trabajo ha dado a conocer al hombre lo que solo el ser inteligente podía comprender, es a saber, la riqueza [...] El hombre pasa del trabajo a la civilización.[34]

---

33 «Sobre la industria y sus relaciones con los progresos de la sociedad», *La Guirnalda*, n.º 9, Caracas, 25 de enero de 1840.
34 *Idem.*

El hombre es el motor y el beneficiario del trabajo, debido a que su inteligencia le permite el control del ambiente físico. Pero el resorte inteligente no solo adquiere riquezas como respuesta por su actividad, sino también la multiplicación de los saberes y de los principios morales. El fomento de la fortuna material realizado por el talento de los seres humanos que son capaces de proyectar el futuro y proclives a relacionarse con sus semejantes termina por convertirse en el pilar de la civilización. De acuerdo con el texto dirigido a las mujeres de Caracas en *La Guirnalda*, la racionalidad que se usará para multiplicar las fortunas y para multiplicarse ella misma terminará acabando con la barbarie. El proceso capaz de conducir a etapas superiores no estará en las manos del gobierno, sino en los planes de los particulares. Una empresa seductora, pero también espinosa, una alternativa de vida auspiciosa, pero también una amputación, si juzgamos por los testimonios de progreso que se han presentado. Su imitación remite a una mudanza de valores y podía significar el desmantelamiento de formas caras de vivir.

Desde Bogotá, el internuncio apostólico recibe los ecos de la campaña. En comunicación que envía al cardenal secretario de Estado, fechada el 23 de marzo de 1837, muestra su preocupación por «el espíritu de irreligión y novedad» que predomina en Venezuela.[35] En septiembre del mismo año, se dirige de nuevo al purpurado para copiar unas afirmaciones del arzobispo de Caracas sobre las políticas laicas. Según ellas: «El sistema de las repúblicas que formaban la antigua Colombia, es de despojar y oprimir a la Iglesia casi insensiblemente, para así mejor engañar a la Iglesia y al pueblo».[36] Como consecuencia de los intentos de

---

35 «Carta del nuncio apostólico en la Nueva Granada, para el cardenal secretario de Estado», Bogotá, 23 de marzo de 1837, en: *Personajes y sucesos venezolanos en el Archivo Secreto Vaticano*, Recopilación, selección y estudio preliminar de Lucas Castillo Lara, Caracas, Academia Nacional de la Historia, 1998, tomo I, p. 110.
36 «Carta del nuncio apostólico en la Nueva Granada, para el cardenal secretario de Estado», Bogotá, 22 de septiembre de 1837. *Ibidem*, p. 139.

modernización, asegura el mitrado de Caracas en informe que remite desde Curazao a la Nunciatura en febrero de 1838: «[...] ha ido faltando la fe y se han relajado las costumbres».[37] Además, el gobierno solo deja al clero «[...] las miserables propiedades y censos que han quedado después del naufragio sufrido, y esto por mera liberalidad».[38] Considera que se está ante un «proyecto infernal» contra las formas de vida más veneradas.[39] Los jerarcas juzgan la situación desde la plataforma del poder que comienzan a perder, desde luego, pero es evidente que están ante una situación riesgosa que puede provocar alarma entre los fieles a quienes se está pidiendo que acepten formas diversas de vivir y de relacionarse con la autoridad.

En la búsqueda de tales formas, *La Guirnalda* incluye recetas como las siguientes:

> La moral es una planta cuya raíz está en los cielos, y cuyas flores y frutos perfuman y embellecen la tierra.
> Conviene ser viejo en la juventud, para ser joven en la vejez.
> Nada hace al hombre tan dependiente de los demás como los desórdenes.
> Para desengañarse de los falsos placeres basta considerarlos en su partida.
> La mayor sabiduría es la que conoce sus límites [...]
> El ser dichoso consiste en poder todo lo que se quiere, el ser grande, en querer todo lo que se puede.[40]

Son máximas para guiar a los hombres que se animen a llevar el diario de su vida, o para quienes tomen en serio la

---

37 «Carta del arzobispo de Caracas en el exilio, para monseñor Gaetano Baluffi», Curazao, 5 de febrero de 1838. *Ibidem*, pp. 169-170.
38 *Idem.*
39 *Idem.*
40 «Moral», *La Guirnalda*, n.º 8, Caracas, 15 de diciembre de 1839.

alternativa de convertir en realidad los ejemplos sugeridos. Si venimos considerando la existencia de un plan de civilización, o de un designio de república concertado desde la cúpula, las píldoras que aparecen bajo el título de *Moral* en el periódico de las mujeres deben juzgarse como parte del asunto. No son piezas deshilvanadas, ni responden a la necesidad de arreglar la conducta según se concebía el arreglo antes. La contención propuesta tiene el fin práctico de obtener las cosas que se deseen, sin caer en excesos. Pero no se quedan en el límite de conceder legitimidad a los consejos por su cometido utilitario. Gracias a los frenos y contrapesos sugeridos le irá mejor al hombre en su pasar, de acuerdo con lo que se ha propuesto en los últimos lustros, mas también relacionará su empeño con unas normas superiores que provienen de la divinidad. Viene del cielo lo que el hombre hace en la tierra para su felicidad. Así las cosas, la república no es solo una invención de unos líderes que reclaman el esfuerzo de la población, sino también un deseo de la Providencia.

Aunque pudieran chocar las enseñanzas con la obligación de honrar al Todopoderoso. Ya vimos la crítica de Lander contra las fiestas eclesiásticas, muestra de cómo podía la renovación convertirse en una mudanza demasiado drástica. Hay, además, un par de referencias que ayudarán a la comprensión del choque oculto en lo que parecía ser solo una instrucción bienintencionada. Debido a presiones del arzobispado, hacia finales de 1847 ordena el gobierno guardar el reposo propio de los domingos. *El Liberal*, uno de los impresos que promueve con mayor tenacidad la modernización de tipo capitalista, comenta la situación:

> Ahora mismo tenemos establecido en materias de comercio una práctica civilizadora que fomentará en extremo el espíritu laborioso y empresario de los caraqueños. Siendo un precepto religioso santificar el día domingo, ha prohibido la autoridad civil que estén abiertos en ese día los establecimientos públicos, para que cada cual

lo pase como mejor le parezca, pero eso sí, sin trabajar. Si el pobre mercader no tiene más casa que su tienda, por fuerza ha de estar en clausura y privado de comunicación, porque es claro que al tener puerta abierta, ha de vérselas con la autoridad. Y no hay que chistar porque no conviene en esta tierra, en otras conviene mucho. Tampoco pueden andar las carretas en día feriado, porque no está bien que el ciudadano entregado a la contemplación y a los místicos placeres del domingo, venga a ser turbado por el desapacible y antiarmónico son de una carreta. Sucede pues que en dichos días no pueden entrar ni salir las que se emplean en el tráfico entre esta capital y La Guaira. Si hay en el puerto algún buque que espera, o algún pasajero que debe aprovechar la salida de los paquetes, o algún reverendo prelado que quiera pasear en vez de quedarse en casa, que tengan todos paciencia, que así lo mandan supremas autoridades.

Por eso cuando algún ciudadano intolerante se queja de que esto no marcha, no podemos menos que replicarle: ¿pues qué más quiere U. que poder estar tranquilo en casa sin que nadie lo turbe ni lo mortifique, entregado a los placeres del alma, pensando en la vida eterna, y descifrando el bello porvenir que Dios nos reserva? No hay que dudarlo, esta es la tierra de los progresos.[41]

El texto nos informa de los éxitos obtenidos por las lecciones, en primer lugar. Entre 1825, cuando circula el *Manual del colombiano*..., y 1847, se ha establecido en la ciudad el hábito de una laboriosidad capaz de llenar los espacios de la rutina hasta el punto de irrespetar el descanso que la ortodoxia ordena para la adoración de Dios. Nos recuerda igualmente las formas de «oprimir y despojar a la Iglesia casi insensiblemente», referidas en 1837 por la pesadumbre del arzobispo de Caracas. El ídolo del progreso ha llegado a perturbar las costumbres de la confesión

---

41 «Progresos», *El Liberal*, n.º 632, Caracas, 2 de enero de 1847.

tradicional. Cada vez hay más personas dispuestas a labrarse el destino, a costa de un calendario que se respetaba desde tiempos coloniales. Caracas ha adquirido una dinámica inusual debido a la actividad de unos personajes como los tenderos grandes y pequeños, quienes se han tomado unas libertades que jamás hubiese admitido la cultura de la catolicidad. El movimiento del comercio provoca unos ruidos que molestan al altar. Ha llegado a tanto el suceso que origina reacciones de escándalo. Por influencia de la mitra, pero seguramente también ante los clamores de la piedad popular, el gobierno clausura los negocios domingueros y la circulación de los coches para que los fieles tengan su día de guardar, o para que la modernización no revuelva la comunicación con el Creador. El discurso de la modernidad produce frutos, desde luego, pero el periódico también presenta los escollos de su concreción. La modernización puede tener acogida, si no se pasa de la raya. Aunque el problema también radica en que personas como las que redactan el periódico consideran que no se ha pasado de la raya. De allí las alusiones peyorativas a las medidas del gobierno y la admiración por otros países cuyo adelanto se debía a la inexistencia de conflictos tan banales.

En septiembre de 1849, el gobernador de Maracaibo escribe al presidente de la república las letras que vienen de seguidas: «El comercio quiere trabajar más tiempo, como los sábados en la tarde, pero hay mucha oposición porque solamente ha pasado ante hechos de emergencia. Que no hay necesidad y que estamos exagerando, dicen los molestos».[42] Ahora no se trata de cambiar algo tan delicado como la rutina eclesiástica, sino de buscar el crecimiento de las ganancias estirando el horario de los negocios, pero el proyecto tampoco es bien recibido. El oficio del gobernador no se detiene en pormenores, de modo que ignoramos las razones

---

42 Para el Sor. presidente de la República, Maracaibo, 20 de septiembre de 1849. *AGN*, Interior y Justicia, tomo CDII, fol. 102.

de los protestantes. Sin embargo, podemos presumir que no les caigan bien las limitaciones del tiempo para el ocio o la simple modificación de la cotidianidad que pudieran ocurrir. ¿Por qué una semana más larga, si toda la vida ha tenido otra medida? ¿Acaso la cacareada iniciativa de los particulares tiene autorización para hacer esos molestos cambios en los hábitos de la gente de Maracaibo? Para entender la reacción, debemos recordar que nadie antes había detenido el pensamiento en la mudanza de tales detalles. Los planes no llegaban hasta este terreno aparentemente banal. Solo las circunstancias de la guerra habían cambiado el curso de la vida, pero en los lapsos de sosiego los hombres trataban, en la medida de lo posible, de regresar a la situación invadida por la violencia. Parece razonable imaginar que, en cuanto lo permitían los ejércitos, los espectadores del conflicto buscaban el retorno a una relación con los semejantes y con el medio ambiente aprendida de los antepasados. Ahora los cambios aparecen de una manera sutil que torna las cosas progresivamente, hasta producir ronchas.

Hacia 1838, ya Venezuela cuenta con un conjunto apreciable de personas que figuran en sociedad y que han dinamizado las costumbres debido a su iniciativa. Así describe la situación un redactor entusiasta:

> Un abogado, un médico, eran personas muy raras fuera de la capital de la República; hoy se cuenta con algunos en todas las provincias y muy pronto estarán llenas todas las necesidades bajo este importante respecto. Un matemático verdaderamente instruido en esta ciencia no lo había en toda la República; hoy tenemos los suficientes para el desempeño de los negocios que ocurren y muy pronto tendremos más de los necesarios. Sin que esto pueda ser en ningún tiempo perjudicial, porque estos conocimientos son siempre provechosos aplicados a las ciencias, a las artes y a cualquiera otras ramas. El estudio de la medicina se hace hoy acompañado del de la anatomía,

conocimiento importante de que se carecía en los establecimientos de ayer [...] Sastres, carpinteros, maquinarios, sombrereros, herreros, zapateros; plateros y otros artistas se han establecido en el país y difundido en él conocimientos importantes en sus artes respectivas. Nuestros trapiches, casas, muebles, vestidos y todo lo que sirve para aumentar la riqueza y los goces personales, atestigua por todas partes la mejora que disfrutamos [...] La extinción de las vinculaciones y mayorazgos decretada por la ley y la libertad de industria consignada en la Constitución, han dividido grandes propiedades y favorecido el establecimiento de pequeños predios y negocios de agricultura y cría. La libertad y abundancia con que se han importado los instrumentos propios para el cultivo, la libertad y competencia en el mercado y la generalización de los conocimientos han formado una nueva realidad.[43]

El texto exagera, según podrá comprobarse en otro lugar. No es tan halagüeño el panorama, pero importa que un escritor ufano lo anuncie porque hace ver a otros en su momento la supuesta profundidad de la metamorfosis, porque ratifica las intenciones de los líderes y puede poner en guardia a los amantes de la tradición. Tal vez no sea tan copioso el número de profesionales que llena las páginas del periódico en 1838, pero importa que se destaque y aún que se abulte su presencia, para insistir en la orientación de la mudanza procurada. También importa la estimación de los artesanos, a quienes el texto coloca en la misma escala de los universitarios y a cuya actividad atribuye beneficios sociales de entidad, un juicio poco probable en las versiones tradicionales en torno a la importancia social de las personas y al fruto de sus manos. Las artesanías son buena vida para los demás, gracias a cómo fomentan unas realidades que en el pasado no eran objeto de tanta apología: la comodidad y el lujo.

---

43 «Progresos de Venezuela», *El Liberal*, n.º 106, Caracas, 22 de mayo de 1838.

Pero el escrito no se contenta con la exhibición de las prendas. Se mete en honduras cuando refiere las razones del progreso. Las casas confortables, la curación de las enfermedades, la ropa de moda y el crecimiento de las riquezas obedecen a la recepción de conocimientos foráneos y a una reforma legal que ha acabado con instituciones como el mayorazgo, ha permitido la liberalización de las heredades y ha promovido la competencia de los individuos en el mercado. Quizá no sean tan numerosos los testimonios de modernización, pero los existentes responden a un empeño de remover los cimientos de la sociedad. A punto de terminar, asegura el publicista:

> Vestidos, modales, circunspección, amor al trabajo, división de él y todo lo que puede comprenderse bajo la palabra 'costumbres de un pueblo', ha hecho entre nosotros una mejora considerable.[44]

No solo los aspectos superficiales, sino elementos de mayor calado como el arraigo de valores inéditos sobre el trabajo y sobre las formas de trabajar, son distintos a los del pasado y se celebran como una evolución constructiva.

Ideas y necesidades, un texto de 1842 que circula con la firma de Fermín Toro, uno de los intelectuales más solventes de la época, comenta también las novedades. Sin embargo, se muestra cauteloso con su advenimiento. Considera que Venezuela ha recibido el aporte de la civilización europea moderna, «sin haber pasado por la penosa faena de adquirirla por propio desarrollo, poco a poco y en el transcurso de los siglos».[45] De momento llama la atención sobre un desarrollo artificial de las flamantes maneras de relacionarse los venezolanos y sobre el peligro encerrado en el calco de ideas extranjeras, una endeble ruta para distanciarse de la

---

44 *Idem.*
45 «Ideas y necesidades», en: *La Doctrina Conservadora. Fermín Toro*, Caracas, Colección Pensamiento Político Venezolano del Siglo XIX, Ediciones de la Presidencia de la República, tomo 1, p. 102.

cultura española y una dudosa forma de acceder a los avances del siglo.[46] Más adelante lanzará fulminaciones en torno a la metamorfosis que considera más destructiva: la importancia otorgada al individuo y la trascendencia que se concede a los negociantes de cuño moderno. En breve las encontraremos otra vez, con su autor en el rol de custodio del tradicionalismo.

La campaña publicitaria más insistente se detiene en un oficio y en una criatura que hasta la fecha no tenían buena prensa: el comercio y el banquero. El comercio es considerado como una actividad primordial, que debe someterse a un tratamiento específico en el cual influya el interés de los particulares sin intromisión del gobierno: «Se eligió lo mercantil para formar la costumbre de juzgar y decidir contra los conocidos y amigos, para formar en fin en cada ciudadano un juez con la conciencia de tal. En esta elección se tuvo presente la conveniencia de la sociedad».[47] Cuando la república desea que los mercaderes realicen un experimento de responsabilidad en el seno del Tribunal Mercantil, hace buenas las palabras sobre aptitud individual y confianza anunciadas en el *Manual del Colombiano...*, y las arengas sobre un gobierno que satisface a la ciudadanía cuando gobierna menos; pero, especialmente, valora una actividad cuya consideración no era positiva en tiempos coloniales. Algo parecido ocurre con el banquero: aparte de remover prejuicios inveterados, es una figura nueva en la plaza. Hacían falta bancos para «aliviar al labrador o, más bien, para evitar su ruina»[48], mas se precisaba al banquero para que se convirtiera en catedrático de prudencia. Sobre tal función, apunta *El Liberal*:

> Otra ventaja de tener un banquero es la de que nos sirva de freno a los gastos. Innecesario es discurrir acerca de la utilidad para el negociante de ser exacto en sus cuentas. Los libros del banquero le

---

46 *Idem.*
47 Ley Mercantil, *El Liberal*, n.º 89, Caracas, 23 de enero de 1838.
48 «Carta», *El Liberal*, n.º 39, Caracas, 17 de enero de 1837.

sirven a uno de testimonio auténtico respecto de las transacciones en numerario; y si uno se equivoca en las suyas, los de éste conducen al descubrimiento del error. Si uno paga alguna cantidad y la persona que la ha recibido lo niega, basta referirse a los libros del banquero y que éste presente el libramiento que equivale a un recibo. Por medio de las cuentas de un banquero se pueden averiguar las cantidades recibidas y pagadas, aún después del transcurso de muchos años; siendo éste un medio fácil de arreglar cuentas y de rectificar prontamente cualquier error causado por olvido o descuido.[49]

Para ponderar adecuadamente la mutación planteada, conviene preguntarse si alguna vez se habían ofrecido lecciones de tal naturaleza a los negociantes a través de un medio de difusión masiva y con un mentor como el referido. Ni los mercantes tenían protagonismo en los periódicos, ni se celebraba el advenimiento del árbitro. No solo porque no existía, sino porque no calzaba en la horma de la decencia.

En septiembre de 1841, el jefe político de Cumaná, Juan María Alcalá, comunica su alarma al secretario del Interior por una curiosa conducta que trata de definir y frente a la cual no tiene una respuesta clara. Apunta en su correspondencia:

> Los vecinos principales resienten que los comerciantes vayan a formarse en su Sociedad, porque se entrará gente sin fama en el lugar. Está el suceso de que vienen haciendo anuncios con gritos de la mercancía que ellos trafican, con unos muchachos pregoneros con pasquines coloridos. No hay ninguna nota de preocupación apoyada en certeza mía, que yo deba expresarle como obligación de atención, o que ordene a medidas de control, pero me parece la demostración de una ansiedad.[50]

---

49 «Utilidad de tener un banco», *El Liberal*, n.º 134, Caracas, 5 de noviembre de 1838.
50 Oficio de Juan María Alcalá para el Sor. secretario en los despachos de lo Interior y Justicia, Cumaná, 4 de agosto de 1841. AGN. Interior y Justicia, tomo CCXLI, fol. 193.

¿No recoge el jefe cumanés las prevenciones que podía originar el plan de modernización? El olfato de Juan María Alcalá capta una reacción que califica de *ansiedad* y que le debió parecer importante como para comunicarla al ministro en Caracas. Unos señores, probablemente miembros de las familias más antiguas y acreditadas, no están conformes con el ruido de los mercaderes, ni con su calidad de advenedizos, y han debido hacer ciertas manifestaciones que la autoridad registra como una evidencia inusual y casi imperceptible, como un desagrado que no se supera con la acción de los gendarmes, como la posibilidad, más remota que próxima, de que ocurra un desorden. Su misiva apenas habla de la existencia de unas personas pacíficas tras los clientes para las mercancías, pero que han adquirido una influencia que pretenden resguardar a través de un gremio para la defensa de sus intereses. Basta apenas el simple intento de unos desconocidos, para que la *ansiedad* se apodere de los principales y para que el jefe político la reporte a la instancia más elevada. Tal vez la desazón captada por la sutileza de un funcionario provinciano obedezca al enfrentamiento de valores que se viene comentando.

Un folleto de 1846 muestra en todo su esplendor el imperio de las concepciones ofrecidas como panacea y la repugnancia que podían provocar, especialmente en momentos de crisis. Tal vez una declaración como la siguiente no conduzca a una relación inmediata con las actitudes abocetadas en Cumaná, pero es un reactivo para el crecimiento de la hostilidad entre lo nuevo y lo viejo. En su conclusión, el fascículo titulado *Las fortunas. Fortunas coloniales. Fortunas republicanas* dice:

> El sistema republicano, propende a la división de la propiedad. La división de la propiedad aumenta la riqueza pública. La baja transitoria de nuestros frutos, no anula el aumento permanente de los elementos de riqueza y de la riqueza misma. Mientras que unos propietarios se atrasan como ciento, otros adelantan como

mil. Dejemos obrar libremente el sistema republicano y respetando y auxiliando en privado la desgracia del que baja, rechacemos en público las injustas tendencias. Trabajo y economía son los únicos medios para subir el que está abajo, para sostenerse y elevarse el que está arriba. Pésame para la desgracia del amigo, enhorabuena por la felicidad de la patria.[51]

La iniciativa privada, la aptitud individual y la competencia son parte del sistema republicano, según el testimonio. Todavía más: son propiamente el sistema republicano. La república se ha fundado para el servicio de los triunfadores y de los competidores que manipulan la riqueza en una serie de operaciones que fatalmente desembocan en la bienandanza. Partiendo de este presupuesto, la república no se ocupa de los ineptos, ni de los anacrónicos y los desafortunados. Los arroja en los brazos de una caridad amistosa que, si obedece las enseñanzas pregonadas desde 1825, apenas alcanzará para una degradante subsistencia. De acuerdo con unos consejos publicados por *El Manzanares* de Cumaná, dentro del más clásico estilo del sistema proclamado como solución, se puede leer: «Nosotros pensamos que cada uno está en la obligación de resignarse a su suerte y provocar un acomodamiento que sólidamente la alivie».[52] Asuntos como la justicia, la mesura y la compasión en cuanto deber del Estado no aparecen en el discurso que leen o escuchan unos hombres acostumbrados a procurar el cobijo del rey, el auxilio del Libertador presidente y el patrocinio de los hombres de armas. Ya no están. Los publicistas de la nueva fe olvidan las familiares desembocaduras, mientras la república fiel a su sistema espera que las crisis desaparezcan en el momento oportuno. Más que ansiedad, los postulados podían esperar una enfática repulsión.

---

51 Citado por Manuel Pérez Vila, «El gobierno deliberativo. Hacendados, comerciantes y artesanos frente a la crisis. 1830-1848» en: *Política y economía en Venezuela*, Caracas, Fundación J. Boulton, 1976, p. 80.
52 «Sobre la crisis», *El Manzanares*, n.º 12, Cumaná, 30 de mayo de 1843.

Fermín Toro se levanta contra las proclamaciones de fomento material que se han hecho según el evangelio de la iniciativa privada. En sus *Reflexiones sobre la ley del 10 de abril de 1834*, aparece en términos elocuentes el pugilato entre los ideales del pasado y las pragmáticas recetas de la república. Veamos qué opina el pensador sobre las ideas en boga y sobre el cambio de costumbres y conductas:

> En este sistema puramente personal no hay acción uniforme, no hay fuerza colectiva, no hay comunicación de pensamientos. El individuo forma su propia legislación y poco a poco es conducido a rechazar todo sistema universal de moral, de religión y de legislación positiva que se oponga a sus intereses y cálculos individuales. En esta lucha constante el interés general es siempre sacrificado; la noción del deber para con la sociedad se va extinguiendo; lo ideal de la humanidad como persona moral a quien se debe algún sacrificio del egoísmo personal llega a verse como una ridícula ilusión; y en el predominio de lo individual y de lo material, las ideas de deber, patriotismo, virtud, moral y religión quedan tan debilitadas que puede asegurarse que por sí solas son incapaces de producir una acción. La unidad de fines de la sociedad se pierde y los poderes públicos quedan privados de toda acción directa, de toda tutela protectora de los intereses generales sacrificados en la contienda reñida de las pretensiones individuales.[53]

Lo contrario del argumento oficial, en sentido absoluto. En lugar de plataforma del bien común, la acción del individuo según se venía proponiendo, deviene factor de disgregación. La exagerada promoción de la iniciativa privada liquida las ideas orientadas a la felicidad colectiva y los principios de religión y

---

[53] «Reflexiones sobre la Ley de 10 de abril de 1834» en: *La Doctrina Conservadora. Fermín Toro*, tomo 1, p. 121.

moral que juntan a los seres humanos. Lo minúsculo se impone por fuerza sobre lo genérico y la patria desaparece como meta, para resumirse en una egolatría destructora que tiene la complicidad del régimen. Fermín Toro siente que la modernización ha provocado el nacimiento de una criatura abominable.

> El hombre positivo es hoy el dominador de la sociedad. En el sentimiento de su individualidad se absorben todas sus potencias. Se diría que es un pequeño Dios que se ve a sí mismo reflejado en todos los seres del universo. El hombre positivo, el hombre de la realidad, es el que subordina siempre lo universal a lo particular, lo abstracto a lo concreto, la sociedad al individuo; y haciéndose como el centro de un mundo puramente material, busca siempre una ecuación en todas las relaciones sociales y calcula con guarismos las ventajas del honor, de la probidad y de todas las demás virtudes. De aquí yace la indiferencia con que se ven los estudios de la ética, de la filosofía y de todas las especulaciones trascendentes, fuentes inagotables y perennes de lo justo, lo útil y lo bello; de aquí el favor exclusivo de las cuestiones de economía como ciencia que conduce a la riqueza por el camino más corto, entendiéndola cada uno a su modo y aplicándola a su exclusivo interés, sin consideración alguna a las costumbres, al grado de ilustración y a la situación general del país; de aquí, por último, la dificultad de combatir en la palestra de la opinión pública los áridos pero formulados principios de un pragmatismo utilitario que, afectando el método demostrativo de las ciencias matemáticas, se presta admirablemente a la concepción de la inteligencia más común que a los cálculos del más estrecho y personal egoísmo.[54]

La república ha preparado la llegada del individuo *positivo*, quien es una especie de enemigo público que establece su tiranía

---

54 *Ibidem*, p. 115.

con la complacencia de la autoridad. La vara para la medición de los asuntos nacionales ha reducido hasta la mínima expresión su capacidad de ponderar la variedad de temas que los integran, para ocuparse solamente de los deseos de un elemento contradictorio en relación con las aspiraciones de las mayorías. Gracias a los preceptos de la república, el Dios de los cielos ha desaparecido de Venezuela para que domine la plaza un conjunto de númenes todopoderosos y ubicuos, cada uno provisto de un decálogo hecho con el objeto de lograr utilidades materiales a cualquier precio. Entre el importe que se debe pagar por la entronización del individuo *positivo* está la befa de los preceptos religiosos y de las virtudes teologales y cardinales que ha consagrado, de la ética, del pensamiento más profundo que se ha ocupado de la humanidad y de la apreciación de los costados hermosos de la vida. El honor, una prenda tan apreciada por la sociedad caballerosa y respetable de antaño, se ha arrojado al basurero. La probidad, atributo de bien nacidos, le hace compañía. La ausencia de las cualidades tradicionales se llena con la búsqueda de la utilidad a través de caminos torcidos, según pregona una ciencia inmoral. En suma, se experimenta una invasión de ideas sin vínculos con el país y sin respeto por la usanza de los mayores. Fermín Toro dibuja con tonos apocalípticos, desde las fulminaciones de un profeta de la fe primitiva al borde del precipicio, un retrato devastador de los primeros hombres de negocios que actúan en la escena nacional.

Cuando observa al individuo laborioso y calculador a quien se propone como protagonista de Venezuela, Francisco Aranda, un congresista que usualmente colabora en la prensa de oposición, mira hacia el pasado con el propósito de rescatar las formas lícitas de crear y distribuir riqueza. En abril de 1844 publica *Un pensamiento para ser examinado*, del cual provienen las siguientes afirmaciones:

La palabra del hombre es sagrada; el que falta a su palabra falta a su honor; nada puede disculparle del cumplimiento del deber que contrajo espontáneamente. ¿No son estas las máximas de las generaciones que nos han precedido, las primeras que se grabaron en nuestros corazones por nuestros padres, y las que nosotros transmitimos a nuestros hijos? [...] ¿Quién dejó de pagar, implorando la ley escrita que entonces prohibía la usura? Si alguno ocurrió a los tribunales no fue para dejar de pagar, sino para obtener consideración; y en los tribunales mismos encontró inconvenientes por el respeto que los jueces tributaron a la ley no escrita, a la ley tradicional, a la ley del honor. Yo he presenciado un caso, de que otros se acordarán al leer esté escrito para exaltar, como es debido, la virtud de nuestro compatriota que, comprometido a pagar el diez por ciento mensual, después de haber satisfecho a su acreedor más del duplo del capital por intereses en menos de dos años ¡fue demasiado el pago del capital! Hizo presente en su defensa lo oneroso de su obligación, pero protestó que no era su ánimo execpcionarse [*sic*] para no pagar, sino para obligar a su acreedor a guardarle aquella consideración que su propio interés y las circunstancias del negocio le aconsejaban. Noble conducta, que fue acompañada después del entero de todo el haber del prestador.[55]

En un tono más conciliador, sin dejar de ser crítico, Aranda pretende que los negocios descarnados de su tiempo se reformen gracias al recato de los antepasados. Que la palabra del sujeto responsable sustituya las letras de cambio en los tratos hechos por las generaciones jóvenes. Que la estima personal no sea avasallada por un contrato. Que los jueces sentencien de acuerdo con las leyes vigentes en materia de economía, pero con el criterio de los patriarcas. Que las cosas cambien, pero no hasta el punto de convertirse en objetos desconocidos y censurables. Una manera

---

55 «Un pensamiento para ser examinado» en: *Conservadores y liberales. Los grandes temas políticos*, Caracas, Colección Pensamiento Político Venezolano..., tomo 12, pp. 421-422.

de morigerar, con el socorro de unos usos que no se conforman con pasar al cementerio, la inversión de valores que conmueve a la sociedad. Quizá Fermín Toro no concuerde, debido a que los venezolanos han sido conducidos a situaciones condenadas por la religión. Recordemos que en sus *Reflexiones…* ha sentenciado: «El provecho y la aprobación; el lucro y la legitimidad; el interés y la moral; he aquí la antítesis que persigue al hombre en todas las acciones de su vida, y de la cual no puede liberarse, pues la lleva consigo en la conciencia».[56] La virtud no puede convenir con el pecado, y la república está construyendo un camino que conduce al infierno.

Hay un periódico que en 1831 observa el problema de los cambios que se quieren introducir. Es un periódico que conviene mirar para la apreciación del desgarramiento que han debido sentir en el período los habitantes de Venezuela. No solo por lo que afirma cuando apenas comienza la divulgación del plan modernizador, sino por su llamativo título. *Sentimientos del vulgo inocente o si se quiere culpable*, han querido los redactores que se llame su impreso. Cuando se celebra la Navidad en el primer año de la autonomía, escriben para los lectores a quienes se conmina con las mudanzas:

> … apartemos a un lado esos libros extranjeros de economía y leamos nuestras breves fojas con sencillez y sin violentar a nadie; haya buena fe, integridad, economía personal, amor a la común prosperidad […] No es menester imitaciones y usos de otras naciones, porque a ninguna nos parecemos aunque haya quien se quiera parecer a todas.[57]

De acuerdo con el texto, ante el designio de los cambios muchos sienten que están frente a una invasión. Los dirigentes

---

56 *Reflexiones sobre la ley…*, tomo 1, p. 116.
57 *Sentimientos del vulgo inocente o si se quiere culpable*, n.º 4, Caracas, 24 de diciembre de 1831.

no solo quieren copiar una lectura ajena de la vida, sino también cambiar preceptos arraigados. Nada nuevo, si recordamos las críticas ya observadas en torno a los planes de modernización. Las palabras publicadas en la pascua de 1831 se repiten en lo sucesivo, tácitamente y de manera expresa. Sin embargo, el nombre del periódico, *Sentimientos del vulgo inocente o si se quiere culpable*, apunta sin remilgos al destinatario de los mensajes y a cómo puede ser percibido entonces. O a cómo se percibe él mismo frente a las solicitaciones. No estamos solo ante el encabezamiento de un impreso, sino también ante una advertencia sobre el drama experimentado por la sociedad. Por una parte, sugiere que el venezolano de la época, el hombre común y corriente que forma la masa de la población, puede ser calificado según reciba el mandamiento de los líderes. Está libre de culpas si acepta los consejos de la cúpula. Es digno de reprobación si prefiere el familiar regazo de la tradición. Por otra parte, debe desarrollar reacciones encontradas, en la medida en que acepte la aventura de novedades y sacrificios para la cual ha sido convocado. O es capaz de referirse con ironía a unas vicisitudes que no ha buscado y que pueden ser, desde su perspectiva de persona sencilla, un juego de imitaciones presuntuosas e innecesarias. En todo caso, el título del periódico nos recuerda cómo la pugna no se reduce a un puñado de protagonistas. Nos recuerda que existe un *vulgo* atrapado en medio del plan de civilización, un sujeto del montón exaltado o apático, adicto o refractario, satisfecho o descontento, de cuyo concurso depende lo que suceda con el mensaje.

MAQUILLAJES, ECONOMÍAS Y APEGOS

Como sabemos, esa suerte depende del cambio de valores, no en balde se ha insistido en la tarea desde las vísperas de la autonomía, pero igualmente de la exhibición de unas prendas a través de las cuales se demuestre que los hombres han aceptado la modernización hasta el extremo de proclamarla cada día a través de sus actos. Las nuevas figuras de la historia no solo deben ser la encarnación de los artículos de la fe republicana, sino también su muestra, la prueba viviente de su existencia y de sus metas. La sociedad de los antepasados, hecha para el desfile de los estamentos uniformados según su calidad, no facilitaba el lucimiento de la nueva figura de Venezuela, el individuo, el *vulgo* transformado en otra cosa, el sujeto distinto de los demás que debe enseñar, ya no su linaje, sino la eminencia de sus prendas personales. Por consiguiente, el teatro levantado de los escombros de la guerra debe partir de la ejecución de un libreto debido a cuyo aprendizaje se constate cómo han crecido los frutos de una conducta distinta de la tradicional.

Ya no convienen las reuniones familiares de antes, para que los protagonistas del momento demuestren, por medio de la indumentaria, la supuesta procesión interior que conmueve sus espíritus. Ya no se deben pronunciar las palabras como en el pasado, sino a través de un torneo de expresiones y omisiones que necesitan un auditorio amplio, no en balde el prestigio de cada quien aumenta cuando se aplaude su genio en el manejo de los misterios del buen decir. El tono monocorde de las pláticas debe ser asunto enterrado, para dar cabida a los atrevimientos de la comunicación oral y de la gestualidad, para que se transforme de veras el contenido de las tertulias y la mujer se incorpore a ellas progresivamente. La vieja casa de familia ya no va con la orientación que deben tener las reuniones de sociedad.

Tampoco las escuelas controladas por la Iglesia, ni las recepciones que solo se realizaban con licencia de la autoridad. El advenimiento de los republicanos, que en cierta medida viene a ser también la presentación del petimetre criollo en sociedad, debe contar con una plataforma adecuada para acceder a la consideración del mundo. Está bien que el ciudadano reciba la luz de ciencias desconocidas y estudie materias vedadas hasta entonces por la tradición; estupendo que aprenda lenguas modernas y se haga profesional de la mineralogía, o de la química; que aproveche los saberes para crear riqueza y para hacer más fructífero el trabajo, pero hace falta que aprenda un comportamiento capaz de presentarlo como prenda de un conglomerado que, por fin, se subió al carro de la civilización. En consecuencia, el proyecto fundado en 1830 también se convierte en una escuela de sociabilidad cuyo aprendizaje mostrará la superficie de una transformación que opera, o debe operar, en las escalas más profundas. «Las mejoras dependen de gente que se comporte bien hasta en los trapiches, es decir, no solo de los hijos de los sujetos pudientes, sino de todos los demás»[58], se lee en *El Liberal* de 22 de mayo de 1838.

Tales son las bases de una particular instrucción que seguramente no se dirija a los peones de los trapiches, como desea *El Liberal*, ni pueda hacer tabla rasa de los hábitos inveterados, debido a la influencia del pasado; ni sea capaz de plantear una modificación cabal de las conductas y del roce sociales, pero lo intenta con éxito. ¿Qué pretende esa particular instrucción? Un complemento necesario de la escuela de valores que arranca en 1825: la descalificación de los comportamientos de los sujetos a quienes se considera ineducados, y de aquellos cuya sensibilidad parece anacrónica. Así, por ejemplo, los campesinos que a duras penas llegan a la capital por la falta de comunicaciones, o los fieles aferrados al recato ordenado por la Iglesia. Hay que imponer un comportamiento consentido por la cúpula. Se debe procurar su imitación en las capas más bajas de la población, para que otra gestualidad, otro porte, otro tono de voz reinen en los saraos; pero también en el hogar doméstico, en la plaza, en el teatro y en la feria. Así podrán los dirigentes del país colocar evidencias en la vitrina, con el objeto de probar lo que han hecho por construir un mundo civilizado.

---

58 «Progresos de Venezuela», *El Liberal*, n.º 106, Caracas, 22 de mayo de 1838.

Algunos entienden que la vitrina cumple el propósito de presentar los especímenes de un mundo reprimido, en cuanto la imposición de la cartilla de las menudencias sociales es una conspiración contra la exuberancia y la holgura que debió caracterizar el cuerpo de los antepasados, el cuerpo «bárbaro» que se debe contener en beneficio de un ceremonial «decente».[59] Es un punto de vista digno de atención, desde luego. Los respingos anhelados por los maestros se siembran en la mazmorra de la carne. Pero tal vez no lo sientan así los pedagogos de entonces, tan empeñados como están en divorciarse del pasado. Si creen sinceramente en la necesidad de la modernización, deben complacerse en el hecho de estar ofreciendo lecciones de una crianza que enaltece y vivifica. Es probable que sientan cómo promueven una liberación, en lugar de una cárcel. O, en el peor de los casos, que suministran la comedida ración de silicio capaz de engalanar a los que quieran coronarse de republicanos.

Así como ha jugado papel primordial un texto como el *Manual del Colombiano...*, cumplen un rol de trascendencia las obritas a través de las cuales se transmiten las recetas de la formalidad y los requisitos de la etiqueta. Deben realizar la misión que en el país de las postrimerías de la Independencia efectuó el catecismo encargado de resumir las virtudes del republicanismo a través de pocas palabras, o mediante preceptos inequívocos que buscaban discípulos para la política en ciernes. Luego de la derrota del imperio español se considera esencial el pulimento de la sociedad, hasta el punto de convertirlo en un trabajo que se debe divulgar en compendios de fácil digestión y masivo conocimiento. El pulimento es sinónimo de modernización, o evidencia de ella, y debe convertirse en rasgo de la cotidianidad. Especialmente en las ciudades a cuyos habitantes se pide que vivan como

---

59 Ver, en especial: José Pedro Barrán, *Historia de la sensibilidad en el Uruguay*, Montevideo, Ediciones de la Banda Oriental, Facultad de Humanidades y Ciencias, 1993, tomo 2, capítulo VI.

en las urbes de Francia, de Inglaterra y los Estados Unidos. Pero como no están acostumbrados, ni han crecido en el ambiente de la modernización, hay que desbastarlos con píldoras, hay que lavarlos a domicilio con minúsculas pastillas de jabón, hasta que asuman las filigranas como cosa propia.[60] Tal es el propósito de los manuales de urbanidad que entonces circulan.

En 1841, Feliciano Montenegro y Colón publica unas *Lecciones de buena crianza moral* que llevan de apéndice una lista de consejos y refranes útiles para la urbanidad.[61] Como el autor es un pedagogo de relevancia, su catón se vuelve lectura corriente en las escuelas. Algo parecido intenta Domingo Quintero en 1840, en un cuadernillo titulado *De las obligaciones del hombre*. Periódicos como *El Canastillo de Costura*, de 1826, y *La Guirnalda*, de 1840, están pendientes del asunto. En 1853, un destacado catedrático y hombre público, Manuel Antonio Carreño, comienza una publicación por entregas, el *Manual de urbanidad y buenas maneras*, que llega a impresionar por su contenido. El Congreso Nacional resuelve recomendar especialmente su uso, mediante acuerdo fechado en 14 de marzo de 1855. La decisión de los parlamentarios le abre un camino afortunado al librito, pues se convierte en la vulgata de la civilidad. El hecho de su acogida oficial, pero también la fortuna que logra entre los lectores del continente de lengua española, le conceden especial entidad. Pensado para los ciudadanos del país, pronto los maestros, los patriarcas y los gobiernos del vecindario lo proclaman como el uniforme idóneo de las costumbres.[62] Está bien escrito, en prosa

---

60 Ver: Beatriz González Stephan, «Modernización y disciplinamiento del espacio público y privado», en: *Esplendores y miserias del siglo XIX. Cultura y sociedad en América Latina*, Caracas, Monte Ávila Editores Latinoamericana, 1995. Y mi trabajo: *Fueros, civilización y ciudadanía. Estudios sobre el siglo XIX en Venezuela*, Caracas, Universidad Católica Andrés Bello, 2000.
61 Caracas, s/e, 1841. Ver mi trabajo: *Ventaneras y castas, diabólicas y honestas*, Caracas, Editorial Planeta, 1995, pp. 431-455.
62 Ver: Beatriz González Stephan, *op. cit.*; Elías Pino Iturrieta, *Fueros, civilización y...*; Rosario Marciano, *Teresa Carreño, compositora y pedagoga*, Caracas, Monte Ávila Editores Latinoamericana,

clara y grata, pero seguramente el entusiasmo de quienes sugieren su consulta no parta de las cualidades literarias, sino de los principios que divulga en torno al orden de la sociedad. De allí la necesidad de considerarlo como pieza de trascendencia dentro de la preceptiva que se viene analizando.

La cartilla proclama el respeto de los padres, de los maestros, de los ancianos y los sacerdotes, cuyos consejos se deben oír «con interés y docilidad», pero también de los mandatarios de turno. Ellos:

> ... nos protegen y amparan contra los ataques dirigidos a la libertad e independencia de nuestro país, contra las injusticias de los hombres, contra las asechanzas de los perversos; ellos guardan nuestro sueño y velan constantemente por la conservación de nuestra vida, de nuestras propiedades y de todos nuestros derechos.[63]

Seguramente estos preceptos expliquen el éxito de don Manuel Antonio, o el interés de los dirigentes de la sociedad por divulgar su *Manual*... ¿No es, en esencia, un llamado a obedecer a los políticos y a todas las autoridades constituidas, independientemente de las ideas que los muevan y de los actos que realicen desde las alturas? Uno de los requisitos de la sociabilidad que se introduce es la docilidad frente a gobiernos y gobernantes. El pedagogo no discrimina entre gobernantes buenos y gobernantes malos, entre líderes respetuosos de la república y hombres de presa. Un consejero tan bien intencionado debe ser sabio pastor del porte y la etiqueta, pudieron pensar los dirigentes del país. Excelentes razones para que la urbanidad habitara entre nosotros.

1971; Mario Milanca, *Teresa Carreño. Gira caraqueña y evocación*, Caracas, Cuadernos Lagoven, 1987; «Carreño, Manuel Antonio», en: *Diccionario de Historia de Venezuela*, Fundación Polar, Caracas, 1988, tomo 1.

63 *Manual de Urbanidad y buenas maneras*, Bélgica, Imprenta de la Vda. de Ch. Bouret, 1897, p. 14. En mi libro, *Fueros, civilización y ciudadanía...* se estudia el *Manual de Urbanidad*, en una línea que ahora se mantiene, pero que pretende mayor profundidad y atención.

Una urbanidad moderna que, a diferencia de la tradicional española, no ve en el mundo uno de los enemigos del alma. El mundo es un espacio que se puede transitar y que no desemboca en los infiernos, si se recorre de acuerdo con las reglas. Pero no solo deja de ser una alternativa de perdición. El cumplimiento de las reglas puede determinar el lucimiento de los viandantes, y el lucimiento puede conducir al ascenso social. La calle ya no es un vehículo capaz de llevar fatalmente a la pérdida de la honra, según juzgaban los antepasados.[64] Ni los jolgorios como el teatro y el baile. Visitados con el comedimiento del caso, se transforman en sinónimo de vida arreglada. Aunque la posibilidad de adecuarse a ese otro vivir en policía que propone la modernización no signifique cambiar el cepo por la falta de penitencia.

Lo reemplaza otro ceñidor que comprime los movimientos del cuerpo en atención a la edad, al sexo y al oficio de las personas:

> Gravedad en el anciano, en el sacerdote, en el magistrado; suavidad y decoro en la señora; modestia y gentileza en la señorita; moderación y gallardía en el joven; afectación en nadie.[65]

Carreño no toma en cuenta las prerrogativas nacidas del linaje y las normas propias de la sociedad estamentaria, pero exige ademanes en atención al diferente lugar que se ocupe, a la edad y al género de los individuos. La modernización no significa una apertura susceptible de impedir que cada quien aparezca ante los demás como es en la vida, estableciendo y pidiendo distancias, partiendo de distinciones establecidas desde la perspectiva moderna.

---

64 Ver: Patricia Seed, *Amar, honrar y obedecer en el México colonial*. México, Consejo Nacional para la Cultura y las Artes, 1991; y Elías Pino Iturrieta, «La reputación de doña fulana Castillo. (Un caso de honor y recogimiento en el siglo XIX venezolano)». *Tierra Firme, Revista de Historia y Ciencias Sociales*, n.º 56, Caracas, octubre-diciembre de 1996, pp. 533-553.
65 *Manual de Urbanidad...*, cap. IV, «Del modo de conducirnos en diferentes lugares fuera de nuestra casa».

De allí la aparición de un rompecabezas de miramientos, según la calidad del destinatario del trato. No en balde se llega al extremo de prohibir que se fije la vista en las personas que pasan por las calles, o en quienes están en las ventanas. O que se nombren las partes del cuerpo que permanecen cubiertas por la ropa, como la espalda, los muslos y las nalgas. O que se use la mano izquierda para quitarse o ponerse el sombrero.[66] La diversa calidad de los individuos conduce a marchar con rigidez en los espacios públicos, es decir, en la escena que sirve para demostrar cómo funciona a la perfección el teatro de la modernización. Pero no se solicita una simulación, una actuación como la que hacen los cómicos en las tablas, sino la ejecución convencida de un papel en el cual se deben meter los ciudadanos durante toda la vida.

Así debe suceder en la calle, cuando el hombre queda sometido a la mirada del prójimo, del gobernante y del habitante de otras latitudes que le puede otorgar la patente de buena educación, pero los frenos no cesan al llegar a la casa. Al contrario, la casa es el fundamento de las exhibiciones que se deben realizar en el exterior. Tras el portón del hogar impera el corsé que debe colocarse al amanecer, cuando la gente se lava la cara «con dos aguas» en la intimidad de una habitación cuyos enseres deben estar «en un estado de perfecta limpieza» y en donde ni siquiera está permitido colocar la cabeza en el respaldo de los asientos, para preservarlos de la grasa del cabello; ni salir al comedor con la indumentaria arrugada, ni permanecer sin corbata, ni hacer ruido al mascar, ni servir el pescado con cuchillo, ni rebanar grueso las viandas, ni llevarse huesos a la boca, ni limpiar las encías con la lengua.[67] Nadie se puede despojar del corsé ni para meterse en la cama, pues es inconveniente dormir desnudo y roncar. El ronquido:

---

66 *Idem.*
67 *Ibidem*, capítulo II, «Del aseo»; y capítulo III, «Del modo de conducirnos en casa».

... ese ruido áspero y desapacible que algunas personas hacen en medio del sueño, molesta de una manera intolerable a los que las acompañan.[68]

Como se observa, el preceptor llega a extremos que hoy pueden parecer inconcebibles. La meticulosidad del reglamento es un testimonio de cómo busca una representación sincera e indiscutible de las maneras de relacionarse, no en balde se detiene con extrema paciencia en las conductas domésticas. Quiere que las lecciones se aprendan y se practiquen en casa, desde el nacimiento hasta la muerte. Igualmente, desea que las lecciones se trasmitan a los hijos, para que el mecanismo funcione a la perfección en el exterior hasta la consumación de los siglos. Reclama una formación privada e íntima que se ensaya en el seno de la familia para que luego se extienda sin dificultad y permanezca.

Sobre tal pretensión no quedan dudas cuando el *Manual...* se atreve a determinar los deberes del magistrado con los particulares, del abogado con los clientes, de los nacionales con los extranjeros.[69] En el caso de los procuradores, por ejemplo, pide lo siguiente:

> Deben poseer un fondo inagotable de bondad y tolerancia para que puedan ser siempre corteses y afables con los clientes.[70]

La urbanidad, de acuerdo con el párrafo, no es un asunto superficial. Es la prueba de la existencia de sentimientos íntimos, de creencias acendradas sobre la persona humana que se demuestran con el trato. La filigrana parte de una introspección, pues. Acaso la misma que deba regir el comportamiento con los hombres procedentes de otros países:

---

68 *Idem.*
69 *Ibidem*, capítulo VI, «Diferentes aplicaciones de la urbanidad».
70 *Ibidem*, p. 85.

La urbanidad impone a nacionales y extranjeros un deber especial de recíproca y fina galantería, el cual consiste en elogiar siempre con oportunidad y delicadeza todo lo que pertenece y concierne al ajeno país.[71]

Ni siquiera en la Constitución de la república se dispone con tanto detalle la conducta de los ciudadanos. ¿Por qué traspasa los límites el autor y por qué la sociedad acepta la pretensión? Manuel Antonio Carreño es profeta de un orden superior que está más allá de las leyes de la nación. La urbanidad, según asegura:

> ... es una emanación de los deberes morales y, como tal, sus prescripciones tienden todas a la conservación del orden y de la buena armonía que deben reinar entre los hombres y estrechar los lazos que los unen, por medio de impresiones agradables que produzcan los unos sobre los otros.[72]

Partiendo de presupuestos universales de naturaleza superior, de acuerdo con lo que se desprende de la afirmación, borda una redundante malla que debe convertirse en factor de adherencia colectiva. Los principios morales cuya meta es la conservación del orden social y la existencia de nexos simétricos y proporcionados entre los interesados en tal orden obligan a que se pruebe todos los días, a través de manifestaciones de respeto y concordia, la trascendencia del propósito. Desde tal perspectiva no es accesorio, sino esencial, el tejido de un amable registro de manifestaciones exteriores cuyo cometido es la cohesión. En un pueblo que se considera todavía ineducado y áspero, no en balde se han empeñado en enseñarlo a ser distinto a través de catones de rudimentos desde 1825, los dirigentes deben mirar con complacencia el propósito y apoyarlo sin cavilaciones. Cuando

---
71 *Idem.*
72 *Ibidem*, capítulo I, «Principios generales».

solicitan el apego a un concierto de reglas para comunicarse con «dignidad, decoro y elegancia», no manifiestan un capricho ni machacan un asunto trivial. Deben sentir que no están ante un catecismo propalado por tías solteronas, sino frente a un instrumento insustituible para la modernización de Venezuela. En 1854, un censor que publica notas en *El Mosaico* con el seudónimo de *Arturo* se aproxima al tema con otras palabras cuyo contenido avala al adiestramiento examinado:

> No hay un adagio que sea en sí más significativo que este que frecuentemente oímos de la boca del vulgo: La costumbre es una segunda naturaleza. Ella es a la verdad capaz de formar al hombre nuevo, y de darle inclinaciones y facultades enteramente distintas de las que recibió al nacer.[73]

Como el autor debe estar en conexión con las pretensiones que saltan de las páginas de los manuales, seguramente también pretende una mudanza a través de la cual se llegue a una vida determinada por factores de contención según desea Carreño, acoplados a la exigencia de una civilización palpable en elementos exteriores cuya presencia es el corolario de una metamorfosis íntima.

Solo que, según han llegado a asomar las fuentes de formación cívica examinadas antes, se debe hablar de la cohesión de unos pocos, o de la cohesión juzgada según el paradigma de unos pocos. Como en el caso de los epigramas de Iriarte divulgados en 1837, la intención depende de considerar los modales de quienes tienen aguamaniles, lociones, sombreros, corbatas, bastones, muebles, manteles, vajillas, tenedores, clubes, tertulias, libros y preceptores. De acuerdo con un mandamiento tácito, lo plebeyo enrarece el clima de la república que está creando

---

[73] «Costumbres», *El Mosaico*, Caracas, 1854.

códigos de cuño liberal, que pretende la apertura de caminos y desea una instrucción cuya meta es la desaparición de las tinieblas del pasado. Indirectamente se establece que el civismo y la ordinariez son antónimos, lo cual puede significar la proclamación de una pugna de los ciudadanos atildados con los hombres rústicos que deberá concluir en la eliminación de los segundos. No a través de mecanismos cruentos, sino mediante actitudes más sutiles, mediante procedimientos de exclusión como el desprecio, capaz de crear espacios a los que solo puedan acceder los que hayan asimilado el blanqueo, islas fortificadas para exhibir la urbanidad unos pocos civilizados. Si no enseña iguales o parecidas prendas, el resto permanecerá excluido. De allí que no sea la urbanidad un empeño banal, sino la obligatoria fachada de primor que impone la sociedad para que las personas sean admitidas en asuntos fundamentales como hacer trámites en la casa de gobierno, solicitar la atención del obispo, obtener un empleo, mantener un negocio, buscar pareja y levantar hogares.

En los últimos asuntos –la pareja y el hogar– no solo debe predominar la aludida subestimación, sino la prolongación de la óptica que se ha tenido sobre la mujer desde la Colonia. El período que despunta en 1825 no quiere que la mujer sea protagonista. La república moderna es tan machista como el imperio español, aunque no siempre por los motivos de pecado y lujuria que ha manejado la ortodoxia.[74] Uno de los pedagogos más importantes del siglo se empeña en censurar y mantener a la mujer en encierro por motivos que no incumben a la moral tradicional. En sus *Lecciones de buena crianza moral*, Feliciano

---

74 Para el punto de la cátedra ortodoxa frente a la mujer, ver: Antonio Arbiol, *Estragos de la lujuria y sus remedios conforme a las divinas escrituras y Santos Padres de la Iglesia*, México, Librería Religiosa Herrero Hermanos, 1897; Francisco de Castro, *Reformación cristiana. Así del pecador como del virtuoso*, Madrid, Librería de Ángel Calleja, 1853; Carmen Castañeda, *La formación de la pareja y el matrimonio. Familias novohispanas. Siglos XVI al XIX*, México, El Colegio de México, 1991; Elías Pino Iturrieta, *Ventaneras y castas, diabólicas y honestas*, Caracas, Editorial Planeta, 1993. Parte de lo señalado en esta última obra se maneja y profundiza a continuación.

Montenegro incluye un apéndice de consejos y refranes útiles para la urbanidad, en el cual predomina la tendencia. Veamos un par de ellos: «Los melindres de las damas son la espuma de su necedad, o de su coquetería», asegura. Y más adelante: «¿Quieres parecer hombre? Pórtate como hombre. ¿Quieres parecer mujer? Remílgate; y si no basta, ármate de un buen abanico, entablarás una moda».[75] El maestro Montenegro no las incluye en una lista de las serpientes que conducen a la perdición de las almas por el veneno de la lujuria que inoculan. Las censura en sus refranes por la frivolidad que las caracteriza y por la superficialidad de su género. Habla de asuntos de carácter y conducta, pero no de pecado. Pero es evidente que las mira como criaturas susceptibles de tutela, concepción que trata de apuntalar a través de sugerencias en cuya base reina, si no el desprecio, una especie de descalificación original.

Afinca sus sentencias en el estilo de las tertulias femeninas, que sugiere cambiar para timbre de la buena crianza. En consecuencia, ofrece las siguientes reglas y advertencias:

> ... no débense manifestar jamás pueriles, curiosas ni relamidas. Las desacredita la bachillería [...] las hace poco favor hablar de carretilla: las ridiculiza el continuo abaniqueo, para hacer gala de los anillos, ya que no pueden de bellas manitas: son blanco de la sátira, si dan en la necedad de reírse sin cesar, para que todos vean sus limpios y marfileños dientes [...][76]

Las instrucciones demuestran que las ve como un conjunto de seres inferiores cuya salvación depende de aceptar los consejos que las llevarán a ser juzgadas con benevolencia por los varones. No les pide recato, ni alejamiento de la influencia de Satanás, sino

---

75 Feliciano Montenegro y Colón, *Lecciones de buena crianza moral*, Caracas, s/e, 1841, p. 200.
76 *Ibidem*, pp. 85-86.

que lleven un comportamiento susceptible de traducir seriedad frente al tribunal de los hombres. Debe preocuparse mucho don Feliciano por los remilgamientos de las damas, según se desprende del remedio que propone para que desaparezcan.

> ... convendría que los padres recordaran a sus hijas que para llevar sus futuros deberes están obligadas, ante todo, al aprendizaje de los oficios caseros anexos a su condición, sin desdeñar el conocimiento de los inferiores [...] que no merecen ese título [de esposas] las ociosas y descuidadas; y que con preferencia a la hamaca y a la ventana, deben ocuparse del aseo de sus casas y en varias minuciosidades que no son de olvidarse.
> La ociosidad de las mujeres las hace además entrometidas, pues el abandono de sus quehaceres las incita a pensar en lo que no les va ni les viene [...] todo lo critican entonces, de todo murmuran y en todo se mezclan.[77]

Ya en *El Canastillo de Costura* que sale en marzo de 1826 de la imprenta de Devisme Hermanos con el objeto de «divertir» a las flamantes ciudadanas, se abre la edición con unos versos de Cervantes que se adelantan al argumento desarrollado por Montenegro en 1841. Decían tales versos:

> Suele el coser y el labrar
> Y el estar siempre ocupadas
> Ser antídoto al veneno
> *De las amorosas ansias.*[78]

La antigüedad del texto hace que se observen el trabajo doméstico y las faenas del campo como contención de la lujuria,

---

77 *Ibid.*, p. 164.
78 *El Canastillo de Costura*, n.º 1, Caracas, 1826.

rasgo que no aparece en la receta de 1841, pero el propósito es idéntico: sujetar a las mujeres. En el fragmento de Montenegro se establece un vínculo natural e indiscutible entre las féminas y los oficios hogareños, argumento suficiente para pedir a los padres que conviertan a las jóvenes en estrellas del enclaustramiento. Las mujeres solo pueden desenvolverse en los ámbitos privados a los que pertenecen por disposición de la naturaleza, una sabia decisión que debe juzgarse como correspondiente a una calidad inferior. ¿Hasta ese extremo llega la subestimación? Así parece. Para el desenvolvimiento de la mujer en el espacio que le corresponde, un ámbito particularmente estrecho, se hace necesaria la disposición de una enseñanza adecuada, de acuerdo con las *Lecciones de buena crianza moral*. De allí que el autor sostenga sin vacilaciones que no es legítima su participación en los espacios públicos. Se trataría de una invasión, en terrenos y negocios que le están vedados por una regulación superior, cuyo objeto es evitar que las ineptas revuelvan el espacio de los competentes. Por lo menos en esos términos quiere vigilar Montenegro el cumplimiento de los oficios anexos a la condición de la mujer.

Unos oficios que también deben producir utilidad o evitar los excesos. Dentro de la sujeción, la mujer tiene la obligación de colaborar en las operaciones que entienden el lucro, la productividad y la prevención del gasto como unas prácticas que se fomentan en el hogar, o que encuentran en el hogar una plataforma para su expansión en la sociedad. Como los hombres están en la calle ocupándose de asuntos de importancia, toca a sus compañeras convertirse en adalides de la economía doméstica. En diciembre de 1845 se anuncia la próxima edición de un cuadernillo para instruirlas. En la portada del fascículo se inscribiría, según la publicidad, el siguiente postulado: «La economía de una casa es la riqueza de ella», e incluiría una catecismo con preguntas y respuestas como estas:

—¿De cuántas especies son los gastos de una familia?
—De tres: necesarios, útiles y de puro adorno o placer.
—¿Cuáles son los gastos necesarios?
—Los que se hacen en alimentos, médicos, vestidos, casa de habitación etc.[...]
—¿Cuáles son los gastos útiles?
—Los que se hacen en educar la familia, en los muebles precisos para su servicio, en los sirvientes indispensables, y otros.
—¿Por qué son útiles estos gastos?
—Porque sirven para facilitarnos el trabajo.
—¿Cuáles son los gastos de adorno y placer?
—Los que se hacen, por ejemplo, en prendas de oro o plata, en piedras preciosas, en trajes de seda, punto, terciopelo y otros costosos; en muebles o instrumentos de gran valor, como pianos, y otras cosas, sin las cuales puede vivir una familia cómodamente, aunque con menos goces.
—¿Por qué son estos gastos de adorno o de placer?
—Porque solo nos proporcionan lucimiento y satisfacción [...]
—¿Los ricos deben gastar sus rentas sin limitación alguna?
—No, señora, deben procurar reservar una parte de ellas para aumentar sus capitales, pues, así su ganancia podrá ser cada día mayor y estarán en aptitud de proporcionarse mayores goces.[79]

La imprenta del señor Martel garantiza la inmediata aparición del catecismo, que se venderá en cuatro pesos en Caracas, Valencia, Cumaná y Guanare.[80] De acuerdo con el avance aparecido en la prensa, es una instrucción meticulosa para que la mujer asuma su rol en la aventura de las ganancias y la sobriedad que tantas suspicacias ha levantado. Según se desprende de la parte final, el catecismo relaciona la economía familiar con las ganancias que se procuran para Venezuela, pero también con el

---

79 «Catecismo de economía doméstica», *El Liberal*, n.º 576, Caracas, 13 de diciembre de 1845.
80 *Idem.*

entendimiento de la pobreza como un asunto de responsabilidad particular. La elemental instrucción es semejante a la que se viene haciendo a los hombres en el mismo ramo, de modo que no parece que exista aquí una evidencia del tratamiento específico que se debe propinar a las féminas como parte de una «crianza moral» adaptada a su peculiar y débil levadura.

Tal vez sea esta una muestra insólita, pues en realidad la «buena crianza» sobre la cual habla Feliciano Montenegro en sus difundidas *Lecciones...* encuentra asiento en una concepción curiosa de los rasgos femeninos que obliga a la necesidad de su control. Veamos, por ejemplo, cómo se detiene en el defecto de la envidia referido a las pupilas que pretende conducir.

> La envidia de las mujeres parece de otra ralea, según las frivolidades de que nace; pero no por esto deja de ser menos cáustica [...] Aun de fea a fea, de hermosa a hermosa, de rica a rica y de pobre a pobre, se suscitan rivalidades y cualquier preferencia de parte de otras personas les causa molestia o enfado; no se desahogan entonces con el llanto de la rabia; tienen a la mano mil sutilezas para deprimir lo que sus aborrecidas hacen y no hacen; inventan contra las mismas cuanto les sugiere el frenesí de no haber sido privilegiadas; y se ciegan tanto que ni con la gazmoñería pueden encubrir el tormento en que viven día y noche sin descanso, cambiando los bienes ajenos en males propios.[81]

Hasta en un móvil tan genérico y rutinario encuentra Montenegro la diversidad introducida por «las cosas» de las mujeres que obliga a su contención, o si no a su vigilancia. Juzga la envidia de las mujeres como menos seria que la de los hombres. Las rivalidades de tono menor, aunque encendidas, animan una escena de celos incomparable con el aborrecimiento que provoca

---

81 *Lecciones de buena crianza...*, p. 171.

la emulación en el sexo masculino cuando trastorna sus asuntos de envergadura. Las afirmaciones son desdeñosas, desde luego, pero también pueden apoyarse en el conocimiento del estrecho espacio que se les debía dar, o en la existencia de la plaza angosta a la cual las condena el mismo, en cuyo interior carecen de la oportunidad de familiarizarse con los negocios de trascendencia que corresponden al manejo exclusivo de los varones. Recordemos cómo las mujeres, al decir del autor, están «anexadas» al oficio doméstico y viceversa.

Entonces, ¿cómo se debe conducir la criatura destinada al recogimiento para no entorpecer los negocios de unas personas evidentemente más valiosas y más dignas de consideración? El obispo Mariano de Talavera les brinda una luz a través de la *Crónica Eclesiástica de Venezuela* que pueden leer el 29 de julio de 1857.

> La dulzura es el arma más poderosa de las mujeres, y una lágrima y una caricia alcanzan más que las reconvenciones y las injurias. La terquedad, la violencia y la resistencia de la mujer, puede producir mucho mal y bien ninguno. Jamás una mujer ha empeorado su causa con el silencio.[82]

Las letras del prelado se refieren a la suavidad como alternativa de que las mujeres naveguen con suerte las aguas masculinas de la república, pero a nadie escapa que hablan de sumisión. Si la referencia aparece ahora en términos subyacentes, ya la ha soltado sin cortapisas el mismo periódico en otro fascículo. Dos años antes copia unos consejos del abate Chassay, una celebridad de la época en el seno de la Iglesia europea, de acuerdo con los cuales:

---

82 «El Matrimonio», *Crónica Eclesiástica de Venezuela*, n.º 125, Caracas, 29 de julio de 1857.

> … lejos de imponer, según la tendencia que todos tenemos, su modo de pensar a cuanto le rodea, ella sabrá contener equitativamente sus gustos y sus inclinaciones personales, tratar con una tolerancia compasiva las susceptibilidades inofensivas, y nunca arrogarse ese despotismo que algunas se confieren como derecho de virtud. El celo no consiste en mostrarse intratable, el amor al bien en maldecir, la franqueza en decir bruscamente a cada uno lo que debe hacer. La mujer verdaderamente cristiana mezcla en todas las cosas la sabiduría, mesura, inteligencia, discreción. Sofoca en sí misma ese amor al dominio tan profundamente arraigado en todas las almas, tan ingenioso en disimularse, tan ardiente en satisfacerse.[83]

Ahora es evidente la intimación a ubicarse en una postura de inferioridad, aunque quien lea sin prisas descubrirá cómo se recomienda el recurso de la simulación.

No hay que devanarse los sesos para observar cómo la frase no solo discurre sobre la obligatoriedad de ser sumisas las mujeres: insiste en la conveniencia de que así parezca. En el caso de la mujer casada no hay equívocos. Su destino es constituirse en apéndice del señor de la casa.

> Resignada a no tener otra suerte ni otro porvenir más que el de su esposo, si este llega a ser pobre parte con él su pobreza; si le persiguen, le ayuda a soportar los males; si cae enfermo, le prodiga sus afectuosos desvelos y siente más que él sus dolores. Cuando el esposo no trae a su casa más que un desaliento profundo y un amargo desengaño, al ver frustrados sus conatos, o al reconocerse víctima de la intriga o de la injusticia, entonces viene la esposa con sus dulces palabras y ternura angelical a difundir la paz en su corazón. Aconseja a su esposo y nunca le reconviene; el respeto y la prudencia, tanto como el cariño, le prescriban esta conducta para

---

83 «De las mujeres», *Crónica Eclesiástica de Venezuela*, n.º 30, Caracas, 3 de octubre de 1855.

con él. En su misma abnegación está su triunfo, y por lo mismo, olvidándose de sí misma, solo vive para su esposo, y si es necesario sabe morir por él.[84]

La ruta cristiana del matrimonio consiste en la anulación de uno de los comprometidos en el sacramento, quien carga el fardo de los deberes en beneficio del otro. El marido es la médula del nexo, mientras la mujer debe girar inexorablemente alrededor de su noria. Así lo establece el dictamen del abate Chassay que hace transcribir para sus lectores el obispo de Talavera. Y el abate es toda una autoridad entonces. *La Crónica Eclesiástica de Venezuela* se encarga de recordar que es canónigo honorario de Bayeux, profesor en el Seminario Diocesano y miembro de la Academia de la Religión Católica. El prelado toma esta posición debido a que no considera a la mujer como compañera de su esposo, sino como una hija. Veamos cómo explica el asunto el impreso de la Iglesia caraqueña:

> Mr. Chassay toma a la joven desde el momento en que deja la sociedad de su madre para entrar en otra familia que en adelante será la suya. Y ya se le presenta una obligación de bastante rigor, la de no abandonarse más de lo necesario a esa correspondencia de ternura y expansión filial que llega a ser siempre una necesidad para las nuevas esposas. Ellas deben [...] adoptar sincera y cordialmente la familia en cuyo seno son llamadas a vivir, y, verdaderos ángeles de paz, calmar por su influencia inteligente y generosa los interiores más turbulentos y más impetuosos.[85]

En principio, la mujer depende de una sociedad doméstica que dirigen las normas maternales a las cuales debe corresponder.

---

84 «La familia», *Crónica Eclesiástica de Venezuela*, n.º 127, Caracas, 12 de agosto de 1857.
85 «De las mujeres en la familia», *Crónica Eclesiástica de Venezuela*, n.º 30, Caracas, 3 de octubre de 1855.

La salida habitual de ese primer núcleo de vida consiste en una mudanza hacia un núcleo semejante que dirige el marido junto con sus familiares, esto es, con los miembros antiguos de la «sociedad» a la cual se incorpora la mujer. Debe comportarse en ella como vivió antes, esto es, como miembro menor susceptible de tutela, como hija, hasta que el paso de los años le permita adquirir un *status*, si no superior, lo suficientemente respetable para preparar el idéntico destino de sus hijas. El cambio de *status* depende de su comportamiento filial con el consorte y de su conducta como madre. Mucho ilustra el fragmento sobre la lectura que entonces hace la Iglesia en torno al papel de la mujer venezolana. Así mismo, explica los consejos que le ofrece.

Las mujeres están condenadas a un tratamiento especial que las coloca en la condición de discípulas del hombre, puede desprenderse de lo expuesto por las fuentes religiosas. Pero, como han apuntado algunos de los documentos, no estamos frente a una solicitud de sujeción que proviene exclusivamente de la Iglesia. Voces de procedencia laica, como Montenegro, llegan a la misma conclusión. No pocas veces por el camino de una violenta subestimación de sus cualidades, según se aprecia en un texto publicado por la *Gaceta de Carabobo*, en febrero de 1838. El periódico las compara con los astros errantes.

> Los cometas son incomprensibles, hermosos, excéntricos: así son las mujeres. Los cometas confunden a los más sabios cuando se trata de examinar su naturaleza: así son las mujeres. En fin, los cometas y las mujeres son enteramente semejantes.[86]

Para hablar de sus compañeras, de sus madres y de sus hijas, los redactores no establecen comparaciones con un objeto cualquiera. Utilizan el elemento de la naturaleza sobre el cual se

---

86 «Los cometas y las mujeres», *Gaceta de Carabobo*, n.º 2, Valencia, 4 de febrero de 1838.

han tejido las más peregrinas hipótesis a través de la historia. La analogía se hace en tono festivo, pero no deja de reflejar la postura que adoptan los republicanos. Pretenden la interpretación de las hembras como muchos charlatanes juzgaron a la estrella cabelluda, esto es, como elementos dignos de admiración, pero también de cuidado, debido a que poseen unas características insólitas o misteriosas que las transforman en elementos susceptibles de vigilancia.

Si a opiniones de esta laya se agregan referencias sueltas al peligro que pueden originar desde la perspectiva sexual, terminan los laicos colocando las cancelas de la clausura. Aunque sin la insistencia en reconvenir sobre los peligros de la lujuria, un texto aparecido en 1826 sugiere a sus lectoras la necesidad de contenerse en materia de amores debido a que el clima de Venezuela, a diferencia de los de Groenlandia y Siberia, hace que «el amor haya fijado su imperio con más energía». Nuestro clima «halaga y atrae el amor», afirma el texto.[87] En consecuencia, el periódico hace una petición: «Amabilísimas colombianas, hijas mimadas de la naturaleza [...] usad [del amor] con el tino y juicio que os es característico, y os haréis dignas hijas de nuestra madre común, y acreedoras de nuestro intenso y cordial afecto, y de la gratitud de las generaciones sensibles».[88] Un año antes ha circulado el *Manual del Colombiano...*, como ya sabemos, un discurso de tendencia moderna que censura la incontinencia de la mujer en atención a motivos prácticos y de salud, es decir, sin un vocabulario propio de los púlpitos. Ahora tampoco peroran los redactores con el lenguaje de los monasterios, pero apuntan hacia la misma meta. Ciertamente no hablan de pecado, pero refieren el riesgo de la lubricidad cuando dejan al criterio de las mujeres la responsabilidad de evitar el desbordamiento de una inclinación

---

87 *El Canastillo de Costura*, n.º 2, Caracas, 1826.
88 *Idem*.

aguijoneada por el medio ambiente, y cuando apelan a la felicidad de la patria para llamar la atención sobre el peligro.

Como se desprende de los testimonios, desde el comienzo del proceso de autonomía, ocurrido luego del triunfo de Carabobo, los artífices de la desmembración de Colombia comienzan a educar a la mujer para que prosiga en su rol tangencial. No tienen que volver al sermón de los pecados, porque la Iglesia lo continúa sin cesar. *La Reformación Cristiana*, del jesuita Francisco de Castro, asegura que la lujuria es «el vicio que hace más guerra», tara y pugilato que pretende demostrar con citas de la Escritura y ejemplos de la historia universal. Es un libro que circula desde 1854 y que todavía recomienda la *Propaganda de lecturas gratuitas* en 1885. *El Catecismo moral* de Joaquín Lorenzo de Villanueva, editado por Valentín Espinal en 1841, urge a los jóvenes para que huyan de la mujer como del peor de los monstruos si no quieren dar con su alma en el averno. A partir de 1855, la *Crónica Eclesiástica de Venezuela* insiste en la faena a través de relatos y advertencias que pasan de mano en mano entre los fieles. Gracias al empeño de los voceros religiosos, la lujuria y su emisario, esa disimulada serpiente que es la mujer, siguen encabezando la lista de los apuros del siglo XIX.[89] Mientras los republicanos manejan un discurso a su manera, sin cosechar expresamente en la parcela de la carnalidad, los religiosos hacen una labranza de cuño colonial. Se juntan buscando que Venezuela sea tierra yerma para las republicanas.

GROSEROS, INDIFERENTES Y TRADICIONALES

Numerosos episodios del primer tramo de la autonomía darán cuenta del desierto, o del terreno escarpado que recibe los principios de república en torno a los cuales se ha creado una

---

89 Ver mi trabajo *Ventaneras y castas, diabólicas y honestas* para abundancia de la información sobre el combate de la lujuria femenina en la época.

cátedra tan pertinaz. El proceso que comienza en 1830 para concluir en la Guerra Federal está lleno de respuestas sobre la suerte de los preceptos. Unas respuestas masivas y desoladoras, capaces de brotar con su frialdad, su renuencia y su indiferencia en cualquier parte y como motor de infinitas vicisitudes. Pero también susceptibles de iluminar sobre las causas debido a las cuales el experimento de convivencia moderna desemboca en un conflicto civil de grandes proporciones. El cúmulo de evidencias sobre el asunto requiere tratamiento y explicaciones especiales. Es lo que se intentará en otras páginas, más adelante, tras la búsqueda de un análisis plausible del país archipiélago. De momento, el estudio se detendrá en la suerte de la carrera de formalidades pensadas como fachada y alarde de la civilización.

Tres documentos redactados en 1834, 1841 y 1856 sobre el comportamiento de los venezolanos nos ofrecen un boleto de primera clase para viajar por una comarca resistida al imperio de la urbanidad. Son descripciones y opiniones de carácter general, expresadas por personas que se colocan en el estrado de los árbitros para juzgar al pueblo llano y a ciertos individuos de buena posición. Los que se arrogan el papel de jueces actúan como voceros de los miramientos anhelados. Realizan sus censuras partiendo de lo que debe ser, pero alarmados frente a lo que todavía no es en el reino de las buenas maneras. Además, dirigen sus puntos de vista a representantes de los poderes del Estado, es decir, a personas comprometidas con el plan de adecentamiento, quienes seguramente se preocuparán por las nuevas que llegan a sus oficinas. De allí la riqueza que el contenido de los testimonios puede ofrecer para la comprensión de la época.

Después de las festividades del 19 de abril, un individuo que ha presenciado en Caracas la manera de conmemorar el primer paso para la consumación de la Independencia política escribe al gobernador. Don Juan Troncoso y Nava está abatido por el espectáculo que ha visto. No entiende cómo se puede celebrar el capítulo inaugural de la república de una manera tan poco edificante. El papel que remite a la autoridad el 25 de abril de 1834, detalla el ambiente así:

> Los borrachos en la calzada, sucios y tirados, llegaron a quedar sin levantarse para saludar el paso del pabellón nacional. Las mujeres hablaban con los hombres como si trataran en el solar de sus casas, algunas en cunclillas, o sentadas y alzadas. ¡Qué de palabras y gestos inmodestos! Pasaron los canónigos, como si nadie pasara. Pasaron las Comisiones, como si nadie pasara. Pasaron los Alcaldes de Primer Voto, como si nadie pasara. Más tarde pasó V.S. el Gobernador, como si nadie pasara. Presente la agrupación de Policía, vieron la inatención como cosa en forma. Hubo desaires con la tropa, que la gente no dispuso saludar sus enseñas. Los niños salieron de formación, para estorbar el paso de los mayores. Los jóvenes tiraban gallos en la vía, gritando apuestas a dos cuadras, todo mientras el Sor. Presidente hacía la ofrenda recordatoria. A la hermosa niña que leyó la Poesía, no la escuchó nadie. Al lado unos señores contando nubes, arrojados en la tierra. Fueron pocos los que llevamos una ropa de acuerdo con el fasto, pues vistieron de diario muchos Señores, lo mismo que sus familiares. Los hijos de familias conocidas usaron sillas en dos esquinas, de arrecostados en las tapias, para sentarse a pasar buen rato y para ludibrio de lo que se recordaba, sin ocuparse del ejemplo, ni de la falta de respeto al Supremo Gobierno. Nadie sabe cuántos fueron a buscar novia en una sociedad para hacer de todo, pues hasta en el portón de las iglesias las aglomeraciones fueron para cambiar impresiones en voz alta. La gente se sentó como quiso en la ceremonia del Municipio, y consta a V.S. la algarabía hecha por conventículos privados, antes y después del Acuerdo. Me atrevo a opinar ante V.S., que nada tan importante y doloroso ha pasado en la capital en los últimos años, como las descortesías del 19 de abril.[90]

---

90 Don Juan Troncoso y N para el Sor. Gobernador, Caracas, 25 de abril de 1834. *AGN*, Interior y Justicia, tomo CLXX, fol. 142.

El Congreso acaba de aprobar la Ley de Libertad de Contratos, una de las regulaciones que servirán para animar la iniciativa individual, pero don Troncoso y Nava encuentra en la descortesía de los caraqueños el más trascendental de los sucesos recientes. Nadie lo puede acusar de miopía, debido a que la normativa de 10 de abril de 1834 todavía no ha provocado el desgarramiento de los hombres a quienes invita a convertirse en capitalistas. En realidad las letras del denunciante no están ocupadas de hechos banales. Critican la conducta de los habitantes de la capital en una fecha de importancia para la nacionalidad en formación. La sociedad que acaba de renegar de la unión colombiana debe procurar el lucimiento cuando recuerda una data que refiere al inicio de un proyecto político asumido por los venezolanos, esto es, por los mismos que han rectificado ahora el itinerario para probar mejor suerte. Sin embargo, si juzgamos por la queja, parece que esa sociedad no le debe ninguna formalidad a la memoria de lo que se ha considerado como el primer episodio patriótico. Desatención general, desconocimiento de las instancias de mando recién establecidas y descuido frente a su presencia, desarreglo en la sesión de la municipalidad, indiferencia frente a un discurso del general Páez, uno de los héroes de la Independencia, grosería mezclada con frivolidad... componen un cuadro que es un reto para los publicistas de modales.

Nadie ha visto a don Troncoso y Nava en el elenco de los civilizadores, ni su escrito parece movido por segundas intenciones. Hasta donde sabemos, es un particular tan estremecido por su observación de las costumbres que busca tiempo para escribir al gobernador. Un desconocido advierte la primera disonancia en el concierto de la urbanidad. Si hubiera averiguado un poco más en el interior de las actitudes que critica, no abrigaría dudas sobre el enmarañado destino que espera a la prédica de republicanismo. Las escenas son cuadros vivos de informalidad, ciertamente, pero también demuestran un abismal alejamiento de los negocios públicos en torno a los cuales se quiere, como sabemos, formar un espíritu de civismo asentado en el compromiso de los individuos. Tal vez el alejamiento no sea cuestión reciente, pues *sir* Robert Ker Porter, representante de la legación inglesa, advierte una situación parecida en 1826, ante la celebración de un fundamental hecho de armas: «Aniversario de la batalla de Carabobo, sin ninguna celebración especial, excepto por parte de tambores y trompetas, los unos golpeando y los otros soplando frente a la puerta en busca de unos reales para bebérselos. Por parte de la masa del pueblo o de la soldadesca, la misma apatía que el 19 de abril».[91]

En 1841 nadie ejecuta la partitura según la escribió el compositor, de acuerdo con un alcalde valenciano de segundo voto que acaba de regresar de Washington. Abrumado por los detalles que observa a su llegada, Tomás Arvizu se anima con unos comentarios que envía a sus colegas de Valencia, Caracas y Cumaná. El 11 de mayo, luego de dos meses de encontrarse otra vez en el país, redacta un conjunto de preguntas y respuestas que pueden servir para el uso de los ediles de las tres ciudades. Es el siguiente:

> ¿Dónde escupen y arrojan sucio los ciudadanos? En el puesto equivocado: la calle, salones del gobierno, la orilla del camino, los cimiterios y en las naves de los templos. ¿Es que saludan los venezolanos? No: ignoran a los ancianos, dan voces frente a las matronas y gritan sirvientes. ¿Es que respetan a las mujeres? No: ríen de su gustos y ven con molestia su paso por la Escuela. ¿Es que los niños respetan a los de más edad? No: a menos de que se les castigue y amenace. ¿Es que saben comer los venezolanos? No: con las manos grasientas y sin respetar la mínima regla: así manducan, hasta en presencia de venerable autoridad. ¿Es que los sirvientes atienden a

---

91 Rober Ker Porter, *Diario de un diplomático británico en Venezuela (1825-1842)*, Caracas, Fundación Polar, 1997, p. 109.

los señores? Más No que Sí: Cuando quieren, o séase casi nunca, o lo hacen de manera irrespetuosa. Contestemos los seis puntos, para que después hagamos, ante la seguridad de buscar el cuidado de negocios importantes para las ciudad, y para las otras a las que mando dos copias del mismo tenor.[92]

El alcalde Arvizu se refiere a problemas de limpieza del ambiente, a la manera de tratar a los semejantes y a malos usos en la mesa. Los plantea como una urgencia susceptible de atención por el sector público, no en balde quiere tratarlos con los concejales de tres poblaciones importantes. No le molesta el comportamiento en una conmemoración patriótica, sino la conducta de todos los días. Pensemos en la razón de su inquietud. Ha anotado al comienzo del escrito: «Como he visto las cosas de Washington, es prudente ver también las cosas de Venezuela». Lamentablemente no describe lo que llamó su atención en la capital de los Estados Unidos, pero es evidente que parte del juicio sobre una civilización capaz de deslumbrarlo y cuyos usos acoge como modelo. Ha de notar una deplorable distancia en el país al cual retorna en 1841, un alejamiento bochornoso frente al paradigma, como para sugerir a tres cuerpos de ediles que reflexionen frente a un cuestionario de efectos prácticos.

Un asistente del oficial mayor del Ministerio de lo Interior, cuyo nombre desconocemos, escribe una nota sobre las maneras de relacionarse que ha observado. Envía el billete a su superior, en 8 de agosto de 1856. No habla de una ciudad en particular, ni de un acto que haya captado su atención de manera específica. Solo se anima con una breve andanada de pretensiones panorámicas:

> Tengo una preocupación por la llaneza del vulgo, entendiendo que las clases inferiores tratan sin ceremonia a la autoridad. Desgraciadamente

---

92 El Alcalde T. Arvizu, recomienda y ruega, Valencia, 11 de mayo de 1841. *AGN*. Interior y Justicia, tomo DLXXXI, fol. 124.

repiten lo mismo, al tratar al comerciante y al señor que pasa por las calles. A nadie sorprenden los lances desagradables que produce esa llaneza, que no tiende a desaparecer y es precursora de mayores inconvenientes.

Todavía en 1856 no influyen en el pueblo los consejos sobre modales que han circulado desde 1840, si nos atenemos al juicio del desconocido asistente. No han descendido hasta el vulgo los preceptos de Domingo Quintero y Feliciano Montenegro, que han salido de la imprenta hace tres lustros, mucho menos las contiguas exhortaciones de Manuel Antonio Carreño. La ausencia tiene dolientes, pues tres voceros sienten que están ante situaciones ocurridas mientras pasan veintiséis años, sobre las cuales debe intervenir la autoridad. Un gobernador, tres cuerpos edilicios y un ministro de lo Interior son llamados a tomar cartas en un asunto de importancia colectiva, de acuerdo con sus quejumbrosos remitentes. El último anuncia «futuros inconvenientes», pronóstico que parece dirigido a la necesidad de evitar desórdenes.

Una cautela que se aprecia en 1836, ante la protesta de los caraqueños que frecuentan el teatro y se solivianta contra un reglamento dirigido a moderar el contenido de las representaciones y la conducta de quienes asisten a la sala. El jefe político Tomás José Sanavria y el Concejo Municipal sienten que muchas veces se les va la mano a los empresarios con los espectáculos ofrecidos y a los asistentes con su proceder incivil. Por consiguiente, estudian la aprobación de unas normas. Los espectadores abuchean a los ediles cuando asisten a las funciones. Levantan los sombreros y las sombrillas para evitar que el jefe político vea el escenario. Ovacionan a los empresarios, José María Ponte y Andrés Julia García, mientras llenan de improperios al señor Sanavria. Además, redactan un anónimo sobre la incompetencia y el pésimo gusto de los miembros del Concejo Municipal. *El Constitucional de Caracas* se alarma ante la reacción:

Sin imponerse de las circunstancias que han precedido a la aprobación del reglamento, ni de la verdadera parte que han tenido en ella el jefe político y el Concejo Municipal, atropellan por todo y descargan a raso contra las personas que desempeñan una u otra autoridad un papel de insultos groseros, de atroces calumnias y de ridículos sarcasmos, llevando el atrevimiento hasta faltar en el teatro públicamente a la autoridad y hacer alarde de desobediencia. ¡Qué es esto! ¿Qué piensan esos señores? ¿No hay más que desbocarse contra las autoridades, para pretender intimidarlas y conseguir lo que se desea? ¿Con que la libertad se entiende aquí por insolencia, atrevimiento y mala crianza? Tienen o no tienen razón: si lo primero, exponiéndola con claridad y moderación habrían convencido a todos los hombres imparciales y hoy tendrían en su favor una masa irresistible de opinión que influiría poderosamente en la alteración del reglamento; y si lo segundo, ¿cómo pretenden conseguir con ultrajes y desacatos lo que no podría esperarse de la moderación y el raciocinio? La conducta pues de los defensores del teatro ha empeorado mucho sus causas y debemos esperar, para consuelo de los hombres de bien, [...] que la autoridad pública se haga respetar en lo sucesivo.[93]

El periódico da una lección, aprovechando el episodio. Hace una invectiva contra la fanfarronería, mientras recomienda la compostura como solución de los problemas que puedan presentarse a los ciudadanos. Así como el desacato conducido a sus extremos provoca situaciones indeseables, en cuanto están reñidas con la razón, los reclamos caracterizados por el respeto a los gobernantes no solo son una demostración de la libertad ejercida dentro de justos límites, sino también una alternativa de obtener el fin que se procura. Unos incidentes desagradables en lugar público, que apenas constituyen una trifulca de tono menor, sirven para insistir en una enseñanza de pretensiones generales.

---

93 «Teatro», *El Constitucional de Caracas*, n.º 32, Caracas, 10 de agosto de 1836.

Tal vez en esta ocasión la pedagogía llegue hasta el corazón de los protestantes, pues en breve protagonizan una ponderada reacción ante la prohibición de fumar en el teatro, sancionada por el Concejo Municipal. Conviene una referencia a su desarrollo, pues no solo es una prenda de la anhelada moderación, sino también otra evidencia de la lucha entre la modernización y las costumbres predominantes. Los ediles llegan a la decisión, luego de comprobar que el humo de los cigarros, «impregnando la atmósfera del coliseo de gas ácido carbónico, narcotiza a nuestras damas y las pone hediondas a carbón».[94] En lugar de volver a los gritos, los fumadores asiduos al teatro publican un remitido en el cual dicen: «El uso del tabaco es derecho natural de que no se puede privar a ningún venezolano, sin atacar a su libertad civil».[95] A un argumento que les debe parecer impecable y ajustado a los requisitos del comportamiento republicano, agregan una referencia a la antigüedad prehispánica y a los hábitos de los antepasados:

> Debieron acordarse [los concejales] que el tabaco es producción indígena de la América y que era su deber como paisanos sostener su libre uso [...] Debieron acordarse que nuestros abuelos lo fumaban, que nuestros padres lo fumaron y sorbieron, que nosotros lo fumamos, sorbemos y mascamos, y que nuestros hijos probablemente lo comerán con jalea.[96]

¿No pronostica este mirar a la autoctonía y al antiguo gusto por el tabaco, otro pugilato que terminará ganando la tradición? Un incidente ocurrido en junio de 1855 arroja luces para una respuesta plausible. El Teatro de Caracas está colmado por una muchedumbre que protesta la interpretación del tenor Luis

---

94 «Remitido», *El Constitucional de Caracas*, n.º 48, Caracas, 30 de noviembre de 1836.
95 *Idem.*
96 *Idem.*

Cereza. La dimensión de la bronca –palabrotas, injurias, imprecaciones al cantante y a los empresarios–, hace que el *Diario de Avisos* publique los comentarios que vienen de seguidas:

> Desearíamos saber [...] si es que ya se ha renunciado a toda idea de orden y de regularidad en nuestro país, dando el escándalo de que no puedan reunirse honestamente a instruirse y a distraerse los ciudadanos en su lugar de asociación, que todos los pueblos civilizados y los Gobiernos se esmeran en conservar y proteger como una muestra de su misma civilidad.
> Permítasenos decir con franqueza que es, si no sensible muy desagradable, el haber visto a la primera autoridad civil y a una Ilustre comisión del Concejo, quietos y tranquilos en sus asientos, sin que les moviese ya no el cumplimiento de sus deberes, la alarma y sobresalto de tantas familias respetables que tienen derecho a las garantías que les ofrecen las leyes [...]
> Querrá la autoridad encargada de hacer guardar el orden en el Teatro evitarnos: El humo de los tabacos con que se asfixian las señoras? El que se pongan los sombreros los concurrentes?
> El uso de las espadas, bastones y garrotes en el local, sirviéndose de ellos para mortificar a la concurrencia, ya aplaudiendo de una manera tan rara, ya quitando a la autoridad el derecho de hacer levantar el telón cuando la Empresa no lo hace a tiempo?[97]

Han transcurrido casi dos décadas, desde cuando se aprueba un primer reglamento sobre la conducta en el teatro y se prohíbe el consumo de tabaco en su interior. Como sabemos, los fumadores de 1836 anunciaron el fracaso de la regulación en el seno del coliseo. ¿Qué ha sucedido? El hábito permanece sin mudanzas en 1855. El empeño de establecer la moderación de una práctica considerada perniciosa e incómoda se estrella con

---

97 «Teatro de Caracas», *Diario de Avisos*, n.º 39, Caracas, 2 de junio de 1855.

la fuerza de las costumbres. Pero la situación no se reduce a las posturas enfrentadas sobre el «gas ácido carbónico» que refiere la pauta municipal, sino también al arraigo de las maneras que parecieron inciviles al principio. Son tan evidentes los desmanes protagonizados por los amantes de las tablas, o por buena parte de ellos, que el *Diario de Avisos* habla de una situación de zafiedad y anarquía frente a la cual se ha vuelto complaciente la autoridad, de una hostilidad desenfrenada contra la educación y el sano solaz de las familias. El ímpetu de los civilizadores de 1836 desemboca en pasividad, según el impreso, quizá porque aún sea demasiado grande la estatura del bárbaro que quiere domesticar. En el caso que nos ocupa hay un antecedente de 1825. El diplomático Ker Porter tiene entonces oportunidad de asistir al lugar que todavía genera protestas. Conozcamos la opinión sacada de lo que ve desde la atalaya del europeo culto: ¡Y qué teatro! Peor que un establo inglés. Todos los hombres fumando, y tal la discriminación republicana que hasta había soldados en los palcos en compañía de mujeres supuestamente de primera clase o distinción en esta ciudad [...] Los modales y costumbres de la gente no tienen verdaderamente nada que envidiarle al aspecto general de su ciudad: algo que alguna vez fue, de lo que todavía quedan hermosos vestigios, pero repletos y sojuzgados por yerba tupida y humildes casas de vecindad que mancillan los majestuosos restos de espléndidas edificaciones».[98] Como la descripción es hecha en 1825, cuando todavía saltan a la vista los desastres heredados de la guerra, nos advierte, por una parte, sobre cómo los campeones de la urbanidad pelean contra mañas viejas. Por la otra, sobre cómo el trabajo se realiza en un ambiente de disolución de las formas de cohabitar que solo en ocasiones muestran nexos con la cultura anterior, en la cual llegaron a morigerar las relaciones de las personas.

---

98 Robert Ker Porter, *op. cit.*, p. 66.

La conducta en las iglesias y en las ceremonias de la fe tampoco marchan como puede esperarse en un atemperado país de cuño católico. Así como se piden conductas procedentes en el teatro, debe desearse reverencia en los templos y ante los objetos del culto en un sociedad cuyo bombardeo de propaganda laica no pretende una ruptura con el credo de los antepasados. Sin embargo, apenas se observan actitudes piadosas y recatadas, sin que se aprecie un cambio hacia los finales del período. Al contrario, son evidentes las actitudes profanas y el descuido en el trato de los fieles con su confesión. En 1835, dice un informe de policía sobre las ceremonias de Semana Santa: «Dos sacerdotes se quejaron por hablachentería en la procesión de jueves y viernes, y por las entradas a la Catedral como si fueran asistencias a reuniones sociales, faltado a la veneración de Cristo Llacente [*sic*] y a la Virgen dolorosa».[99] En 1841, una relación de la gendarmería, también sobre funciones de cuaresma, llega a hablar de que: «Sí se ha comprobado que muchos consumieron licores en el atrio, en los rezos nocturnos y en procesiones».[100] En 1849, el atrevimiento de la indumentaria femenina, capaz de escandalizar a los religiosos y de aumentar la lascivia de los feligreses, hace que en Mérida se recurra a unas disposiciones de 1822. El cura, en atención a la resucitada norma: «... se acercará a la persona incovenientemente vestida, y con mansedumbre le advertirá conviene se retire; si no obedeciere por la primera, segunda y tercera vez, se apague la lámpara, cesen los Oficios y manden salir de la Iglesia a los demás fieles: todo con la mayor prudencia; y avisando cuanto antes al Señor Provisor o Vicario de Partido».[101] Pero en 1856,

---

99 Relación de Semana Mayor, Caracas, 27 de abril de 1835. *AGN*, Interior y Justicia, tomo CLXXV, p. 33.
100 El jefe político notifica al Sor. gobernador, Caracas, 1 de mayo de 1842. *AGN*, Interior y Justicia, tomo CCXLI, fol. 340 vto.
101 Se envía la copia de la medida sobre ropa de las mujeres, con copia del Sínodo sobre trages indesentes, Mérida, 4 de mayo de 1849. *AGN*, Interior y Justicia, tomo CDV. fol. 11.

el jefe político de Maracaibo prefiere métodos más expeditos para evitar la mezcla de sexos y calidades:

> Se ponen policías en el portón y cerca del altar, para: multar a los falta de respetos a las mujeres; expulsar de las filas delanteras a los que deben ir en las filas traseras; las delanteras = mujeres; las traseras = hombres; reconvenir a los hablantes; registrar sospechosos de licores, para su detención; acordarse con el Sor. Vicario, para quitar problemas.[102]

La incursión de mujeres retadoras y la conmoción que provocan entre eclesiásticos y laicos es antigua, en todo caso. Según un oficio del arzobispo Ibarra, suscrito en 1802:

> Las letras de mi antecesor [...] sobre familiaridad en los templos han tornado a mi recuerdo, por los rozamientos en todos los oficios de la Natividad de Ntro. Sor. Jesucristo, de sacerdotes hasta con mugeres de baja condición, haviéndose dado el asunto de tocamientos de manos en el Sacramento de la Penitencia y Sagrada Eucaristía. Sabe la Divina Magestad mis preces por ese desacato, e saben los pajes mi trasnoche por el dolor.[103]

Un prelado de principios de siglo sufre hasta el extremo de no conciliar el sueño, porque la carne invade el dominio de los santuarios. Tal vez pueda llegar a suplicio parecido un maestro como Manuel Antonio Carreño, quien recomienda en 1856 el respeto de los pastores y del rebaño que apacientan, aunque debe entender el problema desde la perspectiva laica.

No es un problema de moral o de pecado el que pueda atormentar a los civilizadores, sino el trato que se debe efectuar

---

102 Para el orden en la Iglesia, Maracaibo, 10 de enero de 1856. *AGN*, Interior y Justicia, tomo DLXXIX, fol. 60.
103 Oficio del arzobispo Francisco Ibarra para el reverendo deán, Caracas, 4 de febrero de 1802. Archivo Arquidiocesano de Caracas (En adelante: *AAC*), Episcopales, Legajo 37.

en consonancia con unas ceremonias que traspasan los confines de lo propiamente religioso. Las palabras de Consejero Lisboa, un diplomático del Brasil que vive en el país entre 1843 y 1844, aclaran el punto. Leamos a Consejero:

> Las procesiones se consideran en Caracas como una diversión pública y son las únicas fiestas en que la generalidad de la población toma parte. Son frecuentes y dispendiosas, ponen en movimiento toda la ciudad y hacen un extraordinario consumo de pólvora en petardos y cohetes.[104]

El fotógrafo Pal Rosti, un polaco que redacta sus *Memorias de un viaje por América* después de visitarnos en 1857, llega a una conclusión semejante, pero llena de pormenores que amplían la observación del brasilero:

> La única diversión caraqueña es ir a la iglesia; del mismo modo que los parisinos van al boulevard y los de otras ciudades se reúnen en los paseos, para ver gente y encontrarse con sus conocidos y amigos y con el bello sexo, o para alardear de sus vestidos, los caraqueños no se pierden ni una visita a la iglesia, para aprovechar la ocasión y lucir sus mantos y mantillas. El almanaque católico español abunda en fiestas, pero a éstas se añaden en Caracas fiestas locales, procesiones, ciertas fiestas de algunos santos particularmente venerados y las conmemoraciones de terremotos y otros desastres, así como de grandes acontecimientos políticos.[105]

Los actos que congregan a la mayoría de la sociedad son el espejo que mejor refleja la circunspección de sus criaturas, o sus lamentables transgresiones. Pero, dado que se trata de una competencia entre el lucimiento personal y el apego a la religión, el

---

104 Citado por Elías Pino Iturrieta y Pedro Calzadilla, *La mirada del otro. Viajeros extranjeros en la Venezuela del siglo XIX*, Caracas, Fundación Bigott, 1993, p. 43.
105 *Ibidem*, pp. 111-112.

rompecabezas de los miramientos cuesta más trabajo. No solo a los protagonistas, sino a sus examinadores de civilidad. Cuando las fuentes denuncian la reiteración de unas formas de relacionarse que, aparte de irrespetar a la Iglesia, se burlan de las normas que obligan al comedimiento, las cosas no marchan por el cauce de las filigranas deseadas por la cúpula. No en una de las partes más visibles del aparador. De allí que consideren el comportamiento en iglesias y aglomeraciones pías como materia policial.

Solo que el resultado del empeño no es el más deseable. Influidos por la publicidad y obligados por los gendarmes, los ciudadanos evitan la provocación de escándalos en los ejercicios religiosos, pero terminan exhibiendo un hipócrita barniz. Según *El Liberal* de 27 de marzo de 1847, las guías de la amabilidad han provocado el nacimiento de una criatura que prolifera en el ambiente con más pena que gloria. Se trata del *elegante*, un sujeto capaz de mostrarse afable y aparentemente respetuoso del evento en el cual participa, sin dejar de ser un prototipo de la trivialidad y la mentira. Un sujeto capaz de hacer con algunas de sus semejantes, en la procesión del Viernes Santo, una tertulia como la siguiente que reproduce el *Folletín* del periódico:

–Qué interesante va la Virgen!
–¿Sabes que se casa el día veinte?
–¿Quieres irte, Pepita?
–Con aquel caballero que está allí.
–Mire U. que me ha pisado.
–Lo celebro infinito. La elección es...
–No te alejes mucho, Rosita.
–Hermoso ramo! ¿Quién lo haría?
–El novio es elegante.
–Ese lo hicieron las monjas.
–Qué calor![106]

---

106 «Folletín, el Viernes Santo», *El Liberal*, Caracas, 27 de marzo de 1847.

El elegante de la procesión es «un joven de sendas lunetas, negros bigotes y rizada melena», un muchacho a la moda quien, según descubre el autor del *Folletín* para estupefacción de los suscriptores, pretende establecer relaciones ilícitas con una mujer casada que marcha en la procesión. Disfraza en su porte una condenable intención, mientras discurre la solemnidad que conmemora la muerte de Cristo.[107] Gracias al texto se aprecia cómo viene dando frutos la urbanidad, aunque seguramente distintos a los que hubiesen deseado Quintero, Montenegro y Carreño. Pero no estamos ante un ave de paso. *La Esperanza*, un impreso que aparece en la capital hacia finales de 1857, insiste en la crítica del espécimen. En consecuencia, podemos asegurar que cuenta, por lo menos, diez años de vida y reproducción.

El periódico lo describe como se verá de seguidas, en un artículo firmado por *Ego*:

> El hombre, al menos el que nosotros hemos podido estudiar, el hombre de Venezuela (suponiendo que aquí los hay), trabaja para comer, come para vivir y vive... para? ah, para cumplir sus destinos, dice la Filosofía; mientras que el elegante come para trabajar (esto es, cuando satisface sus necesidades es que trabaja), vive para comer y sus destinos están cumplidos con vivir.
>
> Mientras más extendemos nuestra [sic] análisis más caprichoso aparece el elegante, y tanta variedad se nota entre ellos, que su definición raya en lo imposible. Sin embargo, es con frecuencia de porte grave y compasada marcha, aunque la edad sea la de la movilidad y expedición; otras veces ligero, ágil, de airosos y desembarazados movimientos, si bien la vida esté ya declinando en ellos; pues así como de todas estaturas, los hay de todas las edades. La tez marchita en los más por no sé qué ocupación nocturna que tienen en concurso, recorre todos los grados comprendidos desde el moreno

---

107 *Idem*.

más atezado hasta el más puro rubio: el elegante fue miope hace algún tiempo, a juzgar por el uso que hacía del lente; pero ya curó de ese mal y hoy por el contrario tiene vista de lince, de manera que a grandes distancias ya conoce cual de ellos viene o va. Nada podemos decir de su vestido, si no es que un muñeco de sastre apenas podría damos una idea de lo que en uno mismo y en un mismo día varía el vestido, como que, fiel al adagio que dice «el hábito hace al monje», es el vestido la cosa de que más cuida el elegante, destinando siempre a ese importante ramo de su profesión la parte más preciosa de los fulgores del ardiente Febo [...]

Para ser elegante no es necesario nada; lo que quiere decir que el tal individuo es un ente nulo, negativo, perjudicial más bien: esta es la opinión de los hombres sensatos y de célebres publicistas, porque el elegante es de la familia de los vagos que dicen ser perjudiciales porque consumen lo que no producen.[108]

Es el retrato de un hombre alejado de lo republicano, pero próximo a la catequesis de donaires que ha corrido a través de variados conductos. Se puede afirmar que la catequesis ha funcionado, en la medida en que personas de diversos estratos y colores aparecen como petimetres que pueden fungir de modelos de prestancia. Pero la prestancia disimula la improductividad y hace de la convivencia una mascarada. Llegamos así al predicamento de que la urbanidad, en lugar de formar hombres en transparente armonía con el designio de república, esté creando parásitos camuflados.

Según Gerónimo Pompa, un crítico de 1854 que ocasionalmente escribe en *El Mosaico*, la invasión de *los elegantes* y la influencia que ejercen en la sociedad han introducido la moda de las casas mortuorias, una forma de enterrar a los difuntos que se divorcia de las costumbres inveteradas y permite, mientras nadie

---

108 «Costumbres. El Elegante», *La Esperanza*, Caracas, 1 de diciembre de 1857.

se acuerda del cadáver en velación, el lucimiento de deudos y compañías. Los negociantes de pompas fúnebres, una lucrativa invención para satisfacer la vanidad de una nueva generación de venezolanos, «... han sabido dar ensanche a su empresa, amalgamando el buen gusto con el dolor, el lujo con las lágrimas, la ostentación con la humilde situación del atribulado y pesaroso heredero»[109], lamenta Pompa. Una de las formas de proceder el cortejo, impuesta por el gusto de *los elegantes*, le provoca especial molestia:

> Llega el luctuoso convoi a las puertas del templo entre dos filas de flamígeras antorchas que de antemano, y por una evolución cuasi militar, se alinearon apoyando sus costados de la sagrada puerta [...] Pasa el féretro, y con él la impertérrita falange en columna cerrada, sombrero en mano (aunque se atrape un constipado), rostro cabizbajo y caminar pausado y silencioso [...] Una vez la urna en los umbrales, ocurren presurosos los ministriles del empresario a recoger las hachas, dejando aquel lugar en la más tenebrosa situación.[110]

En una parte de su escrito, el crítico evoca las exequias de antes:

> Oh. ¡Qué diferencia! Entonces, cuando en lugar de las *luces del siglo*, solo había velas de cebo y en vez de fósforos yesqueros, entonces no se tapizaban las casas mortuorias de negro, ni los blandones y demás objetos del mobiliario eran tan elegantes, ni los paños fúnebres tenían bordados en hilo de oro y galones y flecos, ni las urnas eran tan pulidas y costosas. Además, los difuntos iban a todo viento hasta el borde de la sepultura, donde le dirigían la última mirada sus deudos y sus amigos.[111]

---

109 «El entierro de Don Cosme», *El Mosaico*, Caracas, 1854.
110 *Idem.*
111 *Idem.*

Arturo, otro censor de las costumbres de la época, deplora la existencia de esos entierros encabezados por unos jóvenes que van «... elegantísimos, vestidos de negro y en la mano el hacha funeraria».[112] Hacen memoria de la moderación que se ha cambiado por farándulas. Verifican cómo irrumpe el oropel en los ritos de la gente más acomodada. También en 1854 Fermín Toro añora la vida simple de los antepasados, con el propósito de insistir en los fundamentos de la convivencia tradicional: «... moderación, economía y sobriedad».[113] Conmovido por la influencia de *los elegantes*, escribe con el seudónimo de E. Kastos una detracción titulada *Costumbres de Barullópolis*. Para descargar los dardos, pretende recordar el malestar de una anciana ama de llaves.

> El mundo está perdido, decía, no hay en el día rapazuelo, ni aprendiz de oficio que no salga vestido de paño fino, cuando en mi tiempo los hijos de mi señor amo, todo un título de Castilla, andaban ya zagalejos con su calzón y chupa de pellejo de diablo y su sombrero de panza de burro. Y las mujeres ¡Qué escándalo! No hay niña que no salga como una condesa entonada y fantasiosa con vestido de seda y pendientes de oro y que se yo que más cosas, que todas cuestan un sentido; y después se quejan y se desgañitan diciendo que los hombres de hoy día no piensan en matrimonio.[114]

Junto con sus lectores, Toro quiere mirarse en el espejo de unos hábitos que han desaparecido porque la sociedad se precipita hacia el vacío de la superficialidad, pero también hacia el desconcierto creado por el trastocamiento de las jerarquías: «¿Viose nunca entonces al menestral correr puntas de lujo con el gran propietario, ni al retalero con el capitalista, ni a la hija de familia llevar prendas y joyeles como la mujer de un poderoso? No; pero

---

112 «Diversiones», *El Mosaico*, Caracas, 1854.
113 «Costumbres de Barullópolis», *El Mosaico*, enero de 1854.
114 *Idem*.

ahora sí se ve todo esto».[115] Aunque parece que reaccionara contra el lujo de las clases inferiores, clama por la modestia que fue, desde su punto de vista, una prenda compartida por los señores y por los siervos. Es evidente que el ataque da vueltas en la noria de la cultura colonial, un influjo que todavía se anhela cuando la autonomía casi ha cumplido un cuarto de siglo. Ramón Ramírez, un abogado cercano a la Iglesia que aparece con frecuencia en el periódico y escribe textos sobre el matrimonio, ve un defecto de la educación en la proliferación de *elegantes* y en las demasías del lujo. Entiende que los valores transmitidos a los estudiantes y a los hijos de familia desembocan en el panorama que sus contemporáneos vienen censurando.

> El estudiante lo es por nacimiento. No quiere decir esto que haya en nuestra patria quien nazca estudiando, sino que desde que nace el nene ya tiene señalada la carrera que le corresponde, sin saber si el sujeto nace con disposición para tal cosa. Así es, que aunque tenga el ángulo facial de 24° ha de estudiar matemáticas o derecho si tal es la voluntad del abuelito: aunque sea inclinado a los placeres carnales, aunque entre todos los santos de la corte del cielo escoja solo por patrón a San Marcos (abogado de los animales cornudos) se le destina para ministro del altar, si tiene alguna capellanía, o si así lo dispone la tía que le tiene previsto para heredero; por último, aunque sea sensible y de viva imaginación ha de entrar en la cofradía de Esculapio, si así lo desea el padrino, que tiene esperanzas de verse curado por su ahijado de la enfermedad que padece (tiene noventa y cinco años). Ello es, que desde que el niño empieza a balbucir [*sic*] le dan su correspondiente título; y ya le llaman *el cleriguito*, y dicen que se conoce la inclinación que tiene a las cosas de la iglesia, porque siempre está metido en ella (cogiendo pichones de golondrinas), ya le denominan *el abogado*

---

115 *Idem*.

porque habla mucho y recio cuando su hermanito mayor le quita los huevos de la poyita [*sic*] que le regaló su madrina; ya, por fin, le apellidan *el doctorcito* porque es muy curioso para entablillar las piernitas de los pajaritos: de cualquier modo que sea, ya desde entonces goza de cierto *carácter*.

Mas no se crea que esto solo sucede entre las familias acomodadas, pues es común aun a las más miserables: la carrera de las artes es poco digna de un ciudadano, que tiene tanto derecho como cualquier hijo de vecino para aspirar a la Presidencia del Estado, a un ministerio, o a una administración de aduana. Mi hijo artesano? diría una madre entre votos y sollozos; virgen santísima! más bien le pongo en el comercio (poner *un niño al comercio* es ponerle de dependiente, aunque sea en una pulpería), no lo permita el señor San José (este señor fue carpintero): primero querría verme con un macuto debajo del brazo, que dejar de mandar mi hijo al colegio. Un hombre que no ha estado en el colegio se conoce hasta en el modo de hablar. Tan buena cabeza como tiene mi hijito (sabe de memoria las seguidillas de Rafael Arvelo), y se va a quedar sin estudiar! ¡No lo permita Dios!

Y en virtud de tan convincentes razones, tenemos una inundación de sabios, que lo único que han adquirido en los colegios es la vergüenza de trabajar.[116]

¡Cómo se asemejan las letras de Ramírez al *Informe sobre la educación pública* redactado por Miguel José Sanz en las postrimerías de la Colonia! La diatriba de Sanz, anterior a 1804, arremete contra la perniciosa influencia de los padres que se guían por la futilidad de sus valores para obligar a los niños a hacerse profesionales de una actividad por la cual no sienten atracción, o para licenciarse en oficios estériles como los de la mayoría del antiguo régimen.[117] ¿Acaso no refiere la misma calamidad el texto

---

116 «Un estudiante. Recuerdos de la Universidad», *El Mosaico*, Caracas, 1854.
117 Ver mi trabajo: *La mentalidad venezolana de la emancipación*, Caracas, Eldorado Ediciones, 1991.

de 1854? Ramírez va contra las tradiciones familiares que se pretenden imponer a los vástagos como vehículo para la continuidad de las estimaciones del linaje y para el ascenso social. Pero quienes regresen al escrito de Sanz verán cómo advierte sobre un defecto de las parentelas principales. En cambio, Ramírez lo ve como un extendido mal. La sobreestimación de un trío de títulos de postín y el desprecio de las artes útiles persisten en un país cuyos líderes han proclamado la responsabilidad individual, la productividad y la competencia como pilares del paraíso. De allí que sea un hecho comprensible la existencia del enjambre de *los elegantes*, quienes cubren con su facha el frente de la casa mientras los habitantes siguen sin arreglar la vida de adentro.

Los elegantes son sometidos al escarnio por unos cuantos censores, tal vez por los observadores que quieren llegar hasta el fondo de las cosas para encontrar un desenlace todavía lejano. Pero no todo es áspero para ellos. Al contrario, las gentes sencillas se encandilan con su etiqueta de maestros, hasta el punto de hacerles coro cuando se juntan para mostrarse en sociedad. Las recepciones que organizan o a las que asisten como invitados no son solo un acontecimiento que interesa a *los elegantes* o a las personas más encumbradas debido a su alcurnia y su dinero. Los saraos son un imán que atrae al vulgo. Resulta ilustrativa la crónica de dos extranjeros a quienes llama la atención el suceso. Ferdinand Bellermann, el pintor alemán que ha llegado con una tarjeta de presentación suscrita por el barón Humboldt, es uno de ellos. En su *Diario I*, redactado entre 1842 y 1843, escribe así sobre el particular:

> Por la noche uno de los personajes importantes de Cumaná dio un baile y nosotros fuimos hasta allá, pero, como es la costumbre aquí, los que no están invitados se instalan en las ventanas y miran desde ahí. Cuando llegamos encontramos todas las ventanas ocupadas por personas muy respetables, algunas habían llevado sillas, otras

estaban paradas detrás de ellas, etc., una costumbre encantadora. En el baile vi una elegancia desbordante.[118]

El otro es el Consejero Miguel María Lisboa, de nuevo. Habla de un baile celebrado en Caracas, el 3 de octubre de 1852.

> En medio de tanta elegancia y tanto lujo, una circunstancia se observa en los bailes de Caracas que les da un estilo especial y los diferencia de las grandes reuniones de Europa. Las ventanas exteriores de las casas de polvo, y en las verandas, patios y puertas interiores, se apiñan los criados y esclavos de ambos sexos, vestidos aseadamente, los que acompañan a las señoras al baile y, bien entendido, sin mezclarse con las bailarinas, toman el más vivo interés en la diversión, observan y siguen los movimientos de sus jóvenes señoras […] No es para censurar que recuerde esta característica forma de las reuniones sudamericanas; es para presentar un ejemplo más del carácter bondadoso de los habitantes del Nuevo Mundo […][119]

Quizás estemos ante la primera prueba de cómo funcionan ya, en algunos costados de la vida social, los manuales de urbanidad. Existen lugares en los cuales un grupo de ciudadanos luce los modales entre sus pares, mientras permite que otros los admiren a distancia. Los asistentes a las fiestas han debido cumplir a cabalidad su rol de damas y caballeros, debido a que la mirada de los extranjeros no refiere pormenores desagradables, sino un ambiente caracterizado por el atildamiento. Seguramente tampoco desentonaron los de afuera, pues nada critican los viajeros. Desde su perspectiva, los convidados y los

---

118 Ferdinand Bellermann, *Diario I*, Caracas, Texto inédito con estudio preliminar de Helga Weissgárber, p. 45. La Galería de Arte Nacional prepara su edición junto con la Fundación Cisneros. Debo una copia del precioso material a la generosidad del sociólogo Luis Miguel La Corte, quien coordina una investigación sobre la obra pictórica de Bellermann en Venezuela.
119 Pino Iturrieta y Calzadilla, *op. cit.*, p. 40.

fisgones hacen un espectáculo hermoso. Bellermann siente que está ante una cautivadora incidencia. Lisboa mira los hechos como un acto de indulgencia con la servidumbre. No obstante, los principales en las diversiones y el vulgo en el filo del lienzo permiten imaginar cómo la urbanidad es solo un paisaje exótico que las mayorías ven desde la calle, muchos sentados como si estuvieran en las primeras filas del museo ante la presencia de una obra maestra, otros celebrando la gloria de los artistas a quienes sirven como dependientes. Los últimos, dispuestos a la inmediata imitación. Los otros, tal vez tomando la debida nota para ver cómo deben portarse cuando les toque recibir o ser recibidos en las casas de la orilla. Ambos experimentando la existencia de un mundo ajeno, aunque no inaccesible –pueden entrar en su seno si trabajan y se hacen responsables del progreso de Venezuela, les han dicho desde 1825–, pero tal vez movidos por el fingimiento que algunos censores han advertido en el pasar de *los elegantes*. En todo caso, las descripciones de los viajeros dan cuenta de una existencia ambivalente, cuyo análisis no puede limitarse a los aspectos pintorescos. Quien camine en tal dirección tendrá que toparse con la mujer en torno a cuyo rol en la sociedad se han llenado incontables páginas desde la década anterior a la desmembración de Colombia. La mujer es una figura de los agasajos de los primeros tiempos, según confirman los dos testimonios. Volveremos más adelante a su presencia en las veladas, cuando descubramos las ilusiones y las redenciones de un país en el cual parece imposible la amalgama entre la realidad y los ideales de construir una vida hospitalaria. Ahora solicitaremos que se aleje de la compañía de los petimetres para sorprendernos al notar cómo, en lo que incumbe a su destino, el libreto puede actuarse casi a la perfección. Ella se llama ahora Eulogia Arocha, cuya desgraciada vicisitud puede ser el emblema de la suerte que toca a la abrumadora mayoría de quienes forman su género.

En 1840 sale del taller de Tomás Antero una hoja suelta que vuela por las calles de Caracas. Su contenido se convierte en la comidilla de la ciudad. En el encabezamiento de la hoja suelta se puede leer: *Desfachatez de Eulogia Arocha, el día solemne del Viernes Santo*. Está suscrita por *Unos espectadores amantes del pudor*. De nuevo alguien está actuando ante un público que mira con atención. Pero ahora no caen sobre la persona observada unos requiebros como los que brotaron del juicio de los extranjeros ante los bailes. Ella quiso realizar una celebración personal frente a la cual no permanecen distantes ni compasivos los curiosos. No están frente a un paisaje exótico que les provoque curiosidad, sino ante una peripecia que los incomoda.

¿Qué hace Eulogia Arocha para merecer el desprecio público? La hoja suelta describe su actuación. Doña Eulogia llega a la Catedral

> con un aire afectado [...] con un lujo que manifiesta serle indiferente la opinión pública [...] y finalmente con aquella indiferencia necesaria para hacer trastornar y bombardear las virtudes que forman la reputación de una mujer casta.[120]

Ya sabemos cómo las ceremonias de la Iglesia no son únicamente religiosas. Doña Eulogia ha querido ser protagonista en un teatro colmado por unos espectadores quienes, como ella, buscan la presentación o la pesca de virtudes y vicios entre los circunstantes. Ahora se trata de una de las funciones estelares del calendario, coyuntura que le concede mayor dimensión a su rol. De momento el documento denuncia el lujo de la mujer, una situación cada vez más extendida en ciertos estratos y en torno a la cual han apuntado su molestia algunos escritores afectos al

---

120 Unos espectadores amantes del pudor, *Desfachatez de Eulogia Arocha, el día solemne del Viernes Santo*, hoja suelta, Caracas, Imprenta de Tomás Antero, 1840.

tradicionalismo. Solo que no pareciera radicar el problema en tal pormenor, sino en el hecho de que a propósito hiciera ostentación de su adorno como producto de una decisión personal. Cuando entra en la Catedral con sus mejores atavíos porque se le pega la gana y sin ocuparse del parecer ajeno, la muchedumbre se siente desafiada. O los que se asumen como sus voceros. Para ellos, el atavío llevado y expuesto con total independencia entra en contradicción con la conducta que se debe mantener dentro de los límites de la licitud. La extrema libertad en la utilización de un elemento exterior refleja una miseria de la intimidad que conduce a la befa de la pureza sexual. La autonomía de la mujer, actuada en una de las reuniones que congrega el mayor número de personas de todos los estratos sociales, es de tal desmesura que necesariamente debe reflejar el mal depositado en su cuerpo. Porque el furor de los pudibundos no responde a la sola actitud. La entrada de doña Eulogia al templo tiene un prólogo digno de atención, que convierte el episodio del Viernes Santo en un pretexto para la afirmación de las palabras sobre la sujeción femenina que han venido sonando. La hoja suelta no tiene inconvenientes en confesarlo. De acuerdo con las afirmaciones de *Unos espectadores amantes del pudor*, días antes ella solicitó ante un tribunal la separación de su esposo «con insultantes calumnias».[121] El intento les parece abominable y se solidarizan con el consorte supuestamente ultrajado. Concluyen con un razonamiento lapidario: como es pérfida, deshonesta y pecaminosa, la pobre Eulogia no puede ser «[...] buena madre, tierna esposa y fiel compañera».[122] Dentro de la lógica de los gazmoños que redactan el papel, el hecho de ingresar con desvergüenza en la casa de Dios explica su atentado de la víspera y prueba que ha tenido la voluntad de cometer la tropelía de salirse de las líneas.

---

121 *Idem.*
122 *Idem.*

No existen otros motivos, porque nadie pesca a doña Eulogia en la cama con un extraño, cometiendo adulterio, ni en otras situaciones inadecuadas para una cristiana. Simplemente no desea yacer con su marido. En apariencia comete una falta leve, pero solo en apariencia. En realidad su falta es de las peores, debido a que no quiere cumplir con su deber de esposa y promueve un proceso para lograr el propósito. ¿No es esa la mayor de las infracciones?

Además, ¿cómo quedan Quintero y Montenegro, o más tarde Carreño, de cara al atentado? Si han proclamado a la urbanidad como reflejo de un republicanismo interior, a sus enseñanzas no les quedaría otro remedio que garantizar la inexistencia de virtudes en el espíritu de la transgresora, o de regocijarse en el ejemplo de un caso cuya perdición se traduce en el desarreglo evidenciado en la superficie. Tal puede ser la conclusión de los profesores de filigranas y de los que han leído sus breviarios. Seguramente por su influencia, la mujer debe cuidar con esmero el frontispicio mientras la sociedad hace alusiones comedidas sobre su exterior, acaso el exterior de más quisquilloso tratamiento en la república si ponderamos cómo juzgan sus ciudadanos la belleza física. Varios testimonios que se remontan a 1815 dan cuenta de la curiosa manera de tratar el tema. Conviene detenerse en algunos, para la comprensión del concierto entre los valores en boga y el aspecto físico de las mujeres, que termina convirtiéndose en otro de los sutiles corrales levantados para detener a cada quien en la casilla correspondiente.

Veamos, por ejemplo, qué pasa en las vísperas de la época que nos ocupa cuando un soldado solicita permiso para contraer matrimonio. A través de una sencilla misiva del sargento Martín Curbelo, quien escribe desde Casanare a su superior en mayo de 1815 para que le permita contraer nupcias con Ana Partidas en San Fernando de Apure, aparece la situación. Procurando que no le nieguen la licencia, el sargento dice:

> La señorita Ana ya acordó el compromiso de complacerme, y es la flor del poblado, y todos la ponderan, porque ama la patria, y por la patria lucha. Si tiene que escoger, entre la casa y la batalla, sale a pelear, y entre un faldón y la libertad, se pone un uniforme, con cucardas y todo. Una semana después del matrimonio, con ese lindo clavel, y lindo lirio, me vengo, a cumplir mis obligaciones.[123]

Como se ha visto, la calificación de la hermosura femenina depende de unas actitudes y de la fidelidad a unos valores. Con el esbozo hecho nos quedamos sin saber si Ana Partidas es fea o es bonita, aunque el novio la venda como ornato del Apure. Solo sabemos que es republicana y, en consecuencia, hermosa.

Dos años más tarde, llega un oficio al Cuartel General de San José de Cúcuta. Es un oficio escueto que firma Carlos Pulido, cabo de la guardia a quien se acusó de abandonar su obligación para buscar mujeres en el poblado. El indiciado se excusa, señalando:

> El 26 de septiembre no salí a buscar mujeres de la vida, pues esso se dise para mal ponerme. Quedaré ensserrado, por salir a conversar con Doña Juana Patiño, muy de mucha guapura, que la fui a ver, para pedirle matrimonio por ques de mi total agrado, y boluntad. Ella piensa mucho en el daño probbocado por los españoles, y assí yo me henamoré mucho, y me salí a saludarla, como quien saluda a la vandera de la patria. Voy al enssierro por amar, mi linda vandera.[124]

Parece difícil encontrar una sinonimia más ajustada entre la hermosura de una señora y los arrebatos patrióticos. Juana Patiño es la Venus de Cúcuta, para el cabo Pulido, porque es ella misma

---

123 Petición de Curbelo Martín, Cuartel de Casanare, 1815. AGN, Intendencia del Ejército, tomo XXIV, hoja suelta.
124 Petitorios de tropas, Cúcuta, 1817. AGN. Intendencia del Ejército, tomo XXIV, fol. 2 vto.

el emblema tricolor. De nuevo unos principios se convierten en prueba incontrovertible de cualidades estéticas, aunque no son otra cosa que un telón capaz de ocultar los rasgos que seguramente determinan la atracción de un combatiente, hasta el punto de llevarlo a abandonar sus deberes. Estamos frente a una manera usual de juzgar sobre el tema, si consideramos una carta enviada por un propietario de caballos al general Carlos Soublette para pedirle que sea el padrino de su boda con Bautista Carmona. Escribe Lázaro Blanco, el 2 de mayo de 1842:

> Bautista emprende la idea de hacer un comercio con la isla de Trinidad, después del matrimonio; y está dispuesta a encontrar un socio que no sea yo, por mi desconocimiento de esos comercios. Ella dice que en pocos años sentiremos el bien de la tranquilidad, y las satisfacciones de la fortuna. Ella no es gastiva de nada, por la crianza familiar. Ella también es partidaria de la paz y de la tranquilidad, que beneficia los hogares. Yo voy por esas prendas, lleno de fervor, esperando que sea V.S. el que abra la puerta del Sacramento y del amor feliz.[125]

¿Se enamoró Lázaro Blanco de una bella mujer? Jamás lo sabremos. También se resiste a describir a la futura esposa. Como en los casos antecedentes, la razón del amor es la virtud que la época aprecia. De nuevo los preceptos encubren los elementos físicos o sicológicos que pudieron originar una atracción capaz de terminar en unión duradera. Parece que Lázaro Blanco hubiera copiado trozos de los manuales de modernización para describir a Bautista Carmona, pero también para conseguir el padrinazgo de un personaje caracterizado por su apoyo incondicional al proyecto republicano.

---

125 Correspondencia de Lázaro Blanco, Caracas, 2 de mayo de 1842. *AGN*, Interior y Justicia, tomo CCXLIX, fol. 137.

Debemos suponer que los pretendientes hablan de mujeres normales, en torno a cuya belleza pueden exponer criterios sobre el aspecto físico –la estatura corporal, detalles del rostro y del cabello, tipo de facciones, suavidad de la piel, etcétera– sin caer en el escándalo ni en la grosería, pero no lo hacen. Pareciera que un muro se interpone entre lo que sienten los hombres y el retrato de unas personas que seguramente sean las más virtuosas de Venezuela, pero que también han de tener resortes capaces de inflamar la pasión masculina. Acaso porque pronto serán sus obedientes compañeras, o sus hijas sumisas en la mansión de una familia de cuño republicano, esté vedado ese otro tipo de comentarios. Ni siquiera los hacen en el conocido y elocuente episodio de Eulogia Arocha, a quien debemos suponer bellísima pero de quien apenas conocemos la supuesta exageración de su indumentaria.

La estimación de la belleza en el caso de una mujer negra reviste peculiaridades, de acuerdo con un episodio ocurrido en diciembre de 1840, la misma época del Viernes Santo que termina en calvario para la altiva Eulogia. Juan Albornoz, hombre blanco, oficial retirado del Ejército Libertador y propietario de un navío mercante, pide licencia a la curia para casar con Sacramento Requena, de quien se prendó cuando la vio servir la mesa en una fiesta. Sacramento no es de la parentela, es soltera, es joven y atractiva, «casi como los ángeles del cielo», según declara Albornoz con ayuda de un procurador.[126] Sin embargo, hay un escollo terrible: Sacramento Requena es esclava de Juan Navas. Los esponsales necesitan trámites que se convierten en una desdicha para el galán. El propietario incorpora a la sierva a las esclavitudes del Tuy y no está dispuesto a venderla, ni siquiera ante el clamor de Cupido, de acuerdo con un escrito introducido

---

126 Caso de J. Albornoz, diciembre de 1840. AAC, Matrimoniales, Legajo 200, fol. 7 vto.

por un abogado de nombre Pedro María Quero.[127] Pese a que se viven los principios de una república moderna, Navas está en su derecho. La autonomía de Venezuela no se fundó contra la propiedad. A lo mejor, tampoco se hizo para justipreciar la belleza de las negras. No en balde argumenta el abogado:

> Más allá de lo que pueda considerarse con usualidad en Dro., el tribunal puede ver la extravagancia de localizar la lindura donde no existe. No he visto yo la morbidez representada en una negra, o la gracia comprimida en la gente basta, como no he visto yo los primores mezclados con lo ordinario, ni la preciosidad del brillo refugiada en cajón burdo. ¿Hasta dónde llegaremos en esto de la belleza? Por este paso, llegaremos a dislocar el orden de las cosas. El que lo propone está pidiendo mercedes que en apariencia se escapan de las leyes, para entrar en el dominio del amor; pero, nótese, que es únicamente en apariencia, porque de la proposición puede sobrevenir un arrebato que deberá ocupar el Dro. ¿Hasta dónde llegaremos, pues, en esto de la belleza, sin perturbar la vida arreglada?[128]

La sentencia respalda la negativa del propietario. Debemos suponer que el juez redacta la decisión en atención al código, aunque tal vez no sea aventurado sospechar que comparta su postura sobre el antagonismo existente entre la belleza y las negras. Si nadie se atreve a describir cómo son de veras las mujeres, hasta el extremo de convertir la esperada imagen en compendio de longanimidades, difícilmente pueden estrenarse en el tema con una esclava negra. Si nadie ha dicho que una mujer es hermosa por su cara, o por la conformación de sus extremidades, no va a estrenar Sacramento Requena el repertorio de las beldades.

---

127 *Ibidem*, fol. 9.
128 *Ibid.*, fol. 7 vto.

Pero lo cierto es que los hombres de la república se niegan a comunicarnos cómo eran de verdad nuestras abuelas. Nos las venden como mujeres decentes y patrióticas, las ocultan bajo el manto de las cualidades más apreciadas entonces, sin confesar las razones que nos dirían con franqueza por qué las amaron de verdad. Como aparece en el expediente del último caso, en la Venezuela de la época importa el orden de las cosas, importa la vida arreglada cuyo resguardo impide que sean del dominio público los rasgos de quienes han sido llamadas a vivir únicamente en el ámbito privado. Y la vida en el ámbito privado responde a una dependencia que no se puede evitar en ninguna circunstancia, sin correr el riesgo de unas reprimendas frente a las cuales no se generan reacciones, aun cuando puedan terminar en situaciones atroces. Un par de causas promovidas por dos de esas obligadas cultivadoras de la parcela doméstica arrojan luces fulminantes sobre el punto. Acerquémonos a ese mundillo revelador de crueldad y rigor a través de dos muestras. Como consecuencia de la actitud de los vecinos, una solicitud de divorcio cursada desde San Mateo en 1835 partiendo de razones de violencia no satisface a la peticionaria. Luisa García pide al tribunal eclesiástico que la libre de su marido «por unos palos que me ha dado», pero el marido niega la acusación.[129] No debe sorprendernos la negativa, pues seguramente el hombre no quiere ponerse la soga en el cuello, pero llama la atención la razón que maneja sobre su conducta. Dice su abogado: «Ha debido contenerla porque salió a ver una marcha de soldados sin permiso, y nadie vió mal en el acto de contenerla».[130] Juan Martínez, un comerciante de caballos conocido en la región, comparte el parecer: «Le consta [dice] que la mandó a castigar por salir, pero no hizo escándalo que llegara

---

129 Doña Luisa García, vecina de San Mateo, contra su legítimo marido, San Mateo, 1835. AAC, Matrimoniales, Legajo 150, fol. 1.
130 *Ibidem*, fol. 2.

al vecindario».[131] Una dueña de haciendas que depone ante la curia, doña Petrona Márquez, tampoco se alarma por la paliza que recibió su vecina. Así declara: «Dn. Elías García disciplina a su mujer sin sebarse en ella, y sin perturbaciones».[132] En consecuencia, no hay motivos para el divorcio. El marido reprende a la esposa en silencio porque cometió la falta de visitar la calle sin licencia, pero fue cuidadoso con los golpes y no estorbó la rutina del pueblo, estiman los testigos y los jueces. Ni siquiera una matrona de las cercanías se preocupa por el suceso, pese a que puede manifestar compasión frente a la tragedia sufrida por una persona de su mismo sexo. La autoridad entiende que son razones suficientes para ordenar que el matrimonio de los señores García continúe como antes. Así lo ordena cuando cierra el expediente, aunque cobra las costas del juicio al portador del garrote.[133] Aun cuando la violencia del marido se convierta en escena callejera, no prospera el reclamo hecho por la víctima. Así se desprende de una carta que la curia de Caracas remite a Mariano, obispo de Guayana, el 4 de agosto de 1848. De acuerdo con el documento: «Dolores de Gómez, de la Diócesis de V.S. Illma., se ha presentado pretendiendo el divorcio de su legítimo marido, Eloi Gómez, porque la ha golpeado en público de la gente. A través del Venerable Cura de Puerto S. [sic] se le ha aconsejado de no proponer salida tan extrema, pudiendo manejar la situación por medios privados».[134] El pastor de Guayana ve con buenos ojos la sugerencia, pues responde con un lacónico «estoy de acuerdo».[135] Los prelados reciben noticias de la vejación de una mujer en la vía pública y ante la vista de un grupo de personas. Sin embargo, recomiendan a la denunciante el camino de un acuerdo con el

---

131 *Ibid.*, fol. 3.
132 *Idem.*
133 *Idem.*
134 Correspondencia remitida a Mariano, obispo de Guayana, Caracas, 4 de agosto de 1848. AAC, Matrimoniales, Legajo 290.
135 *Ibidem*, esquela anexa.

verdugo que en su acción no se detuvo ante la presencia de unos sujetos que podían incriminarlo. El marido debió estar seguro de que nadie se atrevería a deponer en su contra, porque nadie había visto una ofensa en su conducta.

Como en el suceso anterior de don Elías García, por agresiva o estridente que sea, pasa por hecho corriente la disciplina de la mujer cuando la efectúa su legítimo señor. En los dos expedientes solo la voz de la esposa se levanta contra indiscutibles tropelías, sin acompañamiento, porque nadie reconoce la existencia de unos abusos que han sucedido en la calle a la luz del día. Pero nadie ha influido sobre los testigos para manipular sus declaraciones. Los testigos que han jurado ante el tribunal de Dios no han faltado a la verdad, ni se han apartado de sus sentimientos cristianos, ni del espíritu republicano. La gente sencilla entiende que la mujer ha faltado a su obligación y que debe recibir el consiguiente escarmiento. Hasta donde sabemos, las denunciantes se conforman con el veredicto y desisten de apelar. Hasta donde sabemos, las tragedias no se llevan a la jurisdicción civil ni provocan reacciones en la prensa. No solo porque la sensibilidad de la república naciente respondería con natural indiferencia, sino también porque las señoras de García y de Gómez evitarían pasar un trago como el apurado por Eulogia Arocha.

El cáliz del que querrían apartarse no remite a la existencia de una nueva realidad ante la cual conviene acoplamiento. Si consideramos que el control de la mujer por motivos religiosos es una característica predominante de la cultura colonial[136], convendremos en la continuidad de la situación. Sostenida en argumentos profanos y razones prácticas que terminan por apuntalar el imperio de las pautas eclesiásticas, la antigua prisión sigue llena de inquilinas a quienes reduce un tenaz enrejado. Pero al lado de

---

136 Ver mi trabajo: *Ventaneras y castas...*, algunas de cuyas fuentes se han revisado en el presente libro.

las habituales prisioneras en cuya existencia se revela, casi en términos redondos, el influjo del pasado que no pasa, hemos visto cómo busca expansión un mensaje de renovación que choca con la antigua manera de sentir y de expresar la vida.

Así como se insiste desde la cúpula, con hábiles retoques, en la prosecución de una realidad antecedente, se busca la implantación de un nuevo orden susceptible de llevar a Venezuela por el camino de la felicidad. También hemos visto cómo dicho mensaje no es halagüeño, debido a que pretende acuñar unas conductas que significan el compromiso y el sacrificio de quienes las asuman. Un pugilato entre el entusiasmo de los líderes y la perplejidad de sus destinatarios, entre el interés por el fomento material y el imán de una rutina apacible, entre la sorpresa de un gobierno que procura la creación de ciudadanos y la resistencia de unos hombres sin la costumbre de llevar la responsabilidad de sus asuntos, entre una pretensión civilizatoria y el embarazo de un nuevo porte, marca el panorama en sus diversos costados. La pugna puede explicar no solo la precariedad de la cosecha iniciada en las postrimerías colombianas, muchos de cuyos frutos han desfilado en este capítulo, sino también el fiasco en que deviene el experimento. Pero no son suficientes las evidencias examinadas hasta ahora. Ciertamente anuncian y muestran una colisión entre el designio de república y los hombres entre quienes debe florecer, pero sin meterse de veras en las entrañas del país sometido a la presión de las mudanzas. El encuentro de ese país, según se intentará en las páginas siguientes, no solo puede desvelar los límites del intento, sino también la persistencia de una contradicción que no desaparece en el primer tramo temporal de la autonomía.

CAPÍTULO III
LAS ISLAS

En 1830 Venezuela presencia una exaltación del proyectismo utilitario. Si se considera que las guerras de Independencia no facilitaron las faenas del pensamiento, ni dieron tregua para que la gente buscara las maneras de mejorar la existencia mediante una explotación racional del entorno, desde 1811 no se observa un interés tan acusado. La violencia que determina la vida hasta el triunfo de Carabobo, o hasta más adelante, no había permitido la exploración de «los misterios de Venezuela», o de «los tesoros de la patria» como usualmente se dice en la época. Mucho menos la alternativa de utilizar los recursos para que las personas emprendedoras cambiaran el rumbo de la sociedad. Ahora sienten que la oportunidad ha llegado, no en balde se han librado de los españoles y parecen compartir el entusiasmo de la modernización.

J.M. Pelgrón, uno de los miembros más asiduos de la Sociedad Económica de Amigos del País, resume el empeño cuando está a punto de terminar el año: «La historia de los pueblos cultos nos refiere la creación y progresos de las sociedades económicas en medio de la paz y cuando ellos, establecidos y consolidados, después de muchos años, han buscado en las luces, en la meditación y en el apacible interés público de los ciudadanos el desarrollo y práctica de todo lo relativo a la mejora, adelantamiento y perfección de los ramos industriales de la peculiar atención de la especie humana».[1]

PATRIOTISMO, UTILIDAD Y VATICINIOS

Aunque habla de largos trabajos, seguramente no imagina lo que costará el empeño, ni lo infructuoso de los planes. En el caso de Venezuela la entrada en el cenáculo de los pueblos cultos no depende de la ponderada intromisión en el territorio, que el discurso sugiere, sino de una batalla que no concluye en la victoria. Animado por la diligencia de sus pares, no puede imaginar el calvario que espera a las ideas. Tomás Sanavria, Pedro Pablo Díaz y José María Rojas están redactando un plan para la creación de un tribunal mercantil. Los señores Mayz, Lizarraga, Arvelo y Lucateli ensayan sobre la semilla del trigo. Los señores Avendaño y Cajigal hacen un inventario de las máquinas introducidas al país desde 1811. Los señores Alderson, Madriz y Vollmer meditan sobre la escritura de una «cartilla agraria». Los señores Duarte y Tovar inspeccionan las plantaciones de viña, para ver cómo mejoran su calidad. Unos hacendados, cuyo nombre desconocemos, hacen pruebas para una destilación de aguardiente que produzca alcohol medicinal y licores refinados. Don Manuel Felipe de Tovar anuncia que iniciará un padrón de población que contenga informaciones sobre nacimientos, defunciones y matrimonios, mientras el doctor José María Vargas ofrece la presentación de una memoria sobre las enfermedades.[2]

Parecen tentados por el demonio de la modernización, de tan ocupados que se ven. Es difícil que Pelgrón suponga las complicaciones del futuro. Sienten que viven el momento estelar

---

1 J.M. Pelgrón, «Alocución, Memoria de la Sociedad Económica de Amigos del País», Caracas, 27 de diciembre de 1830, en: *Sociedad Económica de Amigos del País, Memorias y Estudios*, Caracas, Ediciones del Banco Central de Venezuela, 1958, tomo I, p. 47.
2 *Ibidem*, pp. 45-46, 53, 95, 99.

de sus vidas y de la república, como asegura Vargas en una exposición de 1833:

> *Ya es tiempo* que en Venezuela raye el fausto día en que aquellos de sus hijos que puedan influir en sus destinos, compadezcan la desgracia universal y abran los ojos al alto grado de prosperidad a que la naturaleza pródiga la llama. *Ya es tiempo* de empezar a sacar el fruto de sus instituciones liberales desenvolviendo los gérmenes de sus riquezas y echando los fundamentos sólidos de su transformación. *Ya es tiempo* que el gobierno, aprovechándose de las bendiciones de la paz y a la sombra del orden, despliegue todo su poder en regenerar de hecho esta tierra desgraciada. *Ya es tiempo* de ir formando los semilleros de las generaciones venideras y cambiando con la eficacia de las buenas leyes los hábitos inveterados de ociosidad, por los de una industria honesta y productiva.[3]

La hora oportuna llama a un grupo especial de venezolanos, «aquellos que puedan influir en sus destinos», para hacer una metamorfosis de las maneras de crear y fomentar riqueza que no se quedan en el plano de lo material, sino que también tocan el terreno de las costumbres. Planteamientos como este de Vargas animan el interés por el estudio del ambiente en el cual se harán las transformaciones. Como el medio en el cual arraigarán las luces no se ha sometido a un estudio metódico, los notables necesitan un descubrimiento capaz de guiarlos en el itinerario. Solo conocen lo que ven a simple vista, un panorama desolador en cuyos vericuetos deben meterse con tiento. La Independencia no les ha dejado un patrimonio abundoso, de acuerdo con lo que escucha la junta general de la Sociedad Económica... en 1831:

---

3   *Ibid.*, p. 85.

La sociedad trabaja sobre un campo devorado por las llamas de una guerra desoladora de veinte años, que solo ha dejado cenizas y escombros tristes, pero patéticos monumentos del furor de los partidos. Aún humean las hogueras en que se inmolaron a la patria las más brillantes fortunas; estos fragmentos no es fácil transformarlos repentinamente en campiñas doradas de espigas, ni en majestuosos bosques en que vegeten nuestras preciosas producciones; aún se resiste el arado a la endurecida tierra cubierta de malezas; aún desalienta las fatigas del agrónomo la falta de recompensa de su sudor; aún teme los asaltos del crimen, o deplora la crueldad de las estaciones. Ceres y Mercurio, hijos de la paz, no prodigan sus dones sino al extremo opuesto del globo en que el fiero Marte fija su asoladora planta.[4]

En 1834 Domingo Briceño machaca un idéntico panorama, pero encuentra el origen de los problemas no solo en la conflagración reciente, sino también en la dominación española:

> Especioso, si no quimérico, parecerá, señores, pretender por discursos académicos hacer la dicha y prosperidad de una nación inerte, lánguida y desfallecida por sus largos padecimientos y vejaciones bajo un régimen colonial; por el violento, estrepitoso y horrendo sacudimiento de la tierra en el polvoroso 26 de Mayo; y más que todo por las oscilaciones políticas en que nos ha sido preciso ensayarnos hasta lograr formar un ser nacional [...] Discurriendo por las ciudades y villas, por los valles y selvas de la República, a cada paso las necesidades comunes nos convidan a tomar parte de su alivio; sensibles y ansiosos de encontrar medios positivos para mejorar la suerte de la población, hemos por algún tiempo vagado en la política, soñando quimeras, y apelando aun a la filosofía; pero nos hemos encontrado al fin sin fuerzas para obrar el bien, porque nos faltan los estímulos para romper las ligaduras de nuestra tímida educación.[5]

---

4 *Ibid.*, p. 29.
5 *Ibid.*, p. 107.

No se trata de continuar haciendo discursos, pues, sino de despachar los vínculos con la cultura tradicional.

Hay que poner manos a la obra, independientemente de cómo se aprecie el origen de las urgencias. Ya que no basta la oratoria, se requiere una actividad susceptible de terminar en hechos a través de los cuales se comprueben el aprovechamiento de la coyuntura, lo apropiado de los cambios y la sensibilidad de los caballeros que buscan el bien común. Dentro de tal panorama se inscribe el trabajo del coronel Agustín Codazzi, un análisis monumental del espacio físico que el gobierno encarga atendiendo los clamores de la Sociedad Económica... Nada más alejado de la retórica que esa incursión por las tierras y las aguas, cuya realización comienza en 1831 para terminar en la presentación de dos minuciosos aportes que se convierten en un hito: el *Atlas Físico y Político de la República de Venezuela* y el *Resumen de la Geografía de Venezuela*, editados en 1839.[6] Las obras no solo cumplen el cometido de lograr una descripción precisa del territorio. Es tan íntima su cercanía con los planes de los notables que llegan, como ellos, a sugerir proposiciones para el porvenir. El paisaje que existe, pero también el paisaje que debe existir para satisfacción de los designios modernos, llena numerosas páginas de Codazzi.

Los lugares ocupados desde antiguo, en los cuales ya ha puesto la mano del hombre la huella de la civilización, en general no son objeto de pronósticos. Así, por ejemplo, localidades urbanas como Caracas, Maracaibo y Cumaná, que parecían haber logrado la proyección de su destino dentro de límites previsibles. No eran misteriosas como los espacios incultos, o como

---

6   Sobre la trascendencia de la obra de Codazzi, ver: Giorgio Antei, *Mal de América: las obras y los días de Agustín Codazzi*, Bogotá, Museo Nacional y Caracas, Instituto Autónomo Biblioteca Nacional, 1993; Luigi Frassato, *Agustín Codazzi: biografía (1793-1859)*, San Joaquín, Fondo Editorial M. Brito, 1995; José Rafael Lovera, *Codazzi y la Comisión Corográfica (1830-1841)*, Caracas, Instituto Autónomo Biblioteca Nacional, 1993.

aquellas que mostraban desarrollos incipientes para las cuales la geografía republicana es un cofre de recomendaciones. Veamos algunas sobre diferentes puntos del territorio. En relación con el cantón de Maracay, dice: «Cuando estén cultivadas las selvas que se encuentran en la serranía y otros puntos que están al pie de ellas, cuando un camino cómodo acorte, por decirlo así, la distancia al puerto de Choroní, entonces tomará Maracay mayor incremento [...]».[7] Augura brillantes días para Montalbán, si se transforma según las sugerencias: «Cuando aquella tierra virgen y fértil, en la que se puede decir que casi prospera sin trabajo el café, se halle sembrada de plantaciones y haciendas [...] será entonces una ciudad populosa, donde se gozará de un clima dulce y saludable».[8] Algo parecido sucederá con Nirgua: «Cuando las selvas y valles que hoy existen yermos, estén desmontados y cubiertos de poblaciones y haciendas, entonces esta villa podrá florecer, y su posición será tanto más interesante, cuanto que estará en el camino que debe ir de los valles de S. Felipe a los de Valencia».[9] Las esperanzas llegan hasta las zonas que parecían condenadas al desierto o a la medianía por las inclemencias del clima y por la dureza del medio. Es el caso del cantón de Costa Arriba, en las proximidades de San Miguel del Tocuyo:

> Aunque sea malsano el actual clima de la mayor parte de estas comarcas, por la acumulación de materias vegetales que infectan el aire, este mal cesará luego que se corten los árboles viejos de los bosques de que están cubiertas aquellas tierras, y entonces vendrán estas a formar la parte más agricultora y rica de la provincia de Coro.[10]

---

7   Agustín Codazzi, *Resumen de la geografía de Venezuela*, Caracas, Biblioteca Venezolana de Cultura, 1940, tomo III, p. 34.
8   *Ibidem*, p. 67.
9   *Idem*.
10 *Ibidem*, pp. 113-114.

Lo mismo pasa con Gibraltar:

> Cuando aquellas tierras tan feraces estén desmontadas y cubiertas de haciendas y de pueblos, entonces será Gibraltar otra ciudad: será un punto de comercio y estará menos expuesta a las fiebres intermitentes causadas por los derrames de los ríos y por una vegetación viciosa.[11]

Por último, observemos los augurios para la villa de Egido:

> En todo el territorio se goza de diferentes temperaturas, desde el calor excesivo hasta los páramos helados. La parte cálida cubierta de bosques es enfermiza, la templada muy útil para el cultivo, y la fría, aunque desnuda de vegetales, muy sana. Cuando se desmonte la gran selva que está en la parte septentrional de la serranía, cuyas aguas descienden al lago de Maracaibo, y cuando las veredas que hoy existen se hallen convertidas en vías cómodas para el comercio, el Egido será un pueblo que prosperará en agricultura y comercio [...].[12]

El hombre que se ha convertido en profeta del paisaje no es un improvisado, ni un fanático. Es probable que las gentes sencillas desconozcan su formación profesional en Europa, pero lo han visto en la ciudad, en las campiñas y en la selva con sus aparatos para detallar la topografía y para calcular la temperatura, con sus dibujantes y sus auxiliares. Además, son testigos de sus faenas en la Comisión Corográfica que se funda en 1830, cuyos pasos han seguido los propietarios en su Sociedad... y sobre la cual se ha hablado en los periódicos.[13] En consecuencia, lo que afirma debe ser convincente. El deber ser del paisaje no proviene

---

11 *Ibid.*, p. 152.
12 *Ibid.*, p. 186.
13 Ver: José Rafael Lovera, *op. cit.*

de un aficionado, sino de un científico sobre cuyo mensaje no caben las dudas. ¿Por qué cavilar sobre los futuros emporios, sobre las montañas que cederán ante el progreso y sobre el clima que cambiará por obra de los venezolanos? En sintonía con los notables de la época, Codazzi debe alimentar el anhelo de un mundo distinto del colonial, capaz de salir de la hecatombe reciente para encontrar un lugar privilegiado en el concierto de las naciones.

Una descripción de 1854, publicada en *El Mosaico*, refleja la tendencia. Los redactores hacen publicidad sobre la creación de una colonia denominada «La Riqueza» en la región de Caucagua, con el objeto de recibir inmigrantes. Para llamar la atención de los lectores, pero también del gobierno y de los capitalistas, hacen pinturas como la siguiente:

> Las aguas que la bañan son benéficamente potables, y abundantes para la irrigación. El añil, el trigo, la avena, el algodón, el tabaco, el café y demás producciones de la zona tórrida, crecerán allí con profusión, tanto por la naturaleza del clima, como por la fertilidad del terreno. La situación es la más ventajosa; porque con facilidad para la navegación por vapor dista pocas horas del excelente puerto de Higuerote, el mejor de Venezuela. De la villa de Caucagua distará tres horas y en el verano próximo empezará a construirse una carretera entre ambos puntos. Del cantón Orituco distará solamente ocho leguas, cuyo camino principiará también a abrirse en el verano próximo. De modo que la colonia quedará colocada ventajosamente entre Caucagua y Orituco; y será un punto de tráfico entre ambos. Con los cantones Río Chico y Curiepe, tendrá igualmente fácil comunicación por medio del vapor que se ha mandado establecer en el Tuy. La dirección de la colonia mandará en el entrante mes a levantar el plano topográfico de los terrenos que se destinan a ésta, para lo cual la Diputación acordó la suma necesaria. Ansiosos estamos de ver los trabajos del ingeniero que

elija la dirección de la colonia y continuaremos dedicando nuestra pobre pluma a tan patriótica empresa.[14]

Casi veinte años después de la edición de las obras de Codazzi se insiste en el paisaje que será, partiendo del paisaje que existe. Puede pensarse que el mismo espíritu anima al redactor que escribe en *El Mosaico*, pero igualmente en cómo los modernizadores siguen echándose en los brazos del futuro debido a las herramientas que les niega el presente. Ahora parece que la posteridad está más cerca, pues la feraz Caucagua apenas espera por un par de carreteras que se abrirán en la próxima estación, por un vapor que pronto navegará, por unos planos ordenados por la diputación y por un profesional que inicie las obras. El proyectismo acaso tenga ahora la solución a la vuelta de la esquina, pero igualmente depende del mañana.

Para ver cómo las cosas están atadas a una cadena cuya destrucción no es sencilla, los testimonios muestran formas diversas de enfrentarse al problema. También en diversos lugares, pero desde una perspectiva diversa y menos categórica, enfrentan los hombres el reto de sus paisajes. Las angustias que pasan contrastan con el arrebato moderno, en cuanto descubren una escena y una sociedad que no se pueden redimir con facilidad.

DESEOS, DESENCUENTROS Y LÍMITES

En sus primeras sesiones de 1831, las diputaciones provinciales de Cumaná, Portuguesa, Mérida y Barquisimeto ocupan el tiempo en la discusión de un tema al que dedican prolijas intervenciones. Sus miembros se sienten protagonistas del nacimiento de la nacionalidad y quieren ofrecer luces a la república salida de la guerra contra España. Entre los numerosos problemas

---

14 Colonia «La Riqueza», *El Mosaico*, Caracas, Imprenta de Félix Bigott, 1854.

que deben llamarles la atención, se detienen en la crítica de las vías de comunicación. Coinciden en un planteamiento que seguramente predominaba en la sensibilidad de los dirigentes, no en balde las cuatro asambleas llegan a idéntica conclusión sin que podamos imaginar la existencia de un acuerdo previo.

En primer lugar, los representantes ven como un milagro el triunfo contra el imperio, debido a la fragmentaria participación de cada región en la empresa insurgente. Luego consideran la urgencia de remediar la situación como salida para los problemas venideros. Conviene examinar el punto, porque descubre una sensación de descoyuntamiento cuando los venezolanos dan sus primeros pasos como sociedad autónoma.

Según un *Acuerdo* de la diputación de Cumaná:

> La dilatada discusión sobre caminos que elevamos a consideración del Secretario de lo Interior, es para que no se repita el ayer de una guerra, que cada cual obró sin dirección, usando los recursos sin meditación como vinieran pasando, obedeciendo a unos y otros, como fuera necesario, concentrando trabajo y haciendo distinto al otro día, por la falta de unas solas órdenes, y por no saber lo que pasaba más allá. Los mejores días de Cumaná, que serán los mejores días de Venezuela, conducen a hacer las cosas con mayor ordenación y relaciones con la Jefatura, sin el encierro y los misterios viejos.[15]

Los representantes de Portuguesa consideran que

> ... deben sus oficios a la Patria, pero para servirla necesitan amarla por el conocimiento. Ese conocimiento fue pasajero en la contienda contra los amos, y hubo una feliz concordancia entre los intereses

---

15 La Diputación Provincial de Cumaná al Exmo. secretario del ramo de lo Interior, Cumaná, 16 de julio de 1831. *AGN*, Interior y Justicia, CXV, n.º 19, fols. 118-120.

de la Provincia y las necesidades de la Patria, al querer todos lo mismo contra el rey de España. La actual situación impone unos acuerdos en antecedentes de gobierno, si no se les opone el aislamiento de Guanare.[16]

Para los merideños:

La guerra contra las cordilleras no ha terminado, pues que es la misma que nos impide con su gigantesca intromisión saber lo que requiere Venezuela; así como nos trancó las noticias sobre la independencia, que fuimos sabiendo poco a poco, y en la que participamos según nuestro leal entender, o séase a ciegas, aunque guiados por el horror del cautiverio.[17]

Ahora veamos el juicio de los diputados de Barquisimeto. Expresan en un *Acuerdo*:

La República no se puede hacer como se hizo la proeza de acabar con la colonia, pues hubo falta de relaciones entre las fuerzas patrióticas por la dificultad responsable [*sic*] a caminos y clima. Si quiere la superior autoridad un régimen no interferido entre las diferentes instancias de mando, y una obediencia circunscrita a las leyes, como no puede controlar el invierno, le corresponde ordenar partidas para hacer caminos.[18]

Tal vez respondan los representantes provinciales de Barquisimeto a una queja procedente de Caracas, visto el énfasis del documento, pero el detalle no incumbe a nuestro asunto.

---

16 La Diputación de la Portuguesa al Exmo. secretario de lo Interior, 1 de agosto de 1831. *AGN*, Interior y Justicia, CXII, n.º 31, fols. 14-15.
17 La Diputación Provincial de Mérida al Exmo. secretario de lo Interior, Mérida, 7 de noviembre de 1831, *AGN*, Interior y Justicia, XXXVIII, n.º 9, fols. 20-22.
18 Acuerdo de la Diputación de Barquisimeto, Barquisimeto, 16 de noviembre de 1831. *AGN*, Interior y Justicia, XCXII n.º 22, fols. 7-10.

Más bien conviene insistir en cómo se juzgan las cuatro asambleas frente al panorama de Venezuela. Apenas consumada la desmembración de Colombia, no sienten su participación en la política como un acuerdo concertado entre las diversas parcelas de la república, sino como una faena solitaria de cada quien. Debido a la falta de comunicación, apenas saben dónde están parados. Solo son capaces de responder solicitaciones lugareñas, por la distancia que los retira del poder central. La dificultad para la recepción de instrucciones los obliga a improvisar. En realidad viven un mundo aparte, pese a que la Constitución señala lo contrario. Pero no se trata de una vivencia inesperada, ni de un reto sorpresivo. Así vivieron el proceso de la emancipación, privados de la asistencia de un director de orquesta y luchando con los españoles desde su estatura. La derrota de España se produce por una coincidencia entre lo particular y lo general, mas no en atención a un designio provocado por la organicidad de un equipo de líderes, o de un jefe máximo. Producidas por miembros de las élites regionales en 1831 y todavía en ciernes el experimento de autonomía, las afirmaciones conducen a pensar en el desencuentro de los primeros venezolanos. ¿Acaso quienes debemos suponer más enterados, los diputados provinciales, sienten de veras qué es la patria? ¿Está ya establecido ese concepto en sus mentes y ese sentimiento en sus corazones? ¿Acaso conocen el país que los reclama como sus hijos? ¿Están dispuestos a obedecer mandos ausentes? De momento, se describen como habitantes de un archipiélago gestado a partir de 1810. Si ni siquiera consideran a la independencia como un designio fraguado en sentido uniforme por toda la sociedad, difícilmente pueden observar coherencia en el poco tiempo que tiene la república. Pero también proclaman su deseo de formar parte del todo. No anteponen las peculiaridades locales a las obligaciones nacionales. No están felices en su apartamiento, sino incómodos. Todavía no incluyen consideraciones económicas en sus argumentos, mas piden caminos porque se quieren enterar de los negocios públicos, porque desean estar presentes. Un documento episcopal plantea las cosas en el mismo sentido, desde la perspectiva eclesiástica. En septiembre de 1831, el obispo de Mérida de Maracaibo remite a la sede caraqueña las siguientes letras:

> Imposible una conducta general, frente a las acechanzas del gobierno, porque no podremos responder en consonancia. Verdaderamente cada mitra piensa lo mismo de las decisiones del Presidente, y que debe responder en consecuencia, pero nadie asegura que los pasos se hagan en oportunidad. [...] Recibimos lo que pasa en la Casa de Gobierno con un mes de atraso, y los últimos pliegos secretos del Cabildo Caraquense dilataron cuarenta y uno días con sus noches, que es lo más semejable a una cuarentena, porque el sigilo de los mensajeros se complica con la torpeza de los caminos. Es una y misma cuarentena de los tiempos pasados, que entre riscos y ventisqueros no entrelazó recursos contra la prosecución del Patronato.[19]

Frente a la necesidad de responder a las medidas del régimen, el prelado no solo refiere las dificultades para una relación oportuna de las autoridades religiosas, como se ha visto. Las compara con aquellas que impidieron una acción uniforme, ante al control impuesto por Bolívar de las designaciones eclesiásticas. El obispo quiere una iglesia unida para defenderse del presidente Páez pero no la encuentra por la aspereza de las mismas rutas que evitaron durante la independencia la unión de los prelados contra las disposiciones laicas. Así como los diputados provinciales quieren formar un solo país vencedor de las distancias, el clérigo pretende que se reduzcan los precipicios y cesen los acantilados para tranquilidad de la institución que representa.

---

19 Correspondencia del Obispo Emeritense, Mérida, septiembre de 1831. *AAC*, Episcopales, Legajo 39, folio 11, n.º 32.

Desde su óptica, anhela un esfuerzo de integración en el que insistirá cuatro años más tarde un sacerdote poco conocido, en medio de la guerra por la restitución de los fueros religiosos. De acuerdo con un informe remitido a la Secretaría de Guerra y Marina en tiempos de la Revolución de las Reformas, un tal padre Pérez decía:

> ... parece cosa del Diablo que la iglesia no se una contra los mandones, por tanto camino incompleto que existe; pero cuando se una y las trochas se mejoren, mucho cambiarán las cosas.[20]

El internuncio establecido en Bogotá anhela el mismo bien para beneficio de su misión diplomática, ya que debe informar a Roma con asiduidad sobre la situación de las diócesis de Nueva Granada y Venezuela cuando las repúblicas apenas se vienen estableciendo, esto es, en medio de una transición cuyos detalles debe conocer el Papa. Las comunicaciones conspiran contra el propósito en la época crucial de la expulsión del arzobispo de Caracas, Ramón Ignacio Méndez, un predicamento que obligaba al prelado recién llegado a buscar y despachar noticias con la urgencia del caso para información del cardenal secretario de Estado. Pero desde el advenimiento a tierras americanas, Gaetano Baluffi se da cuenta de los escollos. Unos escollos casi insuperables, según asegura en marzo de 1837 en la primera misiva que escribe al purpurado: «Aire mortífero, calor sofocante, toda especie de zancudos con los cuales Dios golpeó a Egipto, agua mala, barco pésimo, si bien de los mejores, peores marinos, playas inhóspitas y ardientes, tigres, leones, serpientes [...]».[21] Se detiene

---

20 Detalle de las persecuciones encargadas en Altagracia, Altagracia, 16 de noviembre de 1835. AGN, Interior y Justicia, XCXXIV, n.º 2, fol. 2.
21 Carta de Mons. Gaetano Baluffi para el cardenal secretario de Estado, Bogotá, 21 de marzo de 1837, en: *Personajes y sucesos venezolanos en el archivo secreto vaticano (siglo XIX)*. Recopilación, selección y estudio preliminar de Lucas Guillermo Castillo Lara, Caracas, Academia Nacional de la Historia, 1998, tomo I, p. 105.

en las características de un paisaje distinto del europeo, para que su destinatario no se sorprenda ante el destino trabajoso de las informaciones. Insiste en el punto, en correspondencia de 15 de junio de 1837: «No hay que extrañar este retardo [de las cartas que no llegan a Bogotá desde Caracas y desde Curazao] a causa de las inmensas distancias».[22] Después de dos años de penalidades, sin recibir las nuevas de Caracas oportunamente y atreviéndose a conjeturas para diagnosticar las pésimas relaciones que llevan la Iglesia y el Estado, llega a una conclusión que parece obvia, pero que desea machacar sobre el drama de la incomunicación. Rendido ante la evidencia, monseñor Baluffi exclama: «La gran lejanía de la Santa Sede hace cohonestar fácilmente muchas cosas, que en Europa con bastante dificultad se harían».[23] El insignificante padre Pérez que conocimos antes no piensa en la sede romana cuando está metido en el tráfago de la Revolución de las Reformas, pero refiere el mismo anhelo de unión y la misma angustia provocada por la incomunicación que hace vulnerable su confesión frente a los proyectos laicos.

Cualquier intento de orientación nacional tropezaba entonces con los mismos escollos. Tal el caso de la importante agrupación creada en 1840 por un grupo de hacendados para oponerse al gobierno. Fundado para ofrecer un mensaje a todo el país, el Partido Liberal no quería permanecer en el cenáculo de los agricultores de Caracas, pero la reclusión de la capital impedía el cometido. Dos años después de su fundación, los comitentes de Maracay se preocupaban por la intermitencia de las instrucciones que debían enviar los cabecillas. «Si el verano sigue, aquí hará la gente lo que les parezca, porque hay mucho entusiasmo y falta de claridad. Lo mejor es que venga alguien de allá, antes que

---

22 Carta de Mons. Gaetano Baluffi para el cardenal secretario de Estado, Bogotá, 15 de junio de 1837. *Ibidem*, p. 116.
23 Carta de Mons. Gaetano Baluffi para el cardenal secretario de Estado, Bogotá, 27 de abril de 1838. *Ibid.*, p. 192.

nos confundamos, esperando papeles que no llegan»,[24] expresa un activista cantonal en 1842. En Caracas compartían la preocupación, pues un billete de 1843 llama la atención sobre el riesgo que se corría por la proliferación de conductas extremas en lugares del interior. Se lee en el billete:

> No pude llegar a Maturín porque el camino está cerrado, y tampoco he podido regresarme con ustedes, lo que indica que los locos seguirán diciendo y atemorizando a la gente, sin que podamos pararlos, y que nosotros seguimos en el limbo.[25]

Cuando está a punto de explotar la guerra civil por la efervescencia que ha provocado la propaganda liberal, un líder de Sabaneta se queja ante su capitán:

> Ya no vivo yo para sustos porque no viene nadie a aplacar esta gente, y temo que si no se arregla el camino esto reventará sin remedio. No sé como hadrá [sic] el señor Guzmán para volar con algunas recomendaciones, que seguiré mucho fielmente.[26]

Estamos frente al clamor de otro provinciano desconcertado porque el aislamiento físico lo coloca ante un predicamento que no sabe manejar. Se encuentra desasistido ante la proximidad de un polvorín, porque las comunicaciones conspiran contra su necesidad de recoger criterios sobre un asunto de gravedad.

Parece que solo en Caracas funcionaba el Partido Liberal como designio coherente, si nos atenemos a las cartas; no en balde carecía de medios para remitir sugerencias a una población

---

24 Carta de Sabino Pérez a Antonio Leocadio Guzmán, Maracay, 7 de enero de 1842. AGN, Interior y Justicia, XXXVIII, n.º 9, fol. 14 vto.
25 Carta de Pedro Larrazábal a Antonio Leocadio Guzmán, Guarenas, 28 de noviembre de 1843. AGN, Interior y Justicia, CXLII, n.º 28, fols. 34-35.
26 Carta de Asención González a Antonio Leocadio Guzmán, Sabaneta, 3 de julio de 1844. AGN, Interior y Justicia, CXLIX, n.º 2, fol. 9.

relativamente cercana como Maracay. Su coherencia, si la tenía, desaparecía ante la necesidad de salir de la capital. Apenas llegaba a los suburbios. Los abruptos senderos también lo condenaban a un «limbo», desde cuya incertidumbre los dirigentes debían conformarse con el papel de espectadores ante actitudes que podían colocar en riesgo sus proyectos. Así las cosas, nadie puede achacarles la responsabilidad de las convulsiones del momento. Casi en su totalidad, las convulsiones eran hijas de una desconexión que seguramente no deseaban. Lo que sucedía más allá de las fronteras lugareñas era un enigma que solo se desvelaba cuando unos estafetas irregulares llegaban con los paquetes del correo. A partir de 1831, abundan las quejas sobre las dificultades que tenía el servicio por diferentes razones. La oficina de Barcelona, por ejemplo, justifica entonces la imposibilidad que tiene de enviar la correspondencia por la proliferación de derrumbes en la vía, pero también debido a un movimiento de tropas que ha desconocido al gobierno de Caracas y detiene a los mensajeros, aun cuando conduzcan misivas sin relación con los acontecimientos políticos.[27] En el mismo año se sabe en la capital que el correo entre El Tocuyo y Trujillo no funciona debido a que el gobierno de la provincia no tiene cómo pagar cuatro pesos de gratificación a los hombres que llevan los paquetes.[28] También por la falta de ocho pesos reclamados por «los cargadores de los papeles» se paralizan los envíos que deben salir de Barcelona en 1833.[29] Según una información proveniente de la posta de Valencia, en 1839 no se podía enviar el correo hacia San Carlos porque

---

27 Eustaquio Granados, de la provincia de Guayana, al secretario de Estado en el Despacho del Interior, Angostura, 1 de febrero de 1831. AGN, Interior y Justicia, tomo XIX, fol. 19.
28 Gabriel Paleza al gobernador de la provincia, Mérida, 24 de febrero de 1831. AGN, Interior y Justicia, fol. XIX, n.º 20.
29 Nicolás Pérez a la Oficina Principal, Barcelona, 1 de junio de 1833. AGN, Interior y Justicia, fol. XXXIX, n.º 4.

... nadie nos quiere contratar una caballería por el infernal camino de la costa, que en todos tiempos es casi insuperable a caballo y malo para los conductores a pie.[30]

Algo semejante se informa desde Puerto Cabello cuando protestan por las demoras del servicio dirigido a Maracaibo y Coro:

... un conductor no puede llenar las dificultades que presenta el tránsito por un camino que, aparte ser escabroso y casi inaccesible, se halla al presente inundado en su mayor parte, teniendo el mismo conductor de la valija que pasar de 27 a 28 bocas de ríos que en sus frecuentes avenidas hacen peligroso y tardío el paso, atravesando además sabanas y llanuras anegadas con el agua y lodo a medio cuerpo con la valija y ropa de su uso sobre la cabeza, sin otra seguridad ni apoyo que una larga vara con la cual viene sondeando para evitar una caída [...][31]

Ante una pregunta de sus superiores por los retrasos del servicio, la oficina de Maracaibo da una respuesta sucinta y contundente en 1839: «todo viene por la falta de caminos y la falta de caudales».[32]

Para justificarse ante los reclamos por «las muchas y largas dilaciones», el responsable del correo en San Fernando de Apure dice en 1834, con la mayor tranquilidad, que los encargados de los transportes solo quieren trabajar «... cuando tienen ganas, o si les pagan algo de especial».[33] Una preocupación que tampoco se manifiesta desde Barinas seis años más tarde ante una grave falta,

---

30 Para el secretario de Estado en el Dpto. del Interior, Caracas, 4 de enero de 1838. AGN, Interior y Justicia, tomo CXXI, fol. 145.
31 «Correos», *El Liberal*, n.º 188, Caracas, 3 de diciembre de 1839.
32 Br. Manrique a la Jefatura Política del Cantón Caracas, Maracaibo, 20 de enero de 1839. AGN, Interior y Justicia, tomo CLXXXIV, fol. 166.
33 Informe para el secretario de lo Interior, San Fernando, 9 de julio de 1834. AGN, Interior y Justicia, tomo XXXVIII, n.º 4 vto.

cuando reciben una queja porque no llegan cartas a la capital. «Es que el empleado se pone a leerlas y muchas las quema después, lo que ha pasado ya como siete veces», señala un informe que describe la abusiva conducta sin desembuchar siquiera un reproche para el violador de la correspondencia.[34] En 1853 no puede circular a tiempo la correspondencia recibida en un puerto vital para las comunicaciones procedentes del extranjero, como La Guaira, por negligencia del médico de sanidad. El galeno pagado por el gobierno hacía las visitas a los buques cuando quería, a veces con dos días de retraso. Como de su diagnóstico profesional dependía el desembarco de los pasajeros y la carga, «todo se para por la falta de cumplimiento de aquel hombre».[35]

Caminos con problemas, un movimiento armado, falta de dinero, irresponsabilidad de los empleados, descuido de los jefes del despacho… son los motivos debido a los cuales se puede, no solo asegurar que el correo es apenas una figuración en el país que se estrena como república autónoma, sino también presumir la ausencia de una sensibilidad en torno a la trascendencia de las relaciones entre las personas y a la obligación pública de atenderlas, que hacen mayores los abismos que separan a los seres humanos y a los paisajes. Pese a que ya aparecen algunas denuncias por las deficiencias del servicio y las autoridades empiezan a preocuparse, apenas se observa una conciencia incipiente sobre el significado de los carteros y los buzones.

LIBERTADES, VILLANÍAS Y OBSOLESCENCIAS

En 1831, el ministro del Interior y Justicia resume la situación general del país ante el Congreso. Dice en un conocido texto:

---

34 F. Carmona al Sr. secretario del Despacho del Interior, Barinas, 12 de marzo de 1840. *AGN*, Interior y Justicia, fol. XLI, n.º 3.
35 Pedro Bosque sobre irregularidades del médico de sanidad, La Guaira, 21 de febrero de 1853. *AGN*, Interior y Justicia, CDLXXVIII, fols. 264-264 vto.

Pueblos que podrían comunicarse en dos días necesitan quince; el agricultor trabaja para pagar fletes, y el conductor para comprar y matar bestias; no hay cómo introducir desde las costas piezas y máquinas del extranjero, sin las cuales nuestros frutos no pueden competir con los extraños. No hay cambios interiores y vemos que en una provincia sobra lo que en otra falta, y aun así sucede entre cantones vecinos; en una palabra, cree el Gobierno que, después de la falta de población, ninguna es de más urgente remedio que la de caminos.[36]

El fragmento es precioso por su vocación panorámica. Mientras las otras fuentes se aproximan al problema desde su necesidad particular, el funcionario lo presenta en sentido general, como una prioridad del Estado. Existe, según la *Memoria*, un dislocamiento que llega al extremo de obstruir el contacto de las poblaciones cercanas para la atención de vínculos mínimos de subsistencia. Las dificultades del tránsito, insalvables en la mayoría de las situaciones, impiden que las localidades dependan entre sí para procurarse auxilios. La agricultura se soporta en un intercambio cuyos costos la convierten en un pésimo negocio. Ni siquiera obtienen dividendos los transportistas, por las inversiones que deben hacer en bestias que no soportan la fragosidad de las rutas. Los puertos de mar forman parte del entuerto, debido a que no pueden transportarse desde sus almacenes los equipos susceptibles de mejorar los cultivos. Así, a las rémoras intestinas se une la imposibilidad de recibir auxilios del extranjero. En realidad, el ministro plantea el reto de un país que en la hora del nacimiento no puede dominar el territorio.

---

36 Memoria sobre los negocios correspondientes a los despachos del Interior y Justicia del Gobierno de Venezuela, que presenta el encargado de ellos al Congreso Constitucional del año 1831, en: *La Doctrina Liberal. Antonio Leocadio Guzmán*, Colección Pensamiento Político Venezolano del Siglo xix, Caracas, Ediciones de la Presidencia de la República, 1961, vol. v, tomo i, p. 103.

Sus referencias apuntan al tema del fomento material, pero de ellas pueden colegirse los atascaderos del Ejecutivo en asuntos primordiales como el control político y el orden público, que no podían materializarse en medio de las omnipresentes interferencias. Si no los recoge la *Memoria* de manera expresa, es lo menos que se puede considerar en una situación de desgajamiento como la que describe. Pero la *Explicación de los bandidos* que dirige un funcionario policial de Puerto Cabello en 1833, referida a la imposibilidad de apresar a los delincuentes que pululan en la región, describe lo que el investigador intuye de las quejas ministeriales.

> A esos nadie los puede agarrar porque nos dilatamos un día, y hasta más, en encontrarlos en la cueva o madriguera. El movimiento lo pescan sus vigías y hasta pueden hacer una fiesta de despedidas, y viajar en caravanas majestuosas, porque los vigías les avisan que dilataremos horas, y más horas, y muchas más horas. Esos bandidos están felices porque no tenemos caminos, y nosotros fracasamos por lo mismo,[37]

asegura un frustrado comandante Juan Pilar Pérez. Cinco años más tarde llega de Barcelona una lamentación semejante, enviada por el jefe de los pocos gendarmes del lugar.

> Con esta fuerza no se puede hacer nada [asegura], pero más que todo diríamos que porque los abigeos viven en unas plazas imposibles de penetrar. El mejor amigo de los cuatreros son estos andurriales y los chamizales. Ay [*sic*] que ser animal para pasarlos, o ser pescado para meterse en los raudales, de manera que estamos con problemas.[38]

---

37 Explicación de los bandidos, de Juan Pilar Pérez, Comandante, Puerto Cabello, 1833. AGN, Guerra y Marina, n.º 6, fol. 98.
38 Repetición de carta del capitán Cruz Mendoza al presidente de la Diputación, para ser vista en Caracas, Barcelona Americana, 17 de junio de 1838. AGN, Guerra y Marina, n.º 8, fols. 11-12.

El símil zoológico refuerza la situación de impotencia que desea transmitir ante la proliferación de valladares que le impiden cumplir el oficio de policía. Seis años más tarde, el jefe político Julián Acevedo insiste en asociar a los animales con el problema de la delincuencia y la incomunicación, cuando escribe desde Calabozo a su gobernador:

> Fuera yo venado para cazar ladrones brincando; fuera yo venado para coger en el aire las noticias y salir en correndilla contra los vagamundos; fuera yo venado para pelearlos con los cachos, pero venado no soy. Decía así en días pasados el juez, unos dichos que tienen razón por los caminos, las informaciones y las armas que faltan.[39]

Ha escogido el jefe político de Calabozo un frágil ejemplar para la comparación, un bicho espantadizo y débil que las historias siempre presentan a merced de los cazadores. El venado es parte de una fauna que no aparece entre las clasificadas como ofensivas, o en el catálogo de la ferocidad, pero ciertamente sirve para asumir que el desacierto del cotejo muestre con elocuencia la orfandad de los guardianes de la ley ante la proliferación de la delincuencia. Están como las presas indefensas ante unas batidas amparadas por un paisaje que todavía la autoridad es incapaz de dominar.

En todo caso, son las falencias que se desprenden de los reproches de cuatro diputaciones provinciales por su alejamiento del resto del país, de los temores del obispo de Mérida frente a medidas oficiales; y de las dificultades para el control de la militancia que preocupan al Partido Liberal. Tanto las representaciones locales, como el jerarca y las cúpulas de la bandería, apenas

---

39 Carta de Julián Acevedo. Gefe político, para el Sor. gobernador, Calabozo, 16 de febrero de 1847. *AGN*, Interior y Justicia, tomo CCCXLV, fol. 11.

se muestran capaces de responder por los asuntos ocurridos en el terreno que pisan, sin considerar siquiera la posibilidad de ver por la vida del vecino. Una vida sobre cuyo desenvolvimiento se carecía de informaciones por las falencias del correo, que la convertían en una incógnita de improbable conocimiento. Teniendo idénticos aprietos para la transmisión de sus intereses, no resulta peregrino imaginar al gobierno sufriendo el mismo predicamento en Caracas.

Como no sorprende que le achaquen la responsabilidad del problema a los hombres derrotados en la víspera. La independencia apenas ha terminado, circunstancia que puede animar a los leñadores a proseguir la faena con el árbol caído. Tomás Lander, uno de los políticos más influyentes de la época, asegura que:

> … los conquistadores dirigieron los caminos por estupidez, negligencia o política siempre buscando crestas o montañas empinadas.[40]

Pero no solo el problema de las comunicaciones se debe al mismo motivo, de acuerdo con un famoso discurso que pronuncia Domingo Briceño en la Sociedad Económica de Amigos del País, sino la mayoría de los males: «Hijos de españoles, nutridos con preocupaciones [...] deseamos sin querer que el gobierno se divinice para que nos haga ricos, nos dé población, talleres, jornaleros, caminos, carruajes [...]».[41] De acuerdo con la opinión de un hacendado de Valencia:

> Tenía que caber en la testera de los españoles el crimen de no hacer caminos, o dejarlos inútiles, para mantener a los pueblos en

---

40 Artículos de la Carta n.º 2, Caracas, 30 de noviembre de 1833, en: *La Doctrina Liberal. Tomás Lander*, Colección Pensamiento Político Venezolano del Siglo XIX, Caracas, Ediciones de la Presidencia de la República, 1961, tomo IV, p. 178.
41 «Discurso pronunciado en la Sociedad Económica de Amigos del País», Caracas, 30 de marzo de 1833, en: *Liberales y Conservadores. Textos Doctrinales*, Colección Pensamiento Político Venezolano…, tomo 10, p. 223.

la esclavitud, pero se equivocaron en su maldad, y ahora le toca, al gobierno, correjir el error.[42]

Corría 1834 en San Fernando de Apure, cuando unos propietarios de ganado atascados en la villa gritaron en la calle contra «el malvado rey» que no les quiso hacer caminos.[43] El deterioro de las veredas le producía accesos de ira a Rafael Diego Mérida. Cuando el belicoso prócer de la independencia marchaba hacia una finca de Ocumare, los percances del trayecto lo animaban a tomar venganza de los godos: «En cada caída de la mula necesitaba un español para degollarlo, pues a ellos debemos estos pasos del averno»,[44] escribe al ministro del Interior. Dos años más tarde, un comerciante holandés llamado David Ten se atreve a compartir la opinión, pero colocando cuotas de responsabilidad a los nacionales. De acuerdo con sus letras: «Aquí no hay caminos por la culpa de los españoles, que hacerlos no sabían, pero sus formados en las colonias tampoco sábenlo ni se sienten dispuestos a aprender».[45]

El naturalista Karl F. Appun, quien vive en Venezuela entre 1847 y 1858, registra la animadversión que se profesa a los peninsulares por el descuido de los caminos. Cuando refiere los problemas de una ruta de Yaracuy, dice:

> El abandono en que actualmente se encuentra este camino refleja claramente el desorden político que reina en este país. Todavía

---

42 Correspondencia de Tomás León, Valencia, 19 de abril de 1834. *AGN*, Interior y Justicia, XLIX, n.º 1, fol. 1.
43 Novedades de San Fernando, San Fernando de Apure, enero 10 de de 1834. *AGN*, Interior y Justicia, XLVIII, n.º 10, fol. 9.
44 Correspondencia de Rafael Diego Mérida al secretario de lo Interior, Caracas, 11 de mayo de 1834. *AGN*, Interior y Justicia, XLIV, n.º 11, fol. 2 vto. Mérida fue un insurgente de carácter intempestivo, que no solo hizo enemigos entre los peninsulares. Su tendencia a las salidas extremas y al fomento de rumores en conventículos le granjeó la animadversión de numerosos dirigentes republicanos.
45 Correspondencia de David Ten, del comercio de los Países Bajos, al secretario de lo Interior, Caracas, 22 de octubre de 1836. *AGN*, Interior y Justicia, XLXX, n.º 20, fol. 1.

hoy perdura en el pueblo el antiguo odio a los españoles por cuya razón, aún hoy poco instruido, mira con repugnancia las buenas cosas que aquellos hicieron por Venezuela mediante la construcción de grandes edificios y caminos, ahora completamente descuidados y casi en ruinas.[46]

El extranjero distribuye las responsabilidades de una manera más equitativa, cuando le atribuye el problema a la política doméstica y a la carencia de instrucción sin considerar a las autoridades coloniales, pero remacha sobre la existencia de una sensibilidad proclive a ver en los conquistadores el origen de las desventuras que no encuentran respuesta.

Es tan grande entonces el escollo de la comunicación que conviene descargar las culpas en hombros ajenos. Veamos, por ejemplo, cómo describe el propio Appun el tránsito que hace desde Yaritagua hasta la costa más próxima:

> Las mulas podían apenas continuar, porque se hundían mucho en el camino barroso; mi caballo se sumergió en el cieno hasta la barriga, y yo me salvé brincando atrevidamente desde la silla a un lugar menos hondo, mientras el pobre animal bregaba en vano por salir. En un rancho vecino el arriero tuvo que buscar algunas personas que ayudaran al animal a liberarse de la situación peligrosa. Como para advertirnos, yacía una mula muerta no lejos del camino [...][47]

El viajero destaca una evidente situación de riesgo. No se trata solo de los retrasos propios de una ruta quebrada, sino de la alternativa de perder la vida. Apenas unos auxilios azarosos y la posibilidad de una respuesta personal podían impedir un desenlace fatal.

---

46 Elías Pino Iturrieta y Pedro Enrique Calzadilla, *La mirada del otro. Viajeros extranjeros en la Venezuela del siglo XIX*, Caracas, Fundación Bigott, 1992, p. 65.
47 *Ibidem*, pp. 92-03.

Por lo menos en el caso de los empleados de correos, no era inusual ese tipo de trago. Según informa el administrador principal de Mérida, en febrero de 1831 murió uno de los hombres que transportaba paquetes hacia Caracas. Se cayó por un derrumbe provocado por las lluvias y tardaron una semana en localizar el cadáver.[48] En febrero de 1839 llega la noticia de la muerte de otro de tales empleados, quien «se fue por un terrible voladero» en las inmediaciones de El Cenizo, jurisdicción de Trujillo.[49] Víctima del desbordamiento de una quebrada, en 1849 falleció por ahogamiento un estafeta adscrito a la oficina de Cumaná.[50] Un empleado del despacho de Río Chico corrió la misma suerte en 1850, pues se hundió en la boca de la laguna de Tacarigua para aparecer sin vida en el puerto del Tuy «por haberlo arrojado el mar».[51]

Los llamados «paleros», quienes hacían de estafetas entre Puerto Cabello y Valencia, se exponían a graves riesgos por la manera de transportar la correspondencia junto con diversos objetos:

> ... llevan loros, pollos, huevos, queso de mano, vajilla de arcilla, cuerdas de cocuiza, majagua y otros pequeños artículos a Puerto Cabello para la venta. Casi desnudos, estos hombres andan por el áspero y solitario camino; en parejas, llevan en livianos y largos palos de majagua, bambú o los gruesos tallos de las pitas, unos pobres pollos colgados de los palos por las patas,

---

48 Eusebio Granados al secretario de Estado en el Despacho del Interior, 1 de febrero de 1831. *AGN*, Interior y Justicia, tomo XIX, fol. 19.
49 Manuel de la Plaza al secretario de Estado en el Despacho del Interior, 16 de febrero de 1839. *AGN*, Interior y Justicia, CDXII, fol. 71.
50 J.C. Vetancourt al secretario de Estado en los DD. del Interior y Justicia, Cumaná, 10 de abril de 1849. *AGN*, Interior y Justicia, tomo CCCXCIII, fol. 1.
51 Manuel de la Plaza al secretario del Estado en el Despacho del Interior, Caracas, 2 de noviembre de 1850. *AGN*, Interior y Justicia, tomo CDXXXIII, fol. 70.

informa Karl Appun.[52] Los «paleros» debieron conocer su oficio y los misterios del trayecto, pero podemos suponer que la variedad del lastre y la manera de acarrearlo no los dejaban en libertad para maniobras que evitaran un accidente.

La descripción de la vía que conduce de La Guaira a Caracas, hecha por un fotógrafo polaco en la misma época, ayuda a comprender la situación que padecen los viajantes y la carga. De acuerdo con su versión:

> El [camino] viejo es un sendero novelesco, escarpado, que se desliza a la vera de ruinosos derrumbaderos, murmurantes cascadas y profundas hondonadas. El camino nuevo sería carretera, pero solo pueden transitarlo jinetes, arrieros y, a lo más, carretillas de dos ruedas. También la carroza del siglo pasado, perteneciente al posadero guaireño de «El Caballo Blanco», en la cual utilizan tres mulas para aquellos viajeros a quienes aterran más el ardiente sol y la cabalgata de tres a cinco horas, que las sacudidas e incomodidades propias del coche; por otra parte, esta carroza solo transita por allí cuando la vía está en buenas condiciones, pues con la entrada de las lluvias se vuelve intransitable.[53]

En 1842, el pintor alemán Ferdinand Konrad Bellermann, un ferviente admirador del paisaje venezolano, hace dos referencias coincidentes. «El camino de montaña está en muy malas condiciones, aunque cuenta con muy buenos recursos para su mantenimiento, pues por cada mula que pase la Puerta de Caracas hay que pagar 1 real»[54], dice cuando lo transita al llegar del extranjero. De una segunda incursión brota el siguiente comentario:

---

52 Pino Iturrieta y Calzadilla, *op. cit.*, p. 71.
53 *Ibid.*, p. 107.
54 Ferdinand Bellermann, *Diario I*, p. 22.

... el camino se vuelve muy malo y pantanoso. Los animales estaban muy cansados porque el camino va siempre cuesta arriba y casi no podían seguir adelante. Mi animal, que además era un poco débil, se cayó varias veces, pero siempre salí con bien. Sin embargo, una vez quedé con el pie debajo de él, y lo lastimé seriamente con mi espuela y sangró mucho. Lamenté muchísimo que precisamente esta parte el camino fuera tan malo –y además tan peligroso, porque muchas veces transcurría por laderas escarpadas– pues nos encontrábamos en medio de un bosque hermoso.[55]

Como hablan de una ruta principal que comunicaba a uno de los más utilizados puertos de mar con la capital de la república, las relaciones nos permiten suponer la precariedad de otros accesos sin familiaridad con el trajín de la economía y con el tránsito de las personas.

En 1846, cuando ya se han dispuesto mejoras, la ruta sigue caracterizándose por la incomodidad. Una crónica jocosa que publica *El Liberal* en enero de ese año, detalla las peripecias de cierto periplo de placer emprendido desde Caracas por unos patiquines que pasaron las navidades en el puerto. Lo escribe «Z».

> La historia de nuestro viaje, historia de calamidades. Cinco asientos tenía el coche, contando con el del frente, al lado del conductor. Ninguna de las damas lo quería, y el papá D. Claudio no podía exponerse al sol ni al sereno. Al fin convinieron en ir todos dentro. Carlota se descompuso un pie al subir al coche; Anita estuvo mareada durante el viaje; Pepita maldijo cien veces el coche, el cochero, el camino, y quizá en secreto a mí también me maldijo. Tres veces hubieron de apearse para que las mulas pudieran subir la cuesta; otras tres chocaron sus ruedas con las de las carretas que venían; el conductor y yo tuvimos fuertes desaveniencias para impedir que

---

55 *Ibidem*, p. 30.

expusiese la vida de aquella familia, ya que tenía expuesto su estómago con las bocanadas de humo que su cigarro despedía. Cien veces trabó pelea con los carreteros que encontraba para tomar la derecha del camino [...] No cesaron aquí nuestras calamidades. Un niño que viajaba por primera vez, se rompió la cabeza en uno de los saltos del coche; y el papá D. Claudio se afectó del estómago. Según decía él, ello provenía del andar desapacible del cabriolé, así lo llamaba él, al correr por aquellos cerritos y aun le duraba su palidez al recordar en La Guaira las horribles cimas y precipicios de la gran carretera. Carlos y yo que seguíamos a caballo los inseguros pasos de las mulas del carromato, compadecimos más de una vez aquella interesante familia.[56]

La burlesca intención de «Z» no impide la compañía que hicimos a los temporadistas en su paso, si no por un infierno, por el purgatorio de aquella arteria tan necesaria para el comercio del país.

Ya en 1844, el matemático Juan Manuel Cajigal hablaba desde su postura de científico sobre ese tramo que nos invita a pensar en problemas. Dice en un informe solicitado por el gobierno:

> Este país que muchos de sus hijos han pintado como la tierra de promisión, ofrece en su cordillera litoral una valla destinada al parecer por la naturaleza a detener el progreso rápido de su industria; y cierto que mientras la mano del hombre no logre superarla, en vano trabajaremos para ver diseminada en nuestras incultas soledades una población activa y laboriosa.[57]

Un ferrocarril solucionaría los problemas siguiendo el plan que un ingeniero británico había presentado diez años antes,

---

56 «Los mártires». *El Liberal*, n.° 579, Caracas, 3 de enero de 1846.
57 Juan Manuel Cajigal, *Escritos literarios y científicos*, Caracas, Imprenta Nacional, 1956, p. 166.

agrega.[58] Cajigal se ha debido impresionar por las incomodidades del sendero entre La Guaira y Caracas, pues insiste sobre el tema en un ejercicio literario que titula *Contratiempos de un viajero*. Puesto en el papel de cuentista, narra la experiencia de un imaginario recién llegado que cuenta a un auditorio las penalidades reservadas por la vía:

> ... resigneme y empezé a trepar, lenta, lentísimamente por una senda, asaz tortuosa, empedrada, a veces de 80 por 100 de inclinación, nunca menos de 40, que aquí llaman real, aunque real y verdaderamente sea infernal; y al cabo de tres horas, que tres siglos me parecieron, según lo malo del camino y lo peor de la cabalgadura, que antes parecía que yo la llevaba a ella que ella a mí, llegué a la cumbre envuelto en una espesa niebla que apenas dejaba percibir los objetos más cercanos.[59]

Entre narrativa y análisis topográfico, el autor describe a su manera las vivencias de un hombre que apenas llega al país para enfrentarse a los inconvenientes del primer camino que debe transitar. Aunque nacido de la flaca fantasía de un matemático con ganas de mover la pluma, estamos ante otro sujeto que podía pensar en lo que le esperaba cuando se aventurase en el resto de los trayectos.

Las fuentes no le dejan nada a la imaginación, sin embargo. Así vemos cómo una noticia de 1839 señala que el camino que va del centro hacia Carabobo, Barquisimeto, Coro, Barinas, Trujillo, Mérida y Maracaibo:

> ... en invierno se ha convertido en un río fangoso, en que se atascan las bestias de cargas hasta las cinchas; y en el verano en una

---

58 *Ibidem*, p. 168.
59 *Ibid.*, pp. 201-202.

acequia de riego para las labranzas de la orilla derecha del mismo camino.[60]

La posibilidad de que los Andes se vincularan con el Zulia no parece probable, según asegura entonces el gobernador de Mérida. Señala que: «es imposible saber con toda exactitud cuál es la extensión y límites precisos, porque la posición de dichas tierras, su lobreguez y falta de caminos hacen impracticable toda mensura y demarcación».[61] Maracaibo ni siquiera puede comunicarse con los aledaños, especialmente con Gibraltar y San Carlos del Zulia, según una *Memoria Provincial* de 1845 en la cual podemos leer:

> Los habitantes de dichos cantones, y aún los más de la provincia, se encuentran diseminados en una extensión dilatada de terreno interceptado por grandes obstáculos y detenidos por la naturaleza en los sitios que cultivan. Así que los domingos ocurren pocos a las poblaciones, y estos de los más cercanos, influyendo en ellos la pobreza en que viven y el arraigo que adquieren, unos por la fuerza de sus hábitos agricultores, y otros por la necesidad de estar permanentemente ocupados en el pastoreo de ganado y su manejo.[62]

El viaje hacia el sur del lago es mucho peor. Marchando desde Maracaibo hacia La Ceiba, el pintor Bellermann se queja en 1843 de una de las peores rutas que haya conocido:

> Nunca en mi vida me había imaginado que fuese posible atravesar un camino semejante; además, fue un trabajo terrible, ora se quedaba pegado un animal de carga, ora un jinete, y muchas veces

---

60 «Sobre un camino importante», *El Liberal*, n.º 141, Caracas, 12 de enero de 1839.
61 «Informe del gobernador de la provincia de Mérida», Mérida, 12 de marzo de 1832, en: *Materiales para el estudio de la cuestión agraria en Venezuela*, Caracas, Universidad Central de Venezuela, tomo I, p. 21.
62 «Visita del gobernador de Maracaibo a la provincia», Maracaibo, 12 de septiembre de 1845, en: Antonio Arellano Moreno, *Memorias provinciales*, pp. 239-240.

solo con el mayor esfuerzo lográbamos sacarlos; en muchos lugares hubo que abrir un nuevo camino.[63]

Describe sucesivas situaciones de peligro para viajeros y bestias, como se ha visto, pero también la necesidad de improvisar ante las limitaciones. Es como si el viajante hiciera de caminero cada vez que pasaba, debido a que no había un sendero dispuesto para soportar con resignación las penalidades que terminarían al concluir la expedición. Salir con bien dependía de tener en la cabeza algo de ingeniero. Una experiencia que también vive cuando trata de pasar entre diversas regiones de los Andes, de acuerdo con las noticias que otra vez ofrecen sus *Diarios*. El camino entre La Puerta y El Portachuelo, jurisdicción de Trujillo: «… era muy fatigoso. Necesitamos todo el día para esa travesía»[64], anota. El acceso hacia Mérida partiendo de Motatán creaba serios problemas de aprovisionamiento que paliaba la caridad anónima de los lugareños. Conocedores de las penalidades, especialmente de las dificultades para encontrar alimentación, los campesinos aportaban una cuota de solidaridad:

> … me llamaron la atención las muchas cruces que hay en el camino desde el Motatán, y también que en varios sitios del camino (generalmente en el tronco de algún árbol) hay colgadas cestas o sacos, algunos con alimentos (pan, plátanos, casabe), otros vacíos, para los viajeros a los que se les acaben las provisiones: como en la región es difícil encontrar víveres, esta muestra de piedad es muy loable.[65]

Ciertamente el artista refiere una evidencia de conmiseración, pero no comenta, acaso por desconocimiento de las costumbres,

---

63 Ferdinand Bellermann, *Diario V*, p. 12.
64 *Ibidem*, p. 16.
65 *Ibid.*, p. 17.

que las cruces señalaban el lugar de la muerte de los viajeros. Es probable que muchos arrieros perdieran la vida por la atrocidad del sendero, o por la carencia de alimentos. Se puede llegar a tal explicación debido a la generosa oferta de víveres que hacen unos filántropos desconocidos sin esperar retribución, o por el conocimiento de otro trago pasado por el alemán. Cerca de Mérida, en un acceso que conduce al monte de Los Flores, una localidad próxima a la quebrada Albarregas:

> Resultó que no había ningún camino verdadero para pasar ese cerro bastante escarpado. Yo me había adelantado y alejado de los compañeros y galopé a la buena de Dios hasta que quedé atrapado que no podía ni retroceder ni seguir, así que descabalgué y como me pareció muy peligroso hacer bajar mi animal, trepé en cuatro patas hacia arriba con las riendas en la boca. Mi animal me siguió dócilmente y subió como un ante; la tierra del desfiladero donde me encontraba era tan resbaladiza que con eso y lo escarpado del suelo rodé dos veces frente a las patas del animal, pero por buena suerte éste era tan manso e inteligente que se quedó quieto y tranquilo. Haciendo un esfuerzo indescriptible logré llegar a la cima [...][66]

Podía suceder cualquier accidente, pues, inclusive la muerte; no en balde la supervivencia dependía del azar resumido en un cuadrúpedo dócil y en la maña de quien lo conducía. A veces la maña consistía en olvidar el servicio de la bestia para dedicarse a caminar, como sucedió al pintor en una zona aledaña. «Después de desayunar, ya no fue posible seguir cabalgando [dice]. El camino era cada vez más escarpado y como escalonado, y finalmente llegamos a los temidos callejones (hondonadas). Antes habíamos tenido amplias vistas hacia abajo hasta Egido, Lagunillas y Jají, a lo lejos hacia Tabay y Mucurubá. Los callejones son gargantas

---

66 *Ibid.*, pp. 21-22.

singularmente estrechas, de solo 2 pies de ancho en promedio, con elevadas paredes rocosas formadas por tierra y roca».[67] El ojo del artista procura las características del ambiente montañés, pero no deja de relatar las penalidades que pasa por culpa de la trocha para satisfacer su vocación de paisajista.

En otro de sus fragmentos sobre los Andes aparece de nuevo esta mezcla de admirador de la naturaleza y sufridor de las veredas:

> El camino pasa por quebradas parecidas a las de San Miguel; especialmente imponente es la quebrada de Susia. La Sierra Nevada es siempre un grandioso telón de fondo. Había otra quebrada con mucho café y caña de azúcar. Finalmente llegamos a la terrible quebrada del Enfadoso, por la que uno sube hasta la Mesa, y donde se encuentra el camino a Egido. Para hacerse una idea del horrible camino baste decir que uno pasa el río, de la manera más fatigosa y peligrosa, 32 veces en una hora. La prisa que llevábamos me hizo perder un hermoso caballo, pues cayó y se rompió una pata y no quedó otro remedio que sacrificarlo [...] Después de poner la silla sobre la carga, me subí al animal de mi peón y seguimos muy lentamente.[68]

El precio por disfrutar el espectáculo de la naturaleza es ahora la pérdida de un caballo y la incomodidad de compartir otra bestia con el sirviente. Una vía que conduce a localidades contiguas, pero cuyo acceso depende del repetido cruce de un peligroso cauce de agua, hace remoto lo que está próximo y riesgoso lo que debió ser una correría placentera. Pero no estamos ante unos valladares creados por la mole de los Andes para martirizar a los hombres que se atreven a mancillarlos con sus ruidos.

---

67 *Ibid.*, pp. 22-23.
68 *Ibid.*, pp. 30-31.

En el Chaguaramal de Perales, una zona de tierras feraces en las proximidades de Barcelona, la trocha se hace penosa por la proliferación de ciénagas; mientras en Tucupido y en Valle de la Pascua hay «una multitud de caños hondos» que la transforman en un calvario, asegura la prensa del año siguiente.[69] En octubre de 1841, *El Venezolano* se queja del estado de la ruta entre Maracay y Villa de Cura, «que se ha hecho intransitable»;[70] mientras en *El Porvenir* se lamentan de la imposibilidad de viajar hacia el Táchira por los peligros del sendero: «Hay que ser loco para salir a las cordilleras, con tanto pedregullar [*sic*] y violencia de las corrientes»,[71] aseguran los redactores. En el mismo año, los gobernantes de Barinas acuden a la iniciativa de los particulares para que mejoren los caminos que van hacia Mérida y Trujillo, debido a que «impiden la conducción de los productos de los respectivos territorios, con grave perjuicio del comercio y de las relaciones que naturalmente debe haber entre las provincias mencionadas».[72] De acuerdo con un documento suscrito por el Concejo Municipal de Cumaná en 1842, solo mediante la consecución de una ayuda de 25 000 pesos se puede pensar en el «remiendo» de la situación. En realidad solo existen:

> riscaduras y precipicios que continuamente exponen a los transeúntes en inminentes riesgos de perecer entre los pueblos y cantones.[73]

Según señala Bellermann en 1843, tales riesgos también se encuentran en las formas utilizadas para pasar los ríos. Vemos cómo relata su paso por el Guarapiche:

---

69 «Chaguaramal de Perales», *El Liberal*, n.º 240, Caracas, 15 de noviembre de 1840.
70 «Caminos», *El Venezolano*, n.º 64, Caracas, 23 de agosto de 1841.
71 «Un viaje a los Andes», *El Porvenir*, n.º 14, Caracas, 4 de noviembre de 1841.
72 Ordenanza de Caminos de Barinas, 1841. AGN, Interior y Justicia, tomo CCXLV, fol. 301.
73 Gobierno de la provincia de Cumaná, n.º 19. AGN, Interior y Justicia, tomo CCXLVI, fol. 314.

Algunos indios que encontramos allí nos contaron que hacía poco se había ahogado un jinete y nos aconsejaron desmontar y atravesar a nado agarrados de la cola de nuestras bestias (los indios llevan sus cestas y cosas en la espalda con una tira o cinta que les llega a la frente, se ve muy extraño). Para terminar con las discusiones sobre el cruce del río, me ofrecí a pasar a caballo, pues no tenía ningunas ganas de probar el experimento aconsejado. Ese consejo nos llevó a cruzar los tres [habla de dos acompañantes] al mismo tiempo por diferentes partes del río. En realidad solo era profundo en el torrente principal, pero allí era muy hondo. Los animales tuvieron que nadar, el agua me llegó hasta la silla y el equipaje y todo se mojó.[74]

Bellermann no se queja, acaso porque solo sea un extranjero que hará un par de veces la rudimentaria navegación, tal vez porque esté ante una peripecia pintoresca que anotará en sus apuntes del paso por parajes exóticos, pero a los habitantes del país les sobran razones para la protesta.

Todavía en 1849 se repiten las lamentaciones. «Estamos abandonados, porque no hay un camino que valga la pena en toda Venezuela, a pesar de la publicidad de los gobiernos»[75] aseguran los redactores de *La Estrella*. Lo mismo asegura el Concejo Municipal de San Cristóbal en 1850: «La imposibilidad de establecer negocios y reclamos particulares con otras regiones, es un tema que se debe estudiar con amplia y cruda franqueza, pues no es únicamente una urgencia especial de la ciudad, sino también de la mayoría de las ciudades del país», expresan los ediles en el borrador de un *Acuerdo* que llega al conocimiento del secretario de lo Interior.[76]

---

74 Ferdinand Bellermann, *Diario II*, p. 8.
75 «Seguimos en las mismas», *La Estrella*, Caracas, 11 de febrero de 1849.
76 Ramón Rodríguez, noticia sobre el Concejo de San Cristóbal, San Cristóbal, 8 de enero de 1850. AGN, Interior y Justicia, tomo CDIX, fol. 12.

De acuerdo con el gobernador de Carabobo: «Estos caminos fatigarían solo el cuerpo, si no fueran una constante ocasión de reflexionar cuanto más cuestan directa e indirectamente de lo que costarían caminos regulares y bien dirigidos, y cuanto se oponen al adelantamiento de la agricultura y en general al progreso del país».[77] Este fragmento de 1845 resume las quejas y las esperanzas que se hace el país desde 1830. Igualmente lo que agrega más adelante el mismo funcionario para solicitar el apoyo económico de su asamblea legislativa:

> Colóquese al lado de la choza de uno de nuestros habitantes del campo, la de otra familia más industriosa y activa que a merced de nuevos procedimientos y del empleo de ciertas sencillas máquinas e instrumentos, cuyo uso y hasta cuya existencia de aquel recoja quizá sin tanta fatiga mayores cosechas; que no tengan el hábito de consumir, improductivamente todo el fruto de su trabajo, sino por el contrario el de acumular y aumentar su capital y con éste sus productos y sus comodidades; y he aquí la escuela más provechosa, y de más seguros resultados; el ejemplo y el estímulo. Al fin los enlaces harán de estas dos familias una sola más numerosa que ambas, y tan útil a más que la segunda.[78]

El mandatario de Carabobo habla de los caminos como panacea, como transmisores de valores, como vehículos para la difusión de principios de actualidad, como herramientas para la construcción de una mentalidad proclive a los intereses del mercado según se entiende en términos modernos. Para hacer algunas rutas con el dinero de la legislatura, se suma al discurso que viene sonando desde 1830 y que parece inagotable. Tal vez su reiteración obedezca a situaciones como la que se describe de

---

77 «Exposición del gobernador de Carabobo» 1845, en: Antonio Arellano Moreno, *op. cit.*, p. 79.
78 *Ibidem*, pp. 80-81.

seguidas, cuya permanencia sugiere la necesidad de seguir hablando del asunto para ver si de veras cambian las cosas.

Tanto en los accesos más civilizados como en las peores trochas, el viajero dependía de la mula. Ni pensar en los objetos movidos por ruedas que se habían incorporado a la vida de los seres humanos desde la antigüedad. Mucho menos en el portento de las máquinas movidas por vapor que se pensaban introducir en el mar y en los ríos de mayor profundidad. Volvamos a nuestro informante polaco, Pal Rosti, para tener una idea sobre la dependencia de los animales de carga para la realización de viajes capaces de cumplir su cometido.

> No existiendo en Venezuela ferrocarril, ni diligencia, ni coche correo, ni absolutamente ninguna clase de vehículo, el viajero se ve obligado a trasladarse a caballo, o a lomo de mula o de asno. El que no tiene tales animales, lo mejor que puede hacer es contratar un arriero, quien hace allí las veces de nuestros acarreadores. Estos propietarios suelen tener diez –a veces cien o hasta más– mulas, sobre las cuales transportan productos agrícolas y artículos comerciales. [...] En su mayoría son hombres decentes y laboriosos, en los que se puede confiar. [...] Al cargar hay que fijarse primero –sobre todo– en dos cosas: en que la carga esté distribuida por igual en el lomo de la mula, para que exista un equilibrio entre los dos lados, y –en segundo lugar– en que esté sujeta a la mula lo más apretadamente posible, no vaya a estar bamboleándose, maltratando el lomo del animal. [...] Estas caravanas de mulas van atadas en la ciudad; cada mula se ata –mediante el cabestro– al rabo de la que va adelante. Fuera de la ciudad avanzan libres. Así como nuestras ovejas tienen sus campanillas, las mulas tienen su conductor y de éste depende todo: si se detiene para pastar a orillas del camino, es imposible hacer que las demás sigan, y si el arriero quiere hacer alto durante el viaje –para acomodar la carga de alguna mula– solo

venda los ojos del conductor, a fin de que no pueda andar y en el acto se paran todas.[79]

Como se puede notar, la mirada del extranjero se topa con un procedimiento tan rudimentario que describe sus pormenores sin ahorrar espacio. A un europeo de 1857, criatura de la revolución industrial, le deben parecer tan inusuales y tan atrasados los vínculos del viajante con los cuadrúpedos que se regocija en mostrarlos a los lectores del Viejo Continente para quienes ha redactado el libro de sus aventuras en Venezuela. Seguramente hubiese dispuesto de otra atractiva historia para sus destinatarios si se hubiera enterado de una disposición dictada en 1846. Cuando las veredas se hacían angostas, el municipio de Caracas ordenaba la preferencia de paso para las mulas frente al paso de carruajes en los pocos lugares que ya permitían el tránsito de estos últimos. Según *El Liberal*, era un atentado contra «El Derecho Natural, el Derecho Civil y todos los derechos que invocarse pueden».[80] Era escandaloso que los ciudadanos descendieran de sus transportes, mientras las recuas continuaban el recorrido «como unas reinas».

Por último, un par de informes dan cuenta de los problemas de la navegación. Las penalidades no se reservan solo para los que viajan a lomo de mula y deben transitar por veredas en mal estado. En noviembre de 1842, el ministro del Interior recibe el siguiente oficio:

> Vistos veinte i cuatro caudales que podían traficarse en el año de 1816, la situación es como anunciaban las cartas recibidas. Hay diez sin remedio en el llano, llenos de elementos de guerra inservibles, restos de barcos, ramas de árboles, árboles enteros y piedras llevadas por la mano del hombre. Los barcos no pueden

---

79 *Ibid.*, pp. 121-122.
80 «Editorial», *El Liberal*, n.º 581, Caracas, 17 de enero de 1846.

pasar, por pequeño que sea el calado, ni pensando en el transporte de cargas ligeras. Hay cinco con probabilidad a partir de Cúpira, consiguiendo dinero y hombres para trabajarlos en unos seis meses. Para el sur del oriente está el resto, de los que se conoce una mejor situación, a pesar de no estar en perfecta condición. Con el presupuesto de obras del año en curso no se puede pensar en planes, para circular barcos mercantes y de pasaje. La decantada idea de buscar suscripciones de particulares y de invitar compañías para el movimiento comercial, tiene actualidad: para que no persistan los productos en su lugar de origen, para los viajes de las personas, el estudio del país, la difusión de las luces del progreso y el movimiento más desenvuelto de tropas.[81]

En 1850, el oficial mayor de ministerio escribe para su superior un breve pero elocuente billete:

Puertos y comercio no pueden existir, si no hay ríos navegables. Siendo ese el caso, hay que empezar desde el principio con sesiones pensadas para iniciar un trabajo que tiene treinta años de parálisis. Los cuatro barcos nacionales que aventuran por el Orinoco no sirven de ejemplo. Media docena de barcos extranjeros, soliviantados con su bandera y tarifas, contribuyen al engaño.[82]

Como los testimonios provienen de fuentes oficiales que elevan diagnósticos sombríos a la cabecera del gobierno, parece difícil que alguien se haga ilusiones sobre las posibilidades del tráfico fluvial durante los años abarcados por los informantes. Refieren una situación que remonta a 1816 para llegar hasta la mitad de la centuria, sin llamar la atención sobre alguna mejora

---

81 Estado de los ríos, Caracas, 10 de noviembre de 1842. *AGN*, Interior y Justicia, tomo CCXLX, fol. 22.
82 Informe para la navegación, 12 de septiembre de 1850, *AGN*, Interior y Justicia, tomo CDX, fol. 176.

emprendida por la autoridad o por la iniciativa privada. El segundo de los documentos llega a asomar la intención de estudiar el tráfico de los ríos como si jamás hubiera existido, dada la precariedad de su estado. Unas confesiones de tal naturaleza hacen que el investigador agregue el entuerto de la inutilidad de las corrientes de agua dulce al inventario de las soledades intestinas. Pero, para ver cómo son de veras esas dificultades, se puede acudir otra ver al testimonio de Ferdinand Bellermann.

En 1844, el pintor quiere viajar a Cumaná en una embarcación para captar las características del paisaje desde el mar y desde los ríos. Acompañemos su experiencia:

> El 20 de mayo nos embarcamos en el *Constitución*, un buque de guerra venezolano donde pudimos conseguir pasaje gracias a que habíamos conocido al capitán Patist en Puerto Cabello. El barco debía recorrer la costa hasta el golfo de Cariaco en busca de barcos contrabandistas y además tenía que llevar unos congresistas a Cumaná. El primero y el segundo días no hubo casi viento. Yo observé con interés el pico Naiguatá, montaña gemela de la Silla que es además la más alta de la cordillera, después rodeamos el cabo Codera. [...] El calor es inaguantable, por las noches dormimos en cubierta envueltos en mantas, muy incómodos, pues los señores diputados reclamaron los dos camarotes para ellos. [...] La tripulación ni siquiera sabía maniobrar porque en parte la acababan de reclutar en La Guaira.[83]

El fragmento destaca la improvisación. El pintor se vale de contactos personales para adquirir boleto en un navío del Estado sin facilidades para el transporte de particulares y cuyos tripulantes carecen de experiencia en el arte de navegar. El *Constitución* acepta de pasajeros a un alemán que transporta los materiales para sus

---

83 Ferdinand Bellermann, *op. cit.*, p. 43.

bocetos y a unos representantes del Congreso, cuando debe cumplir la delicada misión de perseguir matuteros, situación que da una idea de cómo pueden ser laxos los requisitos para el viaje y las reglas durante el itinerario. Es parecida la navegación por el Orinoco, de acuerdo con los relatos del *Diario III*. Pero veamos algunos de sus pasajes, para sentir cómo se pasa en un barco que surca el caudal principal y más famoso.

> A los marineros les preocupa mucho la entrada al Orinoco porque todas las cartas náuticas y las descripciones que existen son incompletas. [...] El agua del Orinoco es de amarillo muy sucio. A mediodía anclamos nuevamente porque solo había dos brazas de profundidad. Uno de los barcos que iba adelante, una pequeña goleta, navegó hacia nosotros y nuestro capitán fue hacia allá en el bote para preguntar por un práctico.
> Durante su ausencia llegó un bote del otro barco, que estaba anclado cerca de una isla situada frente a nosotros, y vimos que era el *Emily*, un barco con bandera de Hamburgo. El propio capitán Boison, un alemán, venía en ese bote; él creía que estábamos varados. Por él nos enteramos de que la pequeña goleta adonde había ido nuestro capitán era el barco de los prácticos, y que el último práctico se había ido anteayer a Angostura, que aquí había relativamente muy pocos prácticos, etc. El capitán Boison lleva dos días esperando que regresen los prácticos y se ofreció a llevar nuestro barco junto con el suyo. Nuestro capitán regresó con un marino del barco de los prácticos (un alemán), entonces este barco navegó delante de nosotros para mostrarnos el camino y al anochecer anclamos junto al *Emily*. [...] El capitán Boison nos contó que el barco *Contramaestre Schmidt*, que había salido de Puerto Cabello a Angostura dos días antes que nosotros, estuvo siete días varado aquí, donde estamos nosotros, y que apenas hace dos días pudo volver a flotar. [...]
> 6 de diciembre por la mañana. El *Emily* se hizo a la vela. También llegó otra goleta cargada de ganado y tenemos la esperanza de

conseguir un práctico dentro de poco. Nuestra chalupa salió rápidamente a vela detrás del barco para recoger a su práctico lo antes posible. Como nuestro barco carga arena de lastre, y hay que botarla para que el barco vaya más ligero, el señor Behrens [uno de los pasajeros, quien viene quebrantado de salud] comenzó a sacarla diligentemente a paletadas para hacer ejercicio. Una canoa llena de indios pasó cruzando el Orinoco. El capitán regresó a las dos de la tarde con un práctico y en seguida nos hicimos a la vela. [...]
8 de diciembre. [...] Como los mosquitos eran insoportables en el camarote, dormimos sobre cubierta. Rápidamente hicieron una hamaca de lona para el señor Behrens, yo cargaba mi hamaca y me metí en ella como si nunca me hubiera acostado en otra cosa, pero en la cubierta superior los mosquitos eran tan terribles como en el camarote, así que nadie pudo dormir mucho. [...]
10 de diciembre. Domingo. Ayer por la noche tuvimos buen viento, así que pudimos anclar a las 11 de la mañana en el Apostadero de Llalla [*sic*]. Este es un lugarcito donde queda la aduana fluvial. [...] Después de cumplir los trámites aduanales, los barcos se hicieron a la vela. Anoche libramos una gran batalla contra los mosquitos, pero nos derrotaron horriblemente. El ataque fue tan furioso que creímos enloquecer. A la hora del té los mosquitos nos sacaron del camarote. El capitán trató de sacarlos a ellos a la fuerza rociando pólvora, pero fue inútil. A pesar de que tomamos las precauciones más ingeniosas, y de todo lo que nos tapamos, tampoco pudimos dormir nada en las hamacas colgadas en cubierta. El capitán se puso tres camisas, ropa de paño y botas altas y se metió en un cobertor, y de nada le sirvió. Behrens y yo tomamos las mismas precauciones, pero de todos modos pasamos la noche en vela, soportando un tormento indescriptible del que nadie tiene la menor idea en Europa. Hoy por la mañana teníamos todo el cuerpo cubierto de manchas de sangre. Solo ahora entiendo claramente lo que informó Humboldt en sus viajes: que el gobierno español utilizó la región de La Esmeralda en el alto Orinoco, tristemente célebre por los

terribles mosquitos, como Rusia utilizó su Siberia, para desterrar allí a los criminales.[84]

El viajero vive un episodio insólito que lo conduce a sus recuerdos europeos de itinerarios precavidos, llevaderos, exactos y en ocasiones mullidos. El crucero del Orinoco es su antípoda, sin reloj, sin coherencia, sin seguridad y sin la alternativa de la puntualidad. Debido al desconocimiento del movimiento de las corrientes y de las trampas submarinas, unos inconvenientes que apenas se solucionan cuando excepcionalmente hay expertos a la mano, el viaje es gobernado por el desconcierto. No existen manuales confiables para sortear los recovecos, ni para llegar con tranquilidad al destino. Apenas sirve la maña que usualmente se esconde y que se debe buscar con ayuda de la suerte. La incertidumbre encuentra aliado en las pésimas condiciones del navío, capaces de transformarse en suplicio para los trashumantes enfermos, para aquellos que requieren la cabeza clara de los negocios o la política y aún para quienes solo buscan el placer. El barco no es capaz de diferenciarse de la naturaleza, no en balde carece de protecciones para evitar la invasión de sus criaturas diminutas, cargantes y hambrientas. Parece exagerada la memoria de los tormentos siberianos que hace Bellermann cuando termina el periplo, pero importa que haya buscado la comparación para entender lo mal que se ha sentido como juguete del río.

Quién sabe las cosas que hubiera relatado al sentir el énfasis de las aguas en la temporada invernal, un fenómeno que presencia Karl Appun en 1856. *En los trópicos*, su obra, puede leerse:

> En la creciente el río inmenso causa una impresión temible debido a la rauda corriente que arrastra bramando islas pequeñas, trozos arrancados de la orilla, donde de vez en cuando permanecen aun

---

84 *Ibidem, Diario III*, pp. 5-6.

animales y árboles gigantescos, en fin, todo lo que se opone a su furia desencadenada.[85]

Pero el viaje no llega a colocar a Bellermann en una aventura erizada de amenazas. Está más cerca de situaciones de riesgo cuando debe atravesar un trajinado paso de río junto con un par de compañeros. (Véase la cita de las páginas 201-202).

La descripción es cónsona con las versiones oficiales sobre la navegación de las corrientes interiores. En este caso se describen las dificultades de un cauce otrora dispuesto a recibir el peso de embarcaciones de pequeña escala, que ahora sirve para que se circule entre sus orillas a través de rudimentarios ardides que no garantizan la seguridad de las personas, los animales y las propiedades. Ya la *Memoria* presentada por el ministro Antonio Leocadio Guzmán ante el Congreso, en 1831, da cuenta de esta situación que no se ha superado en la década posterior. Recordó entonces el funcionario que para la travesía de los ríos se usaba «… una invención de los indios, que llamamos cabuyas, y en que peligran a menudo los intereses y la vida».[86] En el Guarapiche de 1842 ni siquiera existe la colaboración de las cabuyas.

Pero la inminencia de las incomodidades se presiente en la entrada del país. No hay que meterse en las junglas, ni en las moles nevadas, para percibir la sensación de las andanzas inciertas. Para el hombre que llega del extranjero, el puerto de La Guaira es el anuncio de los riesgos futuros. Dice el polaco Rosti:

> El puerto de La Guaira […] en realidad solamente puede llamarse rada; el mar es siempre tumultuoso allí, su fondo no es propicio para anclar, y los barcos tienen muchos inconvenientes, no solo por las borrascas y bancos de arena, sino también por la bruma. No

---

85 Pino Iturrieta y Calzadilla, *op. cit.*, p. 94.
86 Antonio Leocadio Guzmán, «Memoria del Interior y Justicia», 1831, en: *La Doctrina Liberal. Antonio Leocadio Guzmán*, Colección Pensamiento Político del Siglo XIX, vol. 5, pp. 100-101.

pueden acercarse a la orilla y solo con mucho trabajo pueden cargar y descargar; no se pueden subir mulas al barco, como en algunos otros puertos de Venezuela [...] Los negros llevan hasta el barco los sacos de café y cacao –cargándolos a hombros y vadean con el agua hasta el pecho. Ni siquiera con la pequeña Isabel pudimos llegar hasta la orilla.[87]

El testimonio de Bellermann es coincidente:

El desembarco en el muelle es muy arriesgado y peligroso; como casi siempre hay un fuerte oleaje, ningún bote puede arrimarse y mantenerse fijo porque entonces sufriría daños; por lo tanto para desembarcar se utilizan preferiblemente los botes locales, que garantizan mayor seguridad. Pero nuestro capitán no pudo conseguir uno, pues aquí todos descansan los domingos y los negocios también. De todos modos llegamos muy bien a tierra saltando ágilmente.[88]

Los peligros que anuncia no se verifican en el transcurso de la breve descripción, pero debió quedar sorprendido frente a las limitaciones de un puerto próximo a Caracas por el cual pasa desde antiguo un intenso tráfico. De allí que pueda pensarse que el pórtico de la república es heraldo de tropiezos infinitos.

¿Quién era el culpable de la situación? De acuerdo con los pareceres de extranjeros como Appun y Ten, no era el conquistador español. Pero para la mayoría de los venezolanos de entonces había que entendérselas con la administración colonial, hasta el punto de iniciar otra degollina. O fueron tontos sus personeros, o los dominó la indiferencia, o les salió lo depravado, o actuaron con propósitos políticos para impedir el contacto de los vasallos. Tal era la opinión de los hombres que debían enfrentar el lance de viajar por Venezuela.

---

87 Pino Iturrieta y Calzadilla, *op. cit.*, p. 106.
88 Bellermann, *Diario I*, p. 6.

CATONES, LECCIONES Y FANTASÍAS

De tales posturas se desprende la necesidad de divulgar materiales relacionados con la importancia de las vías de comunicación. Si eran una realidad desconocida por los venezolanos, convenía mostrarles de qué se trataba. Si salían de la oscuridad para comenzar una vida auspiciosa, era preciso instruirlos sobre unas ventajas que no habían disfrutado por decisión de unos funcionarios incompetentes y pérfidos. Hacia finales de 1831, la Diputación Provincial de Caracas entiende que:

> Es un deber enseñar a los ciudadanos las bondades de los caminos y los progresos que producirán a la colectividad, pues es seguro que los desconocen. Lo que no se vive no se aprecia, y esta es la situación de la mayoría de los electores y de los que trabajan la tierra. Expliquemos el asunto y después: ¡Hacer caminos![89]

Unos propietarios de Maracaibo coinciden en la apreciación:

> ... no se puede hablar de caminos, sin decir primero su utilidad. Como nadie hizo uno que pueda llevar el nombre, empecemos por el principio, como párvulos de unas lecciones que se empeñaron los maestros en ocultar.[90]

El tema abunda en los periódicos que circulan entre 1830 y 1850. Ninguno deja de trajinarlo.[91] *El Liberal*, uno de los impresos más comprometidos con el gobierno, puede resumir lo que

---

89 Acuerdo de la Diputación Provincial, Caracas, 2 de octubre de 1831. AGN, Interior y Justicia, XLVI, n.º 49, fol. 3.
90 Representación para el Exmo. presidente de la República, Maracaibo, 4 de agosto de 1831. AGN, Interior y Justicia, XXXIV, n.º 70, fols. 4-4 vto.
91 Ver mi trabajo: *Las ideas de los primeros venezolanos*, Caracas, Monte Ávila Editores Latinoamericana, 1992.

aseguraban sus congéneres. Un ensayo que leyeron los suscriptores el 24 de diciembre de 1839, continuación de escritos anteriores, decía:

> Los caminos han sido llamados, con razón, las venas de la sociedad, venas por donde circula la riqueza pública como la sangre por las del cuerpo humano […] Este ramo de la propiedad pública está tan íntimamente ligado con sus progresos o retardos, que el estado de los caminos puede mirarse como un barómetro, no solo de la riqueza que gozan, sino de la civilización a que han llegado los habitantes de un país. Obsérvase en esta parte una relación constante entre los medios de conducción y el bienestar social. Un pueblo no tiene buenos caminos sino cuando se halla en cierto grado de riqueza e ilustración, pero inmediatamente que los tiene, ellos obran eficazmente en el aumento de una y de otra. Un buen camino abierto para dar salida a ciertos géneros, para proporcionarse tránsito a un puerto, para facilitar la explotación de una mina, restituye con inmensas ventajas las sumas que se han empleado en su construcción. Son incalculables los resultados accesorios de la perfección de estos vehículos de riqueza y de actividad. ¡Cuántos negocios importantes se descuidan, cuántas ocasiones ventajosas se desperdician, cuántas ideas útiles […] se abandonan por los obstáculos que presenta una comunicación difícil, incómoda y llena de peligros![92]

En el más importante impreso de oposición se reiteran los argumentos. Los redactores entienden que

> … haríamos una verdadera traición a nuestros deberes si omitiéramos la publicación de lo que pensamos, por respeto al torrente de opinión que se pronuncia por caminos y que no quiere ver ni

---

92 «Caminos», *El Liberal*, n.º 191, Caracas, 24 de diciembre de 1839.

oír los obstáculos, para no debilitar o alejar las esperanzas de verlos realizados. En realidad un país sin caminos es como un cuerpo sin venas para el torrente sanguíneo, pero hay que saber hacerlos con personas especialistas, con ingenieros venidos del exterior. [...] Es indispensable hacer venir de Inglaterra un ingeniero práctico en la dirección de caminos que forme un plano y un presupuesto de cada uno de los caminos.[93]

Es la misma orientación de *La Bandera Nacional*, cuyos redactores plantean la búsqueda de «hombres de estudios» porque: «... en Venezuela es más lo que predican que lo que saben de caminos, más lo que piden que lo que pueden ofrecer de conocimientos».[94]

Razón por la cual algunos preferían el ornato de las ciudades para que se parecieran a otras del mundo, dejando los caminos para mejor oportunidad. La tendencia provoca una respuesta de Tomás Lander en 1833, con el objeto de insistir en la prioridad de liquidar el aislamiento de las poblaciones. Como si hablara a una reunión de imberbes en una escuela elemental, dice así:

> Los caminos, señores, son medios eficaces de prosperar; las alamedas, las fuentes pintadas, los teatros, los museos y las demás obras de esta naturaleza son signos de prosperidad, y como primero es buscar los medios de prosperar que ostentar la prosperidad, claro es que los caminos deben ser preferidos. Nosotros repetiremos siempre estos principios. La capital de una provincia será constantemente el imán de los hombres ricos que habiten la misma provincia, exceptuando tan solo un pequeño número; facilitemos a nuestros compatriotas los medios de prosperar y estemos ciertos de que, como una consecuencia infalible, tendremos aquí mismo y muy pronto

---

93 «Interior», *El Venezolano*, n.º 235, Caracas, 20 de octubre de 1840.
94 «Sabios y caminos», *La Bandera Nacional*, Caracas, 4 de enero de 1839.

multitud de hombres que pensarán en teatros, alamedas, puentes, templos suntuosos etc.[95]

La civilización tenía un primer capítulo, del cual dependería la posterior exhibición de los rasgos exteriores que podían testimoniar su advenimiento. Tales rasgos, compendiados en la fábrica de lugares para regocijarse en los bienes del espíritu y en las delicias del esparcimiento, nacerían de las necesidades de unos hombres que habían hecho las cosas en orden. Después de ocuparse de los elementos materiales gracias a los cuales atenderían los requisitos de la subsistencia y la tranquilidad, podían pensar en los refinamientos a los que querían aspirar legítimamente. Los testimonios de florecimiento serían un vano alarde si no se sustentaban en el pilar de los caminos entendidos como el primero de los elementos materiales que debían los venezolanos convertir en realidad. No en balde aseguraban, sin posibilidad de yerro, el nacimiento de una clase de hombres industriosos que podían mostrar las pruebas de su éxito construyendo en su momento los lugares que los harían aparecer como civilizados de veras. El autor quizá siente muy descaminados a sus lectores en la faena de fabricar el país, como para ofrecerles esta lección de prioridades en cuyo centro se encuentra el problema de las comunicaciones.

Pero, bien porque no se entendía el mensaje o por la falta de dinero para emprender la cruzada, el fundador del Partido Liberal, Antonio Leocadio Guzmán, dieciséis años más tarde vuelve sobre el tema usando el mismo estilo: «Las vías de comunicación vienen a ser, después de la población, el segundo de los grandes objetos del progreso material del país, y aunque se ha facultado a las Diputaciones para hacer contratos, decretándose algunos fondos y héchose algunos adelantos, falta, señor, el agente principal

---

95 Tomás Lander, «Caminos», *Fragmentos Semanales*, noviembre de 1833. En: *La doctrina liberal. Tomás Lander*, Colección Pensamiento Político…, tomo IV, p. 177.

de las mejoras de este ramo»,[96] dice ante el Congreso en su rol de secretario del Interior y Justicia. Ahora las vías de comunicación no son lo primero, sino lo segundo, pero la sensibilidad sobre su carencia es semejante, así como la forma de pregonarla. No en balde el funcionario llega al extremo de ofrecer a los diputados una disertación sobre la importancia de los vapores. Tratándolos como a escolares, llega a decir en la Cámara:

> El vapor se presta perfectamente a la determinación de tiempo, y prefijadas también las horas de cada estancia, tendríamos por resultado la comunicación pronta, cómoda, económica e infalible en todo el litoral de la República. Conducirían las valijas; los oficiales, tropas, pertrechos y cuanto el Gobierno necesitase transportar; contribuirían al celo del contrabando, aunque no fuese sino con prontos avisos, que fácilmente darían a esa recorrida constante de nuestras costas; serían una precaución contra tentativas de cualquier enemigo; mantendrían en contacto frecuente todas nuestras plazas de comercio, facilitarían el tránsito conduciendo pasajeros con comodidad, economía, prontitud y evidencia en el tiempo de viaje; y podrían admitir y conducir aquella cantidad de carga proporcionada al tiempo de sus estadías, fomentando mucho el comercio interior, que tanta protección necesita [...][97]

Si los representantes del pueblo desconocían la utilidad de las embarcaciones modernas, ahora no tenían excusas para permanecer indiferentes ante lo que representaban como factor de fomento económico, de holgura y policía. Un ministro transformado en preceptor los acaba de introducir en la asignatura.

En general, predomina en los voceros un tono de cartilla, mediante el cual se pretende meter a los bisoños ciudadanos en

---

96 «Exposición que dirige al Congreso de Venezuela en 1849 el secretario del Interior y Justicia», en: *La doctrina liberal. Antonio Leocadio Guzmán*, tomo VI, pp. 80-81.
97 *Ibidem*, pp. 81-82.

una parcela inédita. Son el abecé de las comunicaciones modernas en un país que no las tiene, después de haber salido con fortuna de las guerras de independencia y del desmantelamiento de Colombia. El país ha llegado a una escala suficiente de ilustración que permite el abordaje del problema, partiendo de la enseñanza de rudimentos. Porque no solo carece de vías de comunicación, sino que, aun cuando ha conquistado la emancipación y la autonomía, ignora las razones de esos medios de acercamiento entre las regiones y las personas. Los pañales de sus habitantes con respecto a la materia obligan a métodos tan simples de instrucción como aquel que utiliza el ejemplo de la fisiología de cada quien para ponerlos en cuenta.

Así se desprende de los testimonios de orientación pedagógica que deben pasar por los ojos de quienes podían aproximarse a las páginas de la prensa, o del esbozo de crítica asomado por los últimos voceros. Aseguran que hay un clamor por la construcción de caminos, pero no dejan de señalar la carencia de medios para la fábrica y la abundancia de personas que no saben de lo que hablan. De allí su solicitud de buscar en el exterior los profesionales para el trabajo. De acuerdo con la observación, aparte de la campaña relacionada con la necesidad de rutas adecuadas, existe una sensibilidad movida por la retórica. No en balde le conceden un carácter milagroso a la eliminación de los vericuetos antiguos, como si del solo trazado de pistas modernas dependieran la felicidad del país y la manifestación de sus tesoros.

ARCADIAS, AMENAZAS Y FANTASÍAS

David Ten, el comerciante holandés que ya encontramos opinando sobre el estado de los caminos, escribe un elocuente fragmento sobre un aspecto que, acaso sin proponérselo de manera expresa, se vería afectado por las ideas renovadoras en materia de comunicaciones y por la publicidad que circula a su alrededor. Veamos:

> En cada parte viven en dejadez, sin preocuparse por lo que pasa en las otras partes, y no hay manera de llevarles una idea para que cambien como viven. Es igual que si es de mañana o de tarde, o si hay tranquilidad o pelea en las otras partes, en lo que no se importan [*sic*] ni saben lo que pasa por estar en su apartamento. Esto es lo que digo que no puede ser.[98]

Es evidente cómo sugiere la necesidad de promover en la autoridad un celo capaz de cambiar las costumbres de unos hombres que viven a su manera porque no existen pautas capaces de llevarlos a comportarse de manera diversa. El testimonio juzga en términos despectivos la existencia de unas formas autárquicas de comportamiento reñidas con los valores del trabajo, el esfuerzo y la competencia. La «dejadez» de quienes se solazan en la tranquilidad de unos territorios alejados de un capataz del gobierno que los sintonice con las necesidades de la república y los obligue a ganar la subsistencia a través del esfuerzo personal, no cabe en la cabeza del mercader.

Pal Rosti insiste en el tema y se atreve a proponer una explicación. Conviene detenerse en una descripción tomada de sus *Memorias de un viaje por América*:

> Dirijámonos a aquel mozo color café, que recostado indolentemente en la pared, parece no pensar sino en su cigarro que ahora mismo le ha preparado una joven mulata, y formulémosle la recién surgida pregunta:
> ¿Y por qué, señor? –responde con los ojos entreabiertos y somnolientos–; ¿Para qué voy a trabajar?; el alimento necesario se da

---
[98] Correspondencia de David Ten... *AGN*, Interior y Justicia, xixx, n.º 21, fol. 1 vto.

en todos los árboles; solo debo estirar la mano para recogerlo, si me hace falta una cobija, o un machete o un poco de aguardiente, traigo al mercado algunos plátanos –u otras frutas– y obtengo abundantemente lo que deseo, ¿para qué mas?, no la pasaría mejor ni que fuese tan rico como el señor X o Y. Y así siente y opina cada peón de Venezuela. De este modo sucede después que a mí –por ejemplo– me costó cinco dólares (diez florines), mucho tiempo y gran persuasión enviar una carta de Caracas a La Guaira (y sin embargo el viaje se hace en solo tres horas, según lo comprobé en varias oportunidades); así sucede que la mantequilla –a pesar de que en las praderas pastan miles de vacas– la traigan de Norteamérica o Europa; que las mejores verduras y alimentos lleguen a la mesa de los caraqueños distinguidos directamente de Francia; y así se explica que la industria y la agricultura se encaminan a la ruina y que la prosperidad del país decae año a año.[99]

En las diferentes islas que se han formado como consecuencia de la incomunicación, existen unas parcelas de abundancia gracias a las cuales no hace falta el trabajo para vivir. Conformes con lo que tienen a mano, los peones la pasan plácidamente. Los tirones de un ambiente cuya generosidad no reclama labores de envergadura, mucho menos sacrificios dignos de atención, conspiran contra la formación de individuos emprendedores y contra la posibilidad de pensar en asuntos tan importantes como la economía en términos nacionales. Los habitantes de esos mundos no han incorporado a sus vivencias la noción del trabajo ni los valores que la soportan, de acuerdo con el testimonio. No saben de qué se trata. Ignoran para qué sirve. Pero tampoco muestran interés en recibir informaciones sobre el asunto. Están contentos de que las cosas funcionen como funcionan, sin imaginar siquiera los nefastos corolarios de su conducta que provocan las críticas del

---

99 Pino Iturrieta y Calzadilla, *op. cit.*, p. 110.

viajero. Un fotógrafo venido de Europa en 1857 tiene suficientes motivos para escandalizarse con el espectáculo que observa; no en balde suelta expresiones despectivas para comentarlo: «aquel mozo color café que recostado indolentemente en la pared, parece no pensar sino en su cigarro que ahora mismo le ha preparado una joven mulata», de connotaciones racistas; o las palabras sobre el sujeto que responde «con los ojos entreabiertos y somnolientos» cargadas de subestimación y dirigidas a encontrar las causas del problema. El alemán Bellermann también observa la inacción de los hombres que conoce en diversas regiones, sin atreverse a una crítica tan parcial y «civilizada». Simplemente dice: «Aquí la gente vive a la buena de Dios».[100] Pero, en cualquier caso, para el observado la situación es distinta y las censuras sobran. ¿Acaso no vive feliz, sin el estorbo de las faenas cotidianas y sin pensar en problemas ajenos?

Otro fragmento de Rosti ofrece valiosas pistas sobre tal estado de placidez. Más adelante agrega:

> Esta gente no tiene idea clara de las distancias y del tiempo. Nunca pude saber, con seguridad, cuánto distaba una localidad de otra. Decían cerca o lejos, según la comparación que hacían con una u otra población. No se podía confiar en las medidas de distancia. Lo mismo pasa con el tiempo. Mientras el campesino húngaro puede decir la hora, con puntualidad asombrosa, según la posición de las estrellas o del sol, los de aquí parece que no conocen ni la división del sol en horas. Muchas veces me dijeron que serían las siete, cuando eran por lo menos las diez. Las fases del día son entre ellos las siguientes: «Madrugada» (el amanecer, a eso de las cinco), «mañanita» (la mañana temprano, a la salida del sol, hasta las siete o las ocho). «Mañana» (antes del mediodía). «Mediodía», «Tardecita» (de dos a cuatro). «Tarde» (más o menos a la hora de la

---

100 *Diario I*, p. 33.

merienda) y «Noche». Si preguntaba a qué distancia estaba algún lugar y cuándo llegaría, me respondían: «Si sale por la mañanita, llegará cuando el sol esté por aquí»; y señalaban donde estaría el astro, pero no sabían qué hora sería entonces.[101]

El desdén por el reloj y el desaire de las lejanías se advierten aquí como sinónimos de atraso e ignorancia en cuanto difieren de la precisión europea, aun de la precisión propia de sujetos poco ilustrados de Europa. La despreocupación por la puntualidad y por el vínculo de unas comunidades con otras es susceptible de censura por un portavoz de la mentalidad «civilizada» del siglo XIX, quien no es capaz de colocarse en el lugar de los observados para encontrar una explicación más razonable del suceso. Encumbrado en la atalaya del progreso a la moda, Rosti ni siquiera está en capacidad de formular una pregunta que pudiera conducir a un entendimiento cabal sobre temas primordiales como el ocio y la paz, el trabajo y la distribución de la riqueza, la subsistencia y la comunicación en un país en ciernes: ¿acaso necesitaban los venezolanos de la época el yugo de los carillones?

La independencia en relación con los cronómetros los libraba de obligaciones, mientras concentraba la rutina a los límites de una parcela que se podía manejar sin agobios. Ciertamente algo terrible para los viajeros formados en otra lectura de la vida y para los gobernantes que anhelan un país pujante, cruzado por caminos para llevar el adelantamiento y las ideas en que se asienta, pero una situación idílica para quienes la disfrutaban a plenitud. No resulta peregrino imaginar la pena que debió causarles la invasión de su paraíso, simbolizada en la apertura de senderos que los obligarían a ser de otra manera.

Tal vez la mayoría de esos seres dispersos y dichosos desconocía las palabras que pronunció el doctor Vargas en la Sociedad

---

101 Elías Pino Iturrieta y Pedro Calzadilla, *op. cit.*, p. 125.

Económica de Amigos del País sobre la importancia del trabajo, en la sesión de 3 de febrero de 1833. Como era un catedrático reconocido, sus opiniones usualmente se tomaban en cuenta. Allí presentó unos modelos frente a los cuales debían prevenirse, en caso de que se convirtieran en realidad. Dijo:

> … Inglaterra y los Estados Unidos de Norteamérica, han llevado a un verdadero refinamiento el celo de la ocupación. Allí es el industrioso con exactitud discriminado del hombre improductivo: y mientras las medras de la fortuna y los goces, la estimación y los honores, la influencia de los negocios públicos y la gloria halagan de todos modos al primero, esquivan y desprecian al segundo. Con el compás exacto de una vigilancia prolija gradúan y distinguen la ociosidad culpable de la involuntaria, forzando aquélla a las casas de corrección, y a ésta a los establecimientos de trabajo o a los asilos de la impotente mendicidad. Apenas la absoluta invalidez se exime de la ocupación y gravita sobre el pueblo; y aun ella misma está sujeta a una regla tan estricta en las parroquias, que ni deja perecer al verdaderamente impedido, ni confundir con éste al que no lo merece.[102]

Vargas solo machacaba las ideas que había expresado en 1831 ante el auditorio de la Sociedad Económica de Amigos del País, cuyos miembros escucharon las siguientes afirmaciones que atribuyen a la desgana los males fundamentales de la época, una dañina influencia que ha causado estragos espirituales y materiales desde los días de la Independencia:

> … la apatía, la indiferencia por el orden público, relajaron las fibras sociales y hasta la libertad le dio a Colombia sus últimos adioses,

---

102 «Discurso del doctor José María Vargas, en la Sociedad Económica de Amigos del País, de la provincia de Caracas», Caracas, 3 de febrero de 1833, en: *Liberales y Conservadores. Textos Doctrinales*, Colección Pensamiento Político…, tomo 10, p. 216.

y Colombia misma fue rayada con ignominia del catálogo de las naciones. ¿Necesitamos un ejemplo más del influjo de la inmoralidad? ¿Queremos otras pruebas de los infalibles resultados de la holgazanería? Persuadida de tan triste verdad, la Sociedad de Caracas nada ha omitido para inculcar las ventajas de la contracción al trabajo; porque recogiendo el hombre los frutos del sudor de su frente, ni se acuerda de las revoluciones para lucrar, ni se complace en la amargura de las familias para llegar a la opulencia por el camino de la iniquidad. Contento con la retribución de su industria, deja a los gobernantes el cuidado de su seguridad, al Eterno la protección del Estado, a la ley vengadora el escudo de la inocencia. Todos ocupados de sí mismos, trabajan para la comunidad, porque la dicha general no es más que el resultado de la felicidad doméstica. Tranquilo en su hogar el padre de familia, puede consagrarse a la educación de sus hijos indicándoles desde temprano la senda que conduce a la majestad de su patria y a su propio engrandecimiento; pero cercado de infortunios, amargado por la indigencia, ni procura el bienestar de sus súbditos, ni disfruta en reposo de las comodidades que le brinda un gobierno protector. Envidia la suerte del que está menos indigente que él, y aspira a usurparle su fortuna o recurre a la funesta invención de sostenerse con las lágrimas del pueblo.[103]

El ocio llega a convertirse en destructor de naciones y en causante de perjuicios morales, mientras el trabajo es una medicina capaz de curar los padecimientos de la sociedad. Es un personaje renombrado quien pronuncia el discurso ante un público formado por los notables de la época. Ha debido gozar de aprobación.

Es probable que Ten y Rosti hubieran aplaudido con entusiasmo una palabras que podían, ahora sí, sobrecoger a quienes

---

103 José María Vargas, «Discurso en la Sociedad Económica de Amigos del País, Junta General de 27 de diciembre de 1831», en: *Sociedad Económica de Amigos del País, Memorias y estudios*, Caracas, Banco Central de Venezuela, tomo I, p. 67.

se amenazaba con una clasificación que los conduciría a la extinción. ¿Acaso no las pronunciaba un personaje usualmente respetado por los gobernantes, un universitario famoso, el albacea testamentario de Bolívar?

Lo que dijeran los extranjeros no era tan importante, en comparación. De los labios de un protagonista del saber y de la política había salido la condena de quienes se refugiaban en los archipiélagos del país para vivir a sus anchas. Porque ahora no se les ataca por su color «café con leche», ni por su aspecto perezoso, sino debido a que representan al «hombre improductivo». Si se convertían en realidad los modelos tomados de Inglaterra y de los Estados Unidos, no solo se borrarían de la faz de la tierra los paraísos que les eran hospitalarios, sino que serían despreciados por el prójimo y hasta darían con sus huesos en un correccional. Una desazón que tal vez no les quitó el sueño a los bandidos que también pululaban, como hemos visto, y a quienes podía sacar del juego el mismo afán civilizador. Los lugares que también eran para ellos un edén requerían una atención menos retórica. En todo caso, en Caracas, tal vez para garantizar su proximidad, se presencia la exhibición de uno de los instrumentos de lo que puede ser una invasión.

En diciembre de 1840, los caraqueños pueden observar el adelanto que se les ha anunciado en los periódicos y en los discursos. En la posada de El León de Oro se exhibía una pequeña máquina de vapor que el publico podía ver pagando un chelín. Se trata de un artefacto que apenas pesa 225 libras, pero que puede girar 25 millas por hora llevando un peso considerable. No solo podían presenciar el portento entre las siete y las nueve de la noche, desde asientos «colocados en el mejor orden para la mejor comodidad del siempre atendido bello sexo». Con solo pagar la monedita, los más atrevidos adquirían el derecho de subir a la máquina para vivir una aventura inédita. De acuerdo con la publicidad del suceso:

Todas las personas que gusten montar en cualquiera de los cochecitos, que dicha máquina lleva tras sí, lo podrán hacer con la mayor seguridad; y para mayor placer o comodidad se hará que los coches corran según se exija, es decir, desde seis o siete millas graduadas hasta 25 por hora.[104]

Es una diversión que seguramente atrajo multitudes en los días de pascua, pero también una advertencia sobre el adelantamiento simbolizado en el espectáculo. Así vemos que los anunciantes no se contentan con sugerir al público que vaya a pasar un buen rato. Llaman la atención sobre cómo en Inglaterra y en los Estados Unidos funcionan unos «vapores de mayor calibre» que conducen 500 000 libras de carga y 1 800 pasajeros, recorriendo en apenas siete horas una distancia de 150 millas.[105] El recreo que ahora disfrutaban los habitantes de la ciudad en El León de Oro preludiaba la cercanía de una innovación sobre la cual se insistía desde los inicios de la república, les permitía palpar sin intermediarios los beneficios de la comunicación que los podía subir al verdadero carro del progreso tantas veces pregonado. El artefacto en el cual se deleitan ahora sin pagar un alto precio ni correr el riesgo de la vida es el testimonio más evidente de la modernidad del siglo que se venía ofreciendo como lenitivo para los males de Venezuela.

Tres años más tarde, los lectores se enteraron de otra innovación que tal vez llegaría para cambiarles la vida. Algo más impresionante que los artefactos movidos por el vapor. De acuerdo con una información procedente de Fráncfort, un inglés de apellido Yardley había realizado «un descubrimiento extraordinario» que se extendería a todo el universo. Había creado un telégrafo electromagnético que trasmitía noticias con la rapidez de los artefactos del mismo tipo ya existentes, pero imprimiendo en el papel «de la

---

104 «Coche de vapor», *El Venezolano*, 21 de diciembre de 1840, p. 1.
105 *Idem*.

misma manera que la prensa y los tipos».[106] A lo mejor sintieron que lo podían usar en cualquier momento sin pagar demasiado, como el ingenio mostrado por un chelín en El León de Oro.

O a lo mejor se alejaban así de una realidad en la cual no encajaban todavía tales maravillas, se engañaban con el cuento de vivir una nueva época, debido a que la escena no estaba preparada. Es lo que se desprende de un elocuente informe sobre la carretera de La Guaira, debido al cual nos enteramos de cómo los adelantos, aun los más elementales y necesarios que eran habituales en otras latitudes desde siglos atrás, tomaban su tiempo para aparecer.

> Con sorpresa del publico se vieron correr en enero del año 1845 las primeras ruedas que conducían frutos de Caracas a La Guaira: inesperado suceso que llamando la atención de la industria hacia las empresas de carros, hizo llegar la competencia hasta el grado de no cobrarse por el transporte de una carga, sino el ínfimo precio de cuatro reales [...][107]

Así como saludan una innovación, los bombos y las sorpresas de 1845 dan cuenta real de la situación en materia de comunicaciones. Hasta la cuarta década del siglo XIX, cuando el mundo ha cambiado por la influencia de la Revolución Industrial, los venezolanos han estado privados de la herramienta más sólita de la comunicación. En 1854 el gobierno decreta la construcción de un ferrocarril que comunicará a La Guaira con Caracas, pero no encuentra contratistas para la obra. En 1856 se intenta de nuevo el proyecto sin fortuna. Por fin, en 1858 se logra en Puerto Cabello la fábrica de un trozo de vía férrea que no llega a un kilómetro y sobre la cual no pasa ninguna locomotora.

---

106 «Variedades», *El Conciso*, n.º 13, Caracas, 17 de julio de 1843, p. 109.
107 Citado por Eduardo Arcila Farías, *Historia de la ingeniería en Venezuela*, Caracas, Colegio de Ingenieros de Venezuela, 1961, p. 21.

Una banda de música festeja el acontecimiento y es el preludio del discurso que pronuncia el presidente para regodearse con el advenimiento del progreso ante los ministros y los congresistas.[108] Solo que, si el tramo hubiera llegado hasta el doble de la distancia, hubiese realizado el primer viaje moderno sin destino debido a lo minúsculo del trecho. Algo parecido a la diversión pascual de 1840.

En realidad, la rueda y los carruajes son un fenómeno casi exclusivo de la capital. Ya en 1839 hay en Caracas un número considerable de coches para el transporte de personas y carga. Como todavía las calles no se han adecuado para un tránsito expedito, la Jefatura Política del Cantón tiene que disponer una suerte de matriculación destinada a controlarlos. Si los conductores no obtienen un número de circulación sellado por un funcionario, serán multados con 25 pesos.[109] Se trataba de vehículos que, de acuerdo con un aviso aparecido en *El Venezolano*, servirían para fomentar «[...] la salud, la comodidad, el gusto, el tono de la capital y de sus habitantes».[110] Un desfile de «sillas volantes, carricoches, calesines, berlinas y calesas de todas las dimensiones y especies», como los que fabricaba un Monsieur Martin en la Casa del Armero «La llave de oro», esquina de San Jacinto número 22, pregonaba el advenimiento de un tipo diverso de sociabilidad.[111] «Ya estamos viendo carruajes de cuatro plazas, aparte del cochero; y ya encargaron un calesín y unos cojines para las Mariño»[112] dice un amanuense de la casa de gobierno en 1841. Su arrebato no llega al extremo de destacar la profusión

---

108 *Ibidem*, pp. 186-187.
109 Aviso de la Jefatura Política del Cantón Caracas, Caracas, 20 de enero de 1839. *AGN*, Interior y Justicia, tomo CLXXXIV, fol. 166.
110 «Coches de paseo», *El Venezolano*, n.º 73, Caracas, 2 de noviembre de 1841, p. 1.
111 «¡Al ilustrado buen gusto venezolano!», *El Venezolano*, n.º 75, Caracas, 10 de noviembre de 1841, p. 1.
112 Duplicado de correspondencia de José de Moreno para el gobernador de Maracaibo, Caracas, 2 de diciembre de 1841. *AGN*, Interior y Justicia, tomo CCXLII, fol. 90.

de vehículos advertida por un anuncio en el periódico, pero se muestra como testigo de una situación excepcional.

Sin embargo, ¿cuán cerca está la metamorfosis?, ¿cuándo terminará la incomunicación de los primeros venezolanos? Las ruedas que golpean las calles de Caracas son un acontecimiento local. La holgura y el talante aburguesado que pregonan los carteles de Monsieur Martin y el entusiasmo de un empleado público apenas la disfrutan y lo muestran quienes tienen la dicha de vivir en la ciudad más importante. En realidad unos pocos de tales habitantes, si consideramos que solo pueden acceder a los transportes modernos quienes tienen dinero para pagarlos, o aquellos con recursos de sobra como para darse el gusto de ventilar sus costumbres cosmopolitas. Tanto en Caracas como en el resto del territorio, la mayoría permanece confinada en unas comarcas que difícilmente se relacionan con el vecindario. Apenas a la altura de 1846 se anuncia la posibilidad de un transporte «confiable» entre Caracas y La Guaira. Se trata de un coche llamado «El Rayo» que sale todos los días del puerto a las cinco y media de la mañana y de la capital a las dos de la tarde. El asiento costaba veinte reales y contaba «... con dos remudas de caballos en el camino y todos de probada confianza».[113] Las calesas son una vanidad de los pudientes, o un anhelo de los políticos de vanguardia contra el cual conspira la inexistencia de carreteras. Las comunicaciones eficientes son una fantasía que se convierte en realidad a ratos, si se tiene un chelín en el bolsillo.

Solo que, así como la moneda sirve para un paseo de minutos en un tren de juguete concebido como espectáculo, también alimenta el anhelo de un vida diferente. Todavía nadie puede acabar el reino de recuas que es Venezuela en el período que transcurre entre el inicio de la autonomía y el surgimiento de la

---

113 «Aviso», *El Vigía*, n.º 153. La Guaira, 6 de enero de 1846.

Guerra Federal, pero son muchos los que claman por aniquilarlo. Durante casi tres décadas se hace una cruzada por la construcción de caminos, como se ha visto, pero los caminos no se construyen. Pasan veintiocho años de sermones sobre los defectos del archipiélago, mientras apenas se ven unas berlinas y un simulacro de ferrocarril. Pero estamos ante un tiempo suficiente para que el país sea testigo de una pugna capaz de crear una ilusión para el futuro.

De la pugna entre la dispersión que es Venezuela y lo pareja que debe ser ha de quedar la ilusión de un país controlado por una sola autoridad, la ilusión de una tierra sin guaridas para los delincuentes ni coartadas para los inútiles; de un partido político con tentáculos capaces de llegar a toda la nación, de instituciones vinculadas con sus miembros para la atención de sus necesidades, de la riqueza de cada una de las partes desparramada en los costados remotos del territorio, de la posibilidad de unos hombres puntuales y laboriosos. La ilusión de progreso, en suma. Sembrada en el tramo fundacional de la república, cuando apenas han concluido la Independencia de España y el experimento de Colombia, seguramente deja huellas en la sensibilidad de los pioneros.

Como igualmente debe señalar marcas profundas la imitación de modelos hasta entonces lejanos y la reacción frente a lo establecido. Los animadores de los caminos piensan en la meta de una sociedad parecida a Inglaterra y a los Estados Unidos, pero en el empeño acometen contra la historia y la vida de la mayoría de sus semejantes. De acuerdo con lo que pregonan, los lastres del país provienen del pasado vivido bajo la dirección de la cultura española. Por consiguiente, se debe cortar el nexo con ese pasado mediante el acercamiento de las comunidades en una faena de iluminación. Los hombres improductivos que vegetan en las aisladas regiones son ramas del mismo tronco. Hay que reformarlos, para que sirvan a la sociedad transformada por los senderos modernos. El énfasis de los caminos encierra un desprecio por los hábitos más comunes y una condena de los valores en los cuales se habían aclimatado. Conviene pensar en la presión que pudieron ejercer tales descalificación y sentencia en la mentalidad que se está expresando para proyectarse en lo venidero.

Porque se ha visto cómo el problema de la incomunicación no solo dependía de la apertura de caminos. Por razones económicas y políticas había que iniciar un plan de acercamiento entre las regiones y entre quienes las habitaban, debido a que no se aprovechaban las riquezas ni existía la posibilidad de dominar el territorio para que se ajustara a las leyes y a los jefes nuevos. El fomento material y la imposición de un mando coherente hacían que se clamara por la mudanza física del territorio. Sin una sola vía accesible durante un año, cada quien viviendo en su apartamiento; desprovistas las personas de las noticias requeridas para pensar razonablemente el gobierno, la seguridad, los negocios, los viajes, la manutención y las minucias de la rutina, tenía sentido la transformación que se buscaba. Si se salía de la etapa de las penumbras para entrar en la etapa de la civilización, como se pensaba a la sazón, se tenían que abrir caminos. Pero el asunto no se reducía a eliminar voladeros.

La guerra contra las separaciones territoriales encubría una hostilidad contra formas apacibles de vida que corrían el riesgo de la exterminación. La batalla de las carreteras podía hacer que desapareciese una manera de relacionarse con el entorno, fraguada desde antiguo por los venezolanos. Cada trocha en funcionamiento era capaz de liquidar una variedad de lugares asombrosos en los cuales nadie se quebraba la cabeza para sobrevivir, ni se molestaba en competir con el prójimo por los bienes de la naturaleza. De un artefacto como el que se mostró en El León de Oro podía depender la imposición de unos horarios innecesarios hasta entonces. Los vapores atracando a tiempo en los puertos recién arreglados del litoral podían traer nuevas recetas peligrosas para la convivencia tradicional. Un conflicto entre bárbaros y civilizados, en suma, en un país del cual todavía no sabemos con certeza cuánto de cada ingrediente mantuvo en la posteridad.

CAPÍTULO IV
LOS AGUJEROS

Los días de la separación de Colombia se animan con el anhelo de crear una nación respetuosa de sus ciudadanos, en la cual se gobierne en términos circunspectos y se administre justicia según principios de civilidad. Para los fundadores de la autonomía, el designio bolivariano era apenas la continuación disimulada del régimen colonial. Se debía cambiar por un Estado de Derecho, a cuyo frente estuviera una nueva generación de patriotas comprometidos con un concepto cabal de república. De allí el ataque del proyecto de Constitución de Bolivia y de los planes que, según estimaban, desembocarían en un atroz personalismo. En los escritos de Tomás Lander, Antonio Leocadio Guzmán, Domingo Briceño, José María Rojas y Rafael María Baralt, políticos y letrados de influencia en el proceso, se refleja la inquietud. Así mismo, en los documentos de la Sociedad Económica de Amigos del País.[1] Pretenden «una comunidad de pares o iguales asentada en la reciprocidad de los derechos y las garantías», como pasaba en Inglaterra y en los Estados Unidos.[2]

---

1 Ver mi trabajo *Las ideas de los primeros venezolanos*, Caracas, Monte Ávila Editores Latinoamericana, 1993.
2 Tomás Lander, «Fragmentos n.º 8», noviembre de 1832, en: *La doctrina liberal. Tomás Lander*, Colección Pensamiento Político Venezolano del Siglo XIX, Caracas, Presidencia de la República, 1961, vol. 4, p. 301.

LEGALIDAD, IGUALDAD Y FELICIDAD

Buscan convertir en realidad, ahora sí, los principios que se esfumaron durante la guerra y que todavía permanecen como una posibilidad pese a su proclamación en 1810. Juan de Dios Picón, diputado por Mérida en la Asamblea Constituyente de 1830, se refiere a la tarea cuando insiste en la necesidad de sancionar

> los derechos sagrados de libertad, propiedad, igualdad y seguridad [...] porque estas garantías han estado siempre escritas, mas nunca se han cumplido.³

Ante la misma congregación de padres conscriptos, el presidente Páez confía su sueño más caro:

> Veo ahora en esta sala triunfando la filosofía de mil siglos de errores, veinte años de gloria que Venezuela ha consagrado a su Independencia y a la Patria enjugando las lágrimas de sus pasadas desgracias. Veo la libertad manifestando su predominio en su propio suelo, la igualdad risueña victoriando los eternos principios de la justicia; la anarquía ahogada por el patriotismo y la sabiduría, firmando la existencia de este naciente Estado.⁴

De inmediato el presidente del cuerpo, Francisco Javier Yanes, anuncia una era regida por la observancia de ley, el amor al orden y la consagración al servicio de la patria.⁵ El señor Cabrera, el señor Osío, el señor Labastida, el señor Quintero, el señor Ayala y otros diputados sentados en los escaños, aplauden y llegan a llorar ante la profundidad de los mensajes.

---

3 *Actas del Congreso Constituyente de 1830*, Caracas, Ediciones del Congreso de la República, 1979, tomo II, p. 11.
4 *Ibidem*, vol. I, p. 22.
5 *Idem*.

Es una intención presente en la retórica de los años fundacionales. En enero de 1836, *La Oliva* apuesta por el «benéfico influjo de las instituciones liberales» y por el establecimiento de un gobierno como «el de los hombres del Norte, lleno de luces, buena moral y respeto de sus habitantes por los negocios públicos».[6] En 1846 se desea que los venezolanos se parezcan al recién fallecido Manuel Plácido Maneiro, gobernador de Margarita, a quien la prensa presenta como un patriarca digno de emulación:

> ... su imperio la virtud; y su vida todo un acto continuo de beneficencia. En los días de azar para la patria, él fue un ciudadano eminente que no rehusó sacrificios: en los conflictos domésticos, él fue siempre un representante del orden, de la paz y de la clemencia: sus amigos lo encontraron siempre fino y constante en la amistad: sus enemigos, noble en el resentimiento, heroico en la reconciliación: los pobres, los desvalidos, los menesterosos hallaron siempre de él, como ha dicho un ilustre prelado, la imagen más completa de la Providencia en la tierra.[7]

Es «un Benjamín Franklin de nosotros», se agrega a continuación sin explicar las razones del sorpresivo símil.[8]

Un tipo de público que podía formarse, según todavía se insiste en 1856, mediante la difusión de trabajos como el que acaba de hacer el profesor Felipe Jiménez, traductor de la *Historia del Derecho Romano* de Monsieur Giraud. De acuerdo con lo que entonces se pide al presidente de la República, la traducción debía imponerse como texto en universidades y colegios, debido a que: «la historia del derecho es la historia de la sensibilidad humana, que en manos de la juventud venezolana puede ayudar

---

6 «Introducción», *La Oliva*, Caracas, 1 de enero de 1836, trimestre 1, n.º 1.
7 «Fallecimiento del Sr. Maneiro», *El Promotor*, Caracas, 9 de octubre de 1843, vol. I, n.º 25, p. 217.
8 *Idem.*

a la creación de la sensibilidad hacia el respeto de los ciudadanos, tanto ricos como pobres; hacia el cumplimiento de las obligaciones republicanas en todo momento y lugar; y hacia la fidelidad por un futuro de progresos sin violencia».[9] Tal es el parecer de una comisión de la Facultad de Ciencias Políticas que escribe al supremo magistrado.

En las primeras entregas de la *Gaceta de Venezuela*, cuando la autonomía aún no ha cumplido el año, se detallan los pasos para el allanamiento de la morada de los ciudadanos. Se trata de una relación meticulosa de procesos, a través de los cuales se insiste en el resguardo de los derechos individuales y en la protección de los bienes de las personas. Las casas de los particulares solo se allanarán por orden de un juez, para evitar la comisión de un delito denunciado por «persona creíble» o investigado a través de graves indicios. También penetrará la fuerza pública en los hogares ante situaciones de emergencia, para proteger la vida de quienes estén en su interior cuando existan pruebas sobre la ocurrencia de un accidente, o sobre la presencia de malhechores.[10] Un poco más tarde, en 1832, el Congreso establece las penas por detención arbitraria. Ordena indemnizaciones para quienes sean arrestados sin el cumplimiento de los requisitos constitucionales, establece los plazos para la declaración instructiva de procesos, prohíbe la incomunicación de los cautivos y el uso exagerado de cadenas o prisiones, garantiza el derecho de defensa y ratifica la libertad bajo fianza. A la vez, dispone penas de multa, encierro y destitución para los jueces y alcaides que abusen de los detenidos.[11]

---

9   Expediente relativo a que el Dr. Felipe Jiménez pretende que se declare texto forzoso y preferente en las Universidades y colegios su traducción de la *Historia de Derecho Romano*, por M. Ch. Giraud, AGN, Interior y Justicia, 1856, tomo DLXXIX, fol. 234.

10 «Ley que señala los casos en que debe ser allanada la casa de un colombiano», *Gaceta de Venezuela*, Valencia, 30 de enero de 1831, n.º 4, pp. 23.

11 «Ley estableciendo penas para el delito de detención arbitraria», *Los Venezolanos*, Caracas, 12 de mayo de 1832, n.º 1, trimestre 1.

En 1835, la Diputación Provincial de Coro aprueba un reglamento para las cárceles de su jurisdicción. Se trata de un conjunto de medidas susceptibles de ordenar el funcionamiento interior y de aliviar la vida de los cautivos. Los edificios destinados al efecto deberían tener cuatro departamentos, según el reglamento: la prisión de hombres, la prisión de mujeres, el presidio y la casa de detenidos, separados adecuadamente. En cada una de las divisiones, se vería por el bienestar de los internos:

> Los alcaides han de tener muy en consideración que las cárceles solo están destinadas para la custodia y no para el tormento y aflicción de los reos: que odiándose el delito, es necesario compadecerse siempre del delincuente. Por lo mismo, todos deben ser tratados con la mayor humanidad. En tal concepto se les prohíbe toda vejación a los encarcelados; y mucho más que se use con ellos de malos tratamientos y se les manda que tampoco consientan que los demás presos u otras personas les hagan mal o los afrenten, aunque sea con pretexto de burla.[12]

Para la época, según una lista que se agrega al reglamento de Coro, Maracaibo tiene un presidio con 25 reos a quienes protege una ordenanza municipal. Una ordenanza provincial se ha ocupado entonces de cuidar de que sea leve la estada de los seis presidiarios sujetos en la cárcel de Cumaná. Hay solo un preso en Trujillo, pero lo protege una ordenanza provincial. Igual régimen pretende favorecer a los 7 detenidos que hay en San Fernando de Apure, a 4 de la prisión de Barcelona y a 46 de Barquisimeto. Solo en Mérida se encuentran aherrojados 25 individuos a quienes no protege una normativa específica.[13] Conocida la situación, el Ministerio del Interior y Justicia

---

12 La Diputación Provincial de Coro, Acuerdo de cárceles y presidio urbano de esta capital, Coro, 1835. *AGN*, Interior y Justicia, tomo CLXXVI, fols. 142-143.
13 *Idem*.

incita a mejorar los reglamentos, o a redactarlos en caso de que no existiesen, mientras se compromete a llevar ante el congreso unas disposiciones de naturaleza general.[14]

La diputación de Cumaná atiende la sugerencia, pues envía copia del reglamento que aprueba en 1838, de cuyo articulado se presentan los siguientes contenidos que miran por el respeto de los derechos de los encarcelados en lo relativo a defensa y atención de los procesos:

> Art. 22. El alcaide no impedirá con ningún pretexto que los presos en comunicación escriban a los magistrados, abogados, procuradores y demás personas que estimen conveniente, sin que en manera alguna puedan interceptar, leer ni impedir el curso de las cartas que remitan, pues lo más que podrán hacer en caso de una sospecha o inicio vehemente de que se trama alguna conjuración o asonada, será detenerlas y dar parte inmediatamente con toda reserva a la autoridad más inmediata. Art. 27. Los presos en comunicación podrán también conferenciar con sus abogados y procuradores a horas competentes, y con cualquier otra persona.[15]

El reglamento aprobado en el mismo año por la diputación de Barcelona para su presidio urbano incluye disposiciones para el bienestar material de los encerrados. Así, por ejemplo:

> Art. 5. Los presidiarios tendrán ración diaria que entregará el Administrador Principal de Rentas Municipales al cabo de presos, a razón de real y medio por persona, y la luz o luces que según las circunstancias del local designe el Jefe Político. Art. 6. La misma renta costeará los vestidos por año a cada presidiario de los que los necesiten, compuestos de camisa, calzón y calzoncillos de coleta, y

---

14 *Idem.*
15 Diputación Provicial de Cumaná, Reglamento de las cárceles de la provincia, Cumaná, enero de 1838. *AGN*, Interior y Justicia, tomo LXXVIII, fols. 83-90.

medio real por semana a cada uno para lavar. La relación del vestido será llevada por el Jefe Político.[16]

Un decreto de la Diputación Provincial de Barinas, aprobado en diciembre de 1841, se interesa por el bienestar de los condenados a trabajos forzados, pues ordena que los provean de una frazada, dos piezas de ropa interior y un sombrero de paja. Así mismo, dispone que los alcaides tengan médicos a mano para atender las enfermedades. Los detenidos tienen la obligación de desyerbar, barrer y empedrar las calles y las plazas, pero tienen el derecho de descansar cuando los agobien sus labores, agrega el decreto.[17]

Las medidas establecidas en las diferentes regiones reflejan el interés de los que salen de Colombia por el establecimiento de un régimen morigerado en Venezuela. Los discursos que claman por la construcción de una colectividad moderna, pacífica y civilizada se ven acompañados, pues, por normas que pretenden convertir en realidad las palabras de los dirigentes. Están empeñados en un experimento liberal, esto es, en la fábrica de algo que no se parezca a la Colonia, pero tampoco al régimen surgido de la Independencia. Se quieren ver reflejados en el espejo de los tiempos modernos, hecho a su imagen y semejanza; no en balde se juzgan como caballeros cultos y pudientes que pueden hacer un paraíso del escombro dejado por la guerra.[18] Además de las ideas en torno a las novedades, en los productos de los legisladores se aprecia una voluntad de cambio. Los arquitectos de la autonomía quieren desbrozar el camino para el anhelo de vida hospitalaria que los ha llevado a ordenar el exilio de Bolívar y la ruptura con el gobierno de Bogotá.

---

16 Informe sobre presidios urbanos, Caracas, 9 de agosto de 1838. *AGN*, Interior y Justicia, tomo CLXXVI, fol. 105 y ss.
17 La Diputación Provincial de Barinas, Decreta, Barinas, 13 de diciembre de 1841. *AGN*, Interior y Justicia, tomo CCXLV, fol. 30 y ss.
18 Ver Pino Iturrieta, *op. cit.*

Se trata de la reunión de un conjunto de valores que trata de resumir Cecilio Acosta en los artículos que publica en *El Centinela de la Patria* entre noviembre y diciembre de 1846. Dice entonces:

> No es menester mucho esfuerzo de raciocinio para llegar a convencerse de que los tres elementos que acabamos de analizar, a saber: *el derecho, la religión y la filosofía*, y que pudiéramos muy bien llamar *los tres elementos de razón, son las tres grandes ideas destinadas a regir la sociedad*; viniendo todas ellas a componer en su conjunto una especie de *trinidad espiritual o moral* que se ocupa sin cesar en destruir otra trinidad material, su antagonista, la cual es engendrada por la fuerza. Porque claro es, que si la fuerza son los *desafueros*, es preciso que haya *equidad* que los contenga; si la fuerza es la *barbarie*, es preciso que haya *caridad* que la amanse; y si, en fin, la fuerza puede ser a veces la *ignorancia*, es preciso que haya ciencia que la reduzca y la persuada; de manera que la *equidad, la caridad y la ciencia*, que son el resultado respectivo del *derecho, la religión y la filosofía*, es decir, el resultado de una gran idea, deben siempre triunfar de los *desafueros, la barbarie y la ignorancia*, que son el resultado y los auxiliares de la fuerza, es decir, del egoísmo.[19]

El pensador teoriza sobre la posibilidad de una sociedad contenida debido a la exaltación de valores susceptibles de evitar el imperio de la injusticia, la prepotencia y el oscurantismo, a través de unos ensayos que deben gozar de general aceptación. Nadie predica entonces una idea diferente de aquellas que miran hacia el nacimiento de la república humanitaria, respetuosa y benévola de Venezuela. ¿No es lo mismo que proclama Fermín Toro en 1845 desde la «perspectiva evangélica», cuando ataca

---

19 «Los dos elementos de la sociedad», Cecilio Acosta, *Obras Completas*, Caracas, Ediciones de La Casa de Bello, 1982, vol. I, pp. 31-32.

las leyes liberales de mercado abogando por el establecimiento de una «regla moral» para el desenvolvimiento equitativo del país?[20] Hasta en los panfletos que escribe un autor tan pugnaz como Juan Vicente González en 1847 se insiste en la necesidad de una atemperada civilización.[21] Pero no basta con decretar la ponderación de los gobernantes, ni la responsabilidad de los ciudadanos, para que dejen de ser una fantasía. La metamorfosis no depende de las intenciones, ni de las reglas que tales intenciones producen, ni de la repetición de encumbrados principios, sino de la realidad sobre la cual actúan. ¿Se puede concretar el sueño en un país que apenas sale de una cadena de hostilidades? ¿Cuenta Venezuela con los elementos susceptibles de hacerla nueva y distinta, según desean los protagonistas de entonces? De seguidas se verá cómo la comarca y sus habitantes conspiran contra las intenciones de mudanza.

ENGORROS, FRUSTRACIONES Y RESISTENCIAS

Un primer elemento que mana de las fuentes refiere la imposibilidad de una transmisión fiel de los ideales que animan el proyecto. A los pensamientos orientados hacia la creación de una comarca de ensueño los espera el camino de la tergiversación y el desconocimiento. Se trata de un destino que se avizora desde el origen de la autonomía, en el seno del Congreso Constituyente de 1830. Pese a que los representantes quieren recoger un detalle fidedigno de sus intervenciones para concluir en documentos ampliamente revisados y divulgados entre el público, encuentran el valladar de la falta de auxiliares. De la asamblea en la cual se

---

20 «Reflexiones sobre la Ley de 10 de abril de 1834», en: *La Doctrina Conservadora. Fermín Toro*, Colección Pensamiento Político Venezolano del siglo XIX, vol. I, Caracas, Ediciones de la Presidencia de la República, 1960.
21 Por ejemplo: «Paz, libertad y progreso», en: *La Doctrina Conservadora. Juan Vicente González*, vol. 2, Colección Pensamiento Político Venezolano del siglo XIX, pp. 37 y ss.

asientan los fundamentos de la república brotan las primeras evidencias en torno a la dificultad de lograr el cometido por la ausencia de amanuenses capacitados.

De acuerdo con uno de los diputados más conocidos, Alejo Fortique:

> ... habiéndose sujetado el taquígrafo a hacer una prueba de si podría llevar solo el debate, se le previno por la Comisión que le presentase el siguiente día sus trabajos, comprometiéndonos todos los miembros a poner el mayor cuidado en la discusión; pero no dio cumplimiento a lo que se le encargó, y transcurrieron algunos días sin dar sesiones traducidas, hasta ayer que me entregó una bastante atrasada. Sin embargo, debo también exponer al Cuerpo que el taquígrafo se excusó, manifestándome que la causa había sido no tener más que un escribiente, y que era imposible que uno solo pudiese estar día y noche escribiendo lo que dictase.[22]

Usualmente nadie pondera la existencia de trabas como la que menciona el diputado, pero no son un detalle trivial. Nos informan sobre unos límites provocados por la situación del país, en torno a los cuales difícilmente se puede promover un cambio radical. No estamos ante una reunión pueblerina, sino ante la primera congregación de padres conscriptos, un suceso alrededor del cual deben convocarse, si no todos los recursos, aquellos elementales. Sin embargo, vemos cómo escasean hasta el punto de impedir el duplicado de los debates. Si así ocurre en un círculo de trascendencia, se puede pensar en situaciones extremas.

En el primero de sus fascículos, un periódico titulado *Los Venezolanos*, que circula en 1832, llama la atención sobre la imposibilidad de la ciudadanía para enterarse de las leyes que la rigen.

---

22 *Actas del Congreso Constituyente de 1830*, Caracas, Ediciones del Congreso de la República, 1919, tomo I, p. 289.

No se trata de indiferencia en torno a las regulaciones, ni de interés por evitar su cumplimiento, ni de la redacción de unas leyes para el servicio de unos pocos, sino de una situación estructural que impide la correspondiente divulgación.

> Cree el gobierno cumplir su deber, solamente con publicarlas [las leyes] por bando, fijarlas en una esquina, o insertar los considerandos en un número de la Gaceta de Venezuela, y el *exequátur* en otro; mas no considera que muchos obstáculos se presentan a los ciudadanos con esta medida. El miserable artesano que por no tener ejercitada su memoria oye publicar la ley o la ve fijada en una esquina ¿cómo ha de imponerse perfectamente de sus deberes? Supongámosle la memoria más cultivada ¿podría retener lo más esencial de cada ley que ocupe un pliego de papel? Tampoco considera el gobierno que cada Gaceta de Venezuela vale dos reales y que ese mismo artesano y todos los demás ciudadanos pobres, no pueden desembolsar todas las semanas dos reales para comprar la Gaceta en que de año en año se ve un pedazo de ley o decreto. A los mismos profesores de Derecho oímos lamentar por la adquisición de muchas leyes que no tienen, y por esto debe calcularse cuál será el estado de los demás habitantes.[23]

Debido a lo rudimentario del procedimiento de divulgación, según se desprende del fragmento, las mayorías carecen de las posibilidades mínimas para aproximarse al contenido de las disposiciones oficiales. Como no existe todavía una colección de leyes y decretos, ni códigos susceptibles de resumir una lectura uniforme de los diferentes aspectos de lo público y lo privado, predomina la presentación intermitente de las medidas. Si a esto se agrega una circulación aferrada a los usos antiguos del bando y del cartel en las esquinas, que no utiliza en

---

23 «Prospecto», *Los Venezolanos*, Caracas, 12 de mayo de 1832, trimestre 1, n.º 1.

términos masivos el auxilio de la imprenta, se capta la magnitud de la limitación. La alternativa de que pudieran los ciudadanos imponerse de sus derechos y sus deberes se reduce a su más flaca expresión, pues ni siquiera los catedráticos de la universidad manejan tales herramientas imprescindibles para su oficio. Ni hablar de las masas analfabetas. Para buscar un remedio a la situación, el secretario del Interior ordena, en octubre de 1830, la copia manuscrita de las leyes. La medicina se vuelve peor que la enfermedad, sin embargo. Según comunica el gobierno de la provincia de Carabobo:

> ... no es posible evitar un error de pluma en las copias, aun cuando hubiera brazos suficientes para formarlas todas. U. debe conocer muy bien que una «y» o una «o» quitada o aumentada varía enteramente el sentido de una ley, y lejos de conseguirse el fin para que se dictó tendría un efecto contrario.[24]

En 1836 llega desde San Carlos una comunicación suscrita por los alcaldes, en la cual se maneja un argumento parecido. Ocurre ahora que han circulado quejas de los litigantes por el retardo de los procesos y por la carencia de leyes que, «con la debida actualidad y fidelidad», les faciliten la atención de sus defendidos. Ante los reproches, los alcaldes se disculpan así:

> En este Cantón solo han habido dos escribientes numerarios o públicos para el despacho de los registros de contratos públicos y para el peso de todas las causas, a lo que ahora se añade la obligación de tomar en manuscrito las leyes para uso del corriente. Se puede encontrar la solución de esta falta en dos actuarios, pero carecemos de curiales prácticos que puedan ejercerlo. Hay uno a

---

24 El Gobierno de la provincia de Carabobo al señor secretario de Estado del Dep. del Interior, Valencia, 27 de octubre de 1830. *AGN*, Interior y Justicia, tomo XIV, sección IV del A.N., fol. 63.

toda prueba, pero es Secretario Municipal, Procurador del Consejo y escribiente del Señor Jefe Político. No es posible, pues, cumplir con tantas comisiones a la vez.[25]

Tan desbordados como están de trabajo, es probable que los escribientes de San Carlos copiaran las leyes, cuando las pudieran buenamente copiar, con los defectos anunciados por el gobernador de Valencia. El exceso de compromisos, el descuido y el capricho, pueden hacer de la ley el juguete de unos empleados sin tiempo o sin calificación para la faena de reproducirlas libres de enmienda. Otra vez se presenta el problema de la fidelidad de los contenidos, imprescindible para la recta administración de justicia y para el conocimiento de los actos gubernativos, pero se agrega una falencia que tal vez no advirtió el ministro del Interior: la falta de burócratas eficientes. En el caso del cantón que nos ocupa, los alcaldes solo pueden fijar la mirada en un empleado que tiene tres oficios y tres patrones, de lo cual se colige la orfandad de sus recursos y el naufragio de procuradores y clientes.

En el mismo año, el gobernador de Maracaibo insiste sobre el asunto a través de un oficio que ofrece nuevos elementos de comprensión y unos paños calientes. Veamos:

> Los jueces de los cantones correspondientes a esta Provincia me han manifestado las dificultades en que se encuentran por carecer de las leyes que rigen. Conozco que es un conflicto el de un juez lego que por las atenciones de su familia y cortedad de sus bienes no puede comprar códigos, o lo que es más cierto, aunque quiera comprarlos, no los haya ni en su cantón ni en la capital de la Provincia, pues los letrados más cuidadosos en conseguir los ejemplares de leyes promulgadas no siempre las tienen aunque sacrifiquen su dinero,

---

25 Esteban Acuña, alcalde primero interino, y [sic] Ignacio Figueredo, segundo del Concejo Municipal del Cantón de San Carlos, se [sic] al presidente de la República, San Carlos, 22 de febrero de 1836. AGN, Interior y Justicia, tomo CXXIX, n.º 62, fol. 446.

y esto hace ver comparativamente cuanta será la dificultad de un juez lego sin relaciones, dinero ni inteligencia. Para un arreglo inmediato que facilite la administración de justicia y aleje disculpa en los errores, se debe consignar en cada juzgado un ejemplar que contenga las leyes publicadas y las que le son anexas, lo mismo que los decretos, resoluciones y circulares del Ejecutivo. Con ese motivo y para este fin, se pueden hacer registros trimestrales en algunas partes, los cuales formarán al cabo de un año cuatro cuadernos que unidos formarán un tomo. Se puede encargar a uno de los Oficiales de la Secretaría de Gobierno que se encargue del Memorándum, o toma de razón de toda ley comunicada, toda resolución, toda circular, las cuales pueden ser corregidas por el impresor del gobierno. Por lo menos se puede atender un periódico mensual, que contará con no pocos suscriptores y que se puede sacar con los fondos municipales.[26]

Debido a los comentarios del gobernador de Maracaibo, ahora sabemos que las dificultades del servicio no se reducen a la falta de escribientes y a los errores que cometen, sino al bajo sueldo de los jueces que empiezan la carrera. La remuneración apenas les permite pagar algún ejemplar de las regulaciones, en el insólito caso de que se encuentren a mano. El emprendedor funcionario no se queda en el diagnóstico, como se ha visto. Se atreve a proponer un desenlace, cuyo alcance solo permite pensar en soluciones parciales. El mismo problema se presenta en Trujillo, según una comunicación de 1838; no en balde el secretario del gobernador pide un presupuesto especial para aumentar el salario de cuatro jueces. El aumento los obligaría a recopilar las disposiciones y a «… repartirlas entre muchos bachilleres y abogados que las necesitan». También solicita recursos para comprar una imprenta que serviría para reproducir el «material legal que

---

26 Comunicación de Pablo Arroyo Pichardo al secretario de Estado en el Despacho de Interior y Justicia, Maracaibo, 3 de noviembre de 1836. *AGN*, Interior y Justicia, tomo LVIII, fol. 2.

anda desperdigado».[27] Sin interés por las novedades, a la altura de 1841 el gobernador de Barquisimeto se aferra a una solución tradicional. Escribe al ministro del Interior:

> Más de una vez ha sufrido retardo la publicación de las leyes y decretos de la República. Esto proviene de la falta de un tambor que tenga el deber de asistir cuando se le llame; por no haber una cantidad señalada para su pago. En la Jefatura actualmente hay unas leyes y decretos que publicar. Estas permanecerán sin ello, si no se toma una medida eficaz. Cree la Jefatura que Usía es el que debe indicarla, y con ese motivo se dirige hoy. Y como no hay cantidad alguna señalada de las rentas municipales para este gasto, estando suprimida la plana mayor de esta Provincia, no se cuenta con auxilio alguno para aquel objeto. Se ha acordado someter el punto a la consideración del Gobierno, para que se sirva resolver lo conveniente.[28]

La superioridad ocupa tiempo en el problema del tambor. En breve los habitantes de Barquisimeto se enterarán de la ley gracias al sonido del redoblante. El ministro ordena el pago «a un muchacho que suene duro», de los 150 pesos asignados a la Diputación Provincial en una partida especial de 1840.[29] Acaso corran con peor suerte los funcionarios de Barinitas en 1849, pues no aparece constancia de que el ministro respondiese con la misma eficacia una solicitud idéntica. «La falta de tambor, y conste que hacemos referencia al instrumento y a la persona que lo toca, ha impedido la publicación de las leyes desde el pasado año, pidiendo por eso a U. los recursos», suplican sin obtener contestación.[30]

---

27 Comunicación de José López Carrillo al secretario de Estado en el Despacho de Interior y Justicia, Trujillo, 11 de junio de 1838. AGN, Interior y Justicia, tomo LXXX, fol. 19.
28 Del Gobierno de la provincia de Barquisimeto, al secretario del Interior. Consulta una medida para el tambor, AGN, Interior y Justicia, Barquisimeto, 9 de junio de 1841, tomo CCXXX, fol. 428.
29 Idem.
30 El alcalde de Barinitas consulta y pide tambor, AGN, Interior y Justicia, Barinitas, 18 de febrero de 1849, tomo CDVIII, fol. 11.

Desde Barcelona también se notifica el mismo entuerto de la falta de ruidos, o de la manera diversa de producirlos, pues se duele el jefe político de que no puede divulgar las leyes por un motivo digno de atención: «Como el pregonero se ha puesto mudo desde el año pasado, hay que tirar un cohete para que la gente atienda, pero esto no parece una salida prudente».[31]

IMPROVISACIONES, MISERIAS Y ESPERAS

Estos casos que pudieran parecer pintorescos reflejan el problema mayor de la falta de elementos materiales para la dotación de las oficinas y la falta de normas a través de las cuales se llenaran los vacíos en las provincias. De 1832 datan las primeras referencias al problema de la inexistencia de partidas para pagar empleados imprescindibles[32], un rompecabezas que no encontraba soldadura en 1853, ya trasegado el camino de la república, si nos atenemos a un oficio redactado por el jefe político del cantón Santa Lucía.

> Hasta ahora, Señor, había podido conseguir que no se interrumpiese la administración de justicia por esfuerzos del todo personales; pero ya todos mis recursos han terminado, y hoy se encuentra el trabajo de la parroquia sin Secretario que autorice sus procedimientos, ni alguacil con quien comunicarlos. Extraña parecería esta narración, si esa Jefatura y la República entera ignorasen acaso que la Ley Orgánica de Tribunales no ha señalado sueldo alguno para los secretarios de los Juzgados parroquiales, ni menos asignándoles alguaciles que faciliten y ejecuten sus operaciones legales; mas esta circunstancia es un hecho patentizado que está en el conocimiento de todos y que releva de toda sorpresa. Así es que lo que hay de singular es,

---

31 Correspondencia del gobernador de Barcelona al secretario del Interior. *AGN*, Interior y Justicia, Barcelona, 27 de agosto de 1849, tomo CDIX, fol. 24.

32 Del gobierno de Barcelona al Sor. presidente de la República. *AGN*, Interior y Justicia, Barcelona, 18 de julio de 1832, tomo LVII, fol. 90.

que antes de ahora no hayan ocurrido estas y otras novedades de igual naturaleza. Perdida la esperanza de una competente indemnización, no hay quien sirva las Secretarías [...].³³

Es casi milagrosa la permanencia de los secretarios en los juzgados de parroquia, de acuerdo con el testimonio que es, a la vez, una disculpa referida a un caso concreto y un reproche de alcance panorámico. Los aprietos que vive el jefe político de Santa Lucía se deben repetir en todo el territorio, así como sus reclamos, no en balde una disposición de alcance nacional ha olvidado una provisión que incumbe a toda una rama de oficinistas. A la ambigüedad de unas leyes que usualmente no conocen, que conocen a medias o que dependen de su irregular reproducción en las regiones, se agrega una imprevisión que alcanza a toda la república durante más de tres décadas.

La imprevisión podía perjudicar a empleados de mayor altura, como los gobernadores interinos, sobre cuyos sueldos no hay noticia cierta en 1848. Nos enteramos de la dificultad por una consulta evacuada desde la aduana de Cumaná, cuyo administrador no sabe la cantidad que debe cancelar al suplente del mandatario regional que ha sido convocado a una campaña militar. De acuerdo con el empleado, «... la situación no está en ninguno de los artículos de la ley que asigna sueldos a los gobernadores».³⁴ El oficial mayor de la Secretaría de Hacienda prefiere apelar al juicio del ministro, debido a una razón de peso:

> El caso que comprende esta consulta no está previsto por la ley de mayo de 1841 sobre la materia, ni ha sido considerado por el Poder Ejecutivo hasta ahora.³⁵

---

33 Jefatura Política del Cantón Santa Lucía, al Sor. gobernador de la provincia. *AGN*, Interior y Justicia, Santa Lucía, febrero de 1853, tomo CDLXXVII, fols. 353-353 vto.
34 Consulta del administrador de la Aduana de Cumaná al señor secretario de E. en el Despacho de Hacienda, Cumaná, febrero 26 de 1848. *AGN*, Interior y Justicia, tomo CCCLXVIII, fol. 115.
35 *Ibidem*, fol. 116.

El ministro se ve obligado a cavilar, y en las cavilaciones encuentra una analogía capaz de disipar las dudas. Que se pague a los gobernadores interinos como se paga a los diputados que son empleados en el servicio judicial por razones de emergencia. Como los diputados ganan un sueldo equivalente al más alto de la magistratura en la escala para la cual han sido llamados, debido a que así compensan lo que dejan de obtener por dietas y gastos de transporte, se debe manejar idéntico criterio ante el predicamento surgido en Cumaná. En otras palabras, que al interino se le pague como si fuera mandatario en propiedad, «mientras se corrige la falla de la respectiva ley».[36] De nuevo un paño caliente, en espera de una consideración general sobre el sueldo de los burócratas.

Solo se sabe a ciencia cierta entonces que se trata de sueldos poco atractivos, situación a la cual puede acudirse, hasta cierto punto, para explicar los problemas que venimos examinando. Por lo menos tal es la versión del ministro del Interior y Justicia, Diego Bautista Urbaneja, en abril de 1858. Veamos cómo opina ante el Congreso que acaba de aprobar una ley sobre sueldos de altos funcionarios:

> La convicción en que estoy de que no es posible encontrar personas capaces de cumplir con los deberes que corresponden a los empleados de las Secretarías de Estado, con los sueldos que les señala el proyecto de ley que han acordado las Honorables Cámaras en 27 de marzo último, y la responsabilidad que pesa sobre el P.E. en el cumplimiento de estos deberes, me obliga a devolver el expresado proyecto con las presentes observaciones.
>
> Fue en Valencia y en 1830, cuando residía allá el Gobierno y principiaban los negocios que correspondían al despacho del P.E. y en donde la subsistencia era sumamente barata bajo todos respectos,

---

36 *Ibidem*, fol. 117.

que el Constituyente señaló sueldos iguales a los que ahora se señalan a los empleados, y mayores a algunos de ellos; y si bien en aquella ciudad, en aquel tiempo y cuando el trabajo era considerablemente menor continuaron los empleados que existían esperando mejoras más adelante, aquí donde todo es caro al presente y casi duplicado el trabajo, no es posible contar con dichos sueldos con los servidores que se necesitan.

Este convencimiento obligó al Gobierno a disponer que el Secretario del Interior se dirigiera a la H.C. de R.R., pidiendo el aumento de sueldos de los empleados de sus Secretarías en 1841, y fue persuadido de la justicia de la solicitud que el Congreso lo acordó. Entonces dijo a la H. Cámara, lo siguiente: 'En mi concepto la dotación de los empleados subalternos es escasa para remunerar a hombres de la capacidad e ilustración que se requieren para desempeñar estas plazas, y estimularlos a aquel grado de contracción absoluta a sus deberes, capaz de producir la expendición y acierto que demanda el servicio. No es de esperarse que personas de las dotes indicadas quieran ocupar estos puestos a que naturalmente están llamadas por su profesión y estudios, cuando pueden consagrarse ventajosamente a otras tareas igualmente patrióticas y tal vez más lucrativas'. Contrayéndome a la Secretaría que tengo el honor de desempeñar, es verdad que he tenido la fortuna de servir con oficiales antiguos, instruidos en la práctica del despacho, y de que las plazas importantes que se han provisto recientemente están llenas con dos letrados que se han consagrado a servirlas, uno con la pequeña dotación que hoy tienen en general los jefes de sección; y otra el jefe de la sección de inmigración, con la asignación algo mayor que estableció la ley de la materia, pero no tengo la seguridad de que estos empleados, particularmente los que disfrutan menos sueldos, continúen prestando sus servicios, ni tampoco la de llenar las vacantes que ocurran con personas igualmente idóneas. Consideraciones de otro género obran hoy en el ánimo del P.E. A la considerable reducción de los sueldos [...] debe agregarse el descuento de un cinco por ciento que hoy se les hace, el otro del montepío para los militares, y lo que es más, la necesidad obliga a sufrir a los empleados vendiendo esos mismos sueldos por dos terceras partes o por la mitad, no permitiendo las circunstancias actuales del tesoro satisfacerlos puntualmente. Y como es de temerse que no lo permitan en algunos meses, de modo que puede decirse que no les queda lo necesario para la más miserable subsistencia, al paso que tienen que estar consagrados exclusivamente al cumplimiento de sus deberes. También es de atenderse a la singularidad de la reducción, haciéndose solamente a los empleados de las Secretarías. Deben saber, pues, los Honorables Senadores y Representantes la disposición del gobierno a hacer algunas economías, para mejorar la situación de esos empleados de las Secretarías.[37]

El alegato se refiere a la remuneración de los altos funcionarios de los ministerios, pero sirve para confirmar la sensación de precariedad que marca las evidencias examinadas. Entre 1830 y 1841 los salarios se han mantenido sin variación, pese al crecimiento del valor de los productos en el mercado, pese a las reducciones obligatorias de dinero que sufre la nómina de cada mes y a las complicaciones de cada despacho, debido a las cuales se multiplica el esfuerzo de los burócratas sin que se compense en términos materiales la carga del empeño. El Congreso hace ajustes a la ley partiendo de los argumentos de Urbaneja, pero no llena las expectativas si nos atenemos a los papeles que se verán de seguidas.

Un despacho de la Corte Suprema de Justicia, fechado en 30 de mayo de 1849, se queja así: «No se han sentido los aumentos debido a la debilidad de su monto, pero también a que no se pagan con puntualidad. Hay casos con demoras de cinco meses, que han creado malestar hasta el exceso de amenazar los

---

37 Proyecto de ley reformatoria de la que señaló sueldos a los altos funcionarios empleados de las Secretarías del Despacho, 5 de abril de 1848. AGN, Interior y Justicia, tomo CCCVXXI, fols. 326-328.

amanuenses de negarse a estar en la oficina, si no cobran lo que se les debe».[38] Siete años más tarde llega al despacho del Interior, procedente de Maracaibo, un documento sobre la necesidad de poner al día los pagos. Dice el gobernador:

> Como no se pueden conseguir otros arbitrios para el aumento de las mensualidades, pues ya sabemos los problemas de la aduana, por lo menos que lleguen a tiempo. Se ha dado el caso de ciertos empleados que pasan días sin llevar comida a sus familias y sin que puedan hipotecarse más, porque están ya comprometidos sus emolumentos con los prestamistas.[39]

En consecuencia, se puede hablar de una situación que permanece sin mudanzas desde 1830 en lo relativo a la atención de los empleados públicos. Son veinticuatro años, durante los cuales se ha conspirado contra la aspiración de vivir una república que atiende a sus hijos por el conducto de un servicio eficaz, por el auxilio de unos ordenanzas diligentes que se deben a la ciudadanía. Debemos pensar en la limitación de los presupuestos como causa de una falencia vital para una sociedad que se confiesa republicana y moderna, no en balde sirve a regañadientes para producir unas asignaciones escuálidas y eventuales, aunque tal vez la causa del problema no sea solamente la incertidumbre de la hacienda, como se verá más adelante.

En todo caso, los recursos no se disponen para atender oficinas de manejo complicado, divididas en instancias numerosas, pobladas de funcionarios, repletas de papeles y agobiadas por el público. Más bien se trata de organismos caracterizados por la simplicidad, en los cuales se presiente una rutina sin apremios.

---

38 Informe sobre los empleados de Justicia, Caracas, 30 de mayo de 1849. *AGN*, Interior y Justicia, tomo CDLXX, fol. 70.
39 El gobernador de Maracaibo para el secretario de lo Interior, Maracaibo, febrero 11 de 1856. *AGN*, Interior y Justicia, tomo DLXXXV, fol. 89.

Veamos el caso del Ministerio del Interior en 1848 y lo que se cancela a sus miembros cada mes. Está servido por un titular que gana 285 pesos, y quien cuenta con la colaboración de un oficial mayor que recibe 158,33 pesos. La plana superior está formada por cinco jefes de Sección, cuyo sueldo alcanza a la cantidad de 99,74 pesos. Seis oficinistas de Número, a quienes se pagan 63,33 pesos, un portero y un sirviente que se llevan 14,25 pesos cada uno, concluyen la nómina. Para los gastos de escritorio hay una reserva de 25 pesos.[40]

Apenas un gerente, once manejadores de documentos y recipientes de solicitudes, junto con un par de criados, acompañan a un ministro que se ocupa de la política, de la seguridad y de la administración de justicia, que debe comunicarse a menudo con el presidente y que usualmente puede afanarse con casos susceptibles de tratamiento especial. Si consideramos el esmirriado gasto para tinta y papel que puede usar en el trajín, concluiremos en que no dispone de un despacho llamado a grandes cometidos. Ni el cortejo que lo acompaña, ni la dotación de su bufete, permiten pensar que el tamaño de su brazo pueda llegar hacia todas las faenas que le incumben. ¿Qué puede pasar con funcionarios de menor categoría, así en Caracas como en las provincias?

Muchos están condenados a servir en lugares devastados por la desolación que provocaron las guerras de Independencia, por la falta de presupuestos para el remozamiento y tal vez por la incuria. Son espacios en los cuales difícilmente se pueden atender en una escala aceptable las necesidades de la población, o pasar el horario de labores en un ambiente medianamente hospitalario. En 1832, un enviado del presidente Páez escribe unas notas sobre el estado de las oficinas en Valencia, Puerto Cabello, San Carlos y Guanare, que presenta un cuadro desesperanzador:

---

40 Secretaría del Interior. Presupuesto de sueldos de sus empleados y gastos de escritorio del presente mes, Caracas, marzo 31 de 1848. *AGN*, Interior y Justicia, tomo CCCLXX, folio 437.

La gestión de gobierno no se puede realizar en ninguna de las ciudades, por la falta de los recursos mínimos. No hay mesas, no hay sillas, no hay muebles del archivo, no hay escaparates, no hay bandera nacional, muchas veces sin puertas y sin ventanas, derrumbados los techos y perdida toda la pintura de las paredes, no hay establecimiento, llámese Prefectura o Pagaduría, que no sea una pobre covachuela. Habrá que hacer un gasto especial, para que estos establecimientos se levanten, siquiera por lo menos en pequeña proporción.[41]

El informe coincide con las quejas de la Corte Superior de Valencia en 1836, que describe así el estado de su sede: «La casa necesita un reparo de todos sus techos, pues con dificultad se encuentra en ellos un lugar exento de goteras».[42] De acuerdo con un informe enviado por el gobernador de Maracaibo en 1839, las oficinas de su jurisdicción están en abandono, incluyendo su propio despacho, pues solo tiene «media docena de sillas bien conservadas para atender colaboradores y visitas».[43] Dos años más tarde llega un noticia semejante del gobernador de Barcelona, quien dice sentir vergüenza por el abandono de la residencia oficial.[44] Los registros públicos de Guayana carecen de archivos para la custodia de los documentos.

En 1848, don Andrés Level de Goda, un conocido hombre público, comunica las primeras impresiones que le ha producido la oficina en la cual se estrenará como juez de Primera Instancia del Circuito 31, y de la conducta que asume ante la situación. He aquí la descripción del lugar y de sus aprietos:

---

41 Comunicación de Pablo Urbaneja para el Sor. presidente, Valencia, 10 de julio de 1832. *AGN*, Interior y Justicia, tomo xxx, fol. 90.

42 Informe de Pedro Estoquera, de la Corte Superior del Tercer Distrito Judicial, Valencia, 4 de octubre de 1836. *AGN*, Interior y Justicia, tomo LXXXIX, fol. 77.

43 El Gob. de Maracaibo para el Sor. secretario de lo Interior, Maracaibo, 19 de febrero de 1835. *AGN*, Interior y Justicia, tomo XLVI, fol. 1

44 Correspondencia del gobernador de Barcelona para el Sor. presidente, Barcelona, 20 de febrero de 1837. *AGN*, Interior y Justicia, tomo XLXXXIX, fol. 44 vto.

Solo encontré cuatro escuetas paredes de una sala y aposento para mi habitación que me vale diez pesos del alquiler, y nada de útiles para el trabajo, en que no había ni hay colección de leyes venezolanas, ni códigos de procedimiento, ni gacetas, y menos de leyes colombianas, de modo que actúo unas veces por mis principios, y otras por alguna ley que me presta el juzgado parroquial, donde tampoco está la orgánica de provincias, cuya falta me ha puesto en conflictos no pocas veces.[45]

En 1849, otra vez en Guayana, los papeles están expuestos a perderse por la falta de arcas y escaparates.[46] Lo mismo sucede en los registros de Mérida en 1856, que no tienen mesas, ni taburetes, ni arcas, ni tinteros, ni candados.[47] ¿Se pueden describir estragos mayores, en un área de entidad para la administración de la república? Las cárceles, sobre cuyo funcionamiento, como sabemos, han circulado numerosos decretos y cuyo estado debe reflejar los principios de civilidad divulgados por los notables, acomodan con facilidad en este horizonte de estropicios. En la *Memoria* que presenta como ministro de lo Interior ante el Congreso de 1831, Antonio Leocadio Guzmán hace una abrumadora confesión:

> En toda Venezuela no hay un edificio que pueda llamarse adecuado para la detención y seguridad de los presos, puesto que no está concluido el que se levanta en Caracas. Es asombroso el descuido que se nota en este ramo y es tan importante su mejora, cuanto que de ella depende, en gran manera, la administración de justicia. Hasta

---

45 Provincia del Guárico, Don Andrés Level de Goda para el señor secretario en los DD. del Interior y Justicia, Calabozo, 25 de noviembre de 1848. *AGN*, Interior y Justicia, tomo CCCLXXXII, fol. 284.
46 El Gobierno Superior Político de la provincia de Guayana. para el secretario de Estado en los Despachos de Interior y Justicia, Ciudad Bolívar, 17 de octubre de 1849. *AGN*, Interior y Justicia, tomo CDVII, folio 25.
47 Oficio de Pascual León para el Sr. secretario de E. en los DD. de lo Interior y Justicia, Mérida, 22 de abril de 1856. *AGN*, Interior y Justicia, tomo DLXXXIII, folio 312.

ahora los jueces territoriales, al aprehender un reo, lo ponían en marcha a disposición de la Corte Superior, con el sumario, porque no habiendo cárcel en que asegurarlos, la imperiosa necesidad los obligaba a hacerlo; pero esto ya no es posible; ningún venezolano puede ser distraído de sus jueces naturales, y como nadie puede faltar a esta disposición constitucional, todos los crímenes van a quedar impunes, si no se establece, por lo menos, en cada cabecera de cantón una cárcel segura. El Ejecutivo cumple su deber representando, que por efecto de las disposiciones existentes no debe contarse con esto en mucho tiempo.[48]

La confesión de uno de los funcionarios más importantes nos lleva al terreno de la contradicción entre la realidad y los ideales. Es evidente cómo se impone la primera frente a los segundos, no en balde declara la imposibilidad inmediata de transformarla en términos positivos. Desde el siglo XVI ha funcionado una cárcel en la capital, situada en la esquina de Principal. El local se caracteriza por la sordidez, pero en las primeras décadas de la república no ha experimentado mejorías. En 1837, el diputado Francisco Aranda la llama «mala y horrorosa» a través de una misiva que remite al presidente de la República.[49] En 1843, el diputado Tomás Lander le dedica las siguientes letras, en las «Notas o apuntamientos» que publica en *El Relámpago*:

> La cárcel que tiene Caracas es una mansión de horrores. El venezolano que se ve encarcelado deprava su moral con la vista de los objetos que le circundan, se degrada a sí mismo, porque cuanto

---

48 «Memoria sobre los negocios correspondientes a los despachos del Interior y Justicia del gobierno de Venezuela, que presenta el encargado de ellos al Congreso Constitucional del año 1831», en: *La Doctrina Liberal, Antonio Leocadio Guzmán*, Colección Pensamiento Político Venezolano del Siglo XIX, Caracas, Presidencia de la República, 1961, vol. 5, p. 124.
49 Según Ermila Troconis de Veracoechea, *Historia de las cárceles en Venezuela*, Caracas, Academia Nacional de la Historia, Estudios Monografías y Ensayos, 1983, p. 151.

ve y cuanto oye lo empuerca y lo envilece, y se familiariza con el crimen por el inmediato roce en que la sociedad lo coloca con todos los criminales.[50]

La situación permanece en 1856, pues un informe para el ministro del ramo lamenta que las refacciones en el edificio y la insistencia con que se ha pedido el cumplimiento de las normas que benefician a los reclusos no hayan parado en nada bueno: «Así ha estado desde el coloniaje y parece que continuará para vergüenza nuestra, para escarnio de la justicia y de la vida republicana».[51] Pero el lugar que por fin estrena nuevas construcciones no varía la rutina en su interior. Denuncia *El Candelariano*, en su edición de 5 de noviembre de 1851:

> No es cárcel, sino un lugar calculado especialmente para hacer morir muy en breve a un hombre en medio de los tormentos más atroces. El aseo, la limpieza del local y de los individuos es uno de los requisitos más esenciales, y el que por desgracia se ve más abandonado entre nosotros. La indiferencia con que se miran nuestras cárceles es el origen de este abandono y desaseo que horroriza y contagia a cuantos tienen la pena de acercarse a aquellos focos de inmundicia y corrupción.[52]

Sin embargo, los tales escarnios y descuidos no se sufren únicamente en los calabozos caraqueños, según puede desprenderse de un vistazo por otros apresamientos miserables, dejados y ofensivos.

---

50 «Notas o apuntamientos», en: *La Doctrina Liberal, Tomás Lander*, Colección Pensamiento Político Venezolano del Siglo XIX, Caracas, Presidencia de la República, 1961, vol. 4, p. 598.
51 Oficio sobre el tema de la cárcel, para el secretario de E, en los DD. del Interior y Justicia, Caracas, 16 de mayo de 1856. *AGN*, Interior y Justicia, tomo DLXXX, fol. 290.
52 «Cárceles», *El Candelariano*, n.º 77, Caracas, 5 de noviembre de 1851.

Pedro María Ortiz, preso en Angostura, se queja en 1833 de que lo están matando de hambre junto con otros infortunados.[53] En la fortaleza de Maracaibo viven hacinados los prisioneros, hasta el punto de que se busca la manera de realizar traslados hacia Puerto Cabello para «evitar horribles consecuencias de orden público». El alcaide pide trámites urgentes en oficio que dirige a la Corte Superior del Centro en 23 de junio de 1835, debido a que la explosión demográfica puede desembocar en asonada.[54] Una pequeña prisión establecida en Caucagua solo cuenta con siete detenidos en 1837, de manera que la incomodidad y los riesgos no son sus asuntos. Sin embargo, carece de archivos para guardar las sentencias y tiene apenas «dos celdas de regular tamaño para meter a hombres y mujeres». Además, el único guardia del lugar permite durante los fines de semana la salida de algunos presos de su amistad.[55] La casa que sirve de cárcel y de cuartel en Cariaco en 1848, es una verdadera ruina: «Hállase la existente en el mayor estado de deterioro, amenazando aplastar a los pobres que dentro están».[56] En las bóvedas de La Guaira no existe manera de atender a los reos enfermos, situación que mueve una solicitud del alcaide para habilitar una casa que sirva de hospital. Ha escrito al ministro del Interior y Justicia por «razones de humanidad».[57]

De acuerdo con un expediente formado por el juez de primera instancia de la provincia de Barcelona, a la altura de marzo de 1839, la penitenciaría de la localidad es un caos. Como funciona en una propiedad alquilada que antes servía como domi-

---

53 Inspección del gobernador a la cárcel de Angostura, Angostura, 27 de junio de 1833. *AGN*, Interior y Justicia, tomo LXXI, fols. 163-164.
54 Petición ante la Corte Superior del Centro, Maracaibo, 23 de junio de 1835. *AGN*, Interior y Justicia, tomo CIX, fol. 9-11.
55 Pedro Isturriz para el Sor. ministro de lo Interior, Caucagua, 4 de agosto de 1837. *AGN*, Interior y Justicia, tomo LXXXV, fol. 270.
56 Correspondencia del jefe político para el Sor. secretario en el D. del Interior y Justicia, Cumaná, 25 de abril de 1848. *AGN*, Interior y Justicia, tomo CCCLXXII, fol. 3.
57 Del jefe político de La Guaira para el secretario de lo Interior y Justicia, Caracas, 19 de septiembre de 1849. *AGN*, Interior y Justicia, tomo CDIV, fol. 99.

cilio familiar, carece de los mínimos requisitos de seguridad. En realidad, los cautivos hacen lo que les viene en gana, no solo por lo inapropiado del lugar sino también por la complicidad de los escasos e irresponsables celadores:

> Dos reos criminales se han fugado de ella sin la menor dificultad y sin la más pequeña culpabilidad de persona alguna. Diez y siete criminales existen actualmente y puede decirse que más por no agravar su crimen que por impedimento para fugarse o cometer otro mayor. Dos hombres indígenas que por lo regular son inexpertos y estúpidos forman la custodia de la cárcel. Estos mismos se hayan [*sic*] enfermos y la ronda de policía y los porteros de las oficinas que por las leyes de esta Provincia están obligados a cuidar la cárcel, no lo hacen [...] al contrario, cuando están en ella es para entrar en roce y bebezones con los mismos presos, según informes privados.[58]

No estamos ante un caso insólito, pues de la prisión de Barquisimeto llegan noticias parecidas en 1853:

> Considerando el carácter indómito de la mayor parte de los encausados y los excesos que se cometen dándoles dinero, sin embargo de la vigilancia de los Alcaides, se proporcionan licores y se entregan a juegos de azar y suerte, de que resultan pleitos de gravedad, tanto que ayer un preso, por motivos de esta especie, hirió cruelmente a otros.[59]

En breve se entera el ministro del Interior de que en la prisión de San Cristóbal es usual que los presos porten armas blancas, con las cuales atemorizan a los carceleros y de las cuales

---

58 Copia del expediente remitido a la Corte Superior de Justicia del Segundo Distrito Judicial, Caracas, 23 de marzo de 1839. *AGN*, Interior y Justicia, tomo CLXXXVI, fols. 153-154.
59 El jefe político informa sobre condiciones de la cárcel, Barquisimeto, 8 de abril de 1853. *AGN*, Interior y Justicia, tomo CDLXXXI, fols. 347-348.

se valen para escandalizar mientras juegan a los naipes. Se niegan a desyerbar las calles y las plazas. Solo asisten cuando desean a los oficios religiosos. Han convertido una de las celdas en una especie de bar, en el que venden sin ocultamiento botellas y copas de aguardiente.[60] Los delincuentes han hecho de su galera un club, en suma.

EVASIVOS, INEPTOS Y SORPRENDIDOS

Hasta ahora, las evidencias informan sobre las dificultades de los líderes que pretenden imponer una forma de vida y una manera de entender los problemas del país, después de la Independencia. Los designios de convivencia sufren el entrabamiento causado por el desconocimiento de las reglas pensadas para una nueva sociabilidad. Los presupuestos de la burocracia se caracterizan por la incertidumbre. Las oficinas son unos aposentos incómodos y mal dotados. Los sitios de reclusión son unas pocilgas en desorden. Pero los valladares llegan hasta una estatura gigantesca, cuando las fuentes descubren una indiferencia masiva en relación con las solicitaciones de los gobiernos. La gente sencilla no acepta de grado a los recién venidos que rompieron con el rey y con los planes desarrollados por Bolívar. La gente no está dispuesta a colaborar con los regímenes que se suceden luego del triunfo frente a España. Desde la inauguración de la autonomía, en 1830, hasta los albores de la Guerra Federal, en 1858, se observa esta indiferencia que impide llenar las plazas más urgentes de la burocracia. Un conjunto de conductas caracterizadas por la lejanía, por la apatía, por la trivialidad y aun por la trampa, marcan una relación gélida entre el sector público y los factores humanos que se requieren para la dirección y la atención de la sociedad.

---

60 Expediente sobre cárcel y detenimientos de San Cristóbal, San Cristóbal, 9 de noviembre de 1853. *AGN*, Interior y Justicia, tomo CDLXXXII, fol. 201.

Los gobiernos deben gobernar con las personas adecuadas, por supuesto. Necesitan subalternos confiables para convertir en realidad sus programas de trabajo, o simplemente para mantenerse en una comarca habituada a los vaivenes. Debido a la situación de decaimiento presentada por la economía, tal vez puedan reunir un elenco de senadores que, si no aceptan el empleo por motivos políticos o por un asunto de lealtad, lo harán para conseguir el salario de las cajas oficiales, aunque no venga tan especificado ni tan seguro como se ha visto. Con las propiedades en bancarrota y con el comercio en estado de parálisis y con tendencia a las pérdidas, o agobiado por los altibajos especialmente en los primeros diez años del ensayo republicano, no cae mal el flaco emolumento ordenado por los poderes públicos. Tampoco debe ser pésimo negocio exhibirse como mandamás en un capítulo de la sociedad en el cual puede alumbrar por años la estrella personal, si se utiliza el combustible adecuado. Sin embargo, no aparecen destinatarios para la incipiente burocracia. Las solicitudes de los gobiernos chocan con una apatía o con una reacción negativa, debido a las cuales podemos suponer que se hace difícil la marcha del Estado. El desinterés por el ejercicio de las funciones públicas es entonces una constante.

Siete meses después de que el presidente Páez llega a Caracas, protegido por su aureola de guerrero y rodeado de las simpatías del partido anticolombiano, un político de la intimidad llama la atención sobre las dificultades para encontrar colaboradores en Valencia.

> Ni siquiera en esta ciudad tan afecta, aparece gente que sirva los empleos, aunque se les implore. El decir de los particulares es que deben dirigirse a sus haciendas, a atenderlas; y la gente que actuó en la Convención firmando las suscripciones de apoyo, tampoco quiere trabajar. Tenemos que seguir buscando. A s.e. le consta que

no desmayo en la causa, no es mi debilidad, pero la situación está difícil sin atreverme a asegurar por qué motivos.[61]

Una misiva que llega tres años más tarde al despacho presidencial, procedente de Mérida, insiste en la situación.

Aquí nadie quiere trabajarnos, lo que ha producido diez i seis vacantes en provincia, jueces, escribanías, intendencia y guardias, pero sin que tengamos molestias de la población; eso quiere apuntar a la rareza de la falta, que no tiene origen en descontento por lo que venimos haciendo por las órdenes acertadas del Señor Presidente.[62]

Los informes de Valencia y Mérida hablan de una indiferencia inexplicable, debido a que no proviene de reacciones negativas ante la acción oficial. Más todavía, gracias al primer testimonio vemos cómo el problema se presenta entre personas que en la víspera se habían entusiasmado con la desmembración de Colombia y habían participado en eventos que buscaban el ascenso de Páez. El otro testimonio ve la situación como una «rareza».

En 1837 se produce una estampida cuando las asambleas escogen funcionarios dependientes del Concejo Municipal de Caracas. Es tan abultada la seguidilla de candidatos resistidos a aceptar cargos, que la prensa la refiere con detenimiento. El licenciado José Rafael Blanco presenta una «excusa legal» para no ejercer la Alcaldía Primera de Altagracia porque acaba de contraer matrimonio.[63] Don Miguel Tejera muestra certificados sobre su irritación pulmonar para librarse de ser alcalde primero

---

61 Ángel Quintero al presidente de la República, *AGN*, Interior y Justicia, Valencia, 2 de agosto de 1831, tomo CXX, fol. 25.
62 José Uzcátegui al presidente de la República, *AGN*, Interior y Justicia, Mérida, 11 de marzo de 1834, tomo CXXII, fol. 301.
63 «Cargas concejiles», *El Conciso*, n.º 2, Caracas, 21 de enero de 1837.

de la parroquia San Pablo.[64] A una oftalmía crónica «con recargos agudos muy penosos», debe don Francisco Ignacio Carreño la aprobación que hace el Concejo de su súplica para no cumplir la obligación de incorporarse a la alcaldía segunda de la parroquia San Juan.[65] Un joven a punto de casarse lleva las amonestaciones al Concejo, con el propósito de retirar su nombre de la lista de alcaldes de segunda elección que se celebrará en breve. Aunque uno de los ediles piensa que se trata de una conspiración de las bodas y de los males del cuerpo contra el manejo de la ciudad, el futuro desposado se sale con la suya.[66] La prensa hace chistes sobre la cadena de excusas,[67] diciendo que en Caracas existe una especie de «Canciller de inválidos» llamado Esculapio, que gana harto dinero con sus recursos profesionales ante la cámara edilicia.[68] Pero el abogado Felipe Fermín Paúl, una celebridad de la época, toma las cosas en serio. Según asegura, la mayoría de las solicitudes son irrelevantes en una república, no en balde se apoyan en «... leyes tan extravagantes y antiguas como las de Indias».[69] Así, por ejemplo, una Real Pragmática de Felipe IV sobre las funciones debidas a la Corona y el impedimento de esponsales, fechada en 11 de febrero de 1623. Se trata de disposiciones contrarias a «la igualdad y justicia con que están o deben estar formadas las leyes de Venezuela», concluye el jurista.[70] Paúl se aproxima al fondo del problema desde una perspectiva que no pudiera limitarse a arrojar luz sobre el caso que lo ocupa, sino también a disipar la perplejidad de quienes, como ya vimos, habían escrito al despacho presidencial por motivos semejantes.

---

64 *Idem.*
65 «Cargas concejiles», *El Conciso*, n.º 5, Caracas, 24 de enero de 1837.
66 Minuta para el jefe del cantón, AGN, Interior y Justicia, tomo CXIV, fols. 402-403.
67 «Cargas concejiles», *El Conciso*, n.º 1, Caracas, 20 de enero de 1837.
68 «Cargas concejiles», *El Conciso*, n.º 2, Caracas, 21 de enero de 1837.
69 *Idem.*
70 *Idem.*

Un documento de 1848, redactado por el gobernador de Ciudad Bolívar y dirigido al presidente de la República, refleja el mismo problema y las dificultades para solucionarlo.

> Acontece con frecuencia que se elige a un individuo para servir un destino concejil, y ocurre a un médico que le libra una certificación en que consta que el elegido padece éste o aquel otro mal, que por razones que el médico tiene buen cuidado de especificar, le imposibilitan para estar sentado, si el empleo es sedentario, moverse si su desempeño requiere ejercicio corporal, etc. y la autoridad que debe decidir de tales excusas apoyadas en tales pruebas, se ve en la alternativa de desatender al verdaderamente impedido, o abrir paso al abuso, si lo hay, puesto que para ser consecuente, admitidas en un caso debe hacer lo mismo en todas. Recientemente han sido nombrados en esta Capital alcaldes parroquiales cuatro ciudadanos que a su turno se han excusado de admitir el nombramiento por los medios dichos; y sin embargo de los padecimientos que sufren, según las certificaciones presentadas, continúan, en sus tareas privadas con el mismo tesón que los que disfrutan una perfecta salud. No quiere decir la gobernación que esas certificaciones son falsas; pero no hay duda de que son exageradas, circunstancia suficiente para que recaiga una resolución capaz de regularizar estos procedimientos.[71]

Para detener el abuso, el funcionario llega a proponer la verificación de pruebas en un tribunal, como las que operan en los juicios civiles[72] pero en los archivos no consta la atención de la sugerencia. El presidente no responde la inquietud sobre un asunto que traspasa las barreras lugareñas, acaso porque esté ante un predicamento que requiera meditación, no en balde debe enfrentarse a criterios profesionales y a unas personas comunes

---

71 José Tomás Machado al presidente de la República, AGN, Interior y Justicia, Ciudad Bolívar, 18 de enero de 1849, tomo CCCLXXXVII, fol. 314.
72 Idem.

y corrientes a quienes es difícil acusar de mentirosos desde la más alta atalaya.

O tal vez porque el problema se torne más complicado, debido a la proliferación de evasivas todavía más curiosas. Así, por ejemplo, la extravagante excepción solicitada por un caballero a quien se ofrece el puesto de administrador de la prisión de Puerto Cabello, en 1842. Entre los papeles de Interior y Justicia, reposa el siguiente documento suscrito por Pedro León:

> La clemencia de los apóstoles y santos padres es mi norte, que impídeme ver aherrojados a los prójimos, y hermanos, aunque se responsabilicen de los peores crímenes. Y si no puedo ver a la gente presa porque sufro, menos puedo cobrar por tenerlos presos. El emperador Filipo permitió que uno de sus servidores dejara el trabajo en una cárcel, por los sufrimientos que padecía, frente a los cautivos. San Francisco no recomendaba trabajar en las cárceles, porque se endurecía el corazón. El príncipe de Austria, con ser lo que era, dijo que prefería un cuartel a una cárcel, para redimir sus pecados. Y está escrito en el Evangelio que, al que más falla, más se le ayuda. Por eso les agradezco la proposición, pero no voy a aceptar.[73]

Ahora los responsables de la administración no se enfrentan a un certificado médico, sino a la cita de autoridades profanas y sagradas. ¿Están en capacidad de responder con propiedad? ¿Las toman en serio, o se echan a reír ante el rebuscamiento? Los episodios que se refieren de seguidas permiten asegurar que no están ante una definición sencilla.

Todavía en 1846 se recurre a argumentos de esta naturaleza para alejarse de encargos ordenados por el gobierno. Desde

---

73 Pedro León al gobernador de Caracas, *AGN*, Interior y Justicia, Valencia, 11 de junio de 1842, tomo XLIV, fol. 200.

el cantón San Carlos, un sujeto buscado para trabajar de auditor de tropas declina el ofrecimiento, diciendo:

> ... no congenio con la pólvora y no me gusta la munición, porque se me asocian mucho con la guerra, siendo yo de costumbres caseras.[74]

Seis meses más tarde, un trujillano a quien se concede una plaza de escribano que él mismo ha pedido en dos ocasiones, se atreve a responder:

> Uno no debe buscar un trabajo que no le gusta, y es verdad que lo que a mí me gusta es leer, pero no me gusta escribir. Por que [*sic*] no es lo mismo el cansancio del ojo, que el cansancio de la mano, que es lo que acabo de entender el año pasado, de tanto escribir unas cartas, y copiar unas leyes muy largas, buenas pero largas. Resulta que la mano se me envaró muy envarada, y no voy a ponerme, en lo mismo. Pero, a lo mejor, si tienen un encargo, que me acomode, estoy a las órdenes. Mientras tanto, seguiré pendiente, esperando, lo que me consignan.[75]

¿Acaso no estamos ante tempranas objeciones de conciencia, o ante confesiones nacidas del libre albedrío, gracias a las cuales el parecer individual se llega a imponer sobre las disposiciones del establecimiento para custodiar valores caros a las personas y asuntos de los que depende la tranquilidad particular? Antes de intentar una respuesta, echemos un vistazo a un documento enviado al presidente Monagas en 1857, que incluye una elocuente estadística de indiferentes y renuentes. De acuerdo con su

---

74 José María Pereira al intendente del Ejército, *AGN*, Interior y Justicia, Tinaquillo, 8 de marzo de 1846, tomo XXXII, fol. 33.
75 Juan Cruz para el ministerio del Interior, *AGN*, Interior y Justicia, Trujillo, 9 de septiembre de 1846, tomo XXXIX, fol. 22 vto.

contenido, en 1852 se presentan catorce excusas por matrimonio y dos por enfermedad para el ejercicio de cargos concejiles en Caracas. En 1853, diez personas se negaron a trabajar como escribientes en los tribunales de diversos lugares, debido a que sufrían, sin excepción, afecciones asmáticas que recrudecían por el contacto con los papeles polvorientos de los archivos. En 1854, seis jóvenes escogidos para trabajar en los hospitales de Caracas y Valencia se excusaron por la carga de numerosos achaques, pese a que ninguno había cumplido los veinte años de edad. Además, la presentación de cinco actas de matrimonio había impedido la atención de plazas en los despachos de rentas de Puerto Cabello y Maracaibo. Solo una de tales explicaciones tenía sentido, según la fuente, no en balde alguien probó el impedimento de su analfabetismo.

En 1855, nueve negativas por enfermedades como «torcedura de una pierna», «pasmo barrigal», «sarna y granos regados en cara y cuerpo» impiden que se cubran iguales plazas para maestros de primeras letras. En 1857 se recogen tres casos que le parecen excéntricos al redactor del informe: Julián Méndez se niega a ser juez porque no tiene caballo; Mariano Solarte no quiere trabajar como limpiador de una magistratura porque no tiene con quien dejar a su abuelita; y Elio Torres, para eximirse de la obligación de coordinar el correo, jura que «… le tiene miedo al invierno». La falta de una bestia es una razón de peso en un país incomunicado, pero el afecto del nieto y el temor a los aguaceros seguramente sean otra cosa. Según se asegura al final del informe:

> En todos aparecen graves irresponsabilidades y falta de ganas de trabajar, esperando instrucciones para corregir el grave mal.[76]

---

76 Memoria que dirige el Dr. Ángel Santos al Sor. presidente por su encargo, *AGN*, Interior y Justicia, Caracas, 4 de noviembre de 1857, tomo LXXXIX, fols. 498-500.

Ahora tenemos un punto de vista procedente de la época, sobre la cascada de renuencias. El funcionario habla de cómo los ciudadanos escurren el bulto sin razones dignas de atención, o por una indiferencia que le molesta. Pero tenemos también la opinión de un tal Juan de Dios Millán, expresada en 1856, sobre el cargo de comandante de policía que le ofrecen y sobre todos los cargos públicos.

Es una esquela en la que podemos leer:

> Ser jefe de policía no es trabajar, porque todos hacen lo que quieren y uno queda de adorno; como son adorno los jueces que se ganan la plata sin trabajar, mientras los ladrones están en la cantina; como son adorno los secretarios que no les da pena pasarse el día, sin hacer nada; como son adorno los soldados, sin pecado original concebidos, porque no saben de sudor, y otros más modelos de la pereza más general. Trabajar es lo que hago yo, escribiendo este oficio para no querer trabajar. Trabajar es poner un negocio, o cuidar una herencia, o arar en la hacienda, y eso lo hacen muy pocos en esta tierra amada y llena de maravillas; y mientras sigamos así, yo no trabajo en la policía.[77]

En la tierra «amada y llena de maravillas» que es Venezuela en 1856 nadie trabaja, de acuerdo con este Juan de Dios Millán que no quiere uniformarse de comandante de gendarmes. No odia el oficio ofrecido, pero considera que, como nadie toma en serio su obligación con la sociedad, carece de razones que lo atraigan hacia el servicio. Predomina, de acuerdo con sus palabras, una suerte de dejar hacer debido al cual faltan la administración de justicia, la vigilancia, la atención en las oficinas, las labores de defensa y el esfuerzo de los políticos. La sociedad marcha al

---

77 Juan Millán al secretario de lo Interior, AGN, Interior y Justicia, Caracas, 14 de mayo de 1856, tomo XXXII, fol. 470.

garete, debido al incumplimiento de quienes deben orientarla y meterla en cintura. Pero el quejumbroso solo se refiere a la esfera de lo público, sin mezclar en el mismo saco los esfuerzos relacionados con las propiedades particulares. Si damos crédito a su esquela, apenas «sudan» entonces algunos hacendados y ciertos herederos, mientras los empleados del gobierno son unos holgazanes. Es evidente el menosprecio que siente por los burócratas del país naciente, aunque tampoco se muestra demasiado entusiasta con los que fomentan su heredad.

En todo caso, ¿cómo reaccionan los gobiernos ante una situación que por su ubicuidad y persistencia no pueden ignorar? Los gobiernos aceptan las excusas a costa de las numerosas vacantes que deben entorpecer su misión. En consecuencia, estamos frente a una indiferencia de las autoridades que debe llamarnos la atención. Tal vez influya en la actitud la falta de recursos para reclutar empleados, pero como no se maneja ahora en el discurso de los mandatarios, lo único que puede verificar el historiador es el hecho de que no circula entonces ninguna orden dirigida a obligar a los renuentes, ni una orientación siquiera para interesar a los ciudadanos o para variar la perjudicial tendencia. Hay testimonios de la búsqueda de empleados y de la molestia de un funcionario cercano al presidente de la República, pero nada más. Tampoco las fuentes registran el respeto que pueden producir entre los personeros del régimen las razones que llegan a sus despachos. Por consiguiente, resulta forzado plantearse la alternativa de la consideración de objeciones de conciencia por las altas esferas. Especialmente si recordamos la futilidad de los argumentos, tan poco fiables que llegan a provocar sátiras del periódico y tan forzados como para buscar soporte en la legislación de la colonia desaparecida. Además, solo en un clima republicano de veras pudieran aceptarse tales objeciones, lo cual es precisamente lo que no existe entonces en Venezuela, según los comentarios ya conocidos del abogado Felipe Fermín Paúl que quizá se aproximen con propiedad a los resortes del problema: como no se sienten ciudadanos, esto es, sujetos responsables de la suerte de la república, los venezolanos rechazan los empleos.

Pero, ¿qué sucede con los que aceptan sus comisiones? Muchas veces no están capacitados para cumplirlas. En 1834 no se pueden contratar escribientes en Trujillo: «… los candidatos mueven la pluma con demasiado trabajo».[78] Tres años más tarde, las autoridades de Guanare se quejan de unos empleados, porque «no tienen conocimiento de ninguna instrucción y conocen la ley de oídas».[79] El gobernador de Maracaibo se lamenta en 1839, por «… lo mal que nos va por la desconfianza que crea la falta de experiencia y de saber de los hombres que acuden a los empleos de los Consejos, los juzgados y también la casa de gobierno. No son instruidos en materias simples, ni tampoco se acostumbran a sujetarse a un calendario de obligaciones»,[80] dice. «Ningún empleado sirve para nada, garabatean, ensucian el papel, no se saben vestir, no van a las audiencias del Superior y duermen desde las doce hasta las tres», denuncian desde Valle de la Pascua en 1840.[81] De acuerdo con un informe de 1841, el jefe político del cantón Tocuyo no puede nombrar comisarios de policía debido a que:

> En la mayoría de las parroquias y lugares no hay individuos que sepan firmar, a la vez que este requisito es necesario, pese a que algunos son miembros de las juntas comunales.[82]

---

78 El gobernador de Trujillo para el secretario de lo Interior, AGN. Interior y Justicia, Trujillo, 16 de febrero de 1836, tomo CLI, fol. 19.

79 Comunicación del jefe político de Guanare, AGN, Interior y Justicia, 9 de septiembre de 1839, tomo CLXXVIII, fol. 119.

80 El gobernador de Maracaibo al Sor. ministro de lo Interior. AGN, Interior y Justicia, Maracaibo, 1 de mayo de 1839, Interior y Justicia, tomo CXXXIII, fol. 2.

81 Comunicación de Valle de Nuestra Sra. Pascual, para el presidente de la República, AGN, Interior y Justicia, 14 de mayo de 1840.

82 El gobernador de la provincia de Barquisimeto consulta lo que debe hacerse cuando en una parroquia no se encuentran individuos aptos para comisarios de policía, AGN, Barquisimeto, 29 de enero de 1841, tomo CCXXVIII, fol. 414.

¿Se pueden escoger personas con ese impedimento?, pregunta el desesperado gobernador.[83] La respuesta no termina su calvario, pues se limita a señalar: «Donde no haya individuos que reúnan las calidades de la ley para comisario de policía, miembros de las juntas comunales, no deben nombrarse porque la población no lo permite».[84] Si el caso no se limita al cantón Tocuyo, sino también a otras circunscripciones, como se desprende de la precariedad del panorama, una contestación así de tajante clausura la posibilidad de desenlaces satisfactorios.

Pero el problema se torna más arduo si nos detenemos en un Informe que la municipalidad de Obispos redacta en 1853. Expresa:

> El artículo 74 autoriza a los Concejos Municipales para nombrar Comisarios de Policía, en las poblaciones y lugares que a su juicio lo necesiten, y estos ejercerán sus funciones bajo la autoridad del Jefe Político y Jueces de Paz, no expresando dicho artículo, qué cualidades deben tener dichos Comisarios; y a pesar de que el 64 explica las cualidades que deben reunir los que se elijan para Jueces de Paz, Síndicos parroquiales y miembros de las Juntas de Policía, los Concejos Municipales y aún el mismo Gobierno se ven embarazados para resolver la duda.[85]

Como se observa, predomina la incertidumbre en torno a una función necesaria para el desenvolvimiento de la rutina. Es evidente que se echan de menos los comisarios de policía, pero nadie sabe a ciencia cierta cómo deben ser. Ni siquiera en Caracas, a través del Congreso o desde la mesa de los ministros, se ha disipado la perplejidad.

---

83 *Idem.*
84 *Idem.*
85 Informe de la Municipalidad de Obispos, indicando mejoras en algunos ramos de la administración, AGN, Interior y Justicia, Obispos, 23 de febrero de 1853, tomo CDLXXIX, n.º 1, fol. 3 vto.

La instrucción de los milicianos es otro asunto que no se atiende con eficacia. Debido a las quejas que llegan a la capital desde diversos lugares, el presidente de la república quiere ocuparse, en 1835, del analfabetismo de los hombres de armas. Existe un plan de estudios que data de 1826, pero no se han creado las aulas de rudimentos que dispone. Noventa de cada cien soldados «ni conocen la O por lo redondo», se asegura entonces. Por consiguiente, el primer magistrado ordena al Departamento de Guerra la creación de una «escuela primaria militar en cada cuerpo de los que componen el Ejército, en que se enseñe a las clases y tropa, a leer, escribir y contar a través de un modo sencillo y fácil».[86] El secretario del despacho sugiere que se dediquen dos horas diarias a la instrucción elemental «para los que no estén de facción», mediante la contratación de un maestro a quien se le dará el sueldo y la consideración de un sargento primero.[87]

El proyecto se planta en estas generalidades, razón por la cual no debe sorprendernos la siguiente «correspondencia secreta» de 1856, dirigida por un oficial de apellido Vargas al ministro de la Guerra:

> Los cuerpos veteranos han declarado una guerra, pero a la educación. De teniente para abajo nadie sabe leer. A veces los tenientes y otros superiores están peleados con las cartillas, que es cosa de no creerse y de conversar en privado, porque les cuesta leer una esquela y saben contar con los dedos, pasando horas en sacar una operación de párvulos. El grueso no conoce las letras sueltas (Así: a, b, c,) ni los números sueltos (Así: 1, 2, 3), de modo que dependemos de una tropa de burros.[88]

---

86 Informe sobre el establecimiento de Escuelas de primeras letras en los cuerpos veteranos, según lo previene el Artículo 11 del Plan General de Estudios, *AGN*, Interior y Justicia, Caracas, 2 de abril de 1835, tomo CXXII, n.º 2, fols. 22-24 vto.
87 *Idem.*
88 Correspondencia secreta para el secretario de la Guerra, *AGN*, Interior y Justicia, Cumaná, 25 de octubre de 1856, tomo XXXVIII, fols. 1-2.

La confidencia que ofrece mayor franqueza en el curso de una entrevista privada con el responsable de la soldadesca nos aproxima a los riesgos de seguridad que deben tragar los venezolanos de la época. Sujetos a una milicia sin los elementos mínimos para entender su rol en la sociedad, pues ni siquiera manejan herramientas que les permitan la comprensión de una orden y la consiguiente obediencia en términos razonables; sujetos a unos hombres cuyas carencias son tan grandes como para merecer un análisis sigiloso con el ministro del ramo, parecen condenados a una existencia caracterizada por los sobresaltos. Si contaran con el escudo de una administración civil que pudiera provocar confianza, la vida sería más llevadera. Sin embargo, ya se ha visto cómo los dominios de los gobernadores, de los jefes políticos, de los magistrados y los concejales tampoco están abonados para la semilla de la eficacia cívica.

Según se ha observado, la ineficacia obedece a la poca preparación de la mayoría de los empleados y a la imposibilidad de que el gobierno la corrija porque carece de medios materiales, o porque no se preocupa de veras por la introducción de correctivos. Sin embargo, puede existir un entendimiento adicional del fenómeno. Ocurre el caso de funcionarios que pretenden hacer su trabajo, pero que encuentran una situación de incertidumbre propia de una sociedad colocada frente a unos retos que no había asumido antes. En consecuencia, les cuesta cumplir con el cometido por razones que no se pueden achacar a irresponsabilidad individual, ni a lo rudimentario de la formación de cada quien. Simplemente no saben cómo hacer ante el rompecabezas de episodios inéditos.

De allí que no deba sorprendernos el trago que apura el gobernador de Barcelona en 1836, ante una petición que, en general, no atendían en el pasado los gobernadores. Debe conceder licencia para que dos cadáveres sean enterrados en la iglesia de la Villa del Pao. Sin embargo, como solo en contadas oportunidades se han atendido situaciones en las cuales debe inmiscuirse el poder secular en los predios de la potestad espiritual, ignora el procedimiento. Se le ha dicho que debe multar a los deudos antes de permitir la inhumación, pero no encuentra instrucciones que lo conduzcan a proceder de tal guisa. Argumenta:

> Parece que hay un Decreto del general Bolívar que está vigente y que ordena una multa, pero en esta jefatura no existe ese Decreto, y se ignora la cantidad que deba cobrar. Además, el venerable Cura asegura que la multa debe ir para la fábrica de la Iglesia, para que no se paralizare, pero no tenemos en el Archivo de esta oficina disposiciones en el sentido en que se contrae la intención del venerable Cura.[89]

Movido por la perplejidad y para evitar problemas con el sacerdote, el gobernador pretende que el ministro del Interior consulte la situación al presidente de la República.[90]

En 1838, el Gobierno Superior de Barquisimeto hace averiguaciones sobre otro asunto relacionado con la Iglesia, debido a la vigencia de la Ley de Patronato que apenas se está poniendo en ejecución. Por mandato de dicha ley la autoridad civil debe sellar los libros de bautismos, pero uno de los curas de la ciudad se niega. Antes de colocar el sello de la república, hay que ver si los bautismos se asientan en el «papel correspondiente» operación que requiere el asentimiento del párroco. Ante la negativa se consulta a Caracas, pero no llega la contestación esperada. ¿Qué hace el Gobierno Superior de Barquisimeto? Toma el camino que le parece expedito. Se olvida por un momento de las normas laicas y busca la protección del templo. Suplica al vicario y juez eclesiástico del partido su intercesión para que por fin se sellen

---

89 Comunicación del gobernador de Barcelona al secretario del Interior, Barcelona, 18 de febrero de 1836. *AGN*, Interior y Justicia, tomo CXXIX, folio 398.
90 *Idem*.

los libros de la pequeña querella. El vicario accede y los asientos reciben el franqueo del vicepatrono, en un desenlace en el cual el laicismo inaugural no termina por imponerse, o apenas se impone a medias porque la parcela civil balbucea y acude a soluciones trilladas.[91]

Solo en 1841 se comienza a aclarar el asunto, o se toman medidas para evitar la vacilación de los titulares de las gobernaciones. La Secretaría de Estado comunica una circular a los gobernadores, con el propósito de instruirlos en la manera de tomar datos sobre nacimientos, bodas y defunciones frente a la resistencia de los párrocos. Si persistía la desobediencia, los clérigos podían pagar penas de multa y prisión, «por la responsabilidad que les impone la ley».[92] Pero la colisión persiste en otras áreas vinculadas a lo eclesiástico, así como la dificultad para responder en términos enfáticos. Es lo que se aprecia en un juicio seguido contra el cura de Barinitas, a la altura de 1841. Cuando está a punto de ser condenado, el acusado apela al recurso de la ley canónica. Los jueces de paz, según alega, tienen la obligación de consultar las Constituciones Sinodales de 1687 que establecen las pautas para procesos contra los religiosos venezolanos. El tribunal del primer circuito de Barinas escribe así al Ministerio del Interior:

> No se han circulado a los empleados de justicia las Constituciones Sinodales del Arzobispado de Caracas. Hay un ejemplar en la iglesia, que no se puede leer por rotura, pero que parece contener elementos contra la acción de los jueces de paz. No sabemos si hay que fallar con arreglo a ellas, después de la jura de Constitución y Patronato, o si atienen [sic] suficientemente las normas vigentes. Tenemos un recurso de queja, que ha provocado opiniones

---

91 Oficio del gobernador de Barquisimeto sobre unos libros parroquiales, Barquisimeto, 26 de mayo de 1838. *AGN*, Interior y Justicia, tomo CLXXIII, fol. 236.
92 Circular del secretario de Estado, Valencia, enero 25 de 1841. *AGN*, Interior y Justicia, tomo CCXXIII, folio 383.

distintas y encrespamiento de las pasiones, cuyo consejo es solicitar un acuerdo superior que cierre el caso.[93]

Se desprende del fragmento cómo unas disposiciones del principio de la Colonia pueden entorpecer la marcha de los tribunales en 1841. El tiempo ha pasado desde cuando se ajustaron las pautas del Concilio de Trento a las peculiaridades de Venezuela, pero la comparecencia de sacerdotes a las cortes civiles todavía no es un hecho sólito. El juicio de los religiosos correspondía antes a una jurisdicción de sus pares y superiores, a una instancia especial y exclusiva que no se ha borrado de la sensibilidad de entonces, ni han desterrado unas costumbres que apenas tratan de fundarse. La situación debe influir en los magistrados que se están estrenando con reos que antes escapaban a su esfera de acción. Quieren cumplir su deber, pero llegan a considerar a las Sinodales como preceptos susceptibles de cambiar la suerte del asunto que manejan. No solo ellos, sino también muchas personas ajenas al tribunal que debaten sobre el episodio y son capaces de expresar sus sentimientos hasta el extremo de sembrar preocupaciones en la aldea.

La claridad tampoco predomina en el caso de procesos y castigos contra los militares, ni existe una determinación inequívoca sobre su tratamiento. En 1833, un juez de Cumaná confiesa sus titubeos en torno al suceso de un capitán, acusado de abigeato. Dice: «El abogado no quiere que trate el caso porque, siendo un miembro vivo y representante del Ejército Libertador, está esencionado [*sic*] y debe pasarse el caso al Ministro de la Guerra, con las diligencias hechas aquí. Suplico consulta y una contestación, para proceder en Dro.».[94] No hay constancia de

---

93 El primer Circuito de Barinas para el Sor. secretario en los despachos del Interior, Barinas, 30 de abril de 1841. *AGN*, Interior y Justicia, tomo CCXXVI, fol. 445.
94 El Juzgado Primero de Cumaná consulta al Sor. ministro en los Despachos de lo Interior y J., Cumaná, 4 de octubre de 1833. *AGN*, Interior y Justicia, tomo LXXX, folio 60.

la respuesta, como tampoco existe una ante la elocuente duda presentada por otro magistrado en 1840, ante quien se lleva a un comandante por modificar de manera arbitraria los linderos de una hacienda. Se trata de un juez de Mérida, quien expone así su tribulación:

> Hay testigos animados a probar la falta del Comandante, y aparece el pretexto de su privilegio de ser considerado en la comandancia en el medio de sus compañeros de armas, únicos sabedores de los estatutos especiales. No hay recibo de los estatutos especiales, siendo necesario un envío para impedir la intranquilidad, porque sabemos que casos como éste pueden ser la cola de movimientos contra el orden. Debo decir en política que la lección de hace 5 años manda la prudencia de este Tribunal y la rapidez en el conocimiento de los dichos estatutos.[95]

De nuevo aparece la irresolución porque no se ha tomado una posición firme sobre el fuero militar, porque no se percibe exactamente si persiste. La inmunidad de los hombres de armas se ha eliminado por el texto constitucional, pero el togado de Mérida siente que existen unos «estatutos especiales» que lo constriñen en el tratamiento del delito cometido por un oficial del ejército. Parece que no sabe si hay o no hay fuero militar en 1840. Pero otra causa, distinta del resorte que lo pone a vacilar ante situaciones poco comunes, mueve la duda. Puede carecer de noticias sobre la eliminación del fuero, o puede manejar el asunto desde una perspectiva ambigua, pero es evidente que ha calibrado el peso de los militares en la sociedad. Por eso se atreve a «decir en política» que el juicio puede desembocar en una trifulca parecida a la «Revolución de las Reformas» que ocurre en 1835 contra el

---

95 El juez primero de Mérida para el Sor. ministro de lo Interior y Justicia, Mérida, 16 de mayo de 1840. AGN, Interior y Justicia, tomo CCXII, folio 69.

presidente Vargas. Ahora no estamos solo frente a una inseguridad comprensible, frente a conjeturas con fundamento, sino también ante el producto del temor provocado por una influencia que, debido a su valimiento intrínseco, puede conducir a la obstrucción de la justicia y a los extremos de una convulsión.

Acaso por tal motivo queda sin contestación un reclamo que hace el gobernador de Carabobo ante el presidente de la República, en diciembre de 1847. El comandante de armas se niega a pasarle el santo y seña, pese a que lo ha requerido en tres ocasiones. Según el mandatario regional:

> En todo lo que pertenece al orden y seguridad de la provincia, y a su gobierno político y económico, están subordinados al Gobernador los funcionarios públicos de cualquiera clase, que residan dentro de la misma Provincia [...] Los Gobernadores son agentes constitucionales, naturales e inmediatos del Poder Ejecutivo, y como tales son jefes superiores en sus respectivas provincias y en ellas les están subordinados los funcionarios y autoridades, así civiles como militares y eclesiásticas, sin excepción alguna, en todo lo que mira al buen orden y tranquilidad de la provincia y su gobierno político y económico.[96]

El alegato parece impecable, apegado a la Constitución y al carácter de un funcionario provincial que representa al primer magistrado, pero el comandante de armas piensa distinto, si consideramos su negativa a informarle de una medida usual de seguridad y su desdén ante un reclamo ajustado a derecho. Como el primer magistrado guarda silencio ante el episodio, debemos suponer que no se preocupa por el desacato, o que prefiere evitarse la molestia de escarbar en territorios espinosos. Hay situaciones

---

96 República de Venezuela. Gobierno de la Provincia de Carabobo, n.º 1.758, Valencia, 24 de diciembre de 1847. AGN, Interior y Justicia, tomo CCCLIX.

que pudieran considerarse como de menor envergadura, aunque no lo son, susceptibles de provocar aprensiones parecidas. Así, por ejemplo, el sistema de pesos y medidas. *El Conciso* de febrero de 1837 asegura que existe una diversidad de unidades de tasa y marca, frente a las cuales no toman las autoridades una decisión capaz de llegar a la homogeneidad. Hay una ley de la materia, dictada por los constituyentes de Colombia en 1821, pero su contenido no corrigió la anarquía de las disposiciones españolas. De allí que cada cual aquilate según su conveniencia, mientras el gobierno no atina en las soluciones. Los casos no prosperan en los tribunales, porque nadie sabe cómo calcular las evidencias materiales que pueden presentarse para probar el perjuicio sacado de alguna transacción mercantil. La magnitud y la proporción de los objetos pueden ser manipulados por las partes en querella, sin que el magistrado decida con propiedad quién lleva la razón. Los cálculos de longitud y cantidad no son iguales en toda la república, situación que obliga a un tratamiento diverso de los entuertos, pero también caprichoso, según el lugar de su presentación. No hay jefe civil, ni juez, ni gendarme que se pueda meter razonablemente en el archipiélago de brazas, codos, palmos, dedos y jemes que usan los negociantes. El periódico refiere las bondades del sistema métrico decimal como solución del laberinto,[97] pero solo se adopta en 1857.

La ausencia de una unidad, monetaria, entuerto que solo comenzará a solucionarse durante el mandato de Guzmán Blanco, causa enredos semejantes. Todavía en el período posterior a la Guerra Federal, según narra el británico James Mudie Spence, predominan las maneras arbitrarias de tratar con el dinero. Vemos un fragmento de su descripción:

---

97 «Pesos y medidas», *El Conciso*, n.º 20, Caracas, 9 de febrero de 1837.

Con excepción de algunas moneditas de cobre, no existía una moneda venezolana; las monedas de Gran Bretaña, Francia, España, Colombia, Perú, Chile, México, Argentina, Bolivia, Brasil, los Estados Unidos, Alemania, Italia, Dinamarca y Holanda circulaban, y se consideraban moneda legal. Es de imaginarse, entonces, la dificultad de obtener cambio por una libra esterlina de oro! Los nativos de este país debían haber sido bien educados, porque algunas de sus transacciones comerciales más comunes estaban acompañadas de dificultades aritméticas suficientes para desconcertar a un inglés, y para desesperar a un francés acostumbrado a la simplicidad del sistema métrico [...] El problema de calcular el cambio era demasiado; yo me confiaba en el peso de las monedas, y era lo bastante experto como para no equivocarme en más de seis peniques [...].[98]

El laberinto existe desde 1830. Tal vez los venezolanos lo hayan manejado sin naufragar, más por necesidad que por el talento aritmético que les atribuye un agente inglés de negocios. En lugar de la objetividad del peso de las monedas, o de las regulaciones que a veces intentaba el gobierno, seguramente determinaron su tráfago la maña y la rapidez de quienes debían proveer, sin mayores miramientos, el sustento de sus familias y la permanencia de sus negocios.

El tratamiento que se debe ofrecer a los jueces de primera instancia no es asunto que incumba a las mayorías, como el anterior, pero igualmente nos introduce en el campo de las indefiniciones que se viene tratando. En 1841 no existe acuerdo sobre la manera protocolar de referirse a su investidura. Algunos gozan el tratamiento de Señorías, otros el tratamiento de Excelencias o de Excelentísimos Señores, pero a otros simplemente se les llama Señores. Como la ley colombiana de 1823 fue poco

---

[98] James Mudie Spence, «La tierra de Bolívar». En: *La mirada del otro. Viajeros extranjeros en la Venezuela del siglo XIX*, Estudio preliminar y recopilación de Elías Pino Iturrieta y Pedro Calzadilla, Caracas, Fundación Bigott, 1990, pp. 240-243.

exacta en los pormenores de la etiqueta republicana, algunos jueces pretenden acudir a las normas españolas para que se les llame como se les debe llamar. Sugieren la consulta de las leyes de Indias, de la Novísima Recopilación de Castilla o de las Siete Partidas. Dado que no se trata de un convencionalismo, sino de «la dignidad y el decoro del puesto que ocupan los jueces, es decir, la más sólida base para conservar la autoridad y para establecer el orden social»,[99] desde Barcelona se acude a la opinión del ministro del Interior. Sin embargo, el consultado tampoco tiene clara la situación. Mientras piensa con calma, apenas llega a una conclusión provisional que deja para el consumo de su oficina:

> El respeto que se debe a un Juez de Primera Instancia, exige el tratamiento de Usía que ya hoy la urbanidad da a los miembros de cualquier cuerpo colegiado y que la costumbre, con pocas excepciones, parece haber consagrado en los oficios y memoriales que se dirijen a semejantes funcionarios. Opina sin embargo la Secretaría por que no se conteste, que mientras las leyes no decidan el punto consultado, se deje éste a lo que la práctica haya introducido en las diferentes provincias de la República.[100]

De nuevo se echan las cosas en manos de la rutina, sin tratar de reducir los equívocos en una república que parece condenada a dar tumbos porque faltan reglas claras y nexos transparentes en su itinerario.

COMPLICIDADES, INFLUENCIAS Y TROPELÍAS

En medio de la inexperiencia, de las ambigüedades, de la falta de medios para la superación de eventos provocados por

---

99 El Gobierno de la Prov. de Barcelona consulta sobre el tratamiento que deba darse a los jueces de Primera Instancia, Barcelona, 9 de septiembre de 1841. *AGN*, Interior y Justicia, tomo CCXXXVIII, folio 15.
100 *Idem*.

la realidad, y tal vez por la falta de voluntad para erradicar tantas situaciones que dejan a los ideales «civilizados» en la sala de espera, proliferan las situaciones aberrantes. Hemos topado con el testimonio de unas carencias que generalmente no obedecen al deseo de impedir el funcionamiento de las instituciones, sino a los escollos surgidos del ambiente y a una indiferencia que tampoco responde a una intención obstruccionista. Sin embargo, igualmente abundan las pruebas de una arbitrariedad surgida de imperios personales y de complicidades locales, que desmienten el mensaje de circunspección pregonado en los inicios. En la repetición de sucesos provocados por la prepotencia de los funcionarios, pero también por su desidia, así como en la aparición de una red de connivencias cuyo cometido es la conspiración contra la legalidad y el perjuicio de los sujetos más desvalidos, Venezuela se niega a ser la arcadia de equidad que se ha anunciado desde 1830.

En los inicios de la autonomía no es inusual que sucedan casos como el de un párroco de Coro, José María Oberto, quien prohíbe que un feligrés sea enterrado en parcela consagrada. El individuo asistía con irregularidad al templo y no frecuentaba los sacramentos. Corre 1833 cuando el jefe político de Paraguaná denuncia el despotismo del sacerdote. Se niega a las instancias de la comunidad que reclama un reposo digno para el fallecido y no está dispuesto a permitir que la autoridad civil se inmiscuya en la querella. La Ley de Patronato es una profanación de la iglesia y la intervención del brazo secular irrespeta al ministro del santuario que ha tomado la decisión de impedir la inhumación en el cementerio del lugar, expresa el padre Oberto. Convocado por oficio al orden, llega a lanzar imprecaciones contra el gobernador y arroja del templo a unas señoras cuyos esposos habían tomado parte a favor de los deudos del fallecido. Solo está dispuesto a obedecer una carta pastoral del obispo de Jericó divulgada en 1822, según la cual:

> Todos los renuentes y rebeldes que no se confiesen se tengan por descomulgados si permanecen en su renuencia, y si mueren así se enterrarán en los campos como desmembrados de la Iglesia, como enemigos declarados de ella. Y que los cuerpos vayan con el rostro por el suelo como que miran para el infierno a donde van a parar, pues no son dignos de que miren al cielo quienes no han procurado amor a Dios ni guardar sus santos preceptos.[101]

Se habla al cura sobre la desconsiderada manera que ha sugerido de llevar el cadáver, pero desatiende los llamados. Se argumenta que el feligrés jamás había sido excomulgado, pero tacha de ignorantes a sus interlocutores. A última hora se le implora en nombre de la caridad, pero se mantiene en sus trece. Ni la Ley de Patronato, ni cartas del gobernador, ni las súplicas del pueblo encuentran respuesta. Cuando el ministerio ordena una averiguación, el padre Oberto se marcha de Coro profiriendo amenazas que conmueven a las ovejas. Se trata de unas maldiciones tomadas de la pastoral que ha respaldado su contumacia:

> Que se vayan huérfanos sus hijos y sus mujeres viudas. Que el sol se les oscurezca de día y la luna de noche. Que las plagas enviadas por Dios sobre el Egipto, vengan sobre ellos, Amén.[102]

¿Puede existir una tiranía más inflexible en la escala local, un desacato mayor de las leyes humanas y de las virtudes teologales?

Las personas que viven en Barcelona en 1837 tal vez pudieran aventurarse a ofrecer una respuesta plausible, pues son testigos de cómo el juez José María Saavedra destina a numerosas personas para que sirvan en casas particulares con el pretexto de que son vagos, cuando la mayoría puede probar que vive de ocupaciones

---

101 Al Sor. secretario de Estado del D. del Interior, Coro, 30 de julio de 1833. *AGN*, Interior y Justicia, vol. LXVII, fol. 6.
102 *Idem.*

lícitas.[103] O los habitantes de La Victoria en 1842, si nos atenemos a los padecimientos que les causa el jefe político, un áspero sujeto llamado Laureano Reverón. Apenas encargado de sus funciones ordenó la prisión de tres campesinos que le debían dinero, unos treinta y seis pesos en total. Luego hizo juegos ilegales en su casa argumentando que no había precepto que lo impidiera, «por muy aprobado y aireado que estuviera». Después hizo que un soldado borracho robara documentos que lo comprometían en la vejación de unos ciudadanos y en la desaparición de seis burros de carga. Más tarde ordenó una paliza contra un joven que amenazó con denunciarlo en Caracas. El jefe político de La Victoria adquiere celebridad cuando sus felonías se ventilan a través de *El Venezolano*, cuyos redactores lo presentan como:

> Un hombre que no ha leído nuestra Constitución, no conoce el sistema, y si lo conoce, malignamente quiere desacreditarlo; y en fin, que la educación que ha recibido no es para vivir ni gobernar en un país de instituciones liberales, sino en aquellos en que por desgracia de la especie humana rige un despotismo absoluto.[104]

Una manera de explicar las razones de otra tiranía comarcal, pero también el parecido que en ocasiones tenía con sus antípodas el régimen inspirado en principios liberales.

Un análisis semejante se ajusta al caso de Antonio Abreu, quien ocupa la jefatura política de Calabozo en 1845. El hombre aprisiona los vecinos a su antojo, aun sin que se persiga delito ni se acuse a nadie de fechorías. Así mismo, saca de la cárcel a los delincuentes, si son sus compinches o le ofrecen recompensas. Sus desafueros llegan al conocimiento público debido al método que utiliza para lograr la confesión de dos delincuentes presuntos.

---

103 «Dictamen», *El Conciso*, n.º 53, Caracas, 14 de marzo de 1837.
104 «Escándalos en La Victoria», *El Venezolano*, n.º 131, Caracas, 13 de septiembre de 1842; «Señor Redactor de El Venezolano» *Ibidem*, n.º 140, Caracas, 25 de octubre de 1842.

El seis de marzo en la noche, a las ocho y media, hizo sacar el Gefe Político de la cárcel al presidiario Francisco López y al preso Urbano Figuera, les amarraron bien y fueron conducidos a la sabana por una escolta de guardias armados de trabucos, carabinas y machetes. El Gefe Político concurrió personalmente a esta escena, para darle más importancia. Cuando tuvieron en campo abierto a las víctimas de su perversidad, les amenazaron con el tren de armas e intimaron: que si no decían verdad afirmando cuanto se les interrogase, les quitarían las vidas: estas amenazas e intimaciones eran tan continuas como que a cada pregunta se las repetían. Al preso Urbano Figuera le infirieron una herida leve [...] Viendo tanto aparato y oyendo la retumbante voz del primer funcionario de policía del Cantón, aseveraron todo cuanto se les preguntó. En esta confesión forzada complicaron a un vecino de la parroquia los Ángeles [...] Complicaron también a Pedro Pérez, benemérito soldado de la independencia, y a Simón Flores, que se hallan presos.[105]

Para terminar el inhumano procedimiento, un juez de Primera Instancia recoge las declaraciones y ordena grillos para los reos.[106] Hoy sabemos de los pasos de Antonio Abreu por una denuncia de *El Venezolano*, que conduce a una investigación ordenada desde Caracas. Seguramente los ciudadanos de la época hubieran ignorado una arbitrariedad que podía permanecer tras los muros de la jefatura de Calabozo si no se enteran por el mismo conducto. Pero *El Monitor Industrial* de abril de 1858 llama la atención sobre un episodio que no sucede en lugares alejados, sino en la propia capital. Denuncia al jefe de policía Paulino Martínez, quien roba productos agrícolas a un ciudadano y amenaza de muerte a quienes critican su actitud. Llega al extremo de insultar a un juez de la parroquia Santa Rosalía, ante

---

105 «Año 1845. Gefatura Política de Calabozo a cargo del Sr. Antonio Abreu», *El Venezolano*, n.º 275, Caracas, 9 de abril de 1845.
106 *Idem*.

quien se vanagloria de su exclusiva sujeción a la comandancia de armas. Todo esto frente a las narices del gobernador y del presidente de la república.[107] En los cuarteles también se presentan los casos de despotismo personal. En 1836 se acusa al capitán Francisco González de establecer un feudo en Barcelona, sin responder siquiera las reconvenciones de sus superiores. Pone a los milicianos en cepos debido a faltas banales. Entra por la fuerza en las casas de familia, sembrando el terror de habitantes pacíficos que no se atreven a levantar la voz. Quita mercancías a los viajantes, sin que se pueda reclamar ante la policía porque los gendarmes temen su irascible carácter. Hasta insulta a los sacerdotes, diciendo que «… vale más un uniforme que una sotana y un trabuco que un misal». Disgustado por la comparación, un capuchino lo denuncia en Caracas para que se comience a pensar en una investigación.[108] Cuatro años más tarde, un abogado se atreve a ventilar el caso de un coronel Antonio Amado que hace de las suyas en Achaguas. Entra a caballo en las casas de familia, en el día y en las noches. Golpea las nalgas de sus subalternos con un látigo, hasta hacerlos sangrar en presencia de la tropa y de ciudadanos comunes que se estremecen ante el suplicio. Recauda impuestos de paso y pastos que no puede legalmente cobrar. Además, se emborracha y sale a cantar casi desnudo en presencia de las mujeres.[109] No hay constancia de que se procediera contra el terrible coronel Amado, pese al tamaño de las faltas que le endilgan. Tampoco aparecen evidencias de que se controlaran los desmanes del capitán Pilar Torres, de servicio en San Fernando de Apure en 1841 y 1842. Entre otras menudencias, los vecinos lo acusan de violar a dos doncellas, de encerrar en la cárcel al juez

---

107 «Protesta», *El Monitor Industrial*, n.º 235, Caracas, 18 de abril de 1858.
108 Escrito introducido por el fray Pedro de Oviedo, Caracas, 11 de marzo de 1836. AGN, Interior y Justicia, tomo CXXVIII, n.º 18, folio 304.
109 Papeles sobre sucesos de Achaguas, San Fernando de Apure, 20 de mayo de 1840. AGN, Interior y Justicia, tomo CCXI, fol. 288.

de la población y de utilizar domésticos en su casa sin pagarles el sueldo «y los maltrata como si fueran esclavos».[110]

Hasta personajes que han pasado a la posteridad como representantes de la solidaridad y del desprendimiento, llegan a ser vistos como unos opresores obstinados. Tal el caso de Ezequiel Zamora, quien en 1845 es oficial de la milicia activa de San Luis de Cura. De acuerdo con una denuncia que circula en *El Liberal*:

> El oficial Zamora, comandante de la fuerza acantonada, se imagina que manda en Turquía a los esbirros del Señor de la media luna: subyuga a los milicianos hasta el punto de tener en muy poco que ellos mueran de sed y así lo expresa, puesto que no hay agua en el cuartel ni permite que salgan a beberla fuera. Insulta y arresta con desenfrenado descomedimiento por quítame allá estas pajas.[111]

Aunque la actitud del personaje no guarda relación con el desfile de tropelías que se ha visto, el disciplinamiento que impone parece exagerado. Un exceso que el interesado no desmiente y que pudiera achacarse no solo a cómo entiende el sometimiento de los subalternos, sino también a la situación de violencia que entonces vive la región se suma al paisaje inhóspito al que parecen condenados los hombres de la época.

Hasta ahora se han descrito sucesos cuya responsabilidad incumbe a la conducta de un solo individuo que se transforma en una especie de mandarín y ante quien dejan de tener importancia las leyes y los principios de la convivencia. Abundan en el país naciente los hombres que controlan unos feudos en los cuales solamente interesa su capricho frente al temor y a la debilidad de los gobernados. Cantones que son islas manipuladas según el antojo de un jefe atrabiliario, una iglesia que debe enterrar a

---

110 Denuncia de S. Fernando, Caracas, 14 de mayo de 1841. *AGN*, Interior y Justicia, tomo CCXXX, folio 400.
111 «Arbitrariedades», *El Liberal*, Caracas, 7 de junio de 1845.

los fieles según el capricho del cura, cuarteles transformados en propiedad de un comandante que tiraniza a la soldadesca son las muestras de una serie de gobiernos personales que reemplazan a las autoridades superiores, usualmente lejanas, y hacen befa del discurso civilizador que pretende orientar la vida. Pero encontramos otro tipo de desmanes que no se pueden atribuir al mando ilegítimo de un funcionario, sino a la complicidad política. En no pocas ocasiones, las cosas se resuelven de acuerdo con el partido que apoye a un reo o a quien solicite justicia. Puede en estos predicamentos llegarse a situaciones extremas, como una ocurrida en la villa de Perijá. En 1835, seis sujetos acusados de asesinato son atormentados en un cepo e incomunicados en lúgubres cuartuchos, pero el rigor no responde al delito que supuestamente cometieron. Se les ha tratado «con una severidad tan fuera de razón y que solo puede adoptarse en los gobiernos asiáticos, donde el terror obra en lugar de las leyes»,[112] debido a una razón que importa a don Pedro Molinos, jefe político del lugar: «Todo *tembleque* debía estar quemado».[113] Seguramente pensó una fórmula parecida, en 1842, el juez de Primera Instancia de San Felipe, don José Joaquín Freites. Como pertenece al partido de los *añejos*, quiere impedir el crecimiento de la bandería de los *libres* que está a punto de ganar las elecciones. ¿Cómo evitar una catástrofe que podía costarle el puesto? Adelanta por medios fraudulentos la ejecución de una hipoteca con la cual se ha comprometido su deudora doña María Espinoza. Así logra enredar en numerosos alegatos y citas tribunalicias al joven Eufracio Espinoza, hijo de la hipotecada, quien «dirige a veinte o más sufragantes que vinieron a votar contra el *añejo* partido de S. Señoría». El ocupado Eufracio descuida la parcela electoral.[114]

---

112 Comunicación de Juana Josefa Machado y María Asunción Delgado al Sor. gobernador de Maracaibo, Villa de Perijá, 9 de abril de 1835. AGN, Interior y Justicia, tomo CVIII, fol. 110.
113 *Idem*.
114 «Atentado escandaloso cometido por el juez de Primera Instancia de San Felipe José Joaquín Freites», *El Venezolano*, n.º 131, Caracas, 13 de septiembre de 1842.

En breve reina la consternación en Cumanacoa, debido a la manera como la emprende el jefe político contra dos activistas del Partido Liberal a quienes la comunidad considera libres de responsabilidad en un delito que se les atribuye.

> La alarma se produce en el hecho de no estar presentes los hermanos Barrios el día que se robaron la plata. Ellos han demostrado que estaban en Caracas, pero Juan Beltrán se enterca en acusarlos del robo porque traían papeles del partido liberal y dos banderolas. Juan Beltrán odia al p. Liberal y es capaz de matar a sus partidarios. Cuenta con el apoyo del juez, y ya vemos a los pobres condenados por un crimen del que se hallan inocentes. Es capaz de asesinarlos porque su odio son los liberales de la población, que han padecido desde hace un año su provocación convertida en cárceles y multas.[115]

Solo que los liberales no actúan de manera diversa, si damos crédito a una acusación que circula en 1850. Los hechos ocurren en Barquisimeto, residencia de un terrateniente de nombre Alfonso Ponce. Se comenta que el jefe político lo ha hecho preso porque pertenece al partido del general Páez. A nadie le pasa por la cabeza que haya robado las cuatro monedas de oro por cuya falta en la casa de Luisa Morán, mujer de escasos recursos, pero «liberal y monaguera», se le ha recluido en la prefectura. Hasta hay quien niega la existencia de las cuatro monedas. Prohíben la entrada de visitas, no permiten que reciba alimentos de su casa y apenas puede entrevistarse con un procurador durante media hora, «... por la inquina del Gefe contra los miembros del partido oligarca, y por el auxilio que D. Alfonso les prestó a amigos oligarcas en el tiempo de las persecuciones».[116]

---

115 Sobre el caso de Juan y Mario Barrios, Caracas, 2 de julio de 1842. *AGN*, Interior y Justicia, tomo XLIV, fol 206.
116 Correspondencia interferida y recogida de Barquisimeto, Barquisimeto, 2 de agosto de 1850. *AGN*, Interior y Justicia, tomo CDLI, fol. 24.

Las fuentes no descubren la filiación política del diputado que en 1843 es acusado de abusador por *El Promotor*. No sabemos si es liberal u oligarca, *tembleque* o *campesino*, *añejo* o *libre*, paecista o monaguero. Tampoco protagoniza desmanes como los que se han visto, pero representa una fauna que igualmente comienza a obstruir la alternativa de vivir en una nación hospitalaria. El diputado debe 400 pesos a un sastre que se entusiasma al enterarse de su reelección. Cree que ahora el escogido por el soberano satisfará su compromiso y lo busca con la factura. El representante no solo le asegura una cercana cancelación, sino que también le encarga unos trajes nuevos cuyo precio asciende a 500 pesos. En definitiva se niega a honrar su palabra, sin que el modisto pueda obtener satisfacción. Queda paralizado ante las palabras de su abogado: «Amigo mío. Usted no debió fiarle a un hombre inmune [...] Inmune quiere decir que goza del privilegio de no pagar si no le da la gana, y que usted no puede demandarlo».[117] En un país en el que se viene machacando sobre la igualdad de los ciudadanos ante la ley, no deja de ser un desmentido la menudencia de una picardía.

La burla de los preceptos también encuentra fundamento en el amiguismo. Si un hombre está adecuadamente relacionado en el lugar de su residencia, puede actuar con arbitrariedad y violencia sin siquiera asomarse a la posibilidad de una reprimenda. Basta un nexo cercano con el funcionario de turno, generalmente provocado por los bienes que se poseen en el lugar, para que cualquiera se coloque por encima de la ley. En 1830, cuando apenas se está estrenando la república, se ventila el caso de un rico hacendado de Cagua, Simón Ramírez, quien agrede a sus semejantes, especialmente a los más pobres, apoyándose en su amistad con el jefe político y con el juez. Como forman parte del cenáculo de sus amigotes, los funcionarios no encuentran delito cuando Ramírez la emprende contra un dependiente «infeliz y

---

117 «La inmunidad», *El Promotor*, n.º 2, Caracas, 1 de mayo de 1843.

huérfano» a quien golpea hasta hacerlo sangrar por la nariz, las orejas y los ojos. La impunidad se debe «a el influjo del dinero y la amistad de los jueces», según la denuncia que por fin el agredido se atreve a formular.[118] En 1825, los mismos funcionarios se habían hecho de la vista gorda ante la golpiza que le propinó Ramírez a una mujer de humilde condición llamada María Francisca Losada, quien murió como consecuencia de las contusiones. Un mes antes de la acusación que nos ocupa, sin motivo aparente atacó a unos niños hasta romperles los huesos. La falta de testigos, o la versión de los vecinos principales en beneficio del agresor, en los tres episodios, se juntó a la complicidad de las autoridades. En definitiva, don Simón preserva su honor de manchas y se mantiene impasible ante la alternativa de reducir sus libertades de propietario bien relacionado.[119]

En 1833, Antonio Lara se libra de castigo por la privanza que ejerce en Angostura. Ha sido pescado por la autoridad cuando penetra por la fuerza en la habitación de Julián Velásquez, un comerciante humilde a quien golpea sin misericordia. El comisario del cuartel y un cabo lo conducen al calabozo y algunos testigos se ofrecen para verificar la comisión de su delito. Todo marcha de acuerdo con las reglas, hasta cuando las autoridades recuerdan que su padre goza de influencias en la comunidad. Lo remiten a un complaciente juez, el letrado Antonio José Betancourt, quien «sin atender a las intenciones depravadas del detenido», pero pendiente de los doblones de su progenitor, lo deja en libertad sin iniciar el proceso correspondiente. Ahora es el pobre Julián Velásquez quien se esconde para evitar la venganza del vástago de su papá.[120] Pero en 1838 se presencia en San Fernando un suceso

---

118 Expediente seguido por el Sr. Pedro Melo al Sr. Simón Ramírez, por injurias, 1830. *AGN*, Archivo de Aragua, tomo xciv, fols. 50-76.

119 *Idem*.

120 Expediente de la queja que presenta el ciudadano Julián Velásquez contra el juez letrado Antonio José Betancourt, Angostura, 22 de mayo de 1833. *AGN*, Interior y Justicia, tomo lxxi, fols. 179-182.

más escandaloso. Llega a ser reseñado por la *Gaceta de Carabobo*, cuyos redactores muestran su consternación por los hechos que conducen a que no se cumpla la sentencia en el proceso de Juan José Ortega, condenado a la pena capital por el asesinato de Juan Francisco Acosta. El asesino es popular en San Fernando, tiene muchedumbres de amigos y centenares de reses en las sabanas. En atención a su popularidad unos vecinos solicitan la conmutación de la pena, pero el Ejecutivo niega la petición. Ante la inminencia de la condena el juez Andrés Michelena, relacionado con el criminal, se ausenta hacia los valles de Aragua y deja como sustituto a Modesto Betancourt, quien había sido escribiente del abogado defensor en la causa. Teniendo ahora un togado de tanta confianza, un grupo de camaradas del prisionero logra que escape del calabozo sin dejar rastro. Modesto Betancourt asegura que fue sorprendido por unos enmascarados a quienes desconoce, por supuesto. La *Gaceta de Carabobo* concluye así la descripción del acontecimiento:

> Nos resistimos todavía a creer toda esta escandalosa relación: no parece posible que hombres a quienes la sociedad ha colocado en puestos de honor, la traicionen tan vil y descaradamente.[121]

El Liberal teme que suceda algo semejante en el proceso que se ha iniciado en San Carlos contra el coronel Fernando Figueredo. El 18 de julio de 1840, Figueredo causa heridas a su mujer en la vía pública, la arrastra por las calles y la acusa a gritos de adulterio. Además, acomete contra un vecino a quien hiere de varias puñaladas. Es conducido a la cárcel, pero el periódico llama la atención sobre «los esfuerzos que hacen los Figueredo para obtener la impunidad del Coronel Fernando».[122] Las prevenciones

---

121 *Gaceta de Carabobo*, n.º 16, Valencia, 16 de junio de 1838.
122 «Sr. redactor del Liberal», *El Liberal*, n.º 199, Caracas, 18 de febrero de 1840.

del impreso no se limitan al señalamiento de la privanza de una familia importante en la ciudad, sino también al hecho de cómo las autoridades disimulan los delitos en atención a las presiones de los ciudadanos pudientes. De allí la proliferación de «Alevosías, estupros, venganzas, cohechos, injurias, falsos juramentos, embriaguez y calumnias que han tenido lugar en la última mitad del año»[123] según ha proclamado un «amante del orden» en manifiesto público. Así como ocurre un suceso deplorable debido a las amistades de un personaje, también pasan otros como corolario de las enemistades. Si los pobres de Cagua son víctimas de unas simpatías mal entendidas, un ciudadano respetable de Cumaná puede pasar las de Caín debido a una red de malquerencias. En 1833, don Antonio José Sansonetti, súbdito francés y «hombre digno de consideración por su carácter pacífico y por su buen proceder», es vejado en la vía pública por el jefe político, otro corso llamado Dr. Santos Gaspari. Apoyado por unos vecinos del mismo origen europeo, el jefe lo ataca con el caballo en la calle y lo insulta con vocablos procaces porque lleva como bastón «un bejuco de nudos recibidos a la moda».

Es una prenda utilizada de manera corriente en la población, pero la autoridad y unos emigrantes de su intimidad entienden que se trata de un arma peligrosa.

Gaspari lo ataca «como si se tratara de un salteador» y después lo multa con 25 pesos que Sansonetti paga sin protestar, temiendo nuevas represalias de los coterráneos cobijados en el poder del desmedido capataz. Las razones del hecho son reveladas más tarde por seis vecinos de Barcelona, también corsos, de apellidos Matei, Agostini, Petruci, Dominici y Defendini, quienes toman la determinación de dirigirse al responsable del atropello para decirle:

---

[123] «Un amante del orden a los sancarleños» *El Liberal*, n.º 198, Caracas, 11 de febrero de 1840.

Los que suscriben, naturales de Córcega, súbditos franceses y residentes en esta ciudad han sido instruidos del hecho arbitrario con que usted ha obrado contra el Sr. Sansonetti nuestro compatriota, abusando del empleo político que le han conferido los honrados cumaneses. Ciertamente que no podemos ver con indiferencia acto tan innoble en vejamen de nuestro paisano, y Sansonetti está adornado de bellas cualidades y hasta ahora los hijos del país lo han tratado con la mayor consideración, así como respetan a los demás extranjeros.

¿Y por qué quiere usted distinguirse? ¿No prueba U. en esto que es un fantástico y que se da un tono de importancia con un orgullo mal fundado? Acuérdese U. de donde ha salido, que lo hemos conocido personalmente en nuestro país, y que la casualidad no más, puede haberle dado el título de Doctor que indebidamente se atribuye.

Sea U., pues, más moderado y circunspecto, y si por ser Sansonetti su enemigo, como U. mismo dice junto con otros de los suyos, quiere vengarse de él, hágalo en términos más honrosos. Los medios villanos son siempre reprobados. Se asegura que ya U. antes de ahora, ha remitido una carta anónima a San Tomas, con el detestable objeto de desacreditar a otro paisano nuestro amigo, aunque sin conseguir fruto alguno.[124]

Un rencor nacido en ultramar, pero desarrollado en un ambiente susceptible de permitir venganzas públicas en el seno de una ciudad importante, también entorpece la marcha de la vida. El ambiente permite la entronización de un aventurero seguramente desconocido en la víspera, que encuentra seguidores de su misma procedencia para cobrar de mala manera unas cuentas personales cuyos detalles pueden convertirse en caldo de murmuración, dada la posición de los protagonistas en la comunidad.

---

124 Policía, noviembre de 1833. AGN, Interior y Justicia, tomo LXXIII, fols. 270-272.

Los nexos amicales fomentados entre «hombres que se precian de gente de orden» en ocasiones desembocan en terribles prendas de iniquidad. Veamos las quejas expresadas en 1847 por la liberta Concepción Ibarra, debido al tratamiento dado a su hija, la manumisa María Asunción. Gracias a la justicia que solicita encontramos un trajín fraguado en Caracas, la ciudad más importante, por unos personajes que por su fortuna y su posición política deben vivir alejados de un escándalo como el que llegan a fomentar. María Asunción ha cumplido veinticuatro años, edad que permite su manumisión, pero el proceso se entorpece por el interés de dos figuras prominentes: el banquero Juan Alderson y el hacendado Mariano Clemente, miembro de la antigua aristocracia. En lugar de acceder a la petición de la interesada, quien suplica a la Junta de Manumisión para retirarse del servicio de su amo, el señor Alderson, y buscar un camino más autónomo para ganarse la vida, se abre el paso para un procedimiento ilegal. Pese a que está vedado el traspaso de manumisos por los patronos, Alderson la envía al servicio de Clemente desatendiendo las protestas de la mujer. Según un expediente elevado a la consideración del presidente de la República:

> Clemente recibe a la muchacha descargándole bofetadas en su rostro [...] establece en un cuarto de su propia casa una cárcel privada [...] y allí continúa, los maltratos, azotándola y después la pone en el tormento de un cepo. La sentencia a presidio, remitiéndola por las calles y caminos públicos amarrada a su hacienda de Chacao [...] Haciendo que se le calce un par de grillos y permanece con ellos hasta hoy.[125]

---

[125] Concepción Ibarra se queja de la Junta Cantonal de Caracas. *AGN*, Interior y Justicia, tomo CCCLI, fols. 102 y ss.

La ilegalidad del traspaso de la manumisa y los rigores que la someten se llevan a la consideración del gobernador de la provincia, el noble criollo Mariano Ustáriz, quien pasa dos meses sin manifestar siquiera un parpadeo frente a los hechos. Concepción le ha dicho que su hija «... está hoy jalando la tarea del peón más guapo; ha sido y es tratada peor que el más perverso esclavo, peor que el más insigne criminal» pero el funcionario no se inmuta.[126] Tampoco responde el procurador municipal, quien es hermano político del señor Clemente, ni el ministro de Policía, por su amistad con el señor Aiderson.[127] Por fin el presidente de la República se conmueve y ordena una investigación. Tal vez ha observado con calma la siguiente frase del escrito enviado por la desesperada madre:

> Ecmo. Señor, los cafres no hacen otro tanto con sus esclavos. Los habitantes del Cabo de Buena Esperanza no hacen lo que se ha hecho en Caracas y Chacao con una persona libre [...] ¡Qué crueldad! ¡Qué barbaridad tan inaudita![128]

En definitiva, se comprueban muestras de azotes antiguos en las nalgas de María Asunción y el gobernador, en lugar de proceder a liberarla del todo, hace que retorne a las órdenes de Juan Alderson, el primer patrón que inició el calvario. Así concluye, apenas a medias, entre la justicia de la reclamante y la influencia de los señores involucrados, una iniquidad que por su calibre llega a la consideración del primer magistrado. Se puede suponer cómo los capitalinos se enteran del episodio, en el que encuentran pruebas en torno a la extraviada marcha de la justicia cuando se entrometen las amistades de dos hombres poderosos.

---

126 *Idem.*
127 *Idem.*
128 *Idem.*

Las mismas hablillas debieron mover a la gente de Ocumare en 1841, cuando un manumiso se negó a trabajar con el último de sus dueños, un acomodado terrateniente. Según comunica el procurador municipal:

> El primer manumiso que se presentó, llamado Carlos José, manifestó su resolución de no contratar con su amo, y habiéndosele preguntado de nuevo insistió en su negativa, cuyo acto fue calificado de irrespetuoso y se le mandó a la cárcel, a pesar de la reclamación del síndico y de un miembro de la junta. Este acto llenó de temor a los otros manumisos que estaban presentes y ninguno se atrevió a manifestar su repugnancia de seguir con su antiguo patrón. El Síndico de Ocumare consultó este punto al Sor. Gobernador de esta Provincia, el cual resolvió que los manumisos, para no contratar sus servicios con los antiguos patrones, deben exponer razones fundadas que hagan acallar el derecho natural de preferencia que tienen aquellos.[129]

En apoyo de los señores que han cesado su propiedad de los negros de acuerdo con la ley, el gobernador pretende que los siervos devengan procuradores en la defensa de una libertad dependiente de un supuesto fuero que favorece al propietario. La improbable metamorfosis de un joven sirviente en leguleyo, capaz de provocar el silencio de otros desgraciados que se encuentran en el mismo trance, es otra argucia que sirve para burlar las instituciones.

En breve, unos sujetos de influencia cometen una cadena de delitos en Valencia.

La gente se debe escandalizar por la transgresión que cometen dos propietarios, Xavier Méndez y Juan Urrieta, que se confabulan

---

129 Resumen del procurador municipal de Ocumare, Caracas, 12 de enero de 1841. *AGN*, Interior y Justicia, tomo CCXLIII, fol. 189.

para sacar presos de la cárcel y transportarlos hacia el extranjero. Los hechos se investigan en 1848 y deben estar ocurriendo desde hace tres años. Son compadres de los alcaides de la prisiones de Valencia y Puerto Cabello, debido a lo cual trafican sin tropiezos y llegan a hacer una fortuna calculada en 20.000 pesos. Cuentan con una cadena de cuatro baquianos, dos de ellos también «compadres dobles de sacramento», que conducen a los reos por tierra y mar hacia su destino. Un trío de amigas expertas en disfraces cambian el rostro de los prófugos. Dos de ellas son amantes de unos gendarmes. Para no regresar con las manos vacías, después de dejar a salvo su carga los baquianos introducen piezas de contrabando que comercian en la plaza pública. Méndez y Urrieta toman las de Villadiego cuando la policía va contra la urdimbre de compadres, funcionarios, agentes, amantes y traficantes que ha delinquido durante cuatro años.[130]

    Por último, hay casos debido a los cuales se cometen atrocidades o permanecen impunes los delitos debido a una desidia de las autoridades que clama al cielo. Los responsables de perseguir a los criminales apenas mueven los resortes de su función, o simplemente no hacen nada ante denuncias de evidente peso. Aun cuando los ciudadanos presenten la urgencia de atender un perjuicio que requiere soluciones inmediatas, o la queja por sucesos frente a los cuales nadie que considere en términos normales las obligaciones de su cargo puede permanecer remiso, predomina un alarmante quietismo que debe provocar una sensación de desamparo en los perjudicados y en los vecinos que se enteran de los entuertos sin desenlace. La falta de atención que llega a límites inconcebibles en cualquier sociedad deseosa de vivir en rutinaria policía concluye la muestra de tropiezos, abandonos, infracciones y enormidades que se ha venido analizando.

---

130 El asunto de las cárceles de Valencia y Puerto Cabello, con las novedades de procedimientos. Caracas, 11 de noviembre de 1848. AGN, Interior y Justicia, tomo CCLXXII, fols. 40-99.

No puede calificarse sino de enormidad el inmovilismo de la policía de Guanare ante un caso presentado en 1831. Juana de Torres, una viuda que vive en su hacienda a cinco leguas de distancia, pide que se persiga a un criminal que ha violado a su hija y ha escapado con cinco pesos robados de la alcancía. La ofensa se comete dos horas antes de que la agraviada llegue a solicitar ayuda, pero solo después de tres días trata la guardia de atender el asunto. «Salimos enseguidita», aseguran, pero se toman un tiempo inconcebible para cumplir con su obligación. No hay entonces casos pendientes, ni otras denuncias que ocupen la atención de los agentes, según aparece en un informe remitido al gobernador. Tampoco hay constancia de que salieran de juerga. Solo se quedaron «... sentados en unas silletas fumándose los tabacos».[131] Dos años más tarde sucede algo parecido en Puerto Cabello, pues los gendarmes atienden con una semana de retraso la denuncia en torno a unos salteadores de caminos. De acuerdo con un billete anónimo enviado al jefe político del cantón, unos policías se dedicaron a platicar, otros viajaron sin licencia hacia Villa de Cura y otros argumentaron su ignorancia sobre el atentado. En cualquier caso, no responden con la prontitud requerida, ni tienen excusas que justifiquen su conducta.[132]

De «escandaloso» califica *El Liberal* el trago que debe apurar un comerciante francés, Monsieur Desarennes, por supuesta indolencia de las autoridades. Trae de la Nueva Granada 396 bestias, entre mulas y caballos, con el objeto de negociarlas en Caracas. Como sabe de la proximidad de una banda de salteadores, busca el camino de Calabozo mientras desaparece el peligro. Sin embargo, unos desconocidos asaltan a sus peones para llevarse 38 bestias que desaparecen del contorno como por arte de magia. La

---

131 Informe pedido sobre la policía, Guanare, 19 de agosto de 1831. AGN, Interior y Justicia, tomo xcxxxiv, fols. 90-96.
132 Los forajidos de Puerto Cabello, Puerto Cabello, 20 de noviembre de 1833. AGN, Interior y Justicia, tomo LXXVII, fol. 14.

autoridad solo utiliza tres hombres para perseguir a los abigeos, pero dispone que cumplan a pie su cometido. Por consiguiente, carecen de los medios para satisfacer la misión. Aparte de que no topan con los ladrones, como era de esperarse, juran que no han observado pistas del ganado substraído. La situación se complica porque en breve desaparecen otras 56 mulas, sin que la autoridad busque las maneras de aclarar el delito, ni nadie ofrezca noticias sobre el paradero de un rebaño que debe dejar pistas de su paso. Desarennes se hace una pregunta: «¿Cómo han podido estar los ladrones en el Cantón de Calabozo, en medio de sabanas limpias, sin que hubiesen sido capturados, sin que mis bestias hubiesen vuelto a mi poder, sin que hubiese quedado satisfecha la vindicta pública y restablecida la majestad de las leyes?».[133] Vale la pena detenerse en las letras de su respuesta.

> La situación es para mí una justa causa de alarma, como lo será para cualquiera que haya habitado otros países donde una prenda que desaparezca es puesta en las manos de su dueño aún antes de que el ladrón se haya desprendido de ella […] En vano los legisladores de Venezuela se ocupan en dictar leyes para dar seguridad a los que pisen su territorio. En vano la Constitución misma garantiza la prosperidad de los venezolanos; mientras haya autoridades flojas en el cumplimiento de sus deberes, indolentes, que permiten el sacrificio de estos principios sin inquietarse, los preceptos escritos serán una palabra pálida, muerta para el bien, y solo podremos considerarlos como una red que aprisiona a los hombres honrados que los observan, y abre ancho campo a los malvados que con impunidad y descaro los infringen, los violan y despedazan.[134]

El mercader se refiere a los paradigmas que han utilizado los fundadores de la república, pero para compararlos con la

---

133 «Robo escandaloso», *El Liberal*, n.º 544, 23 de abril de 1845.
134 *Idem*.

situación de Venezuela en términos desventajosos. Asegura que en otros países, debemos suponer que en Francia, su tierra de origen, no existen contradicciones entre la ley y la realidad que deben regular. Al contrario, las normas positivas encuentran elementos susceptibles de volverlas hechos concretos sin posibilidad de restricción. Tal vez sin saberlo, Desarennes refiere a los lectores de *El Liberal* uno de los dramas medulares de la época, el drama del apego a los preceptos de una «civilización» tomada como modelo en un teatro que parece resistido a acoplarse a su dirección.

Una reflexión que quizá no pueda hacer el desdichado Pedro Mares en la cárcel de La Guaira, un peón que ha cumplido su condena y no puede salir por el descuido de los jueces que llevaron el caso en Maturín. En marzo de 1853 vence el plazo de su condena por un delito de hurto cometido en 1848, pero el presidio no guarda copias de la sentencia ni instrucciones para el destino del preso. Se desconocen las razones del cautiverio y el plazo del castigo. Los magistrados olvidaron el traslado del presidiario con los documentos correspondientes. En consecuencia, nadie puede resolver con propiedad sobre su destino. Simplemente lo recibieron en la fortaleza y lo encerraron sin advertencia. Ahora se ha convertido en un rompecabezas. Luego de rogar durante un semestre que paga injustamente en la prisión, alguien se conduele y solicita a la Corte Suprema los papeles que por fin llegan para confirmar la versión de Pedro Mares.[135]

Episodios como el descrito pudieran vincularse con las ausencias de los magistrados, que muchas veces abandonan sin causa justificada sus despachos y regresan cuando les parece. En Nirgua se trata de solucionar la situación en 1853, pues se han separado de sus destinos dos concejales, entre ellos el procurador

---

135 Gefatura Política del Cantón La Guaira, al Sr. Gob. de la provincia de Caracas, La Guaira, 18 de marzo de 1853. *AGN*, Interior y Justicia, tomo CDLXXX, fols. 278-291.

municipal, dos comisarios de policía y dos jueces de parroquia junto con sus suplentes. Ninguno pidió licencia para dejar temporalmente el despacho. El jefe político Joaquín Sandoval quiere multarlos, pero recibe la siguiente correspondencia del gobernador de Carabobo:

> La armonía social, fuente de progreso y prosperidad para los pueblos, ha sido más de una vez recomendada a esa Gefatura, no solo porque de ella emanan los demás bienes de la vida, sino porque este ha sido siempre el pensamiento del Gobierno de la Provincia […] Para no consentir que ningún ciudadano se vea perseguido, o de ninguna manera se les oprima, no proceda a cobrar las multas. Todo en atención de la conservación de la paz y tranquilidad en su jurisdicción.[136]

Curioso entendimiento sobre el rosario de faltas ocurridas en Nirgua, no en balde el gobernador encuentra en las justas reprimendas un motivo de preocupación. No parece capaz de avizorar el hecho evidente de cómo puede encontrarse en la anarquía de los funcionarios, la lesión de los altos valores que dice salvaguardar. O lo observa y se hace el disimulado, mientras usa como escudo los principios de la concordia y del fomento económico que tanto han sonado desde el comienzo de la autonomía.

Las instrucciones sirven para calcular la lejanía que existe entre el deseo y la ocasión de hacer un país parecido a Inglaterra y a los Estados Unidos, como anhelaban los miembros de la Sociedad Económica de Amigos del País cuando vivían las vísperas de la desmembración de Colombia. El subterfugio puede probar que no ha triunfado aún la filosofía frente a «mil siglos de errores», según esperaba el presidente Páez en el congreso de

---

136 Medidas del gobernador de Carabobo para la armonía de los vecinos de Nirgua, Valencia, 2 de abril de 1853. *AGN*, Interior y Justicia, tomo CDLXXXI, n.º 124, fols. 349-353.

1830. De la vista gorda se desprende lo poco que han servido las letras publicadas por Cecilio Acosta en *El Centinela de la Patria* sobre la ley, la religión y el pensamiento, los «tres elementos de razón» llamados a concertar el destino de la sociedad. Así mismo, las dificultades que han evitado que se observen los problemas desde la «perspectiva evangélica», o a través de la «regla moral» sugerida como fanal de la república por Fermín Toro. Pero el mandatario de Carabobo no niega del todo los elevados principios. También podemos pensar que procura adaptarlos a un negocio específico, con el objeto de encontrar un avenimiento gracias al cual se pueda manejar la administración sin sobresaltos. ¿Acaso no conviene la condescendencia ante la culpa de quienes son imprescindibles para el gobierno local, debido a que no tienen reemplazo? ¿Acaso no es un trabajo titánico el establecimiento de la disciplina y el cumplimiento de los horarios en un país sin entrenamiento para esas conductas y para esas camisas de fuerza? ¿Acaso los empleados reciben estimables y puntuales salarios, susceptibles de provocar eficacia, superación y lealtad? ¿Acaso tienen los gobernantes un poder capaz de provocar la obediencia de los burócratas, el respeto a la ley y la atención de los ciudadanos? ¿Acaso las mayorías conocen a cabalidad sus derechos y sus deberes, como para que cada cual cumpla su rol y participe en la arquitectura de Venezuela, de acuerdo con el anhelo de los padres fundadores? Son temas que no solo incumben a la pugna entre el deber y la blandura, protagonizada por el jefe político de Nirgua y su superior.

Con su rebaño de mulas perdidas, el francés Desarennes encontraría respuesta a las diversas interrogantes en la incuria de las autoridades, tan escandalosa como para impedir el establecimiento de la civilización. En lugar de gastar las neuronas en una contestación, Pedro Mares seguramente pensaría en un azar como el que lo sacó del calabozo. Como no pudo mover a unos policías que se ocuparan de su caso, quizá la viuda Torres permanecería en su hacienda a cinco leguas de Guanare sin intentar comentarios baldíos. Pudiera ser idéntico el mutismo de los habitantes de Calabozo que padecen la tiranía de Antonio Abreu, o de los hombres que soportan al jefe político Laureano Reverón en La Victoria, o de los soldados supliciados en los cuarteles por algunos oficiales. Otros muchos esperarían explicaciones contradictorias, según salieran de la boca de un liberal o de un conservador, de un *campesino* o de un *tembleque*, de un *libre* o de un *añejo*. También algunos análisis entusiastas, como los que pudieran expresar los señores Urrieta y Méndez debido al tráfico ilegal que han realizado sin trabas en Valencia durante cuatro años; y los llaneros desconocidos que gozan de todas las facilidades al sacar de la prisión de San Fernando a Juan José Ortega para librarlo de la pena capital. Enfrentada a cuestiones así de arduas, tal vez la liberta Concepción Ibarra se conformaría con la ilusión de apelar a la clarividencia del presidente de la República.

Pero, ¿el hombre más importante del país se puede separar de las circunstancias y de los hombres de entonces, para llegar a un juicio equilibrado?, ¿maneja un prisma transparente para ver las cosas? La atalaya desde la que observa los acontecimientos, a la cual terminan por llegar los enredos y desde la cual se deben encontrar soluciones, ofrece suficientes oportunidades para un diagnóstico, pero se puede esperar lo contrario de la presión de la rutina, de la privanza de numerosos personajes y del enclaustramiento en la casa de gobierno, capaces de nublar el entendimiento. Además, se está comenzando apenas una senda llena de sorpresas para cuyo andar no se tiene el auxilio de la abundancia de bienes materiales, ni la sabiduría de acompañantes expertos. Es más bien un vericueto, una trocha, pero jamás un camino limpio y ordinario. De allí que el presidente no pueda penetrar en el límite de las instituciones y de los planes de desarrollo como puede hacerlo un observador de la actualidad que, con cautela, con el necesario respeto, se aproxima a los testimonios del pasado para buscar en el espejo de los primeros pasos de su república la dilucidación de sus posteriores asuntos y de los asuntos de sus semejantes.

El observador encuentra cómo los planes tuvieron que ajustarse a las penurias de un conglomerado que no había tenido la opción de un sosiego para calcular los pasos, ni la riqueza suficiente para llevarlos a cabo. Los dirigentes se proponen la vida en una sociedad moderna, pero son contadas las herramientas que sirven para el empeño. La alternativa de un comportamiento dependiente de las regulaciones impuestas por los líderes espera por una comunicación que no llega, por un ejemplo insólito, por unos letrados que las puedan interpretar, pero que son apenas un puñado; y por unos jueces menesterosos sin escuela ni biblioteca. Son pocos los que pueden atender los requerimientos de una escena cuyos valores se han mudado partiendo del mandato de la Constitución; y en la cual las instituciones de raigambre, como la Iglesia y el Ejército, deben tener una ascendencia diversa que es difícil de sopesar. Son pocos los que aceptan el compromiso de ejercer cargos públicos, debido a que no encuentran alicientes para el servicio ni tienen un espíritu cívico que los anime. Tal vez sientan que la burocracia del Estado sea, como en efecto es, un parapeto informe. Los ciudadanos que buscan amparo, o el alivio de una consulta sobre las reglas del juego, solo pueden visitar despachos desastrados y tratar con amanuenses ignaros. A veces ni siquiera de la oficina de los ministros sale una decisión capaz de terminar con los problemas, pese a la voluntad de los titulares. Quieren solucionar los entuertos, pero apenas han tenido tiempo para atreverse con paños calientes, o dinero para pagar asesores. Los gobernadores en ocasiones parecen unos indigentes, tan mal servidos y tan modestamente acompañados como están. Un desfile de carencias, en suma, que crece mientras el observador se introduce en las plazas destinadas al castigo de los delincuentes, unos espacios lóbregos y sin concierto que niegan el mensaje civilizatorio de los notables.

Los líderes quieren meter a Venezuela en el cenáculo de las naciones más adelantadas de la época, hay un ideal de justicia, se ha pregonado un pensamiento en torno a la creación de una república moderna y se han creado leyes e instituciones para el cometido, pero la maltrecha comarca resiste la metamorfosis. Es evidente cómo escasea el dinero susceptible de apuntalar las mudanzas, mas también cómo faltan los protagonistas de la obra. Son contados los que pueden acompañar con propiedad el ensayo, aplicando e interpretando las regulaciones. No aparecen los espíritus dispuestos a pelear en la cruzada de la civilización. Si ciertamente el primer magistrado y sus colaboradores quieren cambiar el infierno por el edén, topan con la debilidad de las arcas, con la indiferencia de las mayorías y con las fuerzas del pasado que se niegan a desaparecer en un período de transición. Un ambiente propicio para el desarrollo de los elementos más antagónicos, esto es, no solo de la predominancia de los ineducados, de los tibios y de los abúlicos, sino también de aquellos que establecen a su manera y para su provecho, en medio de una olímpica impunidad, las reglas de la convivencia y las maneras de ejercer el gobierno. Gracias a ellos se establecen conductas aberrantes de administración que conviven con las formas republicanas, sin que la una estorbe la existencia de la otra. ¿No quedan marcados los inicios de la sociedad por esa paradójica e inevitable reunión de la equidad con las tropelías, de la alabanza de la honradez con el crecimiento de la ruindad, de la prédica de la piedad con los hechos brutales, que puede convertirse en costumbre?

CAPÍTULO V
LAS DOLENCIAS

La república que nace de las guerras de Independencia debe enfrentar numerosos retos, sin herramientas buenas para el remedio. Un asunto como la salud, que incumbe a todos los habitantes y que debe mover la preocupación de los poderes públicos, es otra de las alternativas que provocan una aproximación plausible a la realidad de la comarca que pretende iniciar la vida prometida por los conflictos que acaban de concluir. Ciertamente se trata de un problema que no encuentra desenlace en el primer tramo de la autonomía, pero su irresolución no solo obedece a las carencias materiales que se han heredado de las hostilidades con España y de la pugna entre las banderías colombianas, sino a las determinaciones de una manera de entender la rutina y de relacionarse con el ambiente, debido a las cuales se llega a unos remiendos que permiten hablar de una sensibilidad apenas proclive a la búsqueda de salidas definitivas. Vistas desde la perspectiva de la sociedad que por primera vez debe velar por su destino y pensar en el porvenir sin la tutela del conquistador, la salud y sus asuntos tributarios ocupan un espacio que no es ciertamente céntrico. Ojalá las evidencias que se asoman de seguidas ofrezcan luces sobre una conducta tan peculiar de los primeros venezolanos que responden a su manera las solicitaciones del entorno.

POBREZA, PRIORIDADES Y DESIDIAS

El 17 de abril de 1839, el Concejo Municipal de Caracas publica un documento que puede explicar, en términos parciales, los problemas para la atención de la salud en el período que nos ocupa. Es una respuesta a la diputación provincial, que días antes se ha quejado de la «dantesca situación» de los hospitales y del descuido de los ediles frente al destino de los enfermos. La diputación no entiende cómo se ha podido llegar a extremos de abandono, cuando existen fondos públicos para el cuidado de las instituciones del ramo. Pero la realidad es otra, según los señores del Concejo. Nadie puede acusarlos de negligencia ante la suerte de los «pobres y sufridos pacientes», debido a que las casas de salud no funcionan por falta de dinero y porque no hay forma de procurarlo.

Según los miembros del Concejo Municipal de Caracas, el Congreso calculó mal los sobrantes en el rubro de las rentas, dejando a la administración de la ciudad en un aprieto que obligaba a tomar una medida insólita.

> ... esta escasez de recursos y esta nulidad legal por falta de medios, han obligado con alto sentimiento a no acordar ninguna demostración en celebridad del próximo 19 de abril aun cuando la ley haya acordado que el costo de la fiesta se haga por las Rentas Municipales, porque de nada sirve el precepto legal cuando faltan los medios necesarios para cumplir el precepto. Esta es, señor, la primera vez que después de la Emancipación de Venezuela deja la municipalidad de Caracas de celebrar, con la solemnidad debida, el día que abrió las puertas de tantas acciones heroicas y a tan cruentos sacrificios.[1]

---

1 «República de Venezuela, Concejo Municipal n.º 72», Caracas, 17 de abril de 1839, *Correo de Caracas*, n.º 16, Caracas, 23 de abril de 1839.

Para la policía de la capital solo se dispone entonces de 14 000 pesos, que se agotan con pagar a los encargados de las cañerías, a los vigilantes ocupados en evitar la tala en las vertientes cercanas, al médico responsable de cuidar el fluido vacuno, a los obreros que trabajan en las fuentes públicas y a los celadores del alumbrado. «Esta situación es tan lamentable para el Cantón de Caracas, que no le es posible al Concejo que lo representa, ni a la provincia, continuar haciendo los suplementos que demanda el mantenimiento de los hospitales en el estado en que se encuentran hoy. 118 enfermos cuentan los tres establecimientos de esta clase que hoy existen en la capital, cuyos gastos ascienden anualmente a 28 000 pesos y no produciendo sus rentas propias, incluso el derecho al anclaje, ya que 9 000 se hacen insoportables. Imposible en las actuales circunstancias continuar haciendo un desembolso anual que no bajará de 19 000 pesos»,[2] concluye el documento.

Desde 1830 se vive una situación semejante, que no permite auxiliar con regularidad a los hospitales de Caracas y a otros del resto del país. Cuando el gobierno dispone, en agosto de tal año y doce meses más tarde, el traspaso de los hospitales de Caridad y Lázaros a la tesorería del Concejo Municipal, la preocupación lleva a los representantes de la capital a suscribir un texto en el cual se lee:

> El administrador se redujo a decir que había recibido la misma orden, sin que esta le indicase los fondos con que debía suministrar los hospitales, ni el modo de adquirirlos.[3]

Unas instrucciones imposibles de cumplir, si nos atenemos a las razones de un administrador sin fondos y sin manera

---
2   Idem.
3   Estado de Venezuela, Caracas, 24 de agosto de 1831. *AGN*, Interior y Justicia, tomo XVI, fol. 333.

de obtenerlos. Pero no son las únicas que entonces circulan. En 1836 reiteran la queja los concejales de Maracaibo:

> No podemos cumplir el deber que se nos impone de vigilar los lugares de salud, porque ignoramos los fondos con que ha de atenderse a éstos, y si el Gobierno no adopta medidas eficaces y prontas, perecerán muchos de los desgraciados que antes vivían en nuestros asilos y que ahora vagan por lugares inmundos en busca de sustento.[4]

Los miembros del Concejo Municipal de Barcelona pasan por el mismo trance en 1842, ante una orden de la diputación provincial que los conmina a disponer recursos para la atención de los leprosos: «su señoría se servirá indicarnos el rubro que se vaya a utilizar fuera de los existentes, ya ocupados en las necesidades comunes, indicación que es de verdadera urgencia porque la soltura de los lazarinos producirá un contagio universal, en la ciudad»,[5] escriben los munícipes de Barcelona al Ministerio de Hacienda.

Para hacer economías, como se ha visto, el Concejo Municipal de Caracas debe suspender en 1839 una fiesta importante de la nacionalidad. Aunque las representaciones que han sido requeridas para la atención de la salud no llegan a medidas tan extremas, es evidente que carecen de los recursos para atender el cometido. Como apunta uno de sus reproches, apenas cuentan con el precepto legal «sin los medios necesarios para cumplir el precepto» las instancias más altas de gobierno, esto es, el Congreso y las respectivas diputaciones provinciales pretenden que los enfermos sin medios de subsistencia sean atendidos por la instancia más próxima a los problemas de la comunidad, pero

---

4 El Concejo Municipal de Maracaibo al Despacho de Hacienda. Maracaibo, 11 de marzo de 1836. *AGN*, Interior y Justicia, tomo XXX, fol. 201.

5 Correspondencia de Barcelona para el Despacho de Hacienda, Barcelona, 1 de agosto de 1842, *AGN*, Interior y Justicia, tomo XXXIX, fols. 24-25.

fundamentan la pretensión en un cálculo ilusorio de los ingresos de tal instancia. Los dígitos inconsistentes del presupuesto aprobado por los diputados ponen en verdaderos aprietos a los ediles y a las víctimas de las enfermedades. De las arcas comprometidas de aquellos no puede salir el alivio para los padecimientos físicos de estos, aun cuando venga de muy alto la orden que los quiere convertir en samaritanos de las ciudades. Solo pueden asumir el rol cuando los ingresos del cantón lo permiten, una alternativa que usualmente no sucede, según sugieren los testimonios.

Con el objeto de ilustrar a la ciudadanía, en abril de 1832 el Ministerio de lo Interior y Justicia dirige a las gobernaciones una explicación sobre las principales enfermedades. Se trata de un plan para prevenir los males que se puedan presentar. Pretende el ministerio que en cada jurisdicción hagan labores pedagógicas a través de los medios que se consideren adecuados, pero apenas remite una circular sobre las fiebres intermitentes. Lo que parecía un plan llamado a la permanencia, se convierte en un papel aislado en el cual se clasifican las calenturas y se habla de su etiología.

Si las fiebres sobrevienen en el lapso de veinticuatro horas se denominan cuotidianas, según el texto. Si se presentan un día sí y otro no, deben llamarse tercianas. Si se manifiestan en el primero y cuarto días, con un intervalo de setenta y dos horas, toman el nombre de cuartanas. También se distinguen en atención al período de su aparición durante el año y a la magnitud de sus consecuencias: «Cuando se manifiestan en la primavera se llaman vernales, y si en el otoño se conocen con el nombre de autumnales. Con frecuencia son de larga duración en los países cálidos, resistiendo a toda curación, dando origen a otras afecciones crónicas, particularmente las hinchazones adematorias y a un aumento más o menos considerable del hígado o del bazo».[6]

---

6 «De las fiebres intermitentes», Caracas, 4 de abril de 1832. *AGN*, Interior y Justicia, tomo LIX, fol. 378 y ss.

A continuación, el Ministerio se detiene en las causas de la fiebre. Conviene ponderar el carácter de su explicación, en cuanto no se distingue por la exactitud:

> Parece se halla conocido con bastante generalidad que los mismos pantanos, cuando obra el calor sobre ellos, constituye la más frecuente causa de la enfermedad. Debemos presumir que en los pantanos o tierras pantanosas, se verifica continuamente una putrefacción de materia animal y vegetal, y por tanto casi todos los prácticos han convenido que esta putrefacción comunicaba una cualidad peculiar a las partículas acuosas que se desprenden [...] Todavía no se conocen con exactitud todas las circunstancias necesarias para que estos efluvios provoquen las intermitentes. Según las observaciones que se han hecho en los distintos pantanos, resulta que estando estos miasmas diluidos en una excesiva exhalación venosa, como sucede en los veranos de abundantes lluvias, son inertes absolutamente; pero cuando son producidos de aguas estancadas y de una suciedad concentrada en consecuencia de la sequedad y excesivo calor que se observa hacia fin de verano y principios de otoño, entonces obran con mucha violencia y malignidad.[7]

La explicación llega a conclusiones que parecen definitivas en torno al vínculo de los pantanos con las fiebres intermitentes, pero parte de aproximaciones que no avalan una posición tan terminante. Habla de pareceres y presunciones, se atiene al juicio de los prácticos, pero no de profesionales capaces de producir confianza a través de sus juicios, para llegar a una conclusión que, si alarma sobre el riesgo de las tierras pantanosas, no parte de evidencias incontrovertibles. No se trata ahora de adentrarse en la parcela de los conocimientos médicos, ni en la escala que había alcanzado la ciencia para enfrentar con solvencia las tercianas,

---

7   *Idem.*

sino en la forma apenas incipiente que caracteriza a la posición oficial ante las enfermedades. Lo que va a ser un plan periódico de divulgación, se limita a la producción de un documento circular. La referencia a las causas de una dolencia usual es manejada apenas en tono de experimento.

Tal vez un trío de informes que suscriben médicos de ciudad nos metan con mayor propiedad en el asunto. Hacia finales de 1832, uno escribe así desde Maracaibo:

> Los muy controlados casos de enfermedades, pienso que hay que atribuirlos a las características ambientales, que si ligeras llevan a lo ligero, y si fuertes llevan a la propagación de afecciones y desórdenes entre la población.[8]

El facultativo de Valencia va por el mismo camino cuando escribe a la Junta de Sanidad de la Provincia, en octubre del año siguiente:

> No han habido [sic] enfermedades, debido a la benignidad del ambiente. Las lluvias normales, los vientos templados, las noches iluminadas y el pasadero verano confirman la experiencia de que terminen protegiendo la constitución y fortaleza de los organismos y alejando padecimientos que en situación distinta serían inevitables.[9]

En octubre de 1849, el cirujano mayor del Ejército establecido en Ciudad Bolívar habla como sigue de las causas de unas antiguas epidemias:

---

8   Informe del médico de ciudad, Hospital Público y de Caridad, Maracaibo, octubre 14 de 1832. *AGN*, Interior y Justicia, tomo LX, fol. 200.
9   Informe del médico de ciudad, Valencia, 7 de octubre de 1833. *AGN*, Interior y Justicia, tomo LXIII, fol. 99.

A tales males daban pábulo el mal régimen de vida que entre una gran parte de los habitantes se veía, y cierta constitución atmosférica nociva. [...] No debe pasarse en silencio una circunstancia, la que, en mi concepto, contribuye considerablemente para evitar un gran número de enfermedades o accidentes y sus funestas consecuencias entre una gran porción de estos habitantes. Me contraigo a la mala costumbre de los frecuentes bailes o fandangos que hasta años anteriores tenían lugar casi todas las noches, en diferentes sitios de esta ciudad, donde por los diversos excesos cometidos, como son, por ejemplo: las trasnochadas, el excesivo uso de los licores espirituosos, la demasiada agitación corporal y otras varias faltas de moralidad, se originaron graves perjuicios en la salubridad personal de los concurrentes esa mala costumbre ya no existe, hacen algunos años, y muy palpables son en el día los buenos efectos de la acertada disposición sanitaria de haber prohibido semejantes diversiones, permitiéndose ahora poner uno u otro baile de esta especie una vez a la semana, y esto bajo la necesaria inspección de la ronda de policía para impedir ciertos desórdenes.[10]

Se observa en los papeles cómo tres facultativos al servicio de las administraciones regionales sujetan el desenvolvimiento de la sanidad a la influencia del medio ambiente. Aparecen como piezas dependientes del entorno físico, debido a cuya determinación aumenta o disminuye la estadística de enfermedades. Según se colige de sus palabras, las curaciones no dependen de la ciencia médica, sino de la constitución de la atmósfera y de cómo actúen las estaciones sobre los habitantes de la circunscripción para la cual trabajan. Pareciera que los galenos viven pendientes de las señales del medio físico para desenvolverse más tarde, sin tomar iniciativas que conduzcan a la prevención de las dolencias

---

10 Medicatura de Ciudad. Informe para el señor gobernador, presidente de la Junta superior de sanidad de esta provincia, Ciudad Bolívar, 30 de noviembre de 1849. *AGN*, Interior y Justicia, tomo CDVII, fol. 270.

o al desarrollo de tratamientos sin un vínculo tan estrecho con el imperio fatal de fuerzas como el calor y las heladas, que no pueden controlar. Si se considera que en todos los casos se parte de opiniones personales, de la experiencia de cada cual en el espacio de una ciudad o de una pequeña parcela del mapa, pero no de un conocimiento sustentado en presupuestos generales y en saberes de mayor coherencia, como los que usualmente ofrecen las escuelas del ramo en la universidad, podremos calcular el grado de dificultad que tiene la república para la atención de calamidades como las epidemias y las pestilencias.

El punto de vista llegado de Ciudad Bolívar, que encuentra en la costumbre de bailar y de trasnocharse un motivo para la multiplicación de los pacientes, afirma la impresión en torno a cómo el problema depende más del juicio de un individuo, surgido de lo que ha creído observar a su alrededor, que de una pericia formada en el pupitre y en los manuales especializados. La intermitencia de las instrucciones que pueda mandar una Junta de sanidad desde Caracas, a través del Ministerio de lo Interior, o la ausencia de recomendaciones de carácter oficial que puedan evitar una atención caprichosa de la propagación de enfermedades, originan o alimentan la situación.

Unas consecuencias idénticas puede producir la carencia de médicos, especialmente en las provincias. Un informe de la diputación provincial de Apure, enviado a Caracas el 7 de diciembre de 1832, llama la atención sobre el crecimiento de las fiebres debido a «la falta de Medicina y de Profesores que la apliquen».[11] Los concejales de Maracaibo refieren una situación semejante en octubre del año siguiente, pues insisten ante el gobernador sobre «la necesidad de buscar curiosos en las artes medicinales, para cumplir la obligación nacida de la dificultad de encontrar un solo

---

11 Acuerdo de la Diputación Provincial de Apure, Achaguas, 7 de diciembre de 1832. *AGN*, Interior y Justicia, tomo LIX, fol. 382.

facultativo que ayude a la población más miserable y necesitada».[12] En los casos de contagio, la situación se torna calamitosa. Así por ejemplo, según las noticias enviadas a la capital desde Calabozo en 1833, una epidemia de fiebres causa estragos

> ... por la falta de médicos, de medicinas y de subsistencias, de modo que el común de los habitantes que viven de la caza y de la pesca mueren en la inclemencia, menos por el carácter maligno del contagio, que por la carencia de recursos y auxilios, y sin los últimos consuelos que da la humanidad.[13]

Debido a la cadena de muertes producida por la peste en San Fernando, causante de un incremento de cadáveres que hacen insuficiente el camposanto, se acude al gobierno central para solicitar el envío de «aunque sea un par de doctores». La respuesta del primer mandatario es poco alentadora, debido a que depende de un trámite que no se corresponde con la urgencia: «Pedirá el voto del Congreso, para destinar en auxilio de la Provincia de Apure seis mil pesos de la cantidad señalada para gastos imprevistos, señalar sueldos a uno o dos médicos más del que está destinado a San Fernando, y comprar y remitir un botiquín».[14]

No existiendo servicio de salud en El Pao y ante una epidemia de calenturas, se hacen gestiones en Valencia para enviar un médico. Luego de una búsqueda de quince días, el gobierno de Valencia convence al licenciado Juan Francisco Machado para que se ocupe de la emergencia. Machado suscribe el siguiente convenio, en enero de 1842:

---

12 La Diputación Provincial de Maracaibo para S.E. el gobernador, Maracaibo, 10 de octubre de 1832. *AGN*, Interior y Justicia, LXXIV, fol. 112.

13 Informe de Calabozo para el señor secretario de Estado en el Despacho del Interior, Caracas, 15 de enero de 1833. *AGN*, Interior y Justicia, tomo LXXXIII, fol. 131.

14 Resuelto de febrero 28 de 1839, Caracas, 28 de febrero de 1839. *AGN*, Interior y Justicia, tomo CLVI, fol. 380.

De acuerdo con lo que tratamos ayer, me comprometo a marchar al Pao dentro de tres días, y a prestar mi asistencia, como profesor de medicina, a todos los enfermos pobres que hay allí ahora, o hubiese en el término de dos meses a contar desde el día en que llegue a aquella villa; pagándome por este servicio la cantidad de doscientos pesos, de la cual se me anticipará la mitad para emprender mi viaje. Mas si antes de los dos meses hubiese cesado, a juicio del Concejo Municipal, la fiebre de que está atacada aquella población, podré retirarme, ganando siempre la expresada suma. El botiquín que he juzgado necesario importa cien pesos, y por seis me obligo a ponerlo en el Pao.[15]

Resulta elocuente la sola firma del convenio entre un médico y el gobierno de Valencia ante una crisis que reclama auxilios inmediatos. El profesional pone condiciones que llegan al extremo de detallar la cantidad que cobrará por el traslado de un botiquín, mientras la gobernación acepta el pormenor en documento público para lograr la atención de una comunidad asolada por la enfermedad. Es evidente cómo escasean los facultativos entonces y cómo puede uno de ellos, debido a tal circunstancia y en medio de una situación que no puede esperar por tratativas, establecer las reglas del juego. Una situación parecida pudo suceder en Trujillo, pues en 1846 la diputación provincial hace la siguiente constatación: «No hay en toda la provincia un profesor a quien ocurrir en los casos desgraciados de enfermedades graves».[16] Para solucionar la falta que se apunta en términos absolutos, se ordena disponer del tesoro provincial la cantidad de quinientos pesos anuales para crear el cargo de Médico de Ciudad, a partir

---
15 Para el sor. secretario de Estado en los DD. de Interior y Justicia, Valencia, 19 de enero de 1842. *AGN*, Interior y Justicia, tomo CCXLVII, fol. 53.
16 Decreto de la Diputación Provincial de Trujillo, Trujillo 7 de diciembre de 1846. *AGN*, Interior y Justicia, tomo CCCXLV, fol. 300.

de marzo del 1847.[17] Habían pasado catorce años sin llenar una función tan necesaria.

Desde marzo de 1841, ha anunciado el gobierno la falta de dinero para el ramo de sanidad. Una resolución tomada en octubre de 1839, que ordenaba la utilización de una parte del producto del derecho de anclaje para el auxilio de los enfermos y de los hospitales, apenas producía los efectos deseados: «son los únicos medios de que se puede disponer con arreglo a la ley, sin la acumulación, hasta la fecha, de cantidades útiles», expresa el ministro del Interior ante una solicitud enviada desde Barquisimeto.[18] Se puede suponer que la recaudación no mejora en fechas posteriores, en atención a diversos casos que se manejan en medio de grandes estrecheces y de los cuales se verá de seguidas una muestra.

La epidemia de calenturas no se puede dominar en Achaguas, en julio de 1838, «por carecer de los recursos indispensables, y como el principal de estos es la asistencia médica, como no hay en la provincia un facultativo a quien nombrar para que se encargue de la comisión sanitaria, tan necesaria en las actuales circunstancias, no encontramos solución al pavoroso problema».[19] El jefe político sugiere que se publique en la *Gaceta de Gobierno* una oferta de la diputación provincial, cuyos miembros han sacado a última hora un presupuesto especial de cien pesos mensuales para un médico, y de treinta pesos, también mensuales, para un practicante que le ayude, a ver si comienza a remendarse el capote.[20] En 1840, de Guanare llegan noticias de la muerte de docenas de víctimas del vómito negro, «sin que exista dinero ni para enterrarlas con la debida decencia, menos todavía para

---

17 *Idem.*
18 Resuelto: Dígase al Gobierno de Barquisimeto, Caracas, 31 de marzo de 1841. *AGN*, Interior y Justicia, tomo CCXXX. fol. 31.
19 El jefe político de San Fernando de Apure para el sor. secretario en el despacho de Interior, Achaguas, 28 de julio de 1838. *AGN*, Interior y Justicia, tomo CLXXV, fol. 285.
20 *Idem.*

buscarles antes el remedio».²¹ En agosto de 1844, el progreso de las calenturas causaba numerosas defunciones entre los habitantes de Barcelona, en especial entre los pobladores más humildes que «son víctimas del rigor con que les atacan las fiebres intermitentes». Pero el gobierno de la región solo dispone de quinientos pesos «para con ellos favorecer a los pobres y huérfanos menesterosos [...] puesto que de otra manera no quedarán atendidos los que en gran número se encuentran sin recursos y afectados de dicha epidemia».²²

Para prevenir la invasión del cólera que se anuncia en 1849, la Diputación Provincial de Caracas ordena que, como faltan los hospitales y los médicos, se habiliten locales en algunos puntos de la ciudad y se acuda «a personas curiosas de las parroquias».²³ La cámara está dispuesta a autorizar un empréstito en caso de necesidad, pues el erario está exhausto.²⁴ En 1856, Yaritagua vive «en medio de la mayor confusión y desconsuelo, al volver la vista hacia los cadáveres humanos, despojos de la más cruel y violenta enfermedad que aflige a las poblaciones de este Cantón, denominada el cólera morbo».²⁵ De cómo carece de apoyo profesional para atender la calamidad, dan cuenta las siguientes líneas: «Ni el médico de sanidad sr. licenciado Candelario Varela, que gana solamente veinte y cinco pesos mensuales, ni el sr. Crecencio Montero que asiste con inteligencia, eficacia y prontitud a los coléricos de día y noche, dan abasto a los diferentes y numerosos casos que se presentan».²⁶

---

21 El jefe político de Guanare para el sor. secretario en los DD. de lo Interior y Justicia, Guanare, 1 de julio de 1840. AGN, Interior y Justicia, tomo CCXIX, fol. 71.
22 Señor secretario de Estado en los Despachos de lo Interior y Justicia, Barcelona, 31 de agosto de 1844. AGN, Interior y justicia, tomo CCCVIII fol. 8-9.
23 La Diputación Provincial de Caracas Resuelve, Caracas, 14 de noviembre de 1849. AGN, Interior y Justicia, tomo CDVIII, fol. 172.
24 *Idem.*
25 El Concejo Municipal de Yaritagua para el señor gobernador de la provincia, Yaritagua, 7 de enero de 1856. AGN, Interior y Justicia, tomo DLXXVII, fol. 202.
26 *Idem.*

Barcelona experimenta entonces una situación parecida, no en balde muchos médicos han sufrido el contagio o han escapado ante la presencia de los colerientos:

> ... la clase pobre más particularmente carece de los principales elementos de la vida y de la salud, como alimento, medicinas y lo que es más, asistencia médica, pues aunque tenemos en esta capital siete médicos, unos se han embarcado para el extranjero, otros, se encuentran enfermos y los que actualmente prestan sus servicios, que son los Sres. Bolet y Gedler, no son suficientes para atender por sí solos a tan grande calamidad.[27]

Ante el suceso:

> La gobernación se ha visto obligada a impedir la salida de los facultativos y de los empleados públicos que tratan de abandonar esta capital, como lo han hecho la mayor parte de las familias, y harto desagradada ha visto desobedecida tal disposición, pues algunos se han ido clandestinamente y después de haber resistido también las órdenes del capitán de puerto y burlado la vigilancia de los diversos piquetes de la fuerza armada.[28]

También en Barinas la gente escapa ante el temor de la muerte, sin que el gobierno pueda detener la estampida. Más pobre que la autoridad de Barcelona, para mantener el orden, para contener el éxodo y para cuidar a los enfermos, en 1856 se ve en el caso de «abrir una suscripción entre los vecinos de esta cabecera y la parroquia de Dolores, con el objeto de proceder con los fondos que se reúnan, a hacer patrulla y atender las

---

27 Sobre la aparición del cólera en la provincia de Barcelona, para el Sr. secretario de E. en los DD. del Interior y Justicia, Barcelona, 10 de febrero de 1856. *AGN*, Interior y Justicia, tomo DLXXIX, fol. 101.
28 *Idem*.

más ingentes necesidades de los infelices».[29] Pero la carencia de recursos no es una situación nueva, aclara el jefe político para salvar su responsabilidad. Se trata de una antigua y lacerante realidad:

> Repetidas veces se ha informado al gobierno supremo que no hay ningún fondo aplicado para hacer los gastos necesarios, tanto para construir establecimientos en lugares convenientes para reclusión, como para suministrar a los pobres alimentos y medicinas para su curación. [...] La Diputación Provincial no destinó ninguna cantidad en el presupuesto de gastos. El que suscribe siente sobremanera no tener a su disposición recursos que aplicar en esta emergencia tan aflictiva, pero esta nota y la de V. [el ministro de lo Interior] que la ha motivado se transcribirán a S.E. el P. Ejecutivo.[30]

Pero seguramente tampoco podían arreglar la situación desde la Presidencia de la República, como esperaba el jefe político de Barinas al remitir una copia de su misiva, pues en Caracas buscaban entonces la ayuda del púlpito para el mismo cometido. Un Acuerdo del Concejo Municipal de Caracas, dictado el 5 de febrero de 1856 sobre la epidemia de cólera, pedía: «Que se excite al Illmo. Señor Arzobispo para que haciendo uso de sus facultades espirituales, disponga que el Clero de la capital recomiende la caridad pública, con el fin de aliviar el estado aflictivo de la población».[31] Agobiado y pelado, el poder civil busca la compañía de la potestad espiritual. Podemos suponer que el llamado se limitaba a una asociación local, de la cual no podía salir el menor socorro para las ciudades que lo requerían.

---

29 República de Venezuela. Gobierno Superior Político de la Provincia, n.º 24, Barinas, 3 de marzo de 1856. AGN, Interior y Justicia, tomo DLXXX, fol. 400.
30 *Idem.*
31 Acuerdo del Concejo Municipal de Caracas, Caracas, 5 de febrero de 1856. AGN, Interior y Justicia, tomo DLXXIX, fol. 38.

En ocasiones, la imposibilidad de que el gobierno central dominara las emergencias y de que enviara las instrucciones oportunas hacía que las comunidades actuaran por su cuenta aislando de manera arbitraria a poblaciones enteras ante el miedo de la muerte. En 1832 los hombres del vecindario hacen patrullas para impedir la salida de los habitantes de Araira, en cuyo interior suponen la ocurrencia de casos de vómito negro. La facultad médica se queja de los hechos y sugiere al gobierno que encargue la vigilancia del asunto a personas apropiadas.[32] Armados con palos, pistolas, cuchillos, machetes y lanzas, «gritando y amenazando en nombre del gobierno y de la Iglesia, haciendo guardias de madrugada a madrugada», unos hombres se oponen a que los habitantes de San Francisco de Tiznados traspasen sus fronteras. El pánico provocado por las noticias sobre una peste, que han circulado en marzo de 1842, conduce a buscar un desenlace debido al cual no se procura la curación ajena, sino solo la salvación propia.[33] En 1853 ocurre un suceso parecido en Valera. Según informa Diego Bustillos, célebre médico de Trujillo, la aparición de la enfermedad llamada tifus de América provoca el encierro forzado e ilegal de los valeranos. Pese a que no se trataba de un mal contagioso, en los aledaños organizan fuerzas para mantenerlos dentro de la población y para que nadie del exterior pudiera aproximarse. Las autoridades de los lugares limítrofes, «dejándose llevar de un celo exagerado, con sus acuerdos inconsultos negaron toda especie de recursos a un pueblo afligido y a un pueblo hermano, con quien se hallan ligados por los estrechos vínculos de religión, de política, de comercio y hasta de familia.[34]

---

32 La Facultad Médica al sor. secretario de lo Interior, Caracas, 9 de julio de 1832. *AGN*, Interior y Justicia, tomo LX, fol. 89.
33 Comunicación sobre Tiznados, Palacio del Arzobispo, Caracas, 19 de marzo de 1842. *AGN*, Interior y Justicia, tomo CCXLVII, fol. 162.
34 Informe de Juan Nepomuceno Urdaneta sobre salubridad en Trujillo, Trujillo, 14 de marzo de 1853. *AGN*, Interior y Justicia, tomo CDLXXX, fol. 156 y ss.

Los cordones sanitarios de esta naturaleza no eran extraños entonces, según el informante.[35] Debido a los flacos presupuestos que apenas permitían un movimiento espasmódico e ineficaz de la administración pública, no pocos procuran la salvación a su manera. Seguramente las historias del suplicio provocado en pueblos enteros por el azote de la enfermedad, las nuevas que llegan a menudo sobre la seguridad de la muerte de los seres queridos, sobre la falta de médicos, sobre la dependencia de unos «prácticos» que apenas hacen lo poco que saben hacer y sobre la conocida pobreza de los hospitales, así como alimentan la sensación de vivir en una comarca mustia y agria, conducen a entender la subsistencia como un milagro, o como un asunto privado que usualmente termina mal.

Otras decisiones tomadas por el gobierno en su escala más alta perjudican la atención de la salud. Tal el caso de la búsqueda de recursos para atender los problemas de la administración de justicia, que obliga al Ejecutivo a utilizar partidas que se dedicaban a hospitales y medicinas. Seguramente la decisión tenía sentido dentro de las prioridades asumidas en la casa de gobierno, pero origina quejas de quienes se ven privados de los elementos mínimos para la curación de sus dolencias. Del cantón de Macuto llega la primera de esas quejas, en diciembre de 1831. El gobierno ha ordenado el cierre del hospital militar de la localidad, para crear en su defecto una jurisdicción de jueces letrados. Como estima que la Guaira es un barrio de Caracas, el gobierno entiende que los enfermos se pueden trasladar sin mayores esfuerzos para su correspondiente atención. Sin embargo, los habitantes del lugar, más interesados en sus afecciones físicas que en los negocios de la justicia, no tardan en manifestar su inconformidad a través de la *Gaceta Constitucional*.

---

35 *Idem.*

Expresan en el n.º 30:

> ¿Y será posible que se estime de más necesidad un juzgado de letras para aniquilar los fondos municipales con su sueldo, que un hospital para aliviar a la humanidad doliente?[36]

Los habitantes de Barinas orientan su parecer por un derrotero parecido en 1839, cuando se enteran de que les cambiarán al médico por un juez. Un documento que remiten al presidente de la república, ofrece pistas sobre las preferencias de los incipientes ciudadanos en lo relativo a sus necesidades perentorias. Veamos un fragmento:

> Los pleitos los podemos resolver, casi siempre por las buenas y a veces por las malas, entendiéndonos entre nosotros mismos como siempre ha sucedido aquí. O séase que podemos ser jueces nuestros propios jueces naturales [sic], sin que se saque plata para emplear un señor que sabe lo que nosotros sabemos. la plata se necesita para pagar el Doctor, que en eso si sabe más que cualquiera, mientras los juicios pueden esperar en el tiempo sin que nadie se valla [sic] a morir por eso, pues la peste y las tercianas no son problema de tribunal, sino del cuerpo.[37]

En el esquema de sus prioridades, los barineses apuestan por la medicina. Para ellos la justicia es una coyuntura que se maneja como se ha manejado desde antiguo y de la cual no se pueden esperar catástrofes de entidad. Se las pueden arreglar sin tribunales, apelando a las costumbres, al uso de la fuerza y a las influencias locales, libres del apremio del tiempo y seguros de un saber como el de los profesionales del derecho. En cambio, no se

---

36 «Otro comunicado» *Gaceta Constitucional de Caracas*, Caracas, n.º 30, 28 de enero de 1832.
37 Solicitación al Exmo. sor. presidente, Barinas, 18 de junio de 1839. AGN, Interior y Justicia, tomo XLI, fol. 90.

sienten capaces de enfrentar el reto de las epidemias y las fiebres. Son asuntos que requieren conocimientos especializados que no están a su alcance. De allí la correspondencia que se atreven a dirigir al personaje más poderoso de la sociedad. Cuando escogen al primer mandatario como interlocutor, confirman la angustia que les provoca un asunto en el que no pueden introducirse con propiedad y del cual se pueden desprender consecuencias fatales. El texto de Barinas abunda en elementos para la comprensión de los valores que rigen a una parte de la sociedad de entonces y para aproximarnos a la escala que siguen en la clasificación de sus necesidades; pero también es importante porque, como las letras enviadas desde Macuto, encierra una crítica al gobierno a través de la cual nos enteramos de los motivos que pudieron contribuir al deterioro de la atención de la salud. Además de la carencia de recursos por los concejos municipales, ahora se habla de decisiones que consideran equivocadas. De acuerdo con las fuentes, el gobierno comete un error cuando intenta crear plazas de justicia para cuyo funcionamiento se restringen las partidas de sanidad. Cuando deshoja una margarita ineludible entre magistrados y galenos, entre el foro y el hospital, deja vacíos que traen las quejas del público en un área que les es cara.

Pero hay otro reproche significativo: la suerte de los enfermos no está perdida por la falta de numerario, ni por la obligación oficial de ocuparse de la justicia, sino por la desidia de los funcionarios, apuntan dos diputaciones provinciales. «Ninguna reforma de los hospitales es posible, porque se encuentran en el peor de los estados por el descuido de los empleados. Nada se podrá hacer, si no se castiga a los empleados»[38], aseguran los diputados de Cumaná en 1837. La diputación provincial de Caracas describe un panorama desolador, para llegar a la misma

---

38 Es requerido el sor. gobernador, Cumaná, 20 de mayo de 1831. *AGN*, Interior y Justicia, tomo XXI, fol. 11.

conclusión. En un *Comunicado* fechado en 30 de noviembre de 1840, asegura la diputación de la ciudad más importante y de una de las circunscripciones más pobladas:

> La vigilancia de los empleados de hospitales y casas de igual ocupación, lleva a la necesidad de salir de los empleados, o de castigarlos con severas reprimendas. Los establecimientos son una calamidad porque los empleados no cumplen con el deber para el cual se les cancela un sueldo. No medican al enfermo como han ordenado los médicos, no asisten a la limpieza de los salones, ni a la atención de los lechos, ni a las guardias establecidas después de las nueve de la noche, ni a mudar la ropa de los pacientes que sufren completo abandono. La comida falta porque la substraen para llevarla a sus casas particulares, sin remordimientos de conciencia. Debemos decir, con profundo dolor, que pasa lo mismo con los enseres como sábanas, orinales, mesitas de auxilio y silletas. No han valido las llamadas de atención que el Cuerpo ha hecho mediante documento desde 1832, ni los consejos oportunos, ni las inspecciones, pues parecen burlarse de las medidas anunciadas, cuanto más severas más desatendidas. En las manos de ellos, está lejos la solución de un problema que no se puede arreglar, ni siquiera con el desembolso de importantes sumas.[39]

La entristecedora descripción hace referencia a diez años, en los cuales la suerte de los enfermos ha dependido de la indiferencia de aquellos a quienes atañe su cuidado. Un pliego de 1849, procedente de Ciudad Bolívar, refiere una situación idéntica: «No hay empleado que sirva para ver de los enfermos, dejándolos en soledad y robando sus enseres. Casi hasta resulta mejor buscar los auxiliares en otra parte, porque parece no haber piedad aquí

---

39 Comunicado de la Diputación Provincial de Caracas, Caracas, 30 de noviembre de 1840. *AGN*, Interior y Justicia, tomo XLIX, fols. 91-92.

para los pobres a quien Dios ha mandado a guardar dolorosa cama».[40] Es evidente cómo no mueve a los funcionarios la solidaridad, de cuyo aliento requieren para el cumplimiento de una misión al servicio de los seres humanos que sufren enfermedad y que se encuentran en una situación de tal desvalimiento que los obliga a la reclusión en lugares donde solo encontrarán el progreso de sus trastornos. Conducidos por la necesidad al imperio de una negligencia que preocupa a los diputados locales, a la hegemonía de una incuria cuyo tamaño obliga a la escritura de un par de comunicados de denuncia, no parecen estar de paso en un dispensario digno de su nombre, sino en un purgatorio que han construido en Venezuela la escasez de los presupuestos, la obligación oficial de atender otros servicios y el desdén de los enfermeros.

La demanda de un paciente en 1832 nos impone con mayor propiedad de la situación a la que están atados los indigentes. Molido a palos por unos facciosos en Cumaná, José María Centeno acude al tribunal con el propósito de obtener el dinero para su tratamiento. Se aferra a un decreto de 1827, según el cual debía el agresor ocuparse del destino del agredido. Como ha identificado al cabecilla de los atacantes, un jefe de gavilla que posee haciendas y semovientes, pide que el juez lo obligue a cancelar 120 pesos y 2 reales que ha gastado en la curación de numerosas contusiones. Con la certificación del doctor José Cáceres, desmenuza así los desembolsos:

- 2 purgante   4 rs.
- 9 píldoras habacias dobles   4 rs.
- 2 frascos completos con alcanfort y ron   6 rs.

---

40 Oficio sobre hospitales de Guayana, Ciudad Bolívar, 5 de febrero de 1849. AGN, Interior y Justicia, tomo CCCXCI, fol. 4.

- 4 id. Completos con alcanfor
  y extracto de salas   6 ps.
- 4 onzas de c. satno   1 ps.
- 1 begiga grande   1 ps. y 4 rs.
- las operaciones y curaciones
  de tumores grandes   60 ps.
- la anestesia y visitas en más
  de tres meses   50 ps.
                                   $120 y 2 reales.[41]

El tribunal entiende la justicia de la petición, pero no puede actuar porque el agresor no pertenecía al ejército ni el demandante fue examinado por un facultativo militar.[42] Pero ahora no interesa la frustración judicial de José María Centeno, sino lo que sufre su peculio en la curación. El doctor no ha certificado fracturas, sino tres inflamaciones llamadas tumores que se deben exprimir para la limpieza de pus y unas heridas susceptibles de sutura y medicación, debido a las cuales debe guardar en su casa de habitación el reposo de tres meses.[43] Nada que amerite la internación en una clínica o la realización de faenas complicadas de cirugía. Sin embargo, los gastos ascienden hasta una cantidad que difícilmente pueden tener las gentes humildes.

DESVALIDOS, FINADOS Y RECHAZADOS

Basta mirar hacia los hombres baldados que deja la guerra de Independencia, o que se han mutilado en confrontaciones posteriores, para caer en la magnitud del problema que no puede arreglar la sanidad pública. Los despojos de la epopeya

---

41 José María Centeno pide abonos de los bienes de Rafael Castillo, Cumaná, 24 de marzo de 1832. *AGN*, Interior y Justicia, tomo LIV, fol. 299.
42 *Idem*.
43 *Idem*.

multiplican el caso del apaleado que busca auxilio para sanar sus heridas y terminan en el mismo puerto, sin la existencia de regulaciones que concedan prioridad a sus casos partiendo de lo que hicieron por la sociedad en los campos de batalla. Como en general el gobierno no se interesa en sus achaques, algunos de los cuales son espantosos de veras, el *Correo de Caracas* habla de «impermeabilidad moral» en su edición de 22 de diciembre de 1840. Los editores deploran el abandono de «los militares que quedaron inválidos a consecuencia del servicio después de la guerra de Independencia y heridos en la campaña de 1835, y también de los que se hubieran inutilizado defendiendo el orden público en las diferentes ocasiones en que ha sido trabado, después de la guerra de Independencia y antes de la campaña de 1835, lo mismo que al que le suceda una desgracia defendiendo el orden en cualquier otra época».[44] Si pensamos en su crecido número, mas igualmente en lo menguado de sus haciendas como corolario de las hostilidades, en la estatura de sus expectativas y en la década que ha pasado después de la desmembración de Colombia, tal vez apreciemos mejor las penurias de los milicianos en una comarca que hasta de sensibilidad carece para desbastar la maraña de «la humanidad doliente». Un acta de la Facultad Médica, suscrita en enero de 1832, habla sobre cómo el gobierno desatiende a los milicianos y de las consecuencias que tal hecho puede producir en la salud de Caracas. Primero refiere la suciedad de los cuarteles, «unos lugares que parecen pocilgas», y luego critica el hecho de que la mayoría de las tropas duerman en las calles para incomodidad de los yacentes y riesgo de la ciudadanía.

> Los militares duermen a campo raso en las calles, expuestos durante el sueño al sereno de la noche, al aire frío y a la humedad. La necesidad de tomar cuidados de parte del gobierno nos reclama

---

44 «Impermeabilidad moral», *Correo de Caracas*, n.º 103, Caracas, 22 de diciembre de 1840.

la necesidad de imponerlo de los perjuicios que resultan de su descuido. El aseo de la ciudad evidentemente ha decaído y conviene atender este importante punto del que se desprende una lamentable indiferencia ante la situación del prójimo.[45]

Las características de tal sensibilidad que incumbe al drama de las dolencias desatendidas y al desamparo de quienes las sufren, capaz de generar la acritud ya observada de la prensa y censuras de los médicos, aparecen en términos descarnados en la sobrecogedora ostentación que se critica tres años antes. Para captar su intensidad, conviene leer una descripción del *Diario de Avisos*:

> El abuso y los repetidos ejemplares [*sic*] de depositar los cadáveres de los párvulos en la fachada de la Iglesia Metropolitana de esta capital, cuyo tránsito es el más concurrido por su inmediación a la plaza del mercado que está allí mismo, es lastimosísimo y escandaliza a cuantos transitan por aquel parage, viendo días enteros expuestos en él, restos de la humanidad que debieran depositarse en sitio más apartado. En ello influirá tal vez la miseria de algunos padres, no es dudable a la par que su propia delicadeza y miramiento por aquellos a quienes dieron el ser y debían sepultar antes que abandonarlos en el último trance: deber que caracteriza de falta moral un tal procedimiento que no puede disculparles la sana razón, séase la inclinada miseria o cualquiera otra la causa de él. Esta falta se comete, se repite y convendría evitarla más bien que corregirla.
>
> De consiguiente, es de llamar la atención de las autoridades, ya para que se disponga una especie de parapeto en el parage en que se ha introducido la indicada costumbre, que es muy posible por medio de una pequeña tapia que guarde y no desfigure, el orden del frontispicio de dicha Iglesia Metropolitana. Y por pena que se señale otro sitio decoroso que sirva de depósito a los cadáveres

---

45 Acuerdo de la Facultad Médica, Caracas, 12 de enero de 1832. *AGN*, Interior y Justicia, tomo LIX, fol. 249.

de los miserables o de aquellos cuyas familias se niegan a prestarles el último homenaje del amor, del cariño y hasta de la simple benevolencia, en darles sepultura con el ceremonial eclesiástico.[46]

Probablemente sea difícil encontrar un cuadro que refleje mayor indiferencia en torno a las desgracias producidas por la miseria y por la falta de recursos para la atención de urgencias que caben en la parcela de la salud pública. En el frente de la catedral y en ubicación próxima al mercado de la capital, los transeúntes pasan al lado de los restos de los recién nacidos que abandonan sus familiares. La asistencia al templo en el cual reside la autoridad de la mitra y la búsqueda de provisiones en la feria más socorrida de Caracas son antecedidas por los despojos de los «angelitos» que determinan las necesidades del tránsito en una zona donde circula a diario una muchedumbre.

Una respuesta inmediata conduce a reprobar la actitud de los desalmados que convierten la puerta de la iglesia en un insultante cementerio, o a encontrar en la indigencia la responsabilidad del suceso. Sin embargo, la observación no se puede reducir a tales límites. Hay que detenerse en el papel del gobierno frente a cuyas narices pasan las cosas. A los funcionarios no les debe importar demasiado, porque no han hecho nada para impedir el espectáculo y porque su pasividad hace que aparezca un reproche en el periódico. Los dignatarios de la Iglesia son susceptibles de un comentario semejante; no en balde se hacen de la vista gorda ante un hecho que, si no les acicatea la cristiana conciencia, por lo menos molesta la celebración de los oficios sagrados, algo que debe importarles de veras. También hay que meterse, si es posible, en el pellejo de los que contemplan la macabra rutina, para llegar a la siguiente pregunta: ¿acaso el tanto ver la muestra de los niños convertidos en basura no los

---

46 «Anuncios», *Diario de Avisos*, n.º 3, Caracas, 5 de diciembre de 1837.

familiariza con ella hasta el punto de considerarla sólita, hasta el extremo de juzgarla como parte de una normalidad que no conduce obligatoriamente a la reprobación? El escritor del *Diario de Avisos* indica cómo el observador posterior que piense así no va descaminado, pues se muestra enfático en la censura de los responsables y pide una solución, pero también es partidario de una transacción que termina en el disimulo. Seguramente se encuentre frente a hechos que no han producido una reacción general de condena, en cuanto llega a conformarse con la construcción de una pared que oculte los cadáveres de los infantes, esto es, con un púdico cobertor.

Un fragmento de sir Robert Ker Porter, redactado en enero de 1828, no solo nos informa sobre la antigüedad de esta manera de deshacerse de los recién nacidos que se critica en 1837, sino también en relación con el hecho de que parecía una costumbre que apenas generaba escándalo. Relata el británico en su *Diario*:

> Al regresar a casa, Manuel [uno de sus domésticos] me dijo que la cocinera había salido con un bebé blanco que había sido abandonado en el callejón. Pregunté si estaba vivo o muerto, y me dijo que vivo, y que ella había ido a dejarlo en algún otro sitio del mismo modo que lo habían hecho aquí. Este es el primer caso de este tipo que he presenciado desde que llegué a Caracas, y lo más singular e innatural de la circunstancia es que se trata de una criatura blanca, pues pocos son los de las clases bajas que tienen este color. En vista de que se ha puesto fin a la costumbre de abandonar los niños muertos a la puerta de la Catedral, supongo que ahora piensan distribuirlos vivos, pues se deduce que si una madre no tiene con qué pagar los últimos derechos de su prole, mucho menos puede proveer las necesidades de su existencia.[47]

---

47 Sir Robert Ker Porter, *Diario de un diplomático británico en Venezuela (1825-1842)*, Prólogo de Malcolm Deas, Caracas, Fundación Polar, 1997, pp. 298-299.

Robert Ker Porter no se hubiera sorprendido por el abandono del recién nacido, de no enterarse de que estaba vivo. Entiende que ya se ha erradicado la costumbre de dejar los cadáveres de los recién nacidos frente a la Catedral, razón que lo lleva a pensar que se está iniciando una forma parecida de deshacerse de los infantes. Una modalidad que produce su alarma por la blanca tez del abandonado. Acaso creía que era normal entre las clases bajas, debido a la oscura pigmentación de su piel, que ocurrieran sucesos tan deplorables como el que se viene refiriendo. Ahora observa una variación preocupante porque se trata de una criatura parecida a las de las clases encumbradas. Pudiera uno imaginar que, debido a pensamientos semejantes, esto es, por el hecho de creer los gobernantes que la ausencia de sentimientos familiares y de prendas de caridad fuera propia de los morenos, de los indios y de los negros, no pusieran el Cristo en su boca ante los hechos, ni se empeñaran en erradicarlos. Quizá los vean como parte de una conducta usual de las clases inferiores. ¿No se repiten los hechos más adelante, tal vez por la misma apreciación que solo hubiese encontrado aberraciones, motivos para la vergüenza y medidas efectivas para su prohibición teniendo a los blancos por protagonistas?

Juana Torres, vecina de Caracas, nos lleva a un tema igualmente lóbrego. Escribe al jefe político, en noviembre de 1840:

> Los animales sacaron el cadáver de mi padre, Juan Torres, de su tumba, y se comieron los huesos en la calle a la vista de los pasageros, siendo estas las horas en que no aparecen, y que no se toman medidas para evitar esas horribles cosas que no son la primera vez, que pasan.[48]

---

48 Juana Torres para el jefe político del cantón Caracas, Caracas, 1 de noviembre de 1840. *AGN*, Interior y Justicia, tomo XLIX, fol. 30.

Desde Turmero viene la primera referencia al mal estado de los cementerios en la época. Un documento de 1832 señala que ninguno de los lugares dispuestos en el cantón para la inhumación de cadáveres está protegido por tapias. En consecuencia,

> ... con dolor se ha visto que los perros han descubierto en la sepultura de los cadáveres algunos de sus miembros, lo que es demasiado ofensivo a la desencia y aún a la salubridad pública.[49]

En 1839, los habitantes de Barinas manifiestan su desazón por el mismo motivo: «El estado de desprotección permite la entrada de perros al Cimenterio, para horror de la ciudadanía que descubre restos esparcidos en la mañana por lugares del centro, inmediaciones del mercado y de la cárcel pública. Por eso es que muchas familias prefieren enterrar los deudos en el solar de las casas, sin licencia del eclesiástico, ni del Gefe Político, con riesgo para sus familiares y vecinos».[50] En 1842, la situación del camposanto de La Victoria, el cual ni siquiera puede usarse para su natural función, obliga a que se lleve la denuncia al periódico. Según *El Venezolano*: «Hoy existe sin portón, sin lumbre, sin capilla y sin estar encalado por dentro ni por fuera, rodeándolo el monte a la altura de las paredes. Ningún uso se hace de él, ni podrá hacerse en mucho tiempo».[51] Una misiva enviada al ministro del Interior en 1848, procedente de Guanare, solicita ayuda para construir una pared y una puerta en el cementerio, «pues los perros profanan los restos de los recién enterrados, especialmente de las familias pobres, que se ponen en la superficie».[52]

---

49 Informe del Concejo Municipal del cantón Turmero, Turmero, 11 de marzo de 1832. *AGN*, Interior y Justicia, tomo LI, fol. 1.

50 El jefe político de Barinas para el sor. ministro de lo Interior, Barinas, 21 de junio de 1839. *AGN*, Interior y Justicia, tomo XL, fol. 33 vto.

51 Cimenterio, *El Venezolano*, n.º 140, Caracas, 25 de octubre de 1842.

52 Correspondencia del gefe político de Guanare, Guanare, 4 de septiembre de 1848. *AGN*, Interior y Justicia, tomo CCXXXVI, fol. 57 vto.

Poco después llega de Barquisimeto una noticia parecida, que evidencia preocupación:

> Hubo animales que entraron al Cimenterio y se comieron dos cadáveres mal enterrados, de los que están en la parte posterior. La situación se descubrió a los días, por falta de vigilancia, pues que no hay manera de pagar un ayudante del Ecónomo, para el celo de un lugar importante y obligatoriamente concurrido. El padre Vicario quiere pedir para remendar el portón, pero todavía no lo hace esperando una opinión sobre tratar unas formas que desdicen de las costumbres de religión y respeto de la población, siendo mejor apalabrar una discreta colaboración.[53]

Ahora el descuido conduce a la vergüenza por unos episodios que dejan mal paradas a las autoridades civiles y religiosas, aunque también a la generalidad de los vecinos que ni siquiera han enterrado adecuadamente a sus difuntos. ¿Conviene ventilar el asunto desde el púlpito? El vicario y el jefe político sugieren una solución sigilosa, según se comunica al gobernador.[54]

Llama la atención que en el archivo no reposen las respuestas frente a tales denuncias que han debido provocar preocupaciones. Hasta en Caracas se requiere la intervención de la autoridad por un motivo semejante. La tierra del camposanto es húmeda, cualidad que facilita el descubrimiento de los despojos y el consiguiente banquete de las alimañas. Si se considera que en 1839 reposan en el lugar más de 12 000 difuntos, estamos ante un problema que incumbe a toda la ciudad. Cuando se enferman unos internos del Colegio Independencia, en septiembre del mismo año, se atribuyen las dolencias a «los vientos del cimenterio», no en balde la fetidez provocada por los enterramientos realizados de

---

53 Billete del gefe político para el sor. gobernador, Barquisimeto, 4 de noviembre de 1848. AGN, Interior y Justicia, tomo CCXXXVIII, fol. 12.
54 *Idem.*

manera irregular, o por las comilonas de los perros y los gatos, llegaba hasta el dormitorio del plantel.[55] Es curioso que los deudos no hayan consignado un número mayor de reclamaciones, susceptibles de provocar una medida oficial de envergadura.

La situación de los lazarinos no produce entonces indiferencia debido a que se entiende que su mal es contagioso, pero conduce a actitudes de discriminación que los convierte en parias sin redención. De acuerdo con un Reglamento de Policía que data de 1831,[56] y con disposiciones que las diputaciones provinciales establecen entre 1832 y 1848,[57] era obligatoria su reclusión en lazaretos o su aislamiento en parajes desolados. Cuando dichos lazaretos no se podían construir ni podían mantenerse por carencias presupuestarias, asunto que era usual, los enfermos que no vagaban en las campiñas, y aún en las ciudades por descuido de la autoridad, eran mantenidos en un apartamiento tan riguroso como el que detalla el siguiente documento de 1833, suscrito en Villa de Cura:

> La consternación creada por dos pacientes de elefancia o mal de S. Antonio aparecidos en la Villa, ha encarecido su envío al terreno escogido. Ya alejados de la población, y sin que haya relación con las personas sanas, la policía mantiene un cercado, en el que residen 20 más, que nadie ve porque no se permite que una persona, que no pertenezca a la guardia, se acerque en la distancia de diez leguas. Cada semana son subministrados de alimento, como maíz y granos, que se meten por una apertura, con la ayuda de una lanza estirada, y ella también cumple la función de alejarlos del sirviente que los pasa. Se mete agua cada tres días, siguiendo

---

55 «Colegio de la Independencia», *El Liberal*, n.º 177, Caracas, 17 de septiembre de 1839.
56 Resolución de la Junta de sanidad en el caso de Ángel Francisco Casanova, Maracaibo, 25 de julio de 1841. AGN, Interior y Justicia, tomo CCXXXV, folio 176.
57 Informe del gobernador de Carabobo sobre casos de Lázaro en Ocumare de la Costa, Valencia, 3 de junio de 1848. AGN, Interior y Justicia, tomo CCCLXXV, fol. 131.

el mismo procedimiento. El pueblo entrega, cada dos o tres meses, ropa en la capilla del santísimo, que se lleva igualmente, pero que los recluidos no usan, por [sic] los dolores de la avanzada elefancia sofocan los movimientos corporales. Están encerradas tres mujeres y una niñita, que conviven con los apestados, del sexo masculino, no teniendo manera de impedir el contacto, por estar prohibida la entrada y desconocer las maneras de estar en el confinamiento. No ha habido un olor de un muerto, desde 14 de septiembre del año próximo pasado, pero sigue muy insufrible la pestilencia, de las llagas esparcida por el viento. No ha habido escapatoria, de ninguno de los lázaros, para interés de la población, y cumplimiento de las ordenanzas.[58]

Ni siquiera tienen los enfermos un techo para protegerse de las inclemencias del tiempo, pues la fuente habla de una suerte de potrero sometido a una vigilancia tan puntillosa que, aparte de impedir la relación con las personas sanas, no permite que los policías se enteren de las cosas que ocurren en el interior. Apenas un subalterno protegido por una lanza se aproxima a la rústica clausura en la que permanecen execrados. Apenas en el lapso de tres días reciben consuelo para la sed y en períodos más prolongados pueden hacerse de unas ropas que seguramente no les sirvan para nada. Solo el hedor de las purulencias es la pista para suponer cómo evolucionan los pacientes en la jaula. El informe detalla un encierro que no debió provocar reacciones de misericordia, sino felicitaciones pues el responsable lo escribe porque forma parte de un menester humanitario y legal que deben conocer los superiores.

Ángel Francisco Casanova, un leproso que lucha por salir de la reclusión en el lazareto de Maracaibo, con la ayuda de un procurador remite una carta al presidente de la República en la

---

58 Remite el capitán Pedro Merchán, sobre el encierro de lázaros de la Villa de Cura, Villa de Cura, 19 de julio de 1833. *AGN*, Interior y Justicia, tomo LXXXIV, fol. 290.

cual describe el lugar, la tragedia de los internos y su tragedia personal. Enviada en julio de 1841, comunica una versión espeluznante.

> Es injusto y [sic] inhumano que sea trasladado a un miserable establecimiento, que solo se compone de veinte cuarticos más bien dispuestos para servir de calabozos, que para ser asilos de infelices que adolecen de una enfermedad tan fuerte y penosa como la elefancia, pues dichos cuarticos solo tienen cuatro varas en cuadro, sumamente bajos, sin más respiración que la de una pequeñísima reja y una puerta de solo una hoja de madera que en nuestro fuerte temperamento es esto suficiente para acabar con la vida de los pobres que los habiten. Por otra parte, parece que, por mi enfermedad, no debo haber perdido la condición de hombre para que se me nieguen los recursos divinos y humanos, pues no hay ni un sacerdote que confiese, exhorte y acabe [sic] a uno en sus últimos momentos; único consuelo del católico, cuando se halla en semejante estado; ni un facultativo que ayude al paciente, y le anime con la esperanza de vida. ¡Pero qué digo de Padre o facultativo! Si el dicho establecimiento, o mejor diré, desierto, carece de persona que haga el alimento y cuide del enfermo, cuando se halle ya en el estado de no poderse servir por sí mismo. En fin, parece que la compasión que da existir semejante enfermedad se ha convertido en este país en rigor, pues en lugar de buscar el consuelo a los infelices que la sufren, antes, al contrario, se trata de aumentar sus desgracias externas. Somos tan desdichados los elefanciacos de Maracaibo que cuando los demás hospitales de la República se hallan dentro de las ciudades, este se ha establecido en una Isla a alguna distancia de consideración, así es, que el pobre enfermo no puede contar a tiempo con ninguna de sus necesidades porque enteramente está sujeto a la disposición del viento. Y a la vez es de esperarse en tal desamparo que unos hombres ignorantes, sin temor a Dios, porque ya han perdido su religión, y a la justicia, porque en semejante soledad difícil sería probarles sus crímenes,

cometen infames atentados, cuando no contra mi persona, contra la de mi esposa robusta y joven. En cierta virtud, espero que V.E. en la consideración a lo que dejo expuesto, se sirva mandar suspender mi reclusión hasta tanto se forme el establecimiento de una manera habitable y con todos los auxilios que demandan la humanidad y nuestra religión, porque parece que el mismo derecho que tiene la sociedad para pedir mi reclusión, tengo yo, para exigir todos los recursos que me sean necesarios para vivir y soportar mis días desgraciados de dolencias y tormentos, mucho más cuando, gracias al Omnipotente, gozo de ellos dentro de mi casa, recluido, sin perjudicar a nadie.[59]

El lazareto de Maracaibo no se parece al cercado de Villa de Cura, pues cuenta con espacios hechos especialmente para el recibimiento de los enfermos y ha de tener, aunque presumiblemente flaco, un presupuesto para el servicio médico y para cancelar la paga de los empleados. Pero es idéntico por la brutalidad que reina en su interior. La descripción de Ángel Francisco Casanova nos introduce en un abismo en el cual se pierde «la condición de hombre». Así lo expresa en medio de la desesperanza, a través de palabras que registran una escena de barbarie e incuria que, así como carece del mínimo auxilio de la cocina, tampoco guarda lugar para el lenitivo de la religión. Los clamores nos informan de la batalla sin destino que libra un hombre que no puede ser ciudadano porque es leproso, un estado del organismo debido al cual carece de recursos para que sus derechos valgan frente al calvario que la sociedad impone a su anomalía. Ante las víctimas tampoco quieren los ministros del templo practicar la caridad pregonada por su credo, situación que deriva en un destierro parecido a una excomunión que no han provocado los extravíos de un pecador, sino las señales de su cuerpo.

---

59 Correspondencia de Ángel Francisco Casanova para el presidente de la República, Maracaibo, 25 de julio de 1841. *AGN*, Interior y Justicia, tomo CCXXXV, fols. 176-177 y ss.

Conviene una pregunta, sin embargo. El mirar solamente estas escenas ¿no coloca al investigador en el riesgo de juzgar con excesivo rigor a los venezolanos que tratan a los lázaros como se ha advertido? La historia de Antonio Alcalá, un escribano que debe ser echado del trabajo, propone una mirada diversa de tales conductas. Antonio Alcalá es un eficiente funcionario de Angostura. Hijo del difunto José Gabriel Alcalá, un político célebre de la región, en 1832 es sometido a una investigación que conduce a su salida del servicio por las reacciones que produce su avanzada lepra. Cuando aparecen los síntomas del mal debe retirarse de la actividad en el juzgado, porque los compañeros temen una transmisión y porque la gente del común apenas se atreve a traspasar el umbral del despacho. En atención a su eficiencia y a la memoria de su padre, las autoridades permiten que prosiga las labores en el domicilio familiar. Desde allí envía los papeles que redacta, pero la situación se torna insoportable. Uno de los sirvientes se niega a recoger la documentación escrita por el pobre Antonio, debido a que «está lleno de lepras asquerosas y temibles de contagio».[60] Después, un testigo asegura bajo fe de juramento:

> Todos los funcionarios que tienen que actuar con el Escribano Antonio Alcalá, impedido de salir a la calle, se ven precisados a concurrir aunque con repugnancia al mismo oficio del escribano Antonio Alcalá, defendiéndose sus respiraciones con pañuelos, por la fetidez que arroja la supuración de las lepras del citado Escribano enfermo, que permanece siempre en un chinchorro metido y para levantarse a firmar necesita del auxilio de brazos ajenos que lo lleven y acomoden en el lugar destinado para el efecto.[61]

---

60 Información del gobernador de Guayana, sobre sumaria instruida a Antonio Alcalá por padecer el mal de elefancia, Angostura, Jefatura Política Municipal, 30 de julio de 1832. *AGN*, Interior y Justicia, tomo LXI, folio 281.
61 *Idem*.

Los jueces que se hallan forzados a inevitables contactos con el funcionario, dicen que «lo hacen con repugnancia y temor de la infección de la peste».⁶² El expediente describe así la actitud de un hombre de apellido Baldani, a quien Alcalá debía entregar un texto de importancia para un proceso: «Rehusaba presentarse por ante él por serle repugnante la pestilencia de su enfermedad y quería reservarse de un contagio».⁶³ El alcalde segundo ordena la comparecencia de un litigante ante el escribano, pero recibe la siguiente contestación: «La enfermedad contagiosa del señor Alcalá me obliga a precaver mi salud; y este motivo me ha animado a decir a U. que con actuarios daré mi declaración, si se necesita, y no por ante dicho Escribano. Este remedio lo conceden las leyes vigentes y me amparo de él».⁶⁴

Alcalá pierde la escribanía. La calidad de su trabajo y el parentesco con una celebridad comarcana no pueden contra la turbación provocada por la lepra. Al principio se acepta que realice labores en la casa de familia, pero pronto el terror hace que los habitantes de Angostura luchen por su lejanía para evitar un nexo que puede conducirlos a idéntica situación. Disponen lo que está a su alcance para evitar la proximidad de lo que juzgan como una podredumbre que puede ser la suya personal. Aparte de las normas genéricas contra los enfermos del común, tienen procedimientos para sacar del camino a los que tienen influencia en la colectividad. El individuo de competente oficio y esclarecido origen desaparece por la existencia de un terror que borra los datos de una trayectoria conocida en la ciudad. Las llagas y el olor lo convierten en un enemigo público que no puede permanecer en policía normal. Si así actúan frente a una persona conocida, es evidente que el pavoroso riesgo de contraer la lepra borra cualquier sentimiento de solidaridad en el caso de los apestados

---

62 *Idem.*
63 *Idem.*
64 *Idem.*

anónimos. Las reacciones son las propias de quienes sienten que están frente a un mal incurable, en un tiempo que no ha tenido medios para atender dolencias menos aparatosas, ni sensibilidad para hacer de la benevolencia una conducta establecida.

En 1848 el gobernador de Carabobo reprende al jefe político de Ocumare de la Costa, porque ha vacilado frente al mal que padecen un rico propietario y un sirviente famoso por su vocación de comediante. Antes de intervenir de acuerdo con la ley, el jefe político ha pedido un examen especial para don José Antonio Arévalo, quien es dueño de la hacienda Las Monjas y de cuyas purulencias sobran los testigos en la zona. Lo mismo ha ordenado para Valentín, un negro «recitador de versos y cómico» que goza de popularidad. Molesto por la conducta del subalterno, expresa el gobernador:

> SS. ha podido muy bien ahorrar el gasto del médico, puesto que a todos consta que el mal que padecen los enfermos sor. José Antonio Arévalo y el esclavo Valentín, de la hacienda Monjas, está reconocido hace mucho tiempo ser el de elefancia; más que lo demás, ha debido proceder de conformidad con el art. 14 de la resolución de aquella Diputación Provincial de 20 de noviembre de 1844, que previene que «mientras se establece en la provincia un hospital, el funcionario de policía que tenga noticia de algún enfermo de elefancia lo hará reconocer y lo participará al Jefe Político, quien dispondrá que se retire de la población a parage donde no pueda infestarla». Esta disposición es bien clara y fácil de ejecución, y no ha debido presentarle tal perplejidad, hasta el extremo de desconocer el uso que debe hacer de ella; tanto más cuando que el sor. Arévalo es hombre de posibles, y el esclavo Valentín tiene por dueño a una corporación rica.[65]

---

65 El gobernador de Carabobo ante lo ocurrido en el Cantón de Ocumare, respecto a individuos que padecen el Mal de Lázaro, Valencia, 3 de junio de 1848. *AGN*, Interior y Justicia, tomo CCCLXXV, fol. 131.

El suceso se parangona con el anterior, aunque se lleva por ruta más expedita y tal vez con el auxilio de los hombres execrados. El jefe político responde para disculparse y para decir que ha cumplido las órdenes al pie de la letra,[66] lo cual induce a pensar que también haya seguido la sugerencia del superior en el sentido de conseguir el apartamiento con el dinero de los enfermos y de olvidarse de médicos para la verificación de la lepra. Tal vez mostró al principio una pizca de misericordia, o consideración ante un hombre rico y ante un personaje popular, pero a la condolencia se la tragó la obediencia.

El miedo por la lepra lleva al gobernador de Maracaibo a interesarse por la curación. Animado por noticias en torno a la existencia de unas yerbas llamadas «cuichunchully», que alivian el mal y pueden hacer que desaparezca, en 1831 ordena que se trabaje con los afectados. Tres años más tarde informa al ministro del Interior sobre las pruebas que se han efectuado, en un documento que describe el estado del paciente Jacobo Puche, cuyo aspecto debió ser como el de los que ya hemos conocido, capaz de provocar las espantadas del prójimo.

> Sufría el mal diez y seis años contados hasta el día en que comenzó a administrarse el cuichunchully. Permanecía disgregado de la sociedad, exitando la compasión de sus semejantes por el estado de compasión en que se hallaba. Las extremidades superiores o inferiores ulceradas, la voz nasal, el rostro amoratado y desfigurado, las orejas extremadamente abultadas, falta de sensibilidad casi absoluta, eran los síntomas que presentaba el paciente y que calificaron a su enfermedad de elefancia.[67]

---

66 *Ibid.*, fol. 134.
67 El gobernador de la provincia de Maracaibo al Sor. secretario del Interior en el Despacho de Interior y Justicia, Maracaibo, 7 de julio de 1834. *AGN*, Interior y Justicia, tomo XCVIII, fols. 216-217.

Gracias a la aplicación del cuichunchully el aspecto del enfermo había cambiado, pero no lo suficiente:

> ... las mejoras advertidas han sido la reposición de la sensibilidad y la voz a su estado natural, la cara menos tuberculosa y más despejada y despercudida, las orejas casi enteramente disminuidas, las úlceras cicatrizadas, el apetito y sueño buenos, y cubriéndose de bello todo su cuerpo, especialmente la cabeza donde le faltaba aún desde antes de enfermarse; sin haberse notado otra novedad que la de cargársele los pies cuando monta en el burro.[68]

El gobernador don Ramón de Fuenmayor confiaba en las virtudes del cuichunchully, «un nerviecito sin hojas que nacen en las piedras de los páramos y que es simultáneamente catártico, diurítico, emético, forético y cialagogo».[69] Parece que el «nerviecito» había actuado sobre las manifestaciones del desgraciado en cuyo cuerpo se ensayaban con entusiasmo unas pruebas, aunque no tanto como para que cambiaran de veras las reacciones a su alrededor.

> En 1831, 1832 y lo que va del año presente ha sido difícil el cuidado de los orates, que en número superior a los veinte pululan en la calle y en variedad de lugares del Cantón, recogiendo inmundicias, haciendo sus necesidades en la vía, peleando, caminando en desnudez y haciendo una fuerte comparsa por no tener familias que los protejan. La colecta para comprarles ropas y medicina contra los piojos, se quedó en cinco pesos, que no alcanzan para nada. No existiendo un depósito para ellos, tenemos la necesidad de hacer celdas para una correcta vigilancia porque han abundado las quejas de la ciudadanía, y porque no se ha encontrado modo de llevarlos al orden.[70]

---

68 *Idem.*
69 *Idem.*
70 Correspondencia del jefe político del cantón Maturín, para el Sor. gobernador y para el Despacho de Interior y Justicia, Maturín, 22 de septiembre de 1833. *AGN*, Interior y Justicia, tomo XXIX, fol. 14.

Suscrito por el jefe político de Maturín y referido a los tres primeros años de la autonomía nacional, el documento nos coloca frente a otra urgencia que no recibe la atención esperada por la comunidad, o que se soluciona mediante la represión.

Cinco años más tarde, el jefe político de la Asunción habla de los dolores de cabeza causados en la población por una media docena de locos que deambula en la vía pública. De acuerdo con su relación:

> Son dos hombres y cuatro mujeres gritando y bailando en la calle, entrando en las casas, hablando insertidumbres [sic] de nunca acabar, hasta el suceso de gritar contra la Divina Providencia y sus sagrados Ministros, contra la Madre de Dios y la autoridad civil. Se comprende la fuerza de su enajenación, al saber que han llegado a arrojar malas expresiones contra la memoria de Simón Bolívar, mientras hacen el disparate de vivar al rey de España. Como no caben en la cárcel, muy estrecha y en proceso de arreglarle el tejado, queda el remedio de darles unos buenos palos y asearlos, que se les han dado, ante el reclamo de los vecinos disconformes por lo pasajero del dicho remedio. Por ese motivo, una suscripción de vecinos ha pedido el destierro de esos enfermos, pero no se ha intentado, porque nadie los aceptará para perder la quietud de sus costumbres, razón debido a la cual el problema no se puede arreglar, sin que se deje de estar pendiente con los mismos arbitrios.[71]

El episodio debió preocupar a quienes lo presenciaban, pues atentaba contra figuras y valores esenciales como la religión católica y la fama del Padre de la Patria, pero nadie piensa en salidas mejores que el desarraigo y el castigo corporal. Ni los casos ni los desenlaces son extravagantes, si consideramos un escrito que redacta el gobernador de Carabobo en 1842.

---

71 El jefe político de la Asunción para el secretario del Interior, la Asunción, 10 de julio de 1837. *AGN*, Interior y Justicia, tomo XLIX, fol. 90.

Del ejemplo de los locos se puede arribar a la conclusión [de] que no tenemos manera de componernos. Los que andan mostrando sus vergüenzas no hay como taparlos con un manto decente, por mucho que se pida en el nombre de la modestia. A los pleitistas no los quiere recibir la policía, porque no les corresponde. Y en relación con el cuartel, a nadie le parece un buen almacén para su pernoctación. Cuando se reclama dinero para fabricar unos apresamientos, o hasta otro tipo de detención, no aparece la plata. El remedio de unos correazos es pasajero, que se aplica para que se amansen y para que se devuelvan otra vez a la locura. No hay manera tampoco de componernos en apartar a los varones de las hembras, por mucha dureza que se haga; porque hasta se ha platicado con el sor. Vicario del partido, a ver con una de sus prédicas, y asegura que no hay prédica que entre en los entendimientos disturbados. Habrá que encerrarlos para cuando venga el Sor. Presidente, por dos o tres días, pero y después estaremos como estábamos antes.[72]

Con la ocasión de una visita del primer magistrado a Valencia, aparecen algunas ideas sobre los locos y sobre la locura que parecen ajustadas a lo que generalmente se piensa en la época. Se asemejan al parecer de los jefes políticos de Maturín y la Asunción, pero también al siguiente informe que suscribe en Maracaibo el gobernador sobre una demente llamada María Encarnación Suárez.

Los escándalos que la mujer protagoniza lo han obligado a disponer su encierro en la cárcel pública, pero el juzgado de letras ha reprobado la decisión: «la cárcel no es lugar de resguardar locos»,[73] han dicho los jueces partiendo de la experiencia de un

---

[72] El gobernador de Carabobo para el secretario del Interior, Valencia, 6 de marzo de 1842. *AGN*, Interior y Justicia, tomo XXXVI, fols. 46-47.
[73] El gobernador de Maracaibo al Sr. secretario en el Despacho del Interior, Maracaibo, 24 de septiembre de 1832. *AGN*, Interior y Justicia, tomo LXII, fol. 1.

preso de la misma calidad que antes «molestó hasta el cansancio». Se trataba de «un chiflado llamado Pedro Torres que nos puso todo patas arriba»,[74] expresa el tribunal. Luego ordena: «Espero que V.S. se sirva librar las órdenes necesarias para dejar la cárcel en quietud».[75] Según el gobernador, el motivo de la reacción de los togados encontraba origen en la situación económica de la madre de María Encarnación: «su estado indiferente y la falta de comodidad en su casita no le permiten cumplir lo dispuesto, pues no tenía ni aún para hacer una prisión con que sujetar a la loca, y que creía más conveniente se pusiera en la Cárcel Pública de Maracaibo».[76] Para concluir el informe, justifica la disposición que ha causado tanto ruido y eleva un clamor a la más elevada instancia:

> No existiendo en esta ciudad casa de locos, ni medios para plantear sostener su establecimiento, se había adoptado la medida de recoger en la cárcel pública los pertenecientes a las familias notoriamente insolventes, para evitar los sobresaltos y perjuicios que con sus furias ocasionan a la sociedad. Pero habiéndose opuesto a este arbitrio el juzgado de letras y no ocurriendo otro en la esfera de los de este gobierno y el Concejo Municipal, he creído poner en conocimiento del Exmo. Sor Presidente de la República se digne escogitar el partido más prudente que debe adoptarse con los dementes más desvalidos.[77]

Estos puntos de vista que nacen de la rutina pueden aproximarnos al tema de la locura, según la entienden los venezolanos de entonces. Tal vez haga falta un número mayor de testimonios para llegar a una comprensión más profunda del

---

74 *Idem.*
75 *Idem.*
76 *Idem.*
77 *Idem.*

asunto, pero los pareceres de autoridades que deben enfrentar los que se consideran casos de insania desde una perspectiva común, esto es, generalmente aceptada por los gobernados y por la mayoría de los funcionarios superiores a quienes deben informar sobre sus actividades, ha de llegar a una interpretación que no traicione la sensibilidad de la época. De momento puede asegurarse que predomina una posición inalterable: se precisan medios violentos para enfrentar una anomalía irremediable. El vicario, un magisterio usualmente respetado, estima que ni siquiera la palabra de Dios puede devolver la cordura al enajenado. Tampoco la violencia, según la potestad civil, pues se habla en los documentos de unos latigazos que apenas son capaces de ofrecer una aceptación pasajera de las costumbres que distinguen a las personas comunes y corrientes. El juzgado de letras no quiere a los locos en la cárcel, pero no plantea la posibilidad de que se atiendan en sitio más hospitalario. Acaso prefiera la solución doméstica que no perturba a la sociedad ni disminuye los recursos del Estado: ergástulas en los hogares, para que solo la parentela cargue con una cruz vitalicia de su estirpe. Parece que las familias están de acuerdo en tener celdas privadas para los locos de la progenie, mientras la sociedad quiere meterlos en cintura para siempre sin hacer mayor cosa para lograrlo. Está de acuerdo en que se deben segregar, no en balde los documentos hablan con recato de «depósito» o de «almacén» para describir lo que debe ser un permanente encierro requerido por los ciudadanos, pero el aporte de los cuerdos no aparece. Es lo que se desprende de una colecta sin recolección, de unas ropas que no llegan para ocultar la desnudez de los desgraciados, de un excesivo clamor de deportación y de la frialdad que responde a la solicitud de dinero para la construcción de manicomios. La indiferencia no deja de llamar la atención, si consideramos que las criaturas de la psicopatía quizá fuesen también una conspiración contra el ornato, hasta el punto de que convenía encerrarlos para que no perturbaran la visión del primer magistrado en una de sus visitas.

ROÑA, MUGRIENTOS E HIGIÉNICOS

La citación de un marchante de maíz llamado Gervasio Torres, conducido a la policía en 1840 para que deje la costumbre de arrojar desperdicios en la calle, nos introduce en un tema que se trata de modo peculiar en el país de entonces. Gervasio vive en Caracas, esquina de las Pelayas, y ha sido convocado en tres ocasiones por la autoridad porque el frente de su casa habitualmente es como un basurero. En 1832 se le ordena que barra el enlozado próximo a la puerta de su domicilio, pues «ha juntado muchas porquerías que impiden el paso». La insistencia en dejar escombros de un cuarto que está reconstruyendo, junto con el excremento que saca de una caballeriza para molestia del olfato, obliga en 1837 a otra reconvención que no conduce a salidas satisfactorias, si consideramos que en 1840 se le acusa de «seguir en la mala costumbre que ha obligado a otras llamadas sobre la obligación de asear la calle en la parte de su casa, desobedeciendo las ordenanzas y visitas del comisario para pedir el arreglo de su inconducta». El jefe de policía redacta un informe para el Concejo Municipal, en el cual refiere unas disculpas del marchante que pueden ilustrar sobre lo que sucede con el asunto de la limpieza de las ciudades.

> Está concorde Gervasio Torres que debe ocuparse de evitar infecciones, y que pagará un sirviente para una limpia a la semana, mediante el riego con cal de las necesidades de las mulas, de su propiedad, y el bote de los malojos del maíz. Como va a pagar de mala gana cinco pesos por multa, diciendo que es el primer castigado por una cosa que hacen todos en Caracas, Pto. Cabello,

Valencia y Coro, se le ha ofrecido un castigo que puede ser de cárcel. Tuvo malas voces para varios de sus clientes, porque botan aguas pestilentes; y pidió multas para los comerciantes de harina, sor. Santos Álvarez, sor. Felipe Pérez y sor. Juan J. Gomes; y para el almacén «la Garza Blanca» por la misma razón de la suciedad, que no son casos delicados, o que hayan reclamado a la autoridad. En el negocio del mencionado sor. Juan J. Gomes, se probó que mantiene defecaciones de bestias en la esquina de la casa, que traen moscas y lechecillas; y que ha dejado huesos de gallinas, con gran concurso de perros sobre ellas; obligándolo, como fue, a limpiar en el acto, y a comprometerse en el aseo, a pesar de que dijérede [*sic*] no haber hecho nada de malo.[78]

El jefe de policía sabe que la basura puede provocar enfermedades, pero es distinto el parecer del hombre llevado a su oficina. En tres ocasiones ha cometido la falta de tirar desperdicios, sin preocuparse por el aspecto de la ciudad ni por las infecciones que pudieran provocar. Ahora tampoco muestra arrepentimiento, en cuanto siente que su conducta no se sale de lo común. Más bien parece sorprendido de que se le llame al orden, cuando en localidades importantes del país la gente echa cagajones y restos de productos agrícolas en la vía pública sin que nadie se mortifique; y cuando existe un establecimiento conocido y personas como los mercaderes Álvarez, Pérez y Gomes que no destacan por su apego a las normas de salubridad y frente a los cuales no se han tomado medidas punitivas, ni se han hecho siquiera simples advertencias. La autoridad no se sorprende con la afirmación, ni con la actitud de otro sujeto que demuestra poco interés por la responsabilidad que tiene frente a la limpieza de la capital. El hecho de que en tres ocasiones hiciera lo que ahora se le reprocha, acaso provocado por las quejas del vecindario y

---

78 Informe del comandante José Ardizábal para el Concejo Municipal, Caracas, 11 de agosto de 1840. *AGN*, Interior y Justicia, tomo CCXXX, fols. 5-6.

no por la diligencia de los celadores, hace pensar sobre la poca atención que pone la autoridad en el problema. Ahora la autoridad se molesta porque Gervasio se pone gritón. Como sugiere el documento, el jefe de policía se limita a hacer su trabajo por órdenes del municipio, o por alguna denuncia, sin escandalizarse ante las afirmaciones de un enemigo comprobado de la asepsia, ni ante los culpables y los indiferentes que han aparecido en la rabieta de un hombre acostumbrado a la impunidad. Pareciera que apenas le preocupa la represión de aquellos cuya actitud haya provocado denuncias, mas no el hecho cotidiano de llenar a la capital de mugre.

A la altura de octubre de 1840 se hace tan insoportable el problema de la basura que el Gobierno superior y Político de la Provincia se anima con medidas enfáticas. A través de la jefatura de cantón y bajo la responsabilidad del ministro de policía, ordena a los caraqueños:

> cumplan con el deber que tienen de reparar el deterioro de los empedrados y enlozados que se hallen al frente de sus respectivas habitaciones; de desyerbar éste y de hacerlo barrer todos los sábados: de destruir y reedificar las paredes, altos y demás edificios o partes de estos que amenazen ruina: de cercar los solares: de no permitir que de sus casas salgan aguas inmundas, ni se arrojen basuras u horruras a las calles; ni que en las aceras en lo que a cada una pertenezca, estén con ninguna especie de materiales ni muebles embarazando el paso a los transeúntes; apercibiendo cada uno de los contraventores u omisos con la multa de 12 pesos, que se establece por el art. 24 del Reglamento de Policía. Las personas a quienes se haga saber esta orden firmarán por sí o a su ruego, para la debida constancia.[79]

---

[79] «Sección Administrativa. Gobierno Superior Político de la Provincia. Gefatura Política del Cantón», *El Venezolano*, n.º 8, Caracas, 19 de octubre de 1840.

Para los caraqueños, las calles son una prolongación de sus domicilios que sirve para salir de lo que estorba en ellos. Es lo que se colige de un documento que amenaza con una multa considerable –de veras abultada, si la relacionamos con la sanción pecuniaria que se impone poco antes a Gervasio Torres por su repetida vocación de embadurnar al vecindario– para los ciudadanos que organizan sus casas a costa de la cochambre urbana. Las reconstrucciones del ámbito privado conducen a la ruina de los pasajes públicos. El acicalamiento de los hogares desemboca en la deformidad de arterias que pertenecen al común. La limpieza parece confinarse a las cuatro paredes de cada casa, pues ni siquiera incumbe al frente de cada una, para que los vecinos pongan una cuota de sus sobras individuales o familiares en la fábrica de un gigantesco estercolero. La situación también se observa en Valencia, pues un oficio de 1853 señala que: «la gente sigue arrojando muchas basuras con mal olor, que sueltan del portón de las casas y de las ventanas, olvidándose hasta de ordenar un pase de escoba por los sirvientes que tienen a cargo».[80]

La situación es calamitosa en la capital, si damos crédito a un *Remitido* que escribe un desconocido lector de periódicos en julio de 1841. Su descripción es elocuente, aunque excesivamente parcializada:

> Espanto y vergüenza causa el tránsito por las calles de esta ciudad, y principalmente en ciertos lugares, como más públicos más concurridos y más ricos, y en que la industria mercantil contribuye a las rentas municipales con un 25 por 100, poco más o menos, sobre sus ganancias. La calle de las Ciencias, entre las de Carabobo y leyes Patrias, comprueba estas aserciones; pues que las dos cañerías que se encuentran en la plaza mayor se hacen insoportables

---

80 Oficio para el Sor. gobernador, Valencia, 16 de febrero de 1853. *AGN*, Interior y Justicia, tomo CDLXXX, fol. 88.

al pasagero, que embelesado en sus cálculos, siente aproximarse a ellos un hedor que le fuerza a correr, que ofende su olfato, que le perjudica su salud, y le persuade en fin que la contribución que paga en nada subviene a los gastos para que está destinada, y que por el contrario dichas cañerías son en el día los conductores de las aguas saladas de las carnes, de las de pescados manidos, botadas en grandes tinas, animales muertos, verduras de todas clases podridas, y peor que todo esto, los zambreyos de las bodegas, que todas las noches acrecen el receptáculo enrejado del centro de la plaza, y cuyo gran depósito, a manera de incensario con candela que no quema, trata de conservarse por los agentes de la policía, como se conserva en la sala del Concejo y Diputación provincial el pendón de Pizarro, que nadie por un natural respeto se atreve a tocar. ¿Y no es esto, Sr. una mengua para la capital del Estado? ¿y no es esta una falta de los empleados de policía, en cuya elección se esperó patriotismo y celo? [...] ¿y no es la calle de las Ciencias por donde diariamente se ven transitando a los altos funcionarios, el Sr. Gobernador, el Gefe Político y sus subalternos? ¿O será que la aroma del referido incensario, saliendo por los dos respiraderos, no les ofende?[81]

En el *Remitido* se culpa a la autoridad, mientras se trata con benevolencia a los contribuyentes. La insensibilidad de los altos poderes, desde su punto de vista, es responsable del alevoso vertedero. Sin embargo, conviene mirar el entuerto desde una perspectiva menos unilateral. Las palabras de un jefe político de Caracas, publicadas en 1840, descubren otras facetas dignas de atención.

Desde 1838, los concejos municipales han establecido fechas para desyerbar las calles y han amenazado a los contraventores con multas. Así mismo, han establecido penas para «los

---

81 «Remitidos. Sr. Redactor de *El Venezolano*», *El Venezolano*, n.º 56, Caracas, 5 de julio de 1841.

abusadores» que no coloquen la basura en un sitio que facilite su acarreo. Sin embargo, no han logrado el cometido. El jefe político de la capital, don Bartolomé Manrique, trata de explicar la situación. En despacho que reproduce *El Venezolano*, atribuye los hechos a que:

> Todas las disposiciones se pretermiten, o se ven con una indiferencia que fomenta el descuido que se observa y anima a los omisos con la certidumbre de la impunidad.[82]

Las letras del funcionario permiten suponer que el aseo no se ha convertido en un problema capaz de mover la conducta de los ciudadanos. Hay tanta basura como para poner el grito al cielo, pero la gente no la siente como un negocio de entidad. De allí la apatía predominante. Pero algo semejante pasa con los responsables del aseo. Como don Bartolomé habla de impunidad, es evidente que no han hecho mayor cosa para enderezar a los infractores. Por consiguiente, completa así su escrito:

> Excito de la manera más enérgica al Concejo, para que por su parte cumpla los deberes que la ley le ha impuesto, y de acuerdo con el Jefe Político y demás funcionarios de policía, disponga que las calles y plazas se limpien, se cerquen los solares, se compongan los enlajados de las aceras, según lo acordado por la H. Diputación; y en fin, que este ramo de la policía urbana sea atendido con la eficacia que él requiere, pudiendo usar del presidio para todos aquellos trabajos en que pueda ser útil y ventajoso al objeto de limpiar y asear la ciudad.[83]

Pero el Concejo Municipal, que no ha lavado la cara de la urbe, está dispuesto a lavar la suya propia. Se apresura a responder

---

[82] «Sección Administrativa Provincial. Gefatura Política de Caracas. Policía», *El Venezolano*, n.º 3, Caracas, 7 de septiembre de 1840.
[83] *Idem*.

a Bartolomé Manrique, salvando su responsabilidad ante el caos de las escorias. El cuerpo no ha cumplido el rol de campeón del lavado y del fregado, ni ha puesto las multas según se le pide, porque «no tiene funciones ejecutivas».[84] Y agregan los concejales:

> Estas [las funciones ejecutivas] están únicamente sometidas a los gobernadores y a los jefes políticos, en sus respectivos cantones [...] y ningunos datos tiene este Concejo en su archivo que le demuestren los inconvenientes que ha tenido la gobernación para llevar a cabo su ejecución; pues solo en este caso, es decir, en el de que la parte que ejecuta haya encontrado algún vacío en la generalidad con que son hechos los reglamentos de la provincia, es que el Concejo se cree llamado a tomar una medida, por decirlo, así, más local.[85]

Además de evidenciar un pugilato institucional, la respuesta toca el aspecto legal, debido a cuya falta de pormenores en relación con las obligaciones de cada factor de gobierno no se pueden esperar soluciones prácticas.

La imprecisión de las regulaciones y el enfrentamiento entre los poderes locales llevan la situación hasta un indeseable extremo que describe el despacho de Bartolomé Manrique:

> General es el clamor que se oye contra el desaseo de las calles, plazas y solares escombrados de esta ciudad. La yerba y las inmundicias las cubren y presentan el espectáculo degradante de una población sin policía. Varias personas de la mayor respetabilidad han denunciado a este gobierno tan lamentable, como vergonzoso cuadro, y no le es dable desviar tan justos y generales clamores, sin tomar las más serias providencias, para que cese el mal y se cumplan como es debido las ordenanzas de policía sobre estos puntos.[86]

---

84 *Idem.*
85 *Idem.*
86 *Idem.*

Pero la instancia más próxima a la comunidad, instancia a la cual se ha recurrido, carece de elementos para la solución. El Concejo Municipal apenas cuenta con 29 guardias y dos cabos que deben hacer rondas volantes por la ciudad y por los suburbios y a quienes competen otras ocupaciones. La posibilidad de utilizar a los presidiarios para que limpien presenta problemas, por falta de vigilantes. Los delincuentes sacados de la cárcel pueden provocar inconvenientes que se agregarían al malestar por el desaseo.[87] Así las cosas, no parece que se pueda transitar el camino del pulimento urbano después de diez años de autonomía.

Por lo menos no se puede caminar por la calle de San Juan, de acuerdo con una noticia publicada por *El Venezolano* en febrero de 1842. Dice el periódico:

> No se hable de calles, que eso sería hablar de los difuntos; ni de fosas, minas y tesoros, con los cuales andamos, como quien dice, tropezando con las narices. ¡Qué son los basureros y otras cloacas, el polvo ni los cagajones, ni los andamios, ni los arrecifes de piedras [...] ni los profundos infiernos, comparados con la calle de San Juan! [...] ¡Qué calle. Dios santo, qué calle! Una pocilga. Y esta pocilga, fruto de los desvelos de la policía, gratis et amores, para todo transeúnte y para todos los vecinos y para todo el prójimo que quiera gozar de ella. Débase a las horruras del fondo, débase a lo espeso y sustancioso de las materias, o débase a lo que se quiera, ello es cosa averiguada que un marrano, sea de la raza que fuere, en quince o veinte días de estar posando en aquel recinto, pesa doble que antes de ir allí, y tiene tocino doble y todo. [...] A medida que la pocilga vaya creciendo, y que el gusto y la comodidad de los transeúntes vaya creciendo, iremos nosotros acrecentando estos informes, en honra de Dios y para bien de nuestros prójimos.[88]

---

87 *Idem*.
88 «Arranques de policía», *El Venezolano*, n.º 93, Caracas, 1 de febrero de 1842.

El impreso ataca a las autoridades, no en balde la intención de la mayoría de sus páginas es de naturaleza política[89], pero es evidente que refiere un problema provocado por la comunidad. Una calle céntrica que se compara con un albañal no se presta para el cotejo del periodismo solamente por indiferencia de la policía.

El Concejo Municipal no recoge la basura, pero alguien echó antes los desperdicios sin comedimiento. Los cagajones son de cabalgaduras cuyos dueños no se preocupan por el residuo de sus bestias, un predicamento que, así como no se puede prever por los jinetes de la calle de San Juan, parece de trabajoso arreglo para los gendarmes. La espesura de las materias descompuestas obedece a un proceso de acumulación atribuible a los limpiadores, pero igualmente a los vecinos de un avenida principal de Caracas que todos los días ofrecen su tributo a la mugre general. Quizá resulte más justo para el entendimiento de la situación un comentario aparecido en *El Liberal* del mes siguiente: «A la hora de pescar culpables del pecado del desaseo, aquí no existe el que pueda arrojar la primera pasta de jabón y acertar en el responsable», aseguran los redactores.[90]

Así, por ejemplo, los dueños de los animales que pululan en la ciudad. El hecho de que ensucien las calles no incumbe solo a la policía, sino también a sus propietarios. Por consiguiente, no debe extrañarnos que desde 1832 lleguen al Ministerio del Interior las molestias por los residuos de las bestias, pero no las soluciones. «No se puede caminar entre tanto cagajón de caballos y porquería de cerdos, sin nombrar los animalitos que producen y el olor insoportable»,[91] reclama un tal Juan Ostos López; mientras la viuda doña Luisa de Cárdenas, «a pesar de ser una

---

89 *El Venezolano*, órgano del Partido liberal, fue el principal órgano de oposición. Destacó por la asiduidad y la dureza de sus críticas.
90 «Aseo público», *El Liberal*, n.º 77, Caracas, 7 de marzo de 1842.
91 Juan Ostos de López al Sor. gobernador de Caracas, Caracas, 20 de mayo de 1832. AGN, Interior y Justicia, tomo XXIV, fol. 13.

mujer que vive metida en la casa, atenta de adentro», asegura que se llena de bosta cuando tiene la ocurrencia de ir al centro de la ciudad.[92] La pésima experiencia que vive por motivos semejantes Eulogio Mora, comerciante residenciado en Maracay, lo lleva a prometer que jamás volverá a hacer negocios en la capital. Escribe al gobernador, en octubre de 1839: «Ante tanto excremento de animales, prefiero perder un trato que volver a pasar por esas calles en las que es necesario oler igual que los burros para hablar con la gente».[93]

Solo en un *Remitido* de 1843, suscrito por «Unos zelosos del orden», se llega a esbozar una salida, aunque demasiado extrema como para llevarla a cabo. Sugieren los «zelosos», a través de un texto que descubre alguna de las razones del problema:

> El reglamento de Policía autoriza a los guardas y miembros de ella para matar no solo los perros que se encuentren en las calles públicas, sino también los cerdos y toda especie de ganado menor que anden sueltos en las mismas calles. Por el reducto de San Pablo se encuentran muchos de estos bichos, en donde también acostumbra pacer un rebaño de vacas; y si estas por su noble categoría no pueden sufrir la pena designada para aquellos animales de orden menor, escitamos al Sr. Gefe Político a que ponga un eficaz remedio para corregir este abuso que tanto perjudica a la comodidad y aseo público, aunque dichas vacas tengan parentesco con algún alto funcionario de policía.[94]

En 1837 se había iniciado una cacería de perros, debido a la proliferación de la rabia. Según *El Liberal*, se encontraba

---

92 Doña Luisa, viuda de Cárdenas, esposa de oficial que fue del Gral. Páez, al sor ministro de lo Interior, Caracas, 11 de noviembre de 1832. AGN, Interior y Justicia, tomo XXV, fol. 98.
93 Eulogio Mora para el sor. gobernador de la provincia, Caracas, 1 de octubre de 1839. AGN, Interior y Justicia, tomo XLI, fol. 55 vto.
94 «Avisos. Policía», *El Promotor*, n.º 27, Caracas, 24 de octubre de 1843.

«continuamente amenazada la existencia de los habitantes de esta capital por las mordeduras de la multitud de perros que infestan sus calles, y muchos de ellos atacados de hidrofobia».[95] En su reunión de 3 de octubre, el Concejo Municipal ordenó a la oficina de rentas que pagara a los vecinos un peso por cada animal que mataran, si presentaba la prueba de su higiénica conducta. El dinero se sacaría de la partida de gastos eventuales.[96] Reinó entonces la preocupación en la ciudad, debido a que circularon noticias sobre una mortandad causada por la hidrofobia en una provincia de la Nueva Granada; y también porque el gobierno se encargó de informar que la enfermedad podía extenderse a los caballos, los asnos, las mulas, los bueyes, los cerdos, los gatos y los lobos.[97] En medio de la consternación general el *Diario de Avisos* dedicó un trabajo a los síntomas del mal, siguiendo la opinión de los catedráticos Enaux y Chausier, y detalló las precauciones que debían tomar las víctimas de mordeduras.[98] Pero se trata de medidas practicadas en situaciones extremas. Solo la desesperación por el exceso de basuras pudo sugerir a los «zelosos» de 1843 la alternativa de atacar a los vacunos, aunque tal vez solo querían llamar la atención sobre el hecho de que el tránsito descontrolado de los animales encontraba origen en las influencias de los propietarios.

Debido a la explosión de la «Guerra de las Reformas», ocurrida en 1835, pero también por una epidemia de derrengadera que brotó al año siguiente, circula un escrito que tal vez ayude a meterse de manera más adecuada en el vínculo entre basura y animales que se ha venido abocetando. El texto nos aproxima a las características de un ambiente que obliga a una transacción en la cual las bestias de carga y pasaje pueden llevarse la parte del león. Se lee en uno de sus fragmentos:

---

95 «Hidrofobia», *El Liberal*, n.º 73, Caracas, 3 de octubre de 1837.
96 *Idem.*
97 «Hidrofobia», *Diario de Avisos*, n.º 4, Caracas, 6 de diciembre de 1837.
98 *Idem.*

Todos sabemos que un caballo de pesebre es una de las prendas más estimadas y más estimables de las que poseemos los hombres. Generalmente la estimación que tenemos a estos animales llega a ser cariño. Esta circunstancia, por una parte, y el crecido valor que un caballo tiene en el día, hace que su dueño haga lo posible por protegerlo, y esta pretensión es muy honesta, si para salvarlo [de la guerra y de la enfermedad] compra otro caballo útil y lo entrega al gobierno.[99]

Es evidente que el documento responde a las necesidades oficiales, motivadas por una obligación bélica y por la escasez de un medio de locomoción que ha disminuido como corolario de la derrengadera. Pero se convierte en una valiosa pista para quien busque el entendimiento del problema tratado.

En primer lugar, nos impone sobre el valor de las cabalgaduras y, por extensión, de otros animales cuyos servicios eran imprescindibles. Debido a lo que importaban en términos materiales, pero igualmente desde la perspectiva sentimental, no podían convertirse en las víctimas de la preocupación por la asepsia que en ocasiones se apoderaba de los vecinos más puntillosos, ni tampoco en perseguidos de la municipalidad. Por la ineludible necesidad de su presencia, las normas de la higiene no podían enfilar sus baterías hacia los brutos que provocaban el deslucimiento de la ciudad y el aumento de las enfermedades. Simplemente no se podía vivir sin ellos, aunque afearan las travesías con defecaciones que atentaban contra la salud. O aunque turbaran el camino de los transeúntes, como pasaba en la mayoría de las calles del centro de la ciudad, de acuerdo con una denuncia de 1856:

> Que las bestias no estén en las aceras. A veces es imposible el tránsito, pues además de los burros que se ponen en ellas, los que tienen

---

99 «Caballos», *El Liberal*, Caracas, n.º 49, 18 de abril de 1837.

que apearse de sus caballos o las mulas, las atan a una ventana e interrumpen la libre circulación de la calle. Hace muy poco tiempo que una pobre señora anciana recibió tan fuerte coz al pasar junto a una mula atada así en una de las calles principales, que fue a caer de bruces contra una carreta que estaba allí cerca detenida; hace pocos días un pobre labriego fue también derribado por las coces de un caballo atado en la acera; y ayer un pobre hombre sirviente de una familia, que iba cargado con un azafate, al apearse de la acera para evitar el encuentro de unos burros que estaban en ella, tropezó y cayó, cayendo igualmente todo lo que llevaba, y he aquí que por un burro quedaron un hombre aporreado, un avío de servicio roto, una familia con hambre, una comida en el suelo y su importe perdido. Tantas cosas suceden diariamente por causa de ese abuso, que estaría de más citarlas para hacer conocer la necesidad de que se haga cesar.[100]

Este fragmento, como el documento comentado antes y algunos que le han antecedido, permite llamar la atención sobre el relativo carácter urbano de Caracas y de las pocas localidades que se han referido.

De acuerdo con los problemas que tratan, podemos imaginar que la ciudad no es todavía una jurisdicción diferenciada a cabalidad del ámbito rural. El campo invade la capital, hasta el punto de aparecer establecido en sectores del centro que parecen unos potreros y en la actitud de los hombres que no respetan aún las pautas de la vida arreglada según los manuales cosmopolitas. Los semovientes solo molestan a unos pocos habitantes, seguramente a los más «civilizados», quizá porque las costumbres de la vida campestre todavía no han sido suplantadas por las reglas de la sociabilidad citadina. Pese a que algunos llevan sus críticas a la prensa, en realidad apenas unos pocos se dirigen a la autoridad

---

[100] «Llamamos la atención de la autoridad», *El Monitor Industrial*, n.º 174, Caracas, 5 de abril de 1859.

para que enfrente el entuerto. No hay testimonio en los archivos de una inquietud masiva en torno al problema. De allí que quizá convenga hablar de una amalgama de población y pradera, de civilidad y campechanería, de tiesura y soltura enfrentadas en un lance cuyo remate todavía debe esperar.

Acaso deba incluirse en el tema la falta de iluminación a partir del crepúsculo, debido a la cual se hace todavía más difícil la aludida diferenciación y más fácil la posibilidad de que proliferen los contaminantes, u otros males relacionados con la seguridad. En 1853 el inspector de policía asegura que «el alumbrado es fatal, pues manzanas enteras carecían de luz».[101] En breve llega ante el gobernador un informe del cuartel de serenos que resume la situación: «Hay diez pescantes sin faroles y los otros seis faroles mandados a revisar que no se encienden por hallarse las lámparas rotas y los faroles de los centros todos a dos mechas y apagados. Los siguientes faroles están malos: Catedral, 18; Candelaria, 17; Altagracia, 8; Santa Rosalía, 35; San Pablo, 22; San Juan, 6. El total es de 106, sin dinero para proceder a componerlos, y algunos sin que existan vías de arreglarlos por su mal estado.[102] Habría que mirar con mayor pausa este punto de la avería de las linternas, para saber si se trata de un hecho permanente. De momento, los datos permiten pensar que las criaturas de la ciudad nocturna, como las de los campos, solo reciben la claridad ofrecida por la luna.

Un documento anónimo de 1841 habla de una situación provocada por todos, pero agrega una visión que ayuda a mirar el asunto desde la perspectiva justa. Su autor, probablemente un médico, redacta una memoria en la cual se detiene en la actitud de la ciudadanía y del gobierno frente a la proliferación de las basuras, para terminar en una posición comprensiva en la que

---

101 El jefe político del cantón para el señor gobernador y jefe superior, Caracas, 15 de marzo de 1853. AGN, Interior y Justicia, tomo CDLXXX, fols. 209-209 vto.
102 Informe del Cuartel de serenos, Caracas, 16 de marzo de 1853. AGN, Interior y Justicia, tomo CDLXXX, fol. 238.

no caben las acusaciones que se han visto, ni una preocupación exagerada ante el riesgo de las enfermedades.

> Las cuestiones de higiene dependen de la educación y la costumbre, siendo esos motivos los que explican la alarma por la descomposición que provoca las críticas de la actualidad. Nadie nos ha enseñado a enfrentar el problema antiquísimo y formidable de la basura, razón que conduce a no preocupamos demasiado, o a pensar que el problema desaparecerá cuando lo conozcamos desde la niñez, cosa posible si el gobierno ordena a los preceptores, después de una oportuna instrucción, una enseñanza especial en los colegios. Como nadie nos ha mostrado cómo lidiar con el problema, nadie siente la obligación de atacarlo, ni el riesgo de su aumento en las ciudades. Porque, además, y considero que aquí hay un punto de importancia, de la costumbre no se ha caído en el piélago de las enfermedades sociales, es decir, en la ruta de un contagio capaz de apoderarse de pueblos enteros causando general estrago. Como los hombres se han acostumbrado a pasar frente a la basura, a caminar cerca de las materias excremenciales y aún por el costado de los cadáveres putrefactos, sin mella de la salud; como no los han afectado supremamente los miasmas transportados por el aire, sino apenas un poco; como ningún factor patógeno ha terminado en enfermedad general, ni tampoco en alarma general, prosigue la familiaridad con las materias y con las exhalaciones pútridas que todavía no han trastornado el funcionamiento de los seres vivos; prosigue la indiferencia sobre ordenanzas de higiene y la poca atención de los gobiernos contra los que ensucian y se ensucian en calles, mercados y plazas.[103]

De acuerdo con el analista anónimo, el problema no es sentido por la mayoría de las personas porque no conocen los

---

103 «Observación de la limpieza de la ciudad de Caracas», Caracas, octubre de 1840. AGN, Interior y Justicia, tomo CCXXI, fols. 60-61.

riesgos que implica el desaseo, ni los han sufrido mientras han habitado en la ciudad. La falta de educación, el vivir cerca de los desperdicios y la ausencia de una prueba masiva a través de la cual comprendan la exposición a la que se enfrentan a diario, los convierte en espectadores indiferentes de la situación. No conduce el documento a asegurar la existencia de una actitud de tranquilidad, pero hace pensar en cómo no se viven situaciones de alarma. Parece que nadie siente que está viviendo una emergencia que obliga a salidas vigorosas, o que apenas unos pocos militan en la facción de los asépticos intransigentes. ¿Les gusta la basura, hasta el extremo de regodearse en su presencia? Tal vez no sea esta la pregunta adecuada. Parece preferible la alternativa de pensar que no han llegado los tiempos para enfrentar el asunto con seriedad por carencias educativas, por la falta de normas orientadas al fomento de una sociabilidad ajustada a lo que entonces se juzga como «civilizado» y por las limitaciones económicas de los gobiernos pendientes de otras prioridades.

Unos Estudiantes que publican un reproche en abril de 1841 quizá nos ayuden en la interpretación. Veamos su texto que circula en *El Venezolano*:

> No podemos menos que dar las gracias al Concejo Municipal, y muy particularmente a su Diputado de aguas, por el zelo y eficazia con que vemos provistas las fuentes públicas de la capital. La que denominan del padre Muñoz, calle de las Ciencias, no solo abastece suficientemente al vecindario, sino que también nos presenta el hermoso espectáculo de que sus derrames corran apazibles en espacio de cuatro cuadras hasta el puente de San Pablo, donde desgraciadamente se precipitan. En todo este tránsito encuentran los perros y aun las aves donde saciar su sed; los sancudos donde estacionarse y ensayar su melodioso canto, con el cual divierte a los vecinos por la noche; los muchachos, donde jugar con barro a mano, saltar y hacer cabriolas, y en fin, la salubridad pública en

medio eficaz para atenuar los ardores del sol en la presente calorosa estación. ¡Ojalá que el Sr. Diputado de aguas continúe proporcionándonos estos beneficios y haga estensivo el fresco que hoy disfrutan los habitantes de dichas cuatro cuadras, o a los que vivimos a inmediaciones de las otras fuentes públicas de la ciudad! Sírvase Ud., Sr. Redactor, dar un lugarcito en su periódico a estas cuatro líneas de UNOS ESTUDIANTES.[104]

Existe una crítica, como se ha visto, pero va por un cauce de sarcasmos que, aunque zahiere con sus puyas a un funcionario, no desemboca en la petición de medidas drásticas. Las aguas pútridas no llegan a provocar una reacción realmente hostil, acaso porque, como sugieren las letras del documento supuestamente redactado por un profesional de la medicina, la costumbre de la suciedad y el hecho de que sus consecuencias no hayan tocado a la mayoría de los ciudadanos permitan las reacciones comedidas, la pasividad de las autoridades y la continuidad del hábito que no ve una actitud incivil en el hecho de tirar impurezas en las calles de la ciudad. Sin embargo, quince años más tarde aparece un alegato más vigoroso sobre el mismo asunto. Un grupo de ciudadanos, alarmados por la permanencia de la situación, se detiene en un caso particular para reclamar medidas inmediatas. Escriben al jefe político del cantón:

> Tiempos ha que estamos sufriendo a consecuencia que de esta esquina de la Pelota hacia Punceles, corre por el centro de la calle una cañería de agua sucia y pestilente, la que, no siendo capaz de sostener por su estrechez el volumen de agua a ella confiada, revienta y se derrama en varios puntos inundando toda la calle y obstruyendo el paso de la gente; y lo que es más, sobre todo los males que nos proporciona.

---

104 «Policía», *El Venezolano*, n.º 40, Caracas, 5 de abril de 1841.

Sabido es por higiene y por la experiencia mejor que ella, que las aguas detenidas hacen mal por las exhalaciones pútridas que arroja; y ¿qué podrá aspirarse de un receptáculo perenne de inmundicias que arrastran esas aguas en su curso para crearlas nuevamente? Materias son estas que debe abrigar la tierra en sus entrañas como un cuerpo muerto y no visible.

Razones son también que deben ser pesadas en la balanza de la justicia y el ojo avizor de la policía, evitar con ese celo y cuidado digno de agradecimiento y encomio. Las exhalaciones mórbidas que tienden siempre a impregnar la atmósfera que respiramos, viciándola y haciéndola malsana, están en ese elemento corruptor que favorece al contagio.

Algunos vecinos han segado parte de esta cañería frente a su casa; pero esto no es más que un calmante al mal, porque pronto las aguas aumentan por las lluvias y los derrames de las fuentes públicas vomitarán en breve el veneno que mata.[105]

Transcurridas más de tres décadas, los ciudadanos parecen impacientarse ante el problema de la insalubridad. Son muchos los que firman el remitido y hacen que se publique en el *Diario de Avisos*, así como otros han intentado soluciones aisladas mediante el arreglo de las cañerías de aguas negras que amenazan a los miembros del hogar doméstico.

Pero el estado de los mataderos no provoca mayor incomodidad. De acuerdo con un informe de 1832, en el lugar escogido para el beneficio de las reses imperan el desaseo y el desorden.

Entran los animales a toda hora, sobre todo en las madrugadas, dejando la marca de su paso en miles de defecaciones que cubren una legua a la redonda y que se juntan a las defecaciones viejas. A veces se les echa cal, pero no es una práctica semanal. A veces se

---
105 «Cañería de agua sucia», *Diario de Avisos*, n.º 12, Caracas, 27 de febrero de 1856.

las trabaja con paleta, pero es un trabajo hecho cada cuatro meses cuando hay peones disponibles. Hay chorros de agua dispuestos desde el interior que salen rojos bañados en sangre circulando por la calle, llenos de pedazos de cuero, o piezas de cornamenta y de toda parte que no pueda aprovecharse su comercio. Como es costumbre que se mantengan los portones abiertos y como cuentan solamente con un sirviente haciendo varias cosas, las alimañas entran y salen a buscar y a sacar huesos para comer en las calles cercanas. Por la falta de vigilancia han desaparecido algunas navajas de los operadores, que se descuidan al dejarlas en cualquier parte, en el mesón o el piso sin mirar por ellas. Esas son unas armas muy afiladas i infesiosas [*sic*], andando por la calle en malas manos. A las siete de la mañana cae el movimiento porque trasladan la venta a las pesas de la plaza del mercado, y por ella van los perros a los que le cogió la tarde a buscar su ración. El Concejo había hablado de mandar un facultativo para ver el estado del lugar, y también para que mirare a los animales antes de la matanza, pero vino un día no más.[106]

Los concejales no reciben quejas por el estado del lugar cuya función es proveer el alimento de la ciudadanía. En los archivos no aparece constancia de los reproches. Tampoco parece que los ediles estuviesen conscientes del riesgo que entrañaban los descuidos detallados en el informe, pues la situación no cambia en 1849. Si hubieran pensado en las consecuencias para la salud del pueblo a su cargo, tal vez algo se hubiera modificado diecisiete años más tarde. Sin embargo:

> El problema es la marca de bosta afuera y adentro, que es una mancha larga de las reses traídas para la matanza. También está la desobediencia de los matarifes y los encerradores, que tiran todo en

---

106 Estado del matadero, Caracas, 11 de febrero de 1832. *AGN*, Interior y Justicia, tomo XCVII, fol. 55.

donde quiera sin que exista autoridad que los mande y ellos respeten. Desde cuatro leguas uno sabe donde está el matadero, por la fetidez que encordia mucho, y por el ladrido de los perros peleando por la comida. El peso del mal aire es un verdadero problema.[107]

Debe ser un «mal aire» que circula por la ciudad, llevando hasta distancias considerables la presencia de los efluvios sanguíneos y la hediondez de los excrementos de las reses. Debe ser una nueva evidencia de porquería, otra más de una larga lista que provoca la atención solitaria de algún funcionario diligente y discusiones aisladas y tediosas en el Concejo Municipal, pero que no se advierte como un problema social. La crítica de tales actitudes obliga a recordar, no solo cómo el campo y la ciudad no parecen todavía certeramente demarcados, hecho que pudiera originar cierta costumbre de los olores animales, aun de los más desagradables, o el mirar como cosa natural la dispersión de sus restos en el paisaje; sino también la ocurrencia de hechos irritantes para una sensibilidad que se juzgue como «civilizada». ¿Acaso el descuido de los cementerios no basta para detenerse a pensar con cuidado sobre la sensibilidad de la sociedad que nace de las guerras de Independencia? ¿O el duro tratamiento de los leprosos y los locos? ¿O el abandono de los muertos recién nacidos en el atrio de la Catedral, en presencia de los vecinos?

Tal vez la apreciación de sir Robert Ker Porter sobre el último de estos sucesos ofrezca luces para el entendimiento del problema. Como sabemos, el británico se conmueve al principio frente a la sombría escena, pero después apenas la refiere en su *Diario*. La poca atención de quien mira el episodio desde la atalaya del europeo civilizado obedece al hecho de que lo considera como algo común dentro de los hábitos de un pueblo bárbaro; no en balde entiende cuando apenas llega a Caracas que se trata

---

107 Informe sobre el matadero principal, Caracas, 1 de marzo de 1849. AGN, Interior y Justicia, tomo CCCXCI, fol. 368 vto.

de una costumbre de las clases humildes, es decir, de los más bárbaros entre las criaturas de la barbarie. Pero quizá piensen de la misma guisa los gobernantes de la nación, dispuestos a imponer una civilización progresiva en cuyos grados no estaba todavía la desaparición de un suceso tan chocante. Seguramente sienten a la civilización de la cual se proclaman voceros y debido a cuyos procedimientos formales han ascendido al poder, como asunto del futuro. Predican el nacimiento de una civilidad salvadora, pero se limitan a la anunciación. Acaso anhelen imponer esa civilidad a la fuerza, pero carecen de los elementos para meter en cintura a la sociedad según lo que consideran bueno para ella. Todo esto sin juzgar que la sociedad esté deseosa de que la civilicen, porque ninguno de sus miembros, que se sepa, ha reclamado un bálsamo de comedimiento republicano. Solo ante predicamentos que anuncien la inminencia de un riesgo personal actúan con énfasis los miembros de la sociedad. Acorralan sin contemplaciones a los leprosos porque entienden que su proximidad es peligrosa, sin pensar en la atrocidad de las medidas. Son incompasivos con los orates porque estorban la tranquilidad del vecindario, sin buscar salidas indulgentes ni procurar una explicación sobre su estado. Ni siquiera les interesa la suerte de los lisiados de la cercana Independencia. Por consiguiente, parece innecesario escandalizarse debido a que arrojan la basura por la ventana mientras cambian el aliño del hogar por el emporcamiento de las calles. Los hombres que vienen del desquiciamiento provocado por las guerras antecedentes, seguramente carecen de la sensibilidad capaz de conducirlos de buenas a primeras a una policía regular que ha desaparecido. Los hombres que han padecido la crueldad del reciente combate que no se hizo contra un enemigo exterior, sino que los dividió en banderías susceptibles de llegar a la comisión de infinitas atrocidades, difícilmente pueden encarnar la compasión solicitada por los desvalidos y los indispuestos. El salto de la intranquilidad a la paz, de la muerte segura o inminente a una vida relativamente sosegada, no significa la metamorfosis automática de los sujetos que realizan el tránsito. Seguramente demuestran con las actitudes que parecen irresponsables, y con la indiferencia frente a muchos sucesos del entorno, la continuidad del sálvese quien pueda gracias al cual todavía, según naturalmente aspiran, no han pasado a mejor vida. Aunque la posibilidad es cercana, si se agrega la penuria de la hacienda, que no permite garantizar los alivios y las previsiones que debían mover a los gobernantes que desde 1830 vienen hablando de la tierra prometida.

CAPÍTULO VI
LAS REDENCIONES

En medio de los aprietos, viendo cómo la equidad y la comodidad no forman parte de la vida, sintiendo que cada vez se hace más trabajoso el camino hacia la tierra prometida, los venezolanos actúan como si de veras hubiesen recibido los beneficios para cuyo encuentro hicieron una guerra y afirmaron el interés por una convivencia ajustada a las pretensiones que ahogaba la vastedad colombiana. La herencia de penurias, las injusticias repetidas, la incomunicación insistente, las enfermedades desatendidas, la incompetencia y la inexperiencia de los funcionarios, el republicanismo renuente, las preguntas sin respuesta y los entuertos sin solución no impiden la aclimatación de un talante a la moderna y la persistencia de la ilusión de vivir de acuerdo con los tirones de un siglo auspicioso. Ni siquiera el reconocimiento de un teatro resistido a cambiar, o carente de los elementos que provoquen la mudanza anhelada, conduce a la muerte de los ensueños. Ni siquiera las críticas sobre lo que tienen de impostura y de amputación las conductas susceptibles de mostrar el establecimiento de la civilización estorbada por la aspereza del ambiente y por las necesidades reales de los hombres de la época impiden una actuación capaz de sembrar en el ánimo de numerosos individuos la sensación de que realmente se ha entrado en un estadio superior de cohabitación. No le faltan devotos a la quimera de la ilustración. La memoria puede ensayar una primera exploración hacia un pasado vivificante. El país archipiélago puede ignorar los desvíos y las privaciones, porque muchos de sus hijos apuestan por el cambio o lo actúan a su manera, no pocas veces en contradicción con lo que realmente les incumbe. Las ofertas de crecimiento y la añagaza del refinamiento están presentes y encuentran parroquianos. Miremos este juego de influencias y conductas, para ver si terminamos de registrar los límites y las aspiraciones de los primeros venezolanos.

PRENDAS, DELICADEZAS Y VANGUARDIAS

Uno de los primeros comerciantes que se ocupan de ofrecer los arreos para presentarse con la debida galanura ante el prójimo es don Enrique Hausert. Por lo menos es uno de los primeros en anunciarse como proveedor de las prendas adecuadas para el cometido. Veamos la oferta de sus objetos, realizada en febrero de 1837, para constatar cómo estamos en el comienzo de una operación destinada al florecimiento y a la especialización:

> El que suscribe ha recibido de Europa un gran surtido de anillos y prendedores, de brillantes instrumentos de música, linóes, rapé, lazos, tafetanes, gorras para señoras, guantes de toda especie, música del mejor gusto, cuerdas, muebles, etc., todo de la mejor calidad y a precios muy equitativos. Vive en la calle de las leyes Patrias No. 41.[1]

El aviso solo hace una referencia al buen gusto de los futuros clientes cuando señala un conjunto de partituras para la ejecución de piezas musicales y cuando se detiene en la calidad de los instrumentos. Aparte de declarar que ofrece artículos manufacturados en Europa, esto es, en un lugar paradigmático

---

1 Aviso, *El Conciso* n.º 31, Caracas, 20 de febrero de 1837.

para los hombres de entonces, es parco en el establecimiento de una relación expresa entre los objetos que vende y el lucimiento de los compradores. En realidad el vendedor no arroja un anzuelo certero. Además, pareciera que carece de un lugar que funcione como un comercio. Tal vez el 41 de la calle de las Leyes Patrias sea su domicilio. Allí presumiblemente recibe a los destinatarios del mensaje, sin una pretensión mayor de la que se ha atrevido a publicar en el periódico. Acaso todavía nadie haya divulgado con el debido énfasis la trascendencia de los miriñaques como para que el marchante se lance con un pregón más atractivo, o como para que algún mercader se anime a fundar una casa para la atención del ramo.

Tal divulgación ocurre en 1839 a través de *La Guirnalda*, un periódico novedoso porque sus redactores lo dedican especialmente al público femenino y porque se atreve a escribir un primer texto sobre «Vestidos para paseos y visitas». De cómo se trata de un atrevimiento da cuenta el comienzo de su contenido.

> Tal vez no faltará alguno que a pesar de las prevenciones que hemos hecho en nuestro prospecto, extrañe ver un artículo de modas abriendo la marcha de nuestro periódico, y pregunte con desdén sobre lo que expresa. Le decimos que haga la cuenta que el presente artículo no se dirige a él, pues sería mucha ofensa a su grave carácter; y así, doble la página que se evitará por lo menos tropezar con estos versos de Rioja que aquí le trasladamos:
> *Quiero imitar al pueblo en el vestido;*
> *En las costumbres solo a los mejores,*
> *Sin presumir de roto y mal ceñido.*
> Pero si su brusca mano arruga toda la hoja de este artículo al doblarla con desprecio, no faltarán algunos dedos de rosa que la estiren cuidadosamente a su presencia misma, y dos hermosos ojos llenos de curiosidad y de inteligencia, que lean con avidez y provecho estas líneas que él rechaza como inútiles.

El solo hecho de haber modas en un país es ya indicio de su civilidad; y podría hacerse un cálculo exactísimo del grado de cultura no solo de cada nación, sino de cada provincia, y hasta de cada pueblo, por su versatilidad en el vestir y su perfección en el cortar. El progreso del siglo se comunica a todas las cosas, y el hombre estacionario en el vestido casi se puede asegurar que lo es también en el entendimiento: sirvan, sino de ejemplo los turcos, que no han variado de traje desde el tiempo de Mahoma.

En París, emporio de las ciencias, de las artes y de la elegancia, hay muchas señoras dedicadas a redactar los artículos sobre modas y poner al público al corriente de las novedades del buen gusto. *La Guirnalda* no tiene ninguna bella colaboradora que se encargue de esta delicada parte de sus tareas; y en verdad que lo sentimos, porque nuestra pluma torpe y desmañada deslustrará a cada instante con sus rasgos la esplendente seda de los vestidos, y ajará sin querer los finísimos encajes y las primorosas flores de los tocados.[2]

El tema es nuevo y *La Guirnalda* es su pionero. La presentación en primera plana puede originar críticas adversas. Los redactores deben cuidarse del parecer conservador y seguramente masculino que le niega trascendencia a su mensaje. Todavía se carece de la escritora avezada que guíe a las venezolanas por el misterioso territorio. Nadie ha pontificado sobre el rol de los atavíos en la vida de las personas. Ningún comerciante se ha animado a hacer publicidad sobre un costurero para las damas, tal vez porque no exista todavía. En consecuencia, el impreso se ocupa de evitar que los desprevenidos y los tradicionalistas confundan la moda con la frivolidad. Primero, reconocen inteligencia en el interés que demostrarán las suscriptoras por la materia que se introduce. No llegarán a *La Guirnalda* con ojos veleidosos, sino buscando una utilidad legítima. Segundo, argumentan sobre la entidad del

---

2 «Modas. Vestidos para paseos y visitas», *La Guirnalda*, n.º 1, Caracas, 18 de julio de 1837.

contenido vinculándolo con el progreso de las sociedades en general y con los adelantos del siglo. Según los redactores, la sociedad que atiende el llamado de la modas en el vestir responde a los tirones de la civilidad y busca la cúspide de la cultura. Tal el caso de París, una de las metrópolis que vienen dando de qué hablar con sus innovaciones desde el arranque de la modernidad en el mundo occidental. O tal el caso opuesto de los turcos, cuyo desdén por la evolución de la indumentaria demuestra falta de inteligencia, de acuerdo con nuestros precursores de la modistería.

Después de este prefacio que estima necesario, *La Guirnalda* da unos primeros consejos. Pese a que ha sugerido algo parecido a una revolución de los valores, o un fenómeno de avance colectivo, no se aleja de la prudencia y la modestia contra las cuales aparentemente desea irrumpir, según pudo pensar alguno de los lectores más viejos. Detengámonos en un artículo sobre «Vestidos para baile».

> Las flores han sido siempre el emblema de las más dulces emociones de la vida, ellas decoran nuestros templos en las fiestas más solemnes, ellas componen el ramillete, grato homenaje del amor filial, con ellas se forma la corona de la joven esposa que va a entregar su fe ante las aras, con ellas se engalana la cuna de un hijo adorado, la belleza se vale de su brillo para realzar sus encantos, con ellas hizo comprender el amor más de una vez su misterioso lenguaje; y cuando la edad destruye nuestras ilusiones, debilita nuestros placeres y nuestras esperanzas, cuando para nosotros no es la vida más que una planta marchitada, todavía sirven las flores que nos rodean con su frescor y sus gracias para engañar nuestros tristes pensamientos: delicioso presente de la naturaleza, ellas transmiten de siglo en siglo sus perfumes seductores y sus preciosas alegorías. Una *Guirnalda* de rosas coronaba los canos cabellos de Anacreón, y una guirnalda de rosas blancas, cual signo de su inocencia, ciñe la frente de la virgen que desciende a la tumba.

Y si queréis vosotras, lindas lectoras, cuando concurrís a un baile, ir engalanadas a la usanza general de toda Europa, adornad vuestras graciosas cabezas con unas guirnaldas de rosas azules, blancas o rosadas.

Los rizos largos cayendo románticamente sobre las mejillas hacen furor.

Los camisones blancos de organdí liso, con cabos negros, los de tul también lisos y los de crespón con peto y manga corta adornados de cintas y flores, están en una línea igual de popularidad *fashionable*.

Esclavinas, se llevan a los bailes de todas hechuras; pero las que más agradan son las llamadas a la *duchesse* con bordado gótico y aun unas que titulan a la *paysanne*.[3]

Antes de presentar sus primeras recetas, como se ha visto, *La Guirnalda* establece un vínculo entre el elemento de personal decoración que recomienda y las virtudes tradicionales. La moda es hija de las novedades, pero no tanto como para que deje de relacionarse con el amor filial, la castidad y la fidelidad conyugal. Va a repartir consejos para brillar en un baile, manifestación profana que ha tenido y debe tener muchos detractores entre los hombres formados por la religiosidad tradicional. ¿Por qué no guardar las espaldas con una recatada introducción? Pareciera lo conveniente, con el propósito de evitar el escándalo presentido en medio de tantas apostillas.

O para que nadie se alarme cuando las señoras visiten el negocio estrenado por Madame Flandin. No en balde las prendas alabadas en la retahíla se parecen demasiado a las que ahora vende la dama. En el mismo fascículo que se viene comentando, aparece la siguiente publicidad:

---

3 «Vestidos para baile», *Idem*.

> En el almacén de modas de Madame Flandin, calle de las Leyes Patrias, se encuentra un exquisito surtido de los objetos más de moda, que acaban de llegar de París, entre ellos: esclavinas a la *duchesse* y a la *paysanne*, gorras de paja de Italia y a la *capote*; corsees a la *joselin* de invención enteramente nueva: muselinas de lana y otras telas preciosas.[4]

La concatenación de los comentarios sobre «Vestidos para baile» con el anuncio de propaganda permite pensar que existe una operación planeada para lanzar, con las precauciones del caso, el negocio de la moda. O para hablar frente al público sobre las ventajas de una prenda tan íntima como el corsé *Joselin*, una intrepidez que nadie había intentado en las páginas del periódico.

A partir de 1839, los agasajos de sociedad también comienzan a presentarse como noticias que debe conocer el público. Así, por ejemplo:

> SOIREES. Efectuose uno el viernes 19 de este mes [agosto], muy concurrido y animado; concluyó con un excelente ambigú, y un sabroso servicio de chocolate: este dejó encantado a uno de nuestros más apreciables colaboradores; que sostiene firmemente, que no puede haber cena sin chocolate.[5]

O la reseña de un baile:

> Hubo uno el día 26 [de agosto] en una relacionada casa de esta ciudad: la concurrencia era numerosa y brillante; parecía que las señoras se habían disputado el consultar la sencillez con la exquisita elegancia de la moda. Como bailaban en la sala muchas más parejas de las que podían hacerlo con comodidad, hubo estrechez y desorden: seríamos de opinión que en los bailes en que esto sucediese,

---

4 Aviso, *Ibid*.
5 Los hombres hacen las leyes, las mujeres forman las costumbres. Soirees. *Ibid*.

se sorteasen las parejas para que una mitad bailara un turno, y otro, alternativamente. Nosotros preferiríamos bailar dos turnos con orden, que cuatro de aquellos en que se ponen a prueba los peinados y el sufrimiento de las señoras. Desearíamos también que se aboliesen esas complicadas figuras de la contradanza y el wals, capaces algunas de ellas de competir con el nudo gordiano, por ser de malísimo gusto, pues la sencillez es de moda ahora en todas las cosas; y que se sustituyesen las cuadrillas, galopadas y mazurcas por bailes mucho más bellos y más honestos.[6]

Las crónicas quieren pregonar la existencia de un grupo de personas ajustado a los refinamientos propios de las sociedades más encumbradas. Hablan de señores capaces de convidar a elaboradas meriendas en las cuales no desentona ningún detalle, y de señoras y señoritas ataviadas a la moda para realzar con su presencia un baile de gala. Hablan de un trato civilizado entre las hembras y los varones que se aglomeran para disfrutar sin las separaciones y las distancias antiguas. Pero también hablan, seguramente sin fijarse en el pormenor, de cómo todavía las residencias de la ciudad no están preparadas para ese tipo de agasajos a los cuales asiste un enjambre de individuos dispuestos a pasarla bien. El tamaño de los salones no permite reuniones numerosas como las que comienzan a suceder, mucho menos la ejecución de unas coreografías que parecen excesivamente vigorosas y descocadas. Aunque no lo pretendan, esas crónicas exhiben lo que tiene de costumbre e innovación, de espontaneidad e imposición, de mandamiento y dificultad, de regocijo y exotismo el mundillo que ahora circula en los semanarios como señal de buen tono. El hecho de que las casonas usuales solo permitan una fiesta relativamente correcta y, por lo tanto, relativamente moderna, lleva a pensar que así de relativas vienen siendo la dictadura de

---

6 *Idem.*

la moda y el imperio de las filigranas en los primeros tiempos de la autonomía.

De allí que entonces se dedique un espacio con el objeto de invitar a la realización de las tertulias. Los escritores deben suponer que introducen una innovación que provoca cautela en una sociedad habituada a las conversaciones y a las visitas familiares de antes, como para lanzar la siguiente justificación:

> Las TERTULIAS son desde mucho tiempo la moda más inalterable y extendida en toda la Europa; y aun nos atrevemos a asegurar que de ellas nacen todas las demás: porque protegiendo el comercio de las ideas, limando las costumbres y cultivando los gustos dominantes de la época, han llegado a erigirse en «expresión del buen tono» en cimiento de las modas físicas y morales. Nosotros tendríamos a vanagloria, que atendiendo a nuestras insinuaciones se fomentasen en Caracas, por las grandes ventajas que reportarían.
> Quizá no hay una ciudad de quinto orden en Europa en que no existan infinitas tertulias donde va la población culta a gozar de los placeres agradables del trato social; y en la capital de Venezuela sin embargo, no podemos señalar por más que nos esforcemos, tres casas en que las haya, y eso aun en pequeña escala.
> ¡Ah! ¡Cómo desearíamos que nuestras jóvenes y más que ellas sus señoras madres quisieran penetrarse de las mejoras sociales que traen consigo las tertulias! Hemos oído decir que este aislamiento en que se vive, es producido por los temores a la murmuración; pero ha de advertirse que en esto se padece una equivocación, pues la murmuración nace del ocio y de la falta de sociedad y es más habitual en los pueblos donde no hay reuniones [...] No confundimos sin embargo la crítica culta con la mordaz murmuración; aquella es hija de la civilidad y esta de la ignorancia: la primera reina en las sociedades de buen tono, la segunda en los corrillos de gentes mal educadas.[7]

---

7 «Modas», *La Guirnalda*, n.º 2, Caracas, 1 de agosto de 1839.

Las tertulias pueden ser tomadas como una invasión de la privacidad, según se desprende del fragmento. La presencia de extraños en el hogar doméstico, algo insólito en el pasado, pudiera desembocar en perjuicios como la pérdida de la tranquilidad íntima y del honor familiar. De allí que apenas exista un trío de ellas en Caracas. Terrible error, de acuerdo con los redactores. Las tertulias harían de la población una urbe de categoría, impulsarían el progreso material y, para remachar, multiplicarían el placer de la comunicación culta entre los hombres. Eran el precio que debía pagarse, harto barato por cierto, para que la ciudad fuera como las europeas y para que sus habitantes salieran del aldeanismo y del aburrimiento. Después de siete entregas machacando sobre la importancia de la moda, *La Guirnalda* juega con argumentos frívolos. Ha debido manejarse con una pausa de seis meses, hasta cuando desembucha este comentario:

> … solo puede dispensarse el que se vistan con atraso a las viejas, porque estas no deben inspirar otra cosa que respeto, y nosotros respetamos siempre a lo más antiguo, a lo más vetusto; pues como vemos en esos espejos animados los estragos del tiempo que también deben cebarse en nosotros, esto nos conduce a reflexiones filosóficas y religiosas, sin ser obstáculo para que nos vistamos a la DERNIER.[8]

Luego de la asociación cargada de ironía entre la moda y la juventud, lanza una entusiasta y exclusiva proclama a las mujeres de menor edad.

> Amabilísimas jovencitas […] oíd lo que el oráculo parisiense ha decretado.
> • Pañolones de tafetán con adornos de punto de Inglaterra.

---

8 «Modas», *La Guirnalda*, n.º 7, Caracas, 1 de diciembre de 1839.

- Pañolones de raso tornasolado (GLACÉ) con una franja por la orilla. Esta es una clase rara, el fondo todo es de un mismo color y la franja de la orilla de ocho dedos poco más de ancho.
- Pañolones de raso de nueva y cómoda hechura bordados de colores. Estos los recomendamos mucho a las elegantes lectoras de nuestro papel, porque agracian el cuerpo más que ningún otro; por delante hacen muy bonita vista tomando la forma de un schal, y además no hay que andar igualando las puntas para que quede bien colocado, pues están dispuestos [sic] de un modo que siempre se ponen perfectamente.
- Gasa a la DOÑA MARÍA bordada de colores. A esta tela le ha dado la boga que tiene, la reina de Portugal.
- Rasos labrados menudamente y de colores suaves.
- Organdí blanco; pero debe ser de buena calidad.
- Para visitas por la mañana, muselinas finas labradas de colores muy bajos.

Esta última circunstancia es esencial; ninguna elegante de París lleva jamás un color subido en el traje; la moda de hoy todo lo quiere suave y delicado.

- Para el cuello son muy de gusto las SERPENTINAS, sobre todo si tienen borlas a los extremos.
- Los braceletes montados al aire agradan muchísimo. La costumbre es ponérselos a la ROMÁNTICA. Es decir, se pone un solo bracelete, regularmente en el brazo derecho; de este bracelete pende una cadenita que se va a enlazar con una sortija colocada en el dedo pequeño, y hace una vista muy bonita y nueva.
- FERRONIERS. Son muy de moda los negros con una rosa de piedras blancas, la cual viene a quedar en medio de la frente.
- Guantes: los de seda calados y enteros; de colores negro y blanco se usan mucho.
- Sombrillas: la sencillez reina en esta parte del atavío de una elegante: lisas tornasoladas, o labradas de colores oscuros, son las que generalmente se traen con estimación.

• Las crucesitas a la ESMERALDA siguen muy favorecidas, y en defecto de ellas se usan las serpentillas.[9]

Ya existe un oráculo en cuyo nombre no solo se indican los artículos de moda y se acude al ejemplo de una señora principal, sino que también se entregan minuciosas instrucciones sobre el horario del ropaje, se llega a hablar sin rubor de la gracia corporal, y se repiten unos vocablos extranjeros, franceses la mayoría, como si fueran piezas de una conversación corriente. El trabajo de *La Guirnalda* ha dado frutos.

También se han multiplicado los establecimientos del ramo, quién sabe si gracias a la muleta del periódico. En todo caso, en enero de 1849 la calle de las Leyes Patrias sigue poblándose con ellos y animándose con sus clientes.

> ALMACÉN DE MODAS. Estos establecimientos se van aumentando en la capital. Hasta ahora solo contábamos con dos o tres bien montados, pero los señores Gimbernat y Escuté acaban de abrirnos uno en que hemos visto y admirado un riquísimo y variadísimo surtido de sederías, primorosas telas para vestidos, y varios adornos de buen gusto, perfectamente iguales a los que vemos descritos en los periódicos de modas e imitados en los figurines más recientes de París. Recomendamos fuertemente a las personas de ambos sexos (especialmente a los novios) que se aprovechen de este nuevo establecimiento muy digno de la capital de Venezuela. En él encontrarán los elegantes, entre otras cosas que son muy raras aquí, finísimos zapatos de lustre para bailes, trabajados con un aseo y una delicadeza increíble. Nosotros decididos entusiastas de todo aquello que puede ser útil al país, deseamos a los señores Gimbernat y Escuté una prosperidad constante.[10]

---

9 *Idem.*
10 «Álbum. Almacén de Modas», *La Guirnalda*, n.º 9, Caracas, 20 de enero de 1840.

Más que ante un anuncio pagado, estamos frente al arrebato de unos redactores que ven en la moda de País una muestra de adelantamiento. Es un comentario que no solo nos informa de la proliferación de los almacenes de modas, sino del regocijo que despiertan en quienes los estiman como una prenda de la civilización. Además, el fragmento aporta otra novedad: el flamante negocio puede ser aprovechado por los hombres. Es un puesto para la atención de «las personas de ambos sexos». Ya los fanáticos de los maniquíes no hablan solamente de las mujeres de buen tono, sino de «los elegantes». En breve un señor Barbieri, quien maneja un bazar en el número 145 de la calle del Comercio, solicita la presencia de los caballeros. Quiere venderles: «Paño negro de sedán, de 8 cuartas de ancho. Driles de hilo superiores. Medias medias [sic] de seda para bailes. Guantes de cabritilla y de seda. Rica perfumería de Monpelás». También les ofrece Marrasquino de Zera, «un excelente licor».[11] El árbol de la moda igualmente cobija a los hombres.

En su entrega de 3 de mayo de 1842, *El Venezolano* incluye un aviso dedicado a ellos que no deja de ser atrevido. Un comerciante que no se identifica, convoca a:

> Las personas de buen gusto que quieran aprovechar una buena ocasión para adquirir a precio cómodo hermosas decoraciones masónicas, mandiles, bandas, cordones, joyas, o necesiten de hermosos diplomas impresos en pergamino, deben aprovechar esta oportunidad. Ocúrrase por la dirección al Despacho del Venezolano.[12]

Con el cuento del buen gusto en cuanto expresión del progreso social se llega al extremo de negociar sin ocultamiento con los emblemas de un culto anatematizado por la Iglesia. Es

---

11 «Marrasquino de Zera», *El Venezolano*, n.º 20, Caracas, 14 de diciembre de 1840.
12 «Avisos», *El Venezolano*, n.º 107, Caracas, 3 de mayo de 1842.

evidente cómo la publicidad de talante mundano, por lo menos en el caso de esta insólita propuesta, no confunde el barniz con el desarrollo personal y colectivo. Ventila un asunto espinoso, cuya profundidad no cabe en el predominante comercio de muselinas y driles. La mayoría de quienes mueven tal comercio y las ideas para su expansión solo quieren sembrar una imagen de distinción de la cual depende, según ellos, el pasaporte para presentarse como hijos legítimos de la civilización. Es probable que no quieran meterse en las honduras de la masonería.

La oferta hecha por un baratillo en enero de 1843 marcha por el cauce normal.

El baratillo pertenece a J.B. Gill, está situado en la calle Carabobo, esquina de San Felipe Número 63, y anuncia:

> Sombreros de Castor y de seda. Paraguas y sombrillas de seda y de algodón. Corbatas y corbatines. Pañuelos de seda. Agua florida, la reina y de colonia. Láminas de Bolívar. Vistas de Caracas. Prendas de oro fino. Espejos grandes y chicos. Escopetas y pistolas buenas. Polvo en cajitas de una libra. Navajas de afeitar, tijeras y cortaplumas. Cepillos de ropa, cabeza, dientes, barba y de zapatos. Quincallas de todo en partida. Peines de carey, marfil, hueso y de metal. Tabacos legítimos. Vino madera, sidra y cerveza. Vino blanco y de Bordeaux. Camas chicas y grandes. Cocinas de hierro. Máquinas para moler granos y además muchas cosas.[13]

Seguramente el hombre elegante consigue en el baratillo lo que necesita para verse y oler bien, para aderezar la ropa, para el cuidado, el alboroto y el descanso del cuerpo. Más o menos lo que dicta el oráculo desde 1837, pero junto con otros utensilios más adaptados al sentimiento y a las necesidades del país. Aquellos que no han aparecido en las ofertas conocidas hasta la fecha:

---

13 «Baratillo», *El Venezolano*, n.º 158, Caracas, 31 de enero de 1843.

imágenes del Padre de la Patria y paisajes caraqueños, para que el comprador mezcle el donaire con la gratitud republicana y con pedazos de la ciudad en la cual exhibe su refinamiento; armas de fuego, quizá buenas ante el caso de que la barbarie quiera ensuciar el decorado del club. La heterogénea invitación de un baratillo en cuyo interior pueden encontrarse «además muchas cosas», permite aproximarse a las limitaciones del empeño puesto en el lucimiento social. Por lo menos hace ver que los destinatarios viven en la capital de Venezuela, sujetos a unos requerimientos debido a cuyo imperio no pueden civilizarse en puridad.

Una venta ofrecida por la casa 142 de la misma calle del Comercio conduce a idéntica reflexión. Además de vino tinto catalán, licores de Jerez y cerveza Porter, pregona en octubre de 1843 la llegada de «unas chícuras».[14] Antes se han anunciado en *El Venezolano* las ventajas de un arado moderno: «De nueva construcción para labor de vegas y particularmente para las faldas y cerros: es de nueva invención y debe verse para conocer sus ventajas, numero 140, calle de lindo».[15] Simón Planas y Compañía vende por quinientos pesos una máquina de setenta sierras para desmontar algodón, con piezas de repuesto.[16] Jaime Legan ha traído de los Estados Unidos unas estupendas parrillas para las hornallas de los ingenios, así como fondos con 300 y 350 galones de capacidad.[17] ¿No delatan estos objetos que la clientela masculina tiene la obligación de labrar la tierra y de vivir de sus productos? Los hombres cuya mudanza se procura a través de la ropa y de los refinamientos son unos rústicos agricultores.

Pero la idea es que no lo parezcan. El mercado aparece repleto de trastos que son un móvil para orientarlo hacia una mudanza en la superficie. En marzo de 1845, por ejemplo,

---

14 «De Venta», *El Promotor*, n.º 26, Caracas, 16 de octubre de 1843.
15 «Avisos. Arado», *El Venezolano*, n.º 62, Caracas, 9 de agosto de 1841.
16 «De Venta», *El Conciso*, n.º 69, Caracas, 1 de abril de 1837.
17 «Aviso», *El Conciso*, n.º 24, Caracas, 13 de febrero de 1837.

Gerónimo Costa conmina a los clientes con un imponente surtido de aparejos que sirven a cualquiera menos a un hacendado sudoroso y a su familia. Veamos lo que muestra su almacén de la calle Orinoco número 101.

> Zarazas inglesas y francesas / Paño de billar / Bolas de id. / Tacos de id. / Nuevos casimires comprendido negro / Medias medias [sic] inglesas / Medias inglesas para señoras / Id. caladas y bordadas hilo de Escocia / Guantes de algodón para montar a caballo / Id. de seda de diferentes clases / Pañuelones bordados de merino / Id. de seda bordados / Id. de tafetán a la Escocesa / Id. id. a la polka / Medios pañuelos id. / Chalies de lana y seda para camisones / Lindos cortes de chalecos a la polka / Id. id. de terciopelo id. / Id. rasos para zapatos / Id. tafetán negro / Id. botincitos de lana para niños / Un famoso surtido de lloronas negras y blancas / Pañuelitos raso a la polka, para señoritas / Lindos pañuelos de batista / Corbatas largas y cuadradas a la polka / Balsarines de lana para camisón / Paraguas de seda de varias clases, a la polka / sombrillas id. id. / Madapolán / Máscaras para disfraz / Floretes / Guantes para floretes / Un surtido tabacos Habanos / Cortes muselina suiza, a la polka / Cintas terciopelo negro / Balsarines de algodón para camisones / Zarcillos de oro y varias otras prendas / Plumeros para el aseo / Pañuelos de seda, a la polka / Cigarreras de paja tejida en Lima / Un gran surtido de medias españolas, lisas, bordadas, caladas y rayadas / ligas de seda españolas / Chales de terciopelo / Mantillas de punto blanco finas / Un surtido zapatos de goma elástica para señores y señoras y varias otras cosas de gusto.[18]

Si los hombres adquieren lo que vende don Gerónimo Costa tendrán mesas de billar en la casa, jugarán con el florete en los salones, pasarán pañuelos de seda por su cara, llevarán guantes

---
18 «Al buen gusto», *El Liberal*, n.º 533, Caracas, febrero de 1845.

de algodón cuando cabalguen o caminarán luciendo chalecos de terciopelo y corbatas cuadradas a la polka. De acuerdo con las palabras de *El Repertorio*, un impreso de 1845 que incluye un «Álbum de señoritas»: «Aunque en rigor no debemos decir nada a los caballeros en el *álbum de las señoritas*, estas no llevarán a mal que aun en este lugar queramos verlos formando una dulce sociedad».[19] En consecuencia, de seguidas los aconseja sobre el uso de la prenda emblemática de su sexo: «los pantalones de sociedad son casi estrechos. Para bailes están en boga los negros: casaca negra, chaleco blanco o pajizo, guantes pajizos o blancos, y corbata cuadrada formando lazo pequeño, y dejando ver una pechera menudamente plegada».[20] Buscan la armonía de las parejas a través del refinamiento compartido. *El Repertorio* quiere que los hombres luzcan así, para no desentonar mientras sus esposas, sus hijas y sus novias usan sedas, tarlatanes, organdíes, cogidos de encajes y vestidos confeccionados con una revolucionaria tela llamada *barejé* que recomiendan los figurines.[21] El emparejamiento del progreso, pues. Algunos llegan a ver en la ropa masculina signos de la vida interior, señales que remiten a las virtudes y a los vicios de quien la lleva. Más que referencias exteriores, son claves para hacer una introspección. La frenología está entonces en boga, como las corbatas a la polka, y puede conducir a la «Fisiología del sombrero» que publica *El Vigía de Occidente* en 1859.

> El hombre que usa siempre sombrero negro y alto, sin ninguna inclinación, es grave y melancólico: si el ala delantera cubre la frente, es hipócrita y astuto: si echa el sombrero para atrás, dejando la frente enteramente descubierta, es falso y codicioso, como casi todos los que usan el sombrero de este modo puede asegurarse que

---

19 «Variedades. Álbum de señoritas», *El Repertorio*, Caracas, de marzo de 1845.
20 *Idem.*
21 *Idem.*

su esposa le da mala vida: si lo inclina hacia un lado es jaquetón y cobarde.[22]

El sombrero es fundamental para la introspección porque se coloca «en la cúspide de la pirámide del hombre vestido»,[23] asegura el frenólogo, pero el estudio de la corbata puede llegar a resultados sorprendentes porque adorna la parte más noble del cuerpo.[24] Ha de ser importante de veras la influencia de la moda en los vestidos, como para que alguien pretenda hacer radiografías partiendo de las especificidades de su observación.

Aunque la mayoría de los predicadores se conforma con aclimatar un estilo de vida que terminará por modificar las rutinas caseras. El cambio del vestuario no puede consistir en un hecho aislado, sino que también debe repercutir en la presentación de los hogares y en el desarrollo de destrezas que antes no se requerían. Para el entendimiento del primero de tales aspectos conviene mirar un extenso anuncio sobre «loza y cristales», publicado en mayo de 1841.

> En el almacén de loza y cristales, calle del Comercio número 41, se acaban de recibir los artículos siguientes:
> Servicios de porcelana para 24 personas, idem. de postre de diferentes colores, juegos de café de porcelana blanca, idem. con filete dorado, idem. de colores muy finos, tacitas con platitos de porcelana, idem. doradas, más grandes como para caldo; juegos de café para dos personas, muy finos; tinteros de porcelana, floreros de idem. para flores naturales, idem. para flores artificiales: entre estos hay tres pares muy grandes de un modelo sumamente caprichoso, propios para mesas que tengan espejos grandes; un par de perfumadores de porcelana del mejor gusto; candeleras de porcelana, pomos de

---

22 «Fisiología del sombrero», *El Vigía de Occidente*, n.º 6, 26 de junio de 1859.
23 *Idem.*
24 «Fisiología de la corbata», El Vigía de *Occidente*, n.º 12, 18 de julio de 1859.

idem. para aguas de olor; poncheras con jarras de porcelana; platos de idem. blancos, reverberos de idem.; copas de cristal superfino de doce modelos a cual mejores, vasos de idem, cortados por el mejor gusto del día, botellas de idem. de superior calidad, idem. regulares, copas entre finas, idem. para champaña muy finas y ordinarias, un completo surtido de copitas de todas clases, idem. para vino de madera de color amarillas, guarda-brisas de cristal cortado, idem. de idem. opacas, idem. lisas comunes, fanales de todas dimensiones; platos de cristal llanos y hondos; floreros de cristal cortado de varios tamaños para flores naturales, idem. de cristal cuajado para flores de idem; licoreras con botellas y copas de cristal superfino, un variado surtido de pomitos de cristal para aguas de olor, vasos con tapa y platos de cristal para refrescos, tazas con platos de cristal, azucareras de idem, candeleras de cristal de primera calidad, entre los cuales los hay azules, morados, de perfil dorado y blancos; dulceras de cristal con tapa y plato, comboyes plateados con pomos de cristal, lámparas con vidrios opacos y sus máquinas muy simplificadas, azafates grandes y pequeños, porta-botellas plateados, cuchillos y tenedores en cacha de marfil de superior calidad; relojes grandes para adornos de sala, del mayor mérito, con sus redomas de repuesto; un brillante surtido de loza inglesa de los mejores colores que se usan en el día, entre la cual hay servicio de todos colores, y además hay piezas para el detal de todas clases, y una infinidad de otros artículos que se espenderán con la mayor equidad posible.[25]

El múltiple ajuar hace que pensemos en hogares distintos a los tradicionales, o en el cambio de la vida preconizado por el registro de trastos. De la vida privada, especialmente, porque un hogar como el que resultaría de la adquisición de una porción de los heterogéneos accesorios estaría disponible para un trajín

---

25 «Loza y cristales», *El Venezolano*, n.º 51, Caracas, 31 de mayo de 1841.

inédito. Serviría para las tertulias anheladas por *La Guirnalda* que transformarían la aldea en urbe contemporánea, o para el establecimiento de una sociabilidad que no se limitaría a cubrir las necesidades de la familia. Una casa así de guarnecida está mirando hacia la calle, está abriendo sus puertas para que los dueños muestren desde la intimidad desaparecida su plaza entre los elegantes. La entrada de tantos peroles lujosos y modestos puede significar el reemplazo del candado de antaño, escudo de los secretos, por una liberalidad inhabitual.

Porque se insiste en la promesa contenida en los miriñaques, hasta el punto de que llegan a formar parte del juego de lotería. Si se les considera tan atractivos como para convocar a las apuestas masivas, seguramente muchos hogares quieren hacer la maroma que los ponga en boga junto con sus habitantes. En medio de las celebraciones navideñas de 1841, por ejemplo, un sorteo de mil seiscientos fuertes aparece con la óptima carnada de los objetos para el lucimiento personal y de los hogares: siete relojes de oro de cilindro, una tetera de plata con labores, dos cajas de plata doradas en su interior, una caja de música de plata con chapas de oro, un costurero con sus útiles de plata, un aderezo compuesto de collar y zarcillos, dos broches en juego con un alfiler de oro, un collar de granates montado en oro y un alfiler de brillantes. Cada billete importa cuatro fuertes y los promotores esperan afluencia de apostadores en sus taquillas del Almacén de Badaracco y Bacarezza en la Guaira, o en la casa de Pedro Dupouy, esquina de Pajaritos.[26] Otra lotería bajo la responsabilidad de Próspero Rey anuncia el primer premio de una casa situada entre las esquinas de sociedad y del Gobierno, con los aderezos adecuados para su adorno y el de los futuros dueños: una azucarera de plata, seiscientos platos de China, una vajilla inglesa para veinte comensales, unos zarcillos de diamantes, un

---

26 «Lotería de 1.600 fuertes», *El Venezolano*, n.º 82, Caracas, 7 de enero de 1841.

reloj de oro, dos juegos de casacas y levitas, veinte piezas de fino dril, veinte varas de paño de sedán, cuatro mantillas españolas y ocho piezas de paño. La lotería pone en circulación diez mil billetes a dos fuertes cada uno, una módica cantidad, según los organizadores, para colmar la ilusión de una casa moderna y bien tenida.[27]

Tres tiendas de instrumentos musicales se agregan a la difusión de las maravillas de la vida confortable. Primero un negocio que ofrece pocos alicientes a través de los periódicos, perteneciente a los señores Desbarats y Jesurúm[28], y otro de mayores pretensiones que maneja don Eduardo Peyer en la esquina de La Palma número 50. Vende pianos de cola y de mesa, pianinos ingleses, franceses y alemanes. Puede remitir los instrumentos de menor tamaño, especialmente los pianinos, a lugares del interior. Además, posee una colección apreciable «de cuanto se publica de nuevo en el ramo de música vocal e instrumental».[29] Más tarde, don Carlos Yentzen anuncia la llegada de forte-pianos «construidos en Europa bajo su dirección y con maderas especiales para estos climas». Agrega que puede alquilarlos, después de la correspondiente afinación, a aquellos que quieran llevarlos a sus residencias por un tiempo.[30] Gracias a estas incitaciones topamos con el asunto de las destrezas abocetado antes. La invasión de la moda y de los elementos que la complementan obliga a la inducción de un tipo de conductas que los conviertan en partes de la cotidianidad. Muchos de los objetos que se ofrecen y de las actitudes requeridas cuando las personas se meten en la moda reclaman el magisterio de unos pedagogos que seguramente se convierten en personajes reconocidos de la capital.

---

27 «Gran Lotería de 20.000 $», *El Liberal*, n.º 266, Caracas, 20 de abril de 1841.
28 «Música», *El Venezolano*, n.º 12, Caracas, 2 de noviembre de 1840.
29 «Almacén de Música de Eduardo Peyer», *El Venezolano*, n.º 18, Caracas, 7 de diciembre de 1840.
30 «Pianos», *El Monitor Industrial*, Caracas, 24 de enero de 1859.

Así, por ejemplo, el señor Magín Casanova, bailarín de una compañía dramática que llega en 1845. Debido al éxito obtenido en las funciones ante un público que abarrota la sala, se ofrece para enseñar a domicilio el baile de la polka. Pero los más entusiastas podrán convertirse también en realizadores de otros movimientos de reciente popularidad, como las coquetas, los lanceros y los rigodones. Magín Casanova «Pasará [según promete en *El Liberal*] a la casa de los señores que tuvieren la bondad de ocuparle, los martes, miércoles, viernes y sábados, a la hora en que convinieren, siendo el precio mensual seis pesos».[31] Podían buscarlo en la calle de Ustáriz número 86, para iniciar una escuela en la cual acaso nadie se había estrenado como discípulo hasta la fecha. Los caballeros de la ciudad haciendo figuritas corporales según la indicación de un preceptor de la compañía dramática, seguramente están dispuestos a representar escenas jamás vistas. Mientras Casanova debe estar ensayando con sus alumnos, unos hermanos Penella desembarcados de Italia ofrecen lecciones de filarmonía en casas particulares.[32] Lo mismo quieren hacer más tarde unos estadounidenses llamados Gentzen y Allard, quienes están dispuestos también a dar lecciones de piano a las damas en sus casas. Pueden alquilar el piano u órganos como los de las iglesias, si los clientes desean.[33]

A poco aparece el maestro de un arte más varonil. Veamos cómo ofrece sus servicios:

> Pierre Chabriel, profesor de Esgrima muy conocido en Norte-América y últimamente empleado en el Colegio Nacional de Carabobo, de cuyos Directores mereció certificatos [*sic*] honoríficos, ofrece sus servicios en la enseñanza de tan útil e importante arte.

---

31 «La Polka», *El Liberal*, n.º 536, Caracas, 22 de marzo de 1845.
32 «Filarmonía», *El Liberal*, n.º 542, Caracas, 25 de abril de 1845.
33 «Música. A las señoras», *El Diablo Asmodeo*, Caracas, 30 de mayo de 1850.

Superfluo sería recomendarlo como ramo indispensable de buena educación, y como aventajado ejercicio para literatos y personas de vida sedentaria: los beneficios de este arte son incuestionables, y no necesitan ponderarse.

P. Chabriel ofrece dar lecciones a jóvenes reunidos en clases, bien en los colegios, bien en su sala de armas, y además lecciones individuales en casa de los que gusten emplearle; todo por una pensión sumamente módica.[34]

En uno de los anuncios examinados se ofrecen guantes para esgrimistas, y ahora conocemos a un experto de prestigio que puede revelar los secretos de un combate propio de caballeros galantes. Pero de un combate que ya goza de aceptación entre los jóvenes y entre los encargados de su educación; no en balde se ha enseñado en el Colegio Nacional de Carabobo y se puede enseñar en los institutos caraqueños. Gracias a la presencia del profesor Chabriel pueden aprenderlo los varones apoltronados y los aficionados a la literatura, mientras la ciudad comenta la instalación de una sala de armas convertida en aula para los chicos gallardos. Es una excelente posibilidad de mostrarse diferentes, por lo menos distanciados de la gente corriente cuya rutina está acompañada de machetes, navajas y cuchillos que forman parte de su indumentaria, pero también del resguardo de sus propiedades y su vida. ¿Puede pensarse en un entrenamiento más *fashionable*? Es una lástima que todavía no haya abierto su negocio don Basilio Constantin, quien llegará para legar a la posteridad las poses de estos hombres reclamados por la civilización junto con sus mujeres. Don Basilio Constantin hace retratos al daguerrotipo en plancha y en papel, «con tanta perfección que son solicitados y apreciados por todos los inteligentes».[35] Es el único poseedor del método Beard de Londres, que aplica en su laboratorio de la calle Lindo número 136, y solo entrega los

---

34 «Esgrima», *El Liberal*, n.º 553, Caracas, 5 de julio de 1845.
35 «Aviso», Retratos al Daguerrotipo, *El Ateneo*, n.º 3, Caracas, 3 de julio de 1854.

retratos de daguerrotipo en miniatura si los clientes quedan satisfechos con la reproducción de su imagen.[36]

Pero ¿en qué medida se ha interiorizado el mensaje traído por los accesorios de lujo y por los maestros de las novedades? Por lo menos en lo que incumbe a los atavíos, los venezolanos y en especial los caraqueños de la alta sociedad se convierten en educandos disciplinados, o en profesores ellos mismos. Según el diplomático brasileño Manuel María Lisboa:

> En la capital, el traje de los elegantes no difiere de los de París y Londres; los jóvenes caraqueños son pintureros y caprichosos para vestir, y el tamaño de la cintura de un chaleco o el corte del borde de una casaca son cosas que se observan y se discuten. Las señoras, postergando quizá sin razón los estilos de Castilla y Andalucía, se alistan todas ellas bajo la poderosa bandera de *El pequeño correo de las damas*. Pero las modas parisienses no llegan a Caracas con la misma diligencia, prontitud y regularidad con que llegan a Río, lo que da lugar a que algunas caraqueñas, utilizando las facilidades que les proporcionan sus activas corresponsales de París, que les inician con anticipación en los importantes arcanos de los *Baisiens* y de los *Constantins*, se anticipen y brillen sobre las demás [...] el aspecto general de un salón caraqueño, por lo que se refiere a las flores *vivas* que los adornan difiere poco o nada del de nuestro casino de Río de Janeiro. El instinto del bello sexo se esmera como en otras partes de nuestro continente en realzar los ojos brillantes, las finas cinturas y los diminutos pies, que caracterizan a todas las americanas de raza latina.[37]

En 1857, el naturalista Karl Appun asiste a un baile en San Felipe. Muchos de los invitados carecen de la indumentaria

---

36 «Con colores naturales», *El Diablo Asmodeo*, Caracas, 30 de mayo de 1850.
37 Pino Iturrieta y Calzadilla, *Viajeros extranjeros...*, p. 38.

adecuada para un «Bal paré», especialmente del frac, pero encuentran una solución que refleja la trascendencia que le conceden al asunto: «no lejos de la entrada del salón de baile, un sastre francés había ocupado un cuarto con una rica selección de trajes de baile, donde los huéspedes [sic] podían obtener rápidamente un aspecto apropiado a la corte».[38] Como Lisboa, el alemán observa el acusado interés de los venezolanos por la ropa de moda y lo recoge en sus *Memorias*. El polaco Rosti registra durante la misma época una actitud parecida: «las mujeres [...] imitan en sus vestidos –con mal gusto– la moda francesa [...] los señoritos llevan generalmente trajes de paño y sombreros de copa alta; en cambio, los domingos y días festivos visten fracs negros, y luego refunfuñan continuamente por el gran calor, y con razón, ya que esa moda europea no es propiamente la más conveniente para aquel clima».[39] Si olvidamos el comentario en torno al mal gusto de las damas sobre el cual tiene pleno derecho el viajero, convendremos en que coincide con el parecer de los otros extranjeros. Más todavía, advierte cómo el apego a los atuendos del viejo continente no es siquiera impedido por los rigores del trópico. Por consiguiente, parece evidente que la conquista iniciada por *La Guirnalda* no ha encontrado escollos.

Pero no todas las incitaciones del siglo gozan de ferviente partidarismo. El teatro, otra de las panaceas sugeridas a partir del establecimiento del Estado nacional, no cuenta al principio con el interés de las muchachas de sociedad. En 1839, cuando comienza la descripción de las funciones en la prensa caraqueña, se advierte el detalle. El jueves 25 de agosto se representa un drama titulado *Lord Pavenant*, con escuálida asistencia de señoras y caballeros. Obtienen mayor favor las comedias montadas el domingo, en las cuales se luce como actriz una señorita

---

38 *Ibidem*, p. 64.
39 *Ibid.*, p. 111.

Fournier. *El cuáquero y la cómica* y *Un anuncio al público* atraen numerosa concurrencia, pero especialmente de hombres. En breve se presentaría un trabajo de Moratín, *El viejo y la niña*, en cuya promoción se escribe en *La Guirnalda*: «esperamos que nuestras bellas lectoras no continúen con el desaliento que manifiestan por la agradable diversión del teatro, porque con su falta la hacen también monótona para nosotros».[40] Aparte de buscar la superación de la ausencia de camisones en las butacas, la invitación habla del teatro como una amenidad en sí mismo y como una alternativa de contacto social para el cual es requerida la compañía femenina.

Un informe del jefe político del cantón, suscrito en julio de 1841, trata de nuevo la situación después de hacer unos comentarios sobre el espectáculo: «siendo una representación que forma a la juventud, pues la acerca a la luz y borra las preocupaciones decepcionantes, no cuenta con el gusto de nuestras bellas».[41] El jefe político toma las cosas con mayor seriedad, en cuanto ve al teatro como vehículo de educación, especialmente como posibilidad del alejamiento de la ortodoxia y de la cerrazón del pasado, entonces motejadas de *preocupaciones*. Pero, bien como diversión o como fanal de la actualidad, parece que las mujeres esperan poca cosa del teatro. O sus mayores, en cuanto puede pensarse que sean ellos, por sus «preocupaciones decepcionantes», quienes prefieran verlas lejos de las tablas. ¿No vienen a ser las tablas, según idea ortodoxa, una tergiversación de la realidad, una fantasía que puede inflamar la mente de los espectadores inocentes?

Pero unos jóvenes de entonces entienden que ya no existen en Venezuela tales conductas anticuadas y perniciosas. Publican el siguiente *Remitido*, en enero de 1842:

---

40 «Álbum», *La Guirnalda*, n.º 2, Caracas, 1 de agosto de 1839.
41 El jefe político del cantón Caracas para el sor. secretario en los Despachos de lo Interior, Caracas, 22 de julio de 1841. AGN, Interior y Justicia, tomo CCXLII, fol. 27.

Para dicha de la época que alcanzamos [aseguran] no hay preocupaciones que vencer [...] Los respetables jefes de familia son bastante ilustrados y se encuentran animados de aquellas ideas de progreso y de aquellos sentimientos magnánimos y generosos que son innatos a los americanos. Nuestra juventud nutrida con las ideas del siglo y los más sanos principios, toda es patriota, culta, espiritual y entusiasta por todo lo bueno, por todo lo bello.[42]

Sin embargo, la razón de los piropos sugiere cautela. Esos descubridores de la ilustración compartida y de las emociones egregias acaban de fundar una Sociedad Dramática de Aficionados que carece del calor de las mujeres: «Una sola cosa falta, y acaso la más importante de todas para realizar la idea, que las señoritas y sus padres se presten a un objeto tan útil y laudable bajo todos respectos».[43] Seguramente quieran llenar el vacío con una exagerada descripción de inclinaciones progresistas, para ver quiénes se sienten aludidos y permiten la participación femenina en el proyecto. De lo contrario no hubieran divulgado después una crónica procedente de Puerto Rico, en la cual se encomia la participación de la hija del gobernador en una función de teatro, una joven contralto ocupada de la parte filarmónica, y de sus amiguitas

> ... que han hermoseado el bello cuadro, dándole un realce que con dificultad se encuentra en la escena. Sus gracias, sus maneras, la propiedad con que han vestido y expresado sus respectivos caracteres, ese tinte delicado en el colorido de los afectos, esa verdad del sentimiento que se transmite como la electricidad, esa magia en fin de su sexo, todo ha venido a reunirse anoche para coronar el éxito.[44]

---

42 «Remitidos. Sociedad Dramática», *El Liberal*, Caracas, 4 de enero de 1842.
43 *Idem*.
44 «Sociedad Dramática de Aficionados», *El Liberal*, Caracas, 25 de enero de 1842.

En definitiva se crea la Sociedad Dramática de Aficionados, con cuyas ganancias pretenden los fundadores colaborar con un asilo de ancianos. Los apoya el presidente de la República, quien los recibe en su residencia. Cuentan con la colaboración de la Sociedad Económica de Amigos del País, que designa una comisión especialmente ocupada de encontrar un vínculo permanente con el plan. Publican sus estatutos y crean una sección Dramática y una sección Filarmónica. Aparece un elenco de socios protectores que encabeza el Ciudadano Esclarecido, general José Antonio Páez. Sin embargo, ninguna bella, ninguna dama ilustrada y moderna se une a los esfuerzos. Setenta miembros fundadores, todos hombres, inician el camino sin «las gracias, las maneras, la propiedad» de las chicas.[45]

La prensa recoge la iniciativa de los amantes del teatro como parte del clima civilizador que domina a Venezuela.

> Bancos, caja de ahorros, sociedades patrióticas y de amigos del país, por todas partes y en constante acción, sociedades de artistas, de juristas y de beneficencia, liceos, bibliotecas, establecimientos de enseñanza pública ofreciendo a cada paso notables adelantos en una generación que entra ya en la escena opuesta [sic] y gallarda, todo, todo anuncia un porvenir dichoso en esta parte del mundo de Colón.[46]

Son las redenciones del mundo moderno, en guerra contra los males del atraso económico y espiritual. La iniciativa de un grupo de jóvenes hace que se insista en la existencia de un ambiente de constructiva efervescencia, capaz de crear la república de las maravillas. Venezuela en las manos de los particulares labra un destino superior, en cuya búsqueda debe contarse con un

---

45 *Idem.*
46 *Idem.*

espectáculo que es diversión y patriotismo, roce social y siembra de luces. Solo que, pese al apoyo encontrado en los peldaños más altos de la pirámide, el espectáculo se vive como una experiencia mayoritariamente masculina. Tal vez la peculiaridad recuerde un fenómeno digno de atención: lo que se anuncia como una regeneración que conmueve al país es solo la fe y el trabajo de unos pocos. La prensa habla de una actividad generalizada, como en el asunto de la moda se anima a hablar de sucesos colectivos y de gustos aceptados y mostrados por las mayorías, aunque quizá debiera referirse a casos puntuales o a iniciativas confinadas al interés de grupos de personas. Las funciones que servirán de entretenimiento a los espectadores en lo adelante acaso deban registrarse desde tal perspectiva.

Así, por ejemplo, el estreno de una producción nacional sucedido en diciembre de 1842. Pese a que un par de años antes Domingo Navas Spínola había presentado su *Virginia* «con general aprobación», ahora se saluda con entusiasmo la «producción patria» titulada *El fanatismo del druida o la Sacerdotisa*, original de Pedro P. del Castillo. No solo celebran los interesados un drama de plan «bien concebible» y de «intención moral de acuerdo con los buenos principios de la escuela clásica», «su versificación fácil a veces y a veces armoniosa», sino también el empeño puesto por el autor para que los caraqueños pudieran ver la obra «en pugna con inconvenientes casi invencibles y resignándose a correr los azares de un éxito dudoso, según la expresión de un escritor contemporáneo».[47] Es ardua la posibilidad de llevar de la pluma al escenario los versos de un venezolano e improbable la respuesta del público, por ajustadas que sean las letras al moralismo clásico. La reseña informa de una actividad en pañales, en la cual se aventuran con riesgos nuestros dramaturgos. Pero también de una actividad ejecutada por un grupo reducido, cuyos miembros

---

47 «Crónica del Teatro», *El Liberal*, Caracas, 4 de enero de 1842.

pueden molestarse por los dardos de los novísimos cronistas. Así se desprende del siguiente intento de crítica: «En cuanto al Sr. N., a quien se confió el papel de príncipe galo, nos tomamos la confianza de aconsejarlo que rehúse de hoy más, con tesón si fuere preciso, cuantas diademas le ofrezca el Sr. Director, lo cual, esperamos no tome a mal el Sr. N.».[48] O de una aclaratoria posterior, con el objeto de aliviar las ronchas provocadas por un comentario en la piel de los actores y del autor venezolano:

> Debemos a la Compañía Dramática y al Sr. Pedro P. del Castillo una explicación, con la cual pondremos término al presente artículo. Cuando dijimos en la crónica publicada en el número 305 del liberal que la ejecución del *Fanatismo Druida o la sacerdotisa*, nos había parecido superior en la segunda representación, gracias al nuevo actor Sr. Martínez, *que empuñó con esmero el cetro de Hilderico*, no fue nuestro intento menoscabar en nada absolutamente el mérito de los otros actores, ni menos suponer que el Sr. Martínez tuviese parte en la dirección escénica del drama; fue sí manifestar que, desempeñado el papel de Hilderico con esmero en la segunda representación, personaje harto deslucido en la primera, había sido aventajada en aquella la ejecución, por el simple motivo de haberse caracterizado un papel que si bien es verdad no juega en los dos primeros actos, viene a ser importantísimo en el tercero, particularmente en el cuadro final, menguado, no poco, por la incuria del Rey en la primera representación, no obstante los vivos esfuerzos del Sr. Director, que caracterizando a *Tacio* con bastante propiedad, se perecía por encontrar en el *escuálido* y *pacato* monarca un antagonista de su estatura, aspirando a verse representar entrambos personajes, guiados de su celo por llevar a puerto feliz una producción patria.[49]

---

48 *Idem*.
49 «Crónica del Teatro», *El Liberal*, Caracas, 14 de enero de 1842.

Las clarificaciones y las excusas se dirigen a un elenco conocido de histriones, a gente establecida en la sociedad que merece unas palabras distintas a las que pudieran escuchar los profesionales.

O responden al cometido civilizador que se atribuye a las funciones, una propuesta que pudiera desdeñar el análisis de lo propiamente teatral para fijarse en sus posibilidades de influir positivamente en la sociedad. Seguramente se requerían las explicaciones en el caso del señor del Castillo, no en balde es un vecino que escribe para moralizar al auditorio. Como se requieren alabanzas para la compañía del señor Fournier que debuta en diciembre de 1844, debido a las posibilidades que tiene de sosegar el ambiente político y de aconsejar a los gobernantes. De acuerdo con *El Venezolano*, vocero fundamental de la oposición, existe una oligarquía que reprime la libertad de imprenta y persigue sin misericordia al Partido liberal.[50] En consecuencia:

> La sociedad necesita de vez en cuando de aquellos espectáculos llamados a moralizar las costumbres, hay épocas en que su necesidad se hace sentir más; la contemporánea es de aquellas: cuan útil no sería que nuestros Señores Oligarcas se morigerasen por medio del útil ejemplo que pueda proporcionarles el teatro; quizá podríamos esperar su mejoría, si es que esta pueda acontecer entre seres tan menguados que rinden sus opiniones a sus intereses privados, ante los cuales la idea de la felicidad patria es una quimera.
> La aparición del señor Fournier ha sido aplaudida, porque no teniendo el pueblo más distracción que la que le proporcionan las escenas de tauromaquia, donde no puede aspirarse más que a corromper con beneplácito de la Diputación Provincial, cuya política no puede fincarse más que en la inmoralidad de sus conciudadanos para tener menos peso que combatir en las elecciones; este pueblo que es moral por convicción, busca y aplaude lo que pueda contribuir

---

50 «Teatro», *El Venezolano*, n.º 274, Caracas, 29 de enero de 1845.

a ilustrarle; así es que todos nos alegramos de la venida a esta tierra de los Artistas Dramáticos.

La compañía hizo su debut con la ingeniosa comedia del distinguido Rodríguez Rubí, notabilidad literaria en la corte de España. La filosofía de la comedia está fundada en las intrigas cortesanas. Muchos nos hubiéramos alegrado de la asistencia de nuestro Soublette, porque puede utilizarle el modo como se trabaja en Palacio, para que lo ponga en práctica, como lo hace con su sistema de amortización. La ejecución estuvo medianamente buena. El Señor Fournier trabaja como lo tiene acreditado en los teatros de Europa y América. El Jaleo de Jerez, baile favorito de Fany Ester, estuvo bien ejecutado. La piecesita en un acto es divertidísima. Los espectadores no han tenido que desear, todo estuvo *comme il faut*. La concurrencia numerosa, las polkas y los polkos todos cual más elegantes, como un día de pascua. Nuestras notabilidades literarias de nuevo cuño, a porfía discutían sobre la declamación y mérito intrínseco del drama y los actores. Deseamos a los Señores Artistas honra y prez, que no es poco desearles, como están las cosas y los hombres en nuestra tierra.[51]

A pesar de su longitud, la reseña apenas se ocupa de la comedia y de los cómicos. Prefiere fijarse en sus corolarios. La representación es buena porque puede cambiar los planes de la oligarquía, aunque no es probable; porque, quizá con demasiado trabajo, pueda llevar al presidente de la República por buen camino; y porque cumple el ilustrado propósito de sacar a la gente de las corridas de toros. Recibido por lo mejor de la sociedad, esto es, por los elegantes, los intelectuales y los prohombres del liberalismo que escriben en *El Venezolano* –personas que se atribuyen la posesión de las luces y que juran por las bondades de su difusión–, Fournier y su comparsa cumplen un propósito pedagógico en una sociedad envilecida por la oligarquía.

---

51 *Idem.*

Una sociedad que se presenta tan confiada en tales desenlaces quizá rinda también su fe en los potingues que comienzan a aparecer en el periódico. ¿Acaso no son una posibilidad más evidente y accesible que las anteriores? En octubre de 1833 la policía persigue a unos comerciantes que están vendiendo en los pueblos, mezclando agua azucarada con productos químicos, las Píldoras de Diamen que los enfermos persiguen debido a «el notable efecto sobre dolores de cabeza, pecho, espaldas, huesos, articulaciones, melancolía, exaltación, malos humores, defectos de la visión y falta de oído».[52] En febrero de 1838 la gente es atraída por las Píldoras de Vida y Amargo de Phenix elaboradas por Monsieur Mofeat. Curan el estreñimiento, la dispepsia, los ataques biliosos, las almorranas, el reumatismo, las calenturas con frío, los dolores de cabeza, la apariencia enfermiza del cutis y la debilidad de los nervios. Según la propaganda, son una cura «de grande y envidiable celebridad».[53] Entre 1839 y 1840 causan furor las Píldoras de Morison. El éxito provoca falsificaciones, delito y competencia que conducen al distribuidor, M.A. Jesurúm, a hacer unas precisiones:

> Primera. Esta medicina no se vende por ningún químico ni droguista. Segunda. El público se asegurará no comprando la medicina sino a los agentes o subagentes regularmente indicados. Tercera. Obsérvese con especialidad que las palabras MORISON'S UNIVERSAL MEDICINE, están grabadas con el sello del gobierno con letras blancas sobre fondo encarnado. Cuarta. Obsérvese también que el nombre de Morison se silaba con una sola R.[54]

---

52 El jefe político para el Sor. ministro en los DD. del Interior y J., Caracas, 9 de octubre de 1833. *AGN*, Interior y Justicia, tomo LXXX, fol. 17.
53 «Píldoras de Vida y Amargo de Phenix por Mofeat», *El Liberal*, n.º 93, Caracas, 20 de febrero de 1838.
54 «Píldoras de Morison», *El Venezolano*, n.º 12, Caracas, 2 de noviembre de 1840.

Entre 1842 y 1843, los pacientes de todas las clases sociales buscan el Elíxir Tónico Antiflemático del Doctor Gillie. Su inventor garantiza a los clientes la posesión de «un específico poderoso» contras las flemas que causan opresión del pecho, contra la mala digestión, las obstrucciones glandulosas, los herpes y la apoplejía.[55] En marzo de 1845, la demanda del Elíxir Restaurador obliga a buscar la manera de colocarlo en los comercios. Es un remedio para las puntadas de estómago, para los histéricos y los nerviosos hecho en casa por «el dueño del secreto» para alivio de sus allegados. Las nuevas sobre sus bondades obligan a su expendio en la tienda de Juan Rodríguez, esquina de San Francisco, y en el bazar de Ramón Ochoa situado en el puente de San Pablo. Se dejaría el frasco de dos onzas por doce reales y el de una por la mitad del precio, mientras se buscaba la manera de fabricarlo en mayores cantidades.[56] En marzo de 1849, el jefe político de Barquisimeto se preocupa porque «están saliendo de más, hechas sin control del gobierno, las famosas grajeas Stephen, después que se ha probado que remedian diez problemas del cuerpo, diez de la cabeza, diez de las extremidades superiores y diez de las extremidades inferiores hasta los dedos».[57] En 1853 se imitan de manera fraudulenta las Píldoras Vegetales del Doctor Siegert, «muy buenas contra todos los males», lo cual conduce a un reclamo ante los gendarmes y a su distribución con un sello especial en el cual se leen las palabras ÚNICO GARANTIZADO.[58] Pronto ganarán el favor del público las Píldoras Vegetales Universales del Doctor Brandreth, importadas del norte por los señores Boulton Sons y Compañía. También se les colocará la etiqueta de GARANTIZADO, por el apetito que

---

55 «Elíxir Tónico Antiflemático del Doctor Gillie», *El Venezolano*, n.º 141, Caracas, 1 de noviembre de 1842.
56 «Elíxir Restaurador», *El Venezolano*, n.º 272, Caracas, 4 de marzo de 1845.
57 El jefe político del cantón Barquisimeto para el Sor. gobernador. Barquisimeto, 2 de mayo de 1849. AGN, Interior y Justicia, tomo CCCXCI, fol. 200.
58 «Medicinas. Drogas», *El Monitor Industrial*, n.º 204, Caracas, 12 de marzo de 1858.

despiertan entre los boticarios ilegales y entre los raquíticos que las procuran.[59]

LUCES, CONTROLES Y ESPERANZAS

De la educación se esperan prodigios semejantes, por supuesto. El proceso de enseñanza y aprendizaje hecho en las aulas efectuará maravillas. En 1836 aparece un extenso escrito en *La Oliva* que busca en los salones de clases lo que ha buscado *El Venezolano* en el teatro, pero con ahínco y confianza mayores. El presidente de la República ha renunciado debido a presiones militares. El manso José María Vargas, un médico servicial, un catedrático eminente, el líder de la Sociedad Económica de Amigos del País hace mutis por el foro para no volver jamás. La tragedia conduce a elaborar un argumento sobre la ilustración popular que remonta a las postrimerías coloniales y al propio decurso de la historia universal:

> Es absurdo bien generalizado considerar la ilustración pública como contraria a la energía y la ejecución debida de las leyes: pero el absurdo desaparece si se le considera como óbice a un acto legislativo dictado por la ignorancia o las maquiavélicas miras de los gobernantes. Así es que el convencimiento de esta verdad infundía a los satélites de Fernando en América el infernal deseo de ver extirpados los conocimientos, de no dejar en todo el continente hispanoamericano un individuo solo que pudiese leer un libro útil. Sí es de suma importancia repetir aunque mil veces se haya dicho que sin educación no hay libertad. Forjemos la historia: mil pueblos pugnan por romper las útiles trabas de la sociedad y mil jefes legales se esfuerzan por contenerlos en obediencia y se esfuerzan vanamente por no haber sabido ilustrarlos antes de ejercer de lleno

---

59 *Idem.*

su autoridad. Vemos a unos recurrir a las diversiones y pasatiempos, gastando sumas ímprobas para sujetar a una población ignorante y por consecuencia desenfrenada: a otros rendirle de ritos y ceremonias religiosas para conservar aunque momentáneamente la tranquilidad pública, y en fin notemos que tantos tratan a porfía de establecer su poder por medios diversos, si no opuestos a la difusión de las luces. ¡Pero cuán infructuosas medidas! Cuando considero esos instantes de tranquilidad que hacían y hacen disfrutar ciertos gobiernos a los pueblos, me parece ver un fogoso corcel sujeto por algunos momentos de sosiego con un débil hilo que al punto que lo nota se mueve, lo rompe y corre y desaparece.

Por otra parte: contemplemos regocijados el cuadro embelesador que ofrecen a la vista del amigo del hombre esas dos primeras potencias de Europa y América, la Inglaterra y los Estados Unidos, en ellas se ve una inmensa población regida como una escuela de niños cuerdos y moderados por un maestro prudente.

Allí todos se mueven y mezclan, pero cada uno sabe y conoce su lugar: la agricultura y el comercio han llegado al pináculo de su perfección y la seguridad del hombre y de las cosas no es una teoría legislativa, es una función material.

Es de este lugar hacer presente a ciertas clases que detractan de la propagación de los conocimientos por ser contrarios a sus intereses y a la estabilidad de los gobiernos, que respecto a lo primero si ellos están vinculados en las desgracias de la mayor parte de los humanos, son injustos y deben subordinarse al bien general, en cuanto a lo segundo nada tienen que temer los gobiernos de las luces públicamente difundidas. Y si hay mucho que esperar en donde ellas no se encuentran, no hay ni puede haber aquellos sentimientos generosos que hacen sacrificarse los hombres por la salud pública, amor al orden, obediencia a las autoridades legítimamente establecidas, inclinación al ejercicio de la industria que engrandece al que la profesa y fortifica y hace respetable al gobierno que la protege. Hay mas: el hombre que ha llegado a adquirir una verdadera instrucción no puede ser amigo de revueltas y desórdenes: busca en el trato civil los goces de la vida y su sociabilidad le hace amar a todos, a pesar mismo del puesto en que le haya colocado la providencia.[60]

No solo la libertad depende de la educación, como se desprende del fragmento, sino especialmente la sujeción de la sociedad. Los regímenes tiránicos, o aquellos desatentos de las luces, apenas contienen de manera efímera a sus súbditos. El caballo indómito necesita preceptores, de manera que aprenda a conducirse a través de métodos suaves y coherentes. La bestia solo se sacia un poco con el circo y con las ceremonias del templo, mientras descuida el desarrollo material y busca la forma de volver a las andadas. Por consiguiente, hace falta un país convertido en escuela. Es lo que se colige del ejemplo de Inglaterra y los Estados Unidos, cuyos gobiernos se han ocupado de convertir a los ciudadanos en discípulos razonables y obedientes. La escuela es la fábrica del espíritu público, entendido como respetuosa asociación en torno al gobierno y a los principios que lo rigen, como pilar del concierto colectivo y de la riqueza que produce debido a la eliminación de las intermitencias. Un parecer que convierte a la escuela en el encuentro de la obediencia como determinación esencial, en la búsqueda de un consenso ineludible y eterno, se explica por las pugnas que han convertido a Vargas en víctima de los hombres de armas cuando la república quiere transitar el camino del civilismo.

La Guerra de las Reformas en favor del restablecimiento de los fueros militar y eclesiástico ha debido conmover a las mentes modernas, como para que se piense en aulas destinadas a producir corderos en serie, pero no estamos ante una reacción provocada por los alarmantes episodios.

---

60 «Renuncia del presidente del estado», *La Oliva*, n.º 9, Caracas, 1 de mayo de 1836.

Aunque con un lenguaje menos enfático, el argumento de una educación puntillosamente dirigida a la creación de una sociedad leal a unas reglas estimadas como esenciales para la nación, sin que quepa la posibilidad de una discrepancia, se pregona desde el propio nacimiento de la autonomía. La arquitectura de la república, según se dice en 1831, depende de una educación cuyos resultados se vean en la práctica como sillares del experimento promovido por los repúblicos de entonces. Pero siempre que se trate de un designio tan ajustado al requerimiento de los gobiernos que puede llegar al extremo de limitar la expansión de la instrucción reconocida como luz de la sociedad. Leemos en la *Gaceta Constitucional de Caracas*:

> Las ideas elevadas, acreedoras a la consideración pública, dependen del ver el todo, y deben abrazar y apreciar en su justo valor y no más, las relaciones de cada objeto con las generales del estado. El estudio sublime de los conocimientos abstractos debe reservarse a otro tiempo, en que la fortuna pública haya llegado a ser considerable, y por algunos años nos bastan las escuelas que hay de ellos; pero las de los naturales y exactos cuya aplicación es productiva de los mayores bienes a toda sociedad atrasada como la nuestra, deben introducirse cuanto antes y generalizarse a medida que lo vayan permitiendo nuestras rentas: mas siempre sin perder de vista, que si por desgracia prodigamos muchos estímulos a las ciencias, y como es natural, sus dulzuras arrastran tras sí la juventud, no habrá quien labre la tierra, lleve las armas, se dé a las artes penosas, ni ejerza los oficios duros y groseros, como el de carretero, arriero, marinero y otros necesarios, tan indispensables y ventajosos en toda sociedad política: por manera que, imaginándonos una nación toda de hombres estudiosos y sabios, no podremos menos de reconocer, que con tanta ciencia y aplicación, fuera la más infeliz del mundo; siendo un hecho cierto y constante, que todo aquel que por sus talentos e instrucción se considera muy superior del lugar

que ocupa, mira con desdén sus obligaciones, se halla descontento, y es casi inútil y peligroso en la administración, en el ejército y en la sociedad misma.[61]

El bien general obliga a una educación que, así como delimita con exactitud el contenido de las asignaturas, no impide la ejecución de los oficios serviles o de las faenas susceptibles de mayor esfuerzo físico que no pueden ejercer los escogidos para su introducción a las luces, seguramente unos pocos frente a la mayoría de la población. La intención de que cada quien ocupe su lugar con resignación en un ambiente en el cual se eviten las pretensiones perjudiciales de los individuos parece la regla de oro para el entendimiento de la educación desde el propio arranque de la autonomía. En junio de 1843, *El Promotor* da vueltas alrededor de la misma noria justificando el trillado trayecto en los requerimientos de la economía:

> La gran masa de proletarios en una nación tiene un derecho tan perfecto a ser instruida, como quien más; pero esto no es así en los actuales sistemas de instrucción. Las universidades, los Colegios, no son para esa masa […] se dirá: allí están las escuelas primarias para la instrucción popular y universal. Mas he aquí que nosotros nos encontramos muy distantes de creer que esas escuelas primarias satisfagan la deuda de la sociedad para con esos hijos suyos a quienes manda ser ciudadanos, y honrados y laboriosos, pero a quienes no ha dado los medios de ser ni laboriosos, ni honrados ni ciudadanos. De una Universidad puede salir un Doctor, un licenciado; de un Colegio provincial puede salir todo un Bachiller en filosofía; pero de una escuela primaria no puede salir un albañil, un carpintero, un herrero, un zapatero, un sastre. La gran base de nuestra riqueza es la agricultura ¿y dónde se formarán los

---

61 «Instrucción Pública», *Gaceta Constitucional de Venezuela*, Caracas, 24 de noviembre de 1831.

mayordomos? ¿En las escuelas primarias? No. ¿En los Colegios? No hay bachilleres agrónomos. ¿En las Universidades? Tampoco puede haber doctores en siembras.[62]

Ciudadanía y posesión de derechos individuales no son sinónimos en términos exclusivos, de acuerdo con las letras examinadas. Ciudadanía es servicio, acaso el más duro servicio ejercido en las escalas más esforzadas del trabajo. Tal acepción obliga, no solo a limitar el acceso de los proletarios a los institutos de enseñanza más calificados, sino a pensar en institutos que los enseñen a ser serviciales. ¿A qué título se propone la discriminación? Es una obligación patriótica. La comarca agrícola necesita agricultores. La sociedad que anhela el desarrollo necesita sirvientes. Un párrafo menos descarnado del mismo texto explica la situación como sigue: «Un estado sin educación podrá enumerar habitantes, pero de ninguna manera ciudadanos morigerados y útiles, porque la educación es el genio que inspira amor a la patria y al gobierno».[63] Las frases insisten en la propuesta de 1836 sobre la moderación de los ciudadanos y sobre la consideración del gobierno como infalible resorte del bien común. Por consiguiente, no estamos frente a reacciones provocadas por una situación de desorden, sino ante una convicción arraigada en el liderazgo. En los confines que pretenden imponer a la educación y en la trascendencia concedida a los resultados prácticos proclaman la búsqueda del bienestar. En 1855, un escrito sobre la educación popular en los Estados Unidos llama la atención sobre las conductas moderadas que ha establecido: «La sobriedad como que es una consecuencia entre otras de la educación. Hace treinta años que los licores espirituosos se usaban con exceso en muchos de los Estados; y a medida que la educación progresa se nota un cambio muy grande

---

62 «Instrucción Pública», *El Promotor*, n.º 8, Caracas, 12 de junio de 1843.
63 *Idem*.

porque ahora la venta de esos licores es casi nula en algunos, y los ahorros que de aquí resultan, tales que compensan el gasto total de educación».[64] Además, agrega un atractivo ejemplo de la honradez sembrada en las aulas:

> Los efectos morales de la educación se manifiestan claramente en los progresos de Massachusetts en el ramo de manufactura de botas y zapatos. Mientras que en otras partes el fabricante no se atreve a confiar sus materiales al obrero en su casa, en este Estado los artesanos viven diseminados en sus casas de campo, les mandan a ellas los materiales con entera confianza, y retoman la obra semanalmente ya en estado de presentarse al mercado.[65]

Pero vuelve sobre el tema del progreso material, desde luego:

> Las contribuciones para las escuelas se pagan gustosamente y la educación progresa. Y los resultados, ¿cuáles son? No los estamos viendo en la acción vivificante de la inteligencia americana; en la rapidez con que adapta los medios a sus fines; en el uso del vapor y de la gran potencia del agua por todo el país y como sustituto del trabajo, enseñándoles a mover los husillos, el telar, la sierra, el taladro, el cincel, la llana, el pulidor y la máquina de sembrar; reemplazando al hombre vivo con los telares artificiales que fabrican las alfombras, con los segadores artificiales para segar los trigos: enseñando al locomotor y al carro a subir por pendientes, declives, y a girar en torno de fuertes curvas con muy ligeros gastos; diseñando modelos nuevos y nuevos modos de construir, aparejar, y dirigir los bajeles por el mar, con menos tripulación y con mayor capacidad y celeridad: inventando nuevos métodos para hilar y

---

64 «Educación popular en los Estados Unidos», *Prensa Ministerial*, n.º 13, Caracas, 7 de septiembre de 1855.
65 *Idem*.

blanquear; nuevos hornos para la máquina de vapor, nuevas prensas para la imprenta?[66]

El periódico ha descrito un proceso milagroso. En los Estados Unidos la educación disminuye la estadística de los borrachos, hace honrados a los pícaros y, por si fuera poco, provoca la multiplicación de la riqueza y de las maneras de obtenerla. Es evidente que, después de tres largas décadas de prédicas, se busca en la educación la cura de la pobreza y la extirpación de los defectos personales.

Una búsqueda que incluye la ubicación de la enseñanza de la historia como posibilidad de superar el destino de la nación. El conocimiento del pasado no es, según la retórica del momento, el acceso a un trivial pulimento que puede servir de ornamento para los ciudadanos. Al contrario, los lleva a la utilidad y a la prudencia que tanto se reclaman. De acuerdo con un texto suscrito en 1843 por «Un extranjero», que encierra, aunque solo en apariencia, una crítica a la orientación práctica que ha predominado en los discursos sobre la educación:

> En las escuelas de la República no se han dignado señalar un pequeño lugar a la Historia, esta ciencia varonil y grandiosa que forma el hombre, revelándole los recursos y tradiciones pasadas. ¿Acaso se dudaría en Venezuela de la utilidad incontestable de los estudios históricos? ¿Se negará que ellos constituyen la base de toda educación liberal? Esto es imposible.
>
> [...] Lo positivo se grita, hay necesidad de lo positivo. Pero nosotros diremos que las tendencias materialistas del siglo bastan ellas solas, y que es pernicioso atraer así el espíritu de la juventud a un estudio que desarrollado demasiado temprano, extingue el gusto por las letras y el amor por las artes. Mal haya quien inocula en el

---

66 *Idem.*

ánimo juvenil esta deplorable tendencia a considerarlo todo a través del prisma del interés positivo, de someter siempre el pensamiento ardiente a razonamientos geométricos, a ese frío y seco razonamiento que tiene por objeto probar A+B, que todo lo que no es un bien material, es vano y despreciable. Mal haya, repito, quien sembrando semejantes principios en las escuelas, deifica de este modo las ciencias positivas, con detrimento de las letras, porque ellas matan en el corazón de la juventud los grandes pensamientos y los sentimientos nobles. En lugar de formar ciudadanos animados del deseo de servir a su patria y a sus semejantes, forman egoístas de ánimo estrecho y miras personales, sin el menor entusiasmo; estoicos harto útiles a sí mismos, pero inútiles a la sociedad que los rodea. A Dios gracias, Venezuela no ha llegado a ese extremo; mas observamos con pena que mientras ella ha dado en sus escuelas un puesto distinguido a las ciencias exactas ha dejado en la oscuridad la Historia «este rayo de luz, como dice Cicerón, que ilumina al hombre en el camino de la vida: este mensajero inmortal de lo pasado».

Si las matemáticas rectifican las imaginaciones muy fogosas, si ellas les enseñan *teóricamente* a reflexionar, a juzgar con calma, con prudencia, la Historia no les cede en nada. A las ciencias positivas pertenece la teoría, a los estudios históricos la práctica. En los anales del pasado el hombre se estudia a sí mismo, él profundiza esta ley providencial que ha condenado toda cosa terrestre a nacer para morir; en una palabra, en la historia del nacimiento, de la grandeza y de la caída de los imperios, él lee su propia existencia y descubre el secreto de su ser. Yo no me refiero a los sublimes ejemplos que ahí puede encontrar... Aquí Leónidas muriendo en las Termópilas por la Gracia y la libertad; más lejos Anníbal, el Gran Capitán, salvando las nevadas cimas de los Alpes [...] Tantos ejemplos de grandeza de alma y de corazón en contraste con el cuadro muy funesto de la ambición y el despotismo de los hombres. Los imperios elevándose y prosperando a la sombra de la libertad y de la virtud: mas luego desplomándose, tan pronto como la injusticia y la corrupción han sucedido al patriotismo y las buenas costumbres: tales son las grandes y providenciales lecciones que nos da la historia. [...] El estudio de la Historia, como lo pretenden algunos, no es simplemente un estudio literario, un simple trabajo de la memoria; pues que para saber la historia no basta poder relatar en bellas frases un gran hecho o una gran batalla; ni basta recitar maquinalmente alguna fecha grabada en la memoria por un procedimiento mnemotécnico: conocer la historia es haber reflexionado maduramente sobre las fases sucesivas que ha presentado el espíritu humano en su desenvolvimiento, es comparar lo presente con lo pasado; es estudiar las sociedades y los hombres identificándose con ellos, ponerse en fin, bajo la influencia de aquellas circunstancias que han podido hacerles obrar bien o mal a los ojos de la humanidad. [...] Si Venezuela tiene necesidad de los talentos de sus hijos, ¿no necesitará sus virtudes políticas? ¿Y dónde se encontrarán los modelos, si no se los va a buscar en los recuerdos de las grandes naciones? [...] La Historia, ha dicho un escritor profundo, es la experiencia de las naciones, la memoria del género humano; ella es el guía anciano que ha vivido mucho y visto mucho. ¿Y qué otra cosa pudiera preparar mejor la juventud en los trances difíciles de la libertad que acaba de nacer en Venezuela y que aún está en sus primeros pasos? ¿Quién, si no aquellos, revelarle las ilusiones mentirosas, mostrarle los escollos en que se han estrellado tantas instituciones, tantos pueblos? ¿Qué palabra menos sospechosa y más desinteresada le enseñaría que para ningún pueblo existe la fuerza sin la moderación, la libertad sin la disciplina? ¿Ni qué maestro pudiera apoyar sus lecciones en demostraciones más vivas, en ejemplos más brillantes? Más variada en su enseñanza que el limitado espectáculo de un solo horizonte político, más profunda en catástrofes revolucionarias, menos uniforme en sus puntos de vista, es también más moral, porque remontándose a más largo espacio, puede demostrar la acción de un Dios vengador, que no deja pasar falta sin castigo, injusticia sin reparación; y siempre al lado de la opresión la libertad, cerca de la anarquía un abismo; ella es más imparcial, más verdadera que el mismo siglo en que vivimos, porque no juzga en medio de un combate apasionado, sino sobre un tribunal a cuyos pies vienen a estrellarse los rencores y la envidia.[67]

La extensa transcripción permite, en primer lugar, el recuerdo del debate en torno a los principios y los valores sociales que anima el arranque de la autonomía. El pugilato entre la utilidad y la espiritualidad, entre la apología del lucro y la referencia a las virtudes ortodoxas, examinado en otra parte de la investigación, quiere asomarse de nuevo en las líneas dedicadas a la trascendencia del conocimiento histórico. Pareciera que otra vez se lanzan los dardos contra los preceptores del *individuo positivo* que provocó las prevenciones de Fermín Toro, o contra los mercaderes dispuestos a cambiar el mundo animados por la Sociedad Económica... que le quitaban el sueño a los tradicionalistas y a quienes estaban satisfechos con sus apacibles rutinas. Pero también el texto nos remite, en segundo lugar, a uno de los primeros alegatos sobre historia e historiografía que circulan en el país. Aparte de lo que pueda servir para el tratamiento de los sucesos antecedentes según se preconiza entonces, y del interés que genere entre quienes se ocupan de estudiar los pareceres sobre las formas de reconstruir el pasado, informa de la entidad que se concede al tema educativo y de las contradicciones que puede originar.

Solo que ahora, a pesar de lo que se exhibe como una reacción frente a las ideas predominantes sobre la enseñanza, y aun como rechazo de los valores que mueven tales ideas, más que una oposición hay un acuerdo sobre la entidad del materialismo a cuya consideración se llega por un camino aparentemente contrario. Como la educación, la historia también salva. Como la geometría, la historia ofrece recetas para solucionar los problemas

---

67 «Instrucción Pública. Necesidad del estudio de la historia universal», *El Promotor*, n.º 7, Caracas, 5 de junio de 1843.

del presente. Como las matemáticas, la historia puede llegar a conclusiones irrebatibles que dirigen la vida de las personas por el derrotero conveniente. Pese a que «Un extranjero» la propone como antídoto frente a los estudios de resultados prácticos, ampliamente preferidos entonces, en el fondo la historia viene a ser un rentable pertrecho para hacer el camino de la república. Tan útil que, de acuerdo con lo que han divulgado las voces de la generación fundacional para casos aparentemente alejados de la social aplicación, como el espectáculo teatral, sirve para moderar los sentimientos y convocar las voluntades alrededor del gobierno. Puede apuntalar, con una eficacia insospechable, el aula de corderos agrupados por el buen pastor tan encomiada por los devotos de la educación. Si, continuando con las letras de *El Promotor*, la historia es la pantalla que muestra los horrores de las revoluciones y los beneficios de la evolución progresiva de las sociedades, no podemos dudar de que se sugiere como alternativa de contención, como posibilidad de impedir borrascas parecidas a la que se levantó contra el doctor Vargas. Solo que no busca el antídoto en el ayer del país, sino en el de otros pueblos. Tal vez como sucede con la moda y con el tráfico de bienes de consumo, la medicina es importada. La cohabitación de los venezolanos depende de la convivencia establecida en el correr de los tiempos por otras sociedades que se convierten en canon porque no ha llegado el momento de que hagamos nuestras propias lecciones, nuestras genuinas correcciones, mucho menos de que nos ufanemos de ellas en los libros ocupados de estudiar los antecedentes buscando luces para el futuro.

En realidad hay apenas ocasión de mostrar en algunos puntos de la geografía lo que se ha decantado con insistencia. La situación solo permite que algunas de esas luces se vayan encendiendo, pero en cada uno de los alumbramientos se proclama que por fin Venezuela marcha por el derrotero anhelado. En septiembre de 1832, la Diputación Provincial de Barcelona anuncia con clarín y tambores la resurrección del proceso de la enseñanza en la región. «El bello ramo traerá el progreso de toda la Provincia y los preceptores formarán a la hermosa juventud en los grandes principios que nutren a la patria», asegura un comunicado enviado al secretario de lo Interior.[68] Los diputados sienten que cumplen con el ideario del adelantamiento cuando remiten la misiva a Caracas. Sin embargo, el proyecto consiste únicamente en el establecimiento de dos escuelas de primeras letras que no cuentan con el edificio adecuado.[69]

También en Barcelona, en 1842 los maestros Pedro P. del Castillo y Nicanor Bolet comunican que ha comenzado a funcionar un Colegio Nacional que se inauguró el 5 de julio, fecha de la declaración de la Independencia. La carrera de la institución «será tan brillante, como la del sol que lo iluminó al nacer», exclaman los fundadores.[70] Para llevar a cabo una faena vinculada con el interés de la patria y con las luchas por la emancipación, enseñarán Gramática castellana, Gramática latina, Retórica, Poética, Filosofía, Ideología, Física general y particular, Aritmética razonada, Álgebra, Geometría, Trigonometría plana, Agrimensura, Astronomía, Geografía, Cronología, Moral, Principios de Derecho civil, público y de gentes. Si la inscripción de estudiantes internos es suficiente, se agregarán clases de francés, música y dibujo, «bellos ramos que tanto hacen brillar en sociedad». El incremento de la afición por la utilidad, que debe atender el colegio, se ofrece a través de unas materias que se enseñarán en el futuro, cuando los recursos económicos lo permitan: idioma inglés y teneduría de libros.[71]

---

68 La Diputación de Barcelona al señor secretario de Estado en el Despacho del Interior, Barcelona, 15 de septiembre de 1832. AGN, Interior y Justicia, tomo LX, fol. 382.
69 Idem.
70 Colegio Nacional de Barcelona, Barcelona, 4 de agosto de 1842. AGN, Interior y Justicia, tomo CCLII, fol. 326.
71 Colegio Nacional de Barcelona, Barcelona, 4 de agosto de 1842. AGN, Interior y Justicia, tomo CCLII, fol. 326.

Pero del Castillo y Bolet deben enfrentar el problema de la poca existencia de escuelas primarias en la ciudad, situación que limita la inscripción masiva de alumnos y la realización de su plan. De allí que, a la vez, deban abrir un plantel de rudimentos «para todos los jóvenes, cualesquiera sean sus conocimientos y edad».[72] A tal carencia, susceptible de limitar seriamente el designio, deben agregarse el costo de la matrícula, doscientos pesos por cada alumno abonados anticipadamente en el comienzo del trimestre, y los objetos que el estudiante debe traer para cumplir el régimen de interno: un catre con dos forros, una almohada con tres fundas, cuatro sábanas, dos colchas de color, un baúl sin forro exterior, seis camisas blancas, seis camisas de dormir, tres calzones blancos y tres de color oscuro, seis calzones interiores, tres chalecos blancos, tres chaquetas blancas y tres de color oscuro, seis pares de medias, seis pañuelos de mano, un pañuelo de seda para el cuello, un corbatín negro, una casaca de uniforme confeccionada de paño azul turquí abrochada al pecho con botón dorado, un sombrero negro, un cepillo para la boca, un cepillo para el vestido, un cepillo para el calzado, una aljofaina, cuatro toallas, un peine fino, un escarmentador, unas tijeras, un cortaplumas, una silla de suela, una bacinilla con su caja y un par de zapatos de repuesto.[73] El costo de la colegiatura y el volumen del ajuar hacen pensar que el Colegio Nacional de Barcelona, pese a sus altas miras, tenga poca concurrencia de estudiantes, o que confine su altruismo en la formación de muchachos de las clases pudientes.

En 1843, los habitantes y las autoridades de San Luis de Cura hacen suya la verdad echada a los vientos desde 1830:

> En esta época en que los progresos de la civilización crean a cada instante y por todas partes nuevas necesidades intelectuales, y en

---

72 *Idem.*
73 *Idem.*

que se ve cumplido en mucho el hermoso precepto del derecho natural que ordena colocar a cada individuo en el lugar a que está llamado por su capacidad, es un deber de los gobiernos procurar difundir las luces en las diferentes clases de la sociedad. El nuestro lo ha sentido así, pero como son casi imposibles sus esfuerzos sin las empresas particulares, ha dejado un campo abierto en el cual es permitido a todos levantar establecimientos con los sistemas que les convienen, lo que sin duda es conforme al espíritu del siglo y útil además a los intereses de la Nación, porque de este modo esas mismas porciones diferentes de la sociedad encontrarán siempre una instrucción en armonía con sus miras ulteriores.[74]

Las pomposas frases y la confesión en torno a los escasos recursos del gobierno local preceden la noticia de la apertura de un colegio de instrucción elemental y secundaria. Pero el instituto no cuenta solamente con la compañía de las palabras cuando ocurre el acto de su puesta en marcha. *El Promotor* de Caracas publica el discurso del director del Colegio, don Celestino Martínez, que inicia las actividades, y agrega la siguiente descripción:

> Una numerosa y lucida concurrencia manifestó en este caso todo el entusiasmo que sabían inspirarle todas las ventajas particulares que semejante empresa puede ocasionar a aquel pueblo, si bien bastarán para excitar su entusiasmo, su patriotismo y amor al progreso.[75]

De acuerdo con su Prospecto, el colegio enseñaría primeras letras, elementos de matemáticas, principios de moral y de religión, geografía de Venezuela y dibujo lineal y natural. Si soplaba viento favorable, luego se aventuraría a introducir unos cursos de filosofía, idioma inglés, teneduría de libros y música.[76] Apenas

---

74 «Colegio de S. Luis de Cura», *El Promotor*, n.º 17, Caracas, 14 de agosto de 1843.
75 *Idem.*
76 *Idem.*

un comienzo modesto que merece vocablos ditirámbicos y un nutrido cortejo de apoyadores. Seguramente sienten ellos que su presencia simboliza la incorporación al plan de la república, y una contribución lugareña en el combate contra la oscuridad. En noviembre del mismo año comienza a funcionar una escuela para niñas creada por la iniciativa de Josefa Cárdenas, «virtuosa y modesta señorita». El suceso conduce a la publicación del siguiente texto:

> Hasta la época presente y principalmente después de nuestra transformación política, la Ciudad de Cura que había hecho muchos progresos, ya en orden a su población, ya por lo que hace a sus giros mercantil, agrícola y criador, aun no había presentado una muestra de interés decidido por la educación en general, ni menos por la necesaria e importante de la mujer. Reservado estaba para el año de 1843 el establecimiento público que debía tener el noble objeto de difundir las luces, en esta porción interesante de la sociedad, y hacer de esta manera una mutación en las costumbres y en el estado moral e intelectual, o lo que es lo mismo, en la verdadera dicha del pueblo.[77]

La declaración demuestra que en Cura se vive un espíritu de cruzada. La población que ha prosperado en concordancia con las ideas anunciadas cuando sucede la desmembración de Colombia siente que profundiza su misión porque ahora promueve, gracias a la fundación de un par de escuelas, el cambio de los hábitos y la fortaleza de las virtudes. En realidad parece que todas las iniciativas buscan conexión con las ideas más difundidas y procuran mostrarla. Como en Coro no ha podido la diputación crear un colegio de niñas, los ciudadanos forman una Sociedad Progresista en 1846 con el objeto de participar

---

77 «Ciudad de Cura», El *Promotor*, n.º 31, Caracas, 20 de noviembre de 1843.

en la siembra de «todo lo que sea de gran interés». De momento, promueven una instalación para educandas pagando de sus ingresos el sueldo de ocho pesos mensuales para la directora. Pronto la localidad disfrutará «del primor de las labores de las jóvenes y verá cómo su habilidad será beneficiosa para todo el país», según aspiran los progresistas.[78] El caraqueño Colegio de Vargas, que abre sus puertas en 1858, ya bastante avanzado el tramo de la autonomía, asegura que: «Uno de los móviles más poderosos que animan a los Directores es el deseo de comunicar a la instrucción una tendencia más comercial, industrial y práctica, preparando de esa manera a la juventud a sacar ventaja más adelante de las riquezas del país y de las variadas producciones de nuestro suelo».[79] En tres largas décadas se piensa en un tipo de país y en la alternativa de construirlo con la muleta de la educación, para que cada iniciativa reafirme el credo desde sus flacas posibilidades con militante obstinación.

La identificación entre los miembros de la comunidad y la creación de planteles vinculados a objetivos de utilidad y patriotismo se advierte en el desarrollo de uno de los institutos más afamados de entonces, acaso el más célebre de la época. Inaugurado en 1836 por Feliciano Montenegro y Colón, el Colegio de la Independencia es visto por «unos venezolanos imparciales y amantes de la libertad» como: «el fin de las tinieblas, el fin de la pobreza, el fin de la sordera, el principio de la verdad, el principio de la luminiscencia, el principio de los nuevos tiempos».[80] La vehemente manifestación es remitida al ministro de lo Interior cuando el instituto apenas lleva un mes de funcionamiento[81], pormenor que indica cómo los remitentes del texto, más que una

---

78 «Sociedad Progresista de Coro», *El Venezolano*, n.º 103, Caracas, 5 de abril de 1846.
79 «Colegio de Vargas», *El Foro*, n.º 158, Caracas, 27 de agosto de 1858.
80 Remitido de particulares para el Sor. ministro en los DD. de lo Interior y Justicia, Caracas, 25 de junio de 1836. AGN, Interior y Justicia, tomo CLXXXIX, fol. 144.
81 *Idem.*

verificación de las excelencias que han advertido en la iniciativa, están hablando de sus deseos pendientes, de unos anhelos que no han tenido tiempo de convertirse en realidad. Apenas un par de meses antes ha aprobado el gobierno los planes del maestro Montenegro, de acuerdo con lo que apunta la *Gaceta de Venezuela*. El pedagogo se ha comprometido, de momento, a abrir dos cursos de gramáticas castellana y latina y uno de aritmética que atenderán a un número no mayor de veinte alumnos externos. Así mismo, una clase de francés en la cual admitirá una cantidad mayor de estudiantes que no especifica. Deja para los próximos meses la posibilidad de que los externos aprovechen también clases de dibujo, química y botánica «dirigidos por buenos profesores».[82] Un programa así de reducido, por lo menos en lo que corresponde a la atención de los jóvenes que no viven en internado, ha sido capaz de provocar el ímpetu de un corrillo de observadores.

Seguramente tienen motivos para manifestar lo que sienten sobre un instituto que apenas da los primeros pasos, pero no deja de llamar la atención esa seguridad en torno a las excelencias que no han tenido tiempo de ocurrir. Seguramente saben que en las manos de Feliciano Montenegro, un hombre talentoso e incansable, el proyecto colmará las expectativas, pero apenas se trata de un capítulo inaugural sobre cuyo devenir solo caben las conjeturas. Quizá la conducta obedezca al simple hecho de que en la capital de una república anunciada como posibilidad de rectificación de los errores antiguos, por fin aparezca ante los ojos de todos un testimonio material de lo que se ha discutido en el Congreso, en los periódicos, en las asociaciones ilustradas, en los saraos de moda y en las casas de familia. La primera piedra lanzada contra una detractada penumbra de siglos encuentra en su impulso un coro de voces radiantes y confiadas. El Colegio

---

82 «Aviso», *El Conciso*, n.º 12, Caracas, 14 de mayo de 1836.

de la Independencia no es un suceso corriente, sino una promesa de obligatorio cumplimiento que constatarán los interesados.

En septiembre de 1838 aparece el siguiente texto en *El Liberal*:

> Dos señores que tienen niños en el Colegio de la Independencia, nos han dirigido el siguiente artículo. Nosotros nos complacemos con ellos por la marcha verdaderamente trascendental de dicho establecimiento.
>
> Desde el día primero a 16 del mes pasado se han verificado en este establecimiento los exámenes privados que designan sus estatutos. Los jóvenes de todas las clases han manifestado su aprovechamiento por medio de respuestas prontas, acertadas y sentidas: y ha sido grato ver exámenes en que se han manifestado, no solamente los recuerdos de la memoria, sino también las percepciones del entendimiento.
>
> Con placer se han observado los progresos de los alumnos en las diversas materias a que se ha contraído los exámenes: cosa tanto más loable cuanto que son muchas y muy distintas las clases, y que a casi todas ellas concurre una gran parte de los alumnos; aunque no debemos omitir que el desinterés del director, costeando dos a aun tres catedráticos para la enseñanza de una misma materia, ha contribuido a tan felices resultados.
>
> Pero lo que hemos visto con profunda emoción, son los progresos de los jóvenes que asisten a las primeras lecciones que se dan en nuestro país de lo que propiamente puede llamarse filosofía del siglo 19. Los alumnos de este colegio, adoctrinados por los textos de las más célebres universidades de Europa en que se combaten con éxito los falsos y peligrosos principios de algunos filósofos del siglo pasado que tanto daño hicieron a la humanidad, aprenden a no sonrojarse por reconocer como parte de la filosofía la existencia de un ente supremo generador del universo, de una sustancia imperecedera en el hombre, de creencias intuitivas en su inteligencia

independientes de la experiencia y del testimonio de los sentidos, la existencia en fin de una ley moral universalmente obligatoria e independiente de toda convención humana. Los alumnos del Colegio de la Independencia aprenderán a conocer que filósofo no quiere decir incrédulo, porque la religión y la filosofía no están en oposición, y que si la ignorancia hace fanáticos y la poca ciencia impíos, más ciencia, más saber hace religiosos, pues que en las altas cuestiones filosóficas, en los problemas insolubles a la razón humana, donde acaba la lógica empieza la creencia.

Mil enhorabuenas a los jóvenes, a sus padres, al celoso director y al Estado que debe recoger el fruto de sus tareas.[83]

Tres años más tarde, se lee en el mismo periódico:

Padres, o encargados de los alumnos que componen el Colegio de la Independencia, dirigidos por el Sr. Feliciano Montenegro Colón, *declaramos a la faz de Venezuela*, en unión de otros conciudadanos interesados en la educación de la juventud: que estamos completamente satisfechos, no solo de la asiduidad y celo con que desempeña sus funciones el expresado director; sino también, del orden y de la moral que se observa en el establecimiento; del decoro que guardan los alumnos; de la esmerada asistencia con que se les trata; del cuido que se les dispensa en sus dolencias; y de los adelantos en sus estudios; debidos, así a la aplicación que han contraído y al método con que se les enseña, como al esmero de los sres. profesores del Colegio, bastante conocidos por su exactitud y no común instrucción. Es un plantel, de que nos congratulamos: que hace gran honor a su fundador; y que ojalá se perpetúe, como hasta el día, en beneficio de nuestra República.

Caracas, 6 de mayo de 1841. *Feliciano Palacios. Juan Bautista Monteverde. Gabriel Monteverde. Juan Frac., de Garmendia. Domingo*

---

[83] «Colegio de la Independencia», *El Liberal*, n.º 122, Caracas, 11 de septiembre de 1838.

Guzmán. Andrés Narvarte. Ignacio Gual. J. María Esnal. F. Dupoui.V. Espinal. Damirón. José E. Villanueva. R. Olivo. Manuel Sojo. Juan M. Guerrero. M.A. Jesurum. D.B. Urbaneja. Juan Martínez. José Vicente Mercader. Carlos Soublette. Francisco Hernaiz. Juan A. Rueda. Cristóbal Mendoza. Carlos Berrío. M. de Briceño.[84]

¿Hacen falta las solemnes manifestaciones para el sostenimiento del colegio? ¿Acaso hay que defender de algún ataque el trabajo de don Feliciano Montenegro? Nadie quiere conspirar contra el instituto, ni existen evidencias de que viviera en aprietos. Los caraqueños han conocido un centro que disemina las luces, que marcha al compás de los requerimientos de la centuria y modera los sentimientos de la juventud. Los caraqueños se sienten ufanos al reconocer cómo uno de sus pares ha iluminado el panorama de acuerdo con lo que venían pidiendo los discursos de los sabios, los propietarios principales y los detentadores del poder, o de acuerdo con lo que ellos sentían como necesario. No solo celebran la pericia de un catedrático y la suerte de un puñado de estudiantes, sino el hecho de que la fantasía civilizadora exista de veras, de que la retórica se pueda palpar en los conocimientos y en las cualidades de los muchachos que uno tropieza en la calle. En el fondo se felicitan ellos mismos, los viejos, los padres, los representantes, los parientes, los espectadores, porque no todo es augurio ni posibilidad.

La prensa de la época está repleta de noticias sobre los exámenes realizados en diversos centros de enseñanza, y de las correspondientes congratulaciones. El lucimiento de los estudiantes es presentado como una hazaña susceptible de conmemoración. Se invita al público a disfrutar la feria de los conocimientos y se divulgan los nombres de los párvulos más aplicados. La publicidad de este tipo se convierte en hábito a partir de 1837, cuando

---

84 «Manifestación», *El Liberal*, n.º 269, Caracas, 11 de mayo de 1841.

se informa sobre la calificación de los jóvenes del Colegio de la Independencia. Un grupo de personajes notables integrado por Francisco Aranda, Felipe Casanova, Felipe Esteves, Feliciano Palacios, Miguel Anzola, Benigno Rivas, Guillermo Anderson, Miguel M. de las Casas, Ignacio Fernández Peña, Federico Brandt y el presbítero Fernando Tamayo se animan a redactar una carta pública para el maestro Montenegro, en la cual apuntan:

> ... los que suscribimos hemos tenido el placer de informarnos de los progresos del útil establecimiento que U. dirige, con motivo de los exámenes a que hemos asistido ayer, desempeñados por una gran parte de sus alumnos que estudian la gramática española, la latina y la aritmética. No ha sido solo el corto tiempo de enseñanza, sino la perfecta inteligencia de los alumnos en las materias de su examen, lo que nos ha sorprendido agradablemente, persuadiéndonos que el método adoptado en su establecimiento conduce pronta y fácilmente al objeto de su instituto. Separándose de la rutina de nuestras escuelas, ha presentado U. en sus pensionistas, jóvenes que comprenden bien lo que dicen, y raciocinan más, que aprenden de memoria. Los que han sobresalido entre todos ellos no han dejado deslucidos a sus compañeros. Todos han dado pruebas de un adelantamiento no común, aunque se hayan notado diferencias que no puede dejar de haber, porque son independientes del método y de la aplicación.[85]

A continuación se anotan los nombres de los alumnos premiados en el certamen, cuarenta competidores que deben entusiasmarse al ver que los mientan en el periódico. En el mes siguiente, don Feliciano recibe de nuevo las palmadas de los notables y los discípulos más lucidos escuchan los elogios de otro grupo de

---

85 «Colegio de la Independencia. Exámenes Públicos», *El Liberal*, n.º 46, Caracas, 4 de abril de 1837.

satisfechos ciudadanos.[86] La celebración de las pruebas llega hasta la apoteosis el 19 de abril de 1841, cumpleaños del natalicio de la patria y del nacimiento de don Feliciano. El público se vuelca para ver el espectáculo de los conocimientos, mas igualmente para admirar una colección de dibujos y pinturas realizada por los estudiantes, para escuchar a una orquesta de párvulos que ha formado el maestro Juan Meserón y para celebrar la creación de los Vigilantes del Honor, una brigada que forman los niños de «irreprensible conducta, exactitud y aplicación».[87]

El examen de los párvulos se convierte en un publicitado espectáculo que no solo disfrutan el director, los discípulos y los relacionados del colegio más famoso. En enero de 1840, «un concurso numeroso y escogido» se pasma por lo que ve entre los educandos del Colegio la Paz, manejado por el profesor Vicente Méndez, que destacan en el análisis de cuadros mitológicos y en «respuestas ajustadas de urbanidad, religión, gramática y aritmética».[88] En diciembre de 1841, seguro del asombro que provocarán los niños de las escuelas parroquiales de Altagracia, Candelaria, Santa Rosalía y San Pablo, el Concejo Municipal de Caracas pide al público que asista al desarrollo de las pruebas.[89] Mientras así convidan los ediles de la capital, en Barcelona el gobernador de la provincia, los concejales, «los padres de familia y otras personas de respetabilidad» presencian las pruebas de la escuela primaria. Suscriben un acta con los detalles del acontecimiento y con la nómina de los estudiantes que obtienen trofeos.[90] En 1843, don Manuel Antonio Carreño recibe los parabienes de Caracas por la espléndida ceremonia de calificaciones y premios

---

86 «Colegio de la Independencia. Exámenes Públicos», *El Conciso*, n.º 65, Caracas, 20 de marzo de 1837.
87 «Colegio de la Independencia», *El Liberal*, n.º 267, Caracas, 27 de abril de 1841.
88 «Exámenes», *El Venezolano*, n.º 24, Caracas, 11 de enero de 1840.
89 «Exámenes de las Escuelas Primarias», *El Venezolano*, n.º 82, Caracas 7 de diciembre de 1841.
90 Exámenes en la provincia de Barcelona, Barcelona, 1 de julio de 1841. AGN, Interior y Justicia, tomo CCXXXV, fol. 251 y ss.

organizada en su Colegio Roscio. Fue mucha la gente «que tuvo la bondad de estar presente y conocer a los alumnos sobresalientes».[91] Todavía en 1858 está la prensa congratulando a los colegios y congratulándose ella por la masiva asistencia de espectadores a la verificación de las pruebas. Los actos de junio sucedidos en El Colegio Nacional provocan la ovación del maracaibero *Eco de la Juventud*.[92] El 17 de diciembre de 1837, conmemoración bolivariana, sucede en Caracas el primer examen público de niñas. Se ha formado un plantel a cargo de las señoras Dolores y Manuela Guido. Cuarenta niñas cuyas edades transcurren entre los siete y los catorce años exhiben sus habilidades en lectura, aritmética, geografía, gramática latina y manualidades. De acuerdo con *El Liberal*: «La concurrencia de señoras y caballeros fue numerosa y respetable, y toda tomó parte en el interés que excitaba el progreso de la parte bella y encantadora de la sociedad. De mano en mano corrieron los cuadernos de escritura, cuadros bordados representando figuras y paisajes, y muestras de costura que fueron presentadas como obras de las señoritas educandas».[93] Como se trata de un certamen entre mujeres, algo insólito entonces, la prensa abunda en detalles:

> Siendo este un establecimiento nuevo y habiendo en él niñas de muy poca edad fueron examinadas en proporción a sus circunstancias, entrando solo las mayores en los puntos arduos de las materias. Pero todas respectivamente manifestaron un provecho poco común, o mejor dicho desconocido hasta hoy en Venezuela en la educación de las señoritas. Escribir cantidades sobre la pizarra, hacer operaciones aritméticas con la mayor velocidad y despejo, señalar sobre los mapas los límites de la provincia de Venezuela, el curso de los ríos y el nombre de sus cantones: los nombres de los

---

91 «Colegio Roscio», *El Promotor*, n.º 2, Caracas, 1 de mayo de 1843.
92 «Crónica. Exámenes Públicos», *Eco de la Juventud*, n.º 18, Maracaibo, 20 de junio de 1858.
93 «Examen de niñas», *El Liberal*, n.º 85, Caracas, 26 de diciembre de 1837.

polos y trópicos, la declinación del sol etc.: responder con exactitud las preguntas sobre etimología, ortografía y concordancia: escribir y leer, he aquí los puntos principales de los exámenes hechos en la mayor parte por los Sres. Licenciados Juan Vicente González y Alejandro Paz Castillo, preceptores del establecimiento, el primero de Gramática y Geografía, el segundo de lectura, escritura y aritmética.[94]

En 1838 sucede lo mismo con las pruebas del colegio femenino de las señoras Lugo.[95] Son demostraciones que provocan el regocijo de los redactores de *El Nacional*:

> Los exámenes que han presentado al fin del año los directores de los establecimientos de enseñanza en la República llaman mucho la atención de los que han conocido a Venezuela colonia. ¿Qué frutos tan sazonados no está ya recogiendo la patria a beneficio de su transformación? El sexo débil comienza a robustecerse frecuentando casas de pensión en donde se metodizan, no solo la enseñanza de las primeras letras y de los principios religiosos, sino los modales y las maneras de las jóvenes. El dibujo y la música acompañan a la costura y al bordado y entre pocos esperamos que los elementos de Geografía, Historia y algo de Física con aplicación a las agendas domésticas presenten madres de familias que conozcan los medios de alegar la negligencia, la vanidad en el estrado, y la ociosidad que conduce a la pobreza y a la mendicidad. Un gran número de mujeres de todos los rangos o clases quienes conociendo de cerca sus talentos solo porque les ha faltado quien dirija sus trabajos, les indique la industria en que pueden ser útiles a sí mismas y a la sociedad, yacen miserables y quizás corrompidas en la República.[96]

---

94 *Idem*.
95 «Educación de niñas», *El Liberal*, n.º 126, Caracas, 9 de octubre de 1838.
96 «Exámenes Públicos», *El Nacional*, n.º 93, Caracas, 7 de enero de 1838.

El periódico evidencia la existencia de una mudanza en relación con el período colonial. Una mudanza cuya muestra de prendas debe llenar una sala con atónitos espectadores, no en balde presenta los vehículos para el enaltecimiento de un sexo que puede ser más útil y más puro, aunque no demasiado ilustrado. Tal vez por eso el público aplauda gustosamente a las educandas de las profesoras Guido, celebradas por *La Bandera Nacional* en 1838:

> ... se pusieron de manifiesto a los concurrentes varias obras de mano ejecutadas por las niñas. Las señoritas preceptoras presentaron varios premios para las jóvenes que habían ejecutado algunas de estas obras, y se distribuyeron del modo siguiente: uno a la señorita Merced Madriz por una obra de caracoles finos hecha con primor y esmerado trabajo; a la señorita Aurora Arismendi se dio otro premio por un cuadro de un Jesús bordado en cáñamo con seda de muy fino trabajo.
> Uno a cada una de las señoritas Isabel Ascanio, Merced Muros y Antonia Echezuría por varios bordados en blanco. Uno a la señorita Rosa Ribas por el bordado de una mantilla en punto negro. A la señorita Francisca Mendoza por un pañuelo de punto blanco muy bien bordado. A la señorita Josefa Vaamonde uno por un cinturón bordado con seda en cáñamo de muy buen trabajo.
> Finalmente presentaron las mismas preceptoras un premio para que se asignase a la joven de mejor comportamiento a juicio de sus mismas compañeras. Este premio lo obtuvo la señorita Cecilia Tomas. Las obras de bordado y caracoles hechas por las señoritas, han estado en exhibición en el local de los exámenes, en donde han sido admiradas por muchas personas, ya por la propiedad de la ejecución, ya por la colocación de los colores y adecuada elección de materias.
> Nos es altamente grato anunciar los progresos de nuestras jóvenes, de quienes tanto tiene que esperar la sociedad. Como la primera

educación es siempre la madre quien la da, ¿cuáles no serán los útiles resultados de los principios que hoy adquieren las señoritas, cuando les toque aquel deber de la naturaleza? Una regeneración completa que producirá los más importantes y deliciosos frutos sociales. ¡Puedan durar mucho tiempo tan interesantes establecimientos![97]

Las preceptoras y los redactores han querido mostrar cómo están las chicas preparadas para la maternidad. El escolar museo de recamados puede garantizar la buena crianza de los venezolanos. Un excelente motivo para congregarse los habitantes de la ciudad frente a otra cuota de la redención anhelada. Acaso no vean solo una revista de encajes y pasadillos, sino otra certidumbre sobre la salvación colectiva. Dos años más tarde, en un examen panorámico de la situación, *El Venezolano* alardea del progreso en la instrucción de las jóvenes. Llega a decir: «En este punto estamos muy distantes de lo que nosotros mismos vimos en nuestra infancia. Lo que entonces no podíamos aprender ni aun los hombres, porque no había cómo ni dónde, lo aprenden hoy cómoda y fácilmente nuestras hijas».[98] Solo que más adelante agrega:

> Pero es necesario persuadirnos de que falta mucho qué hacer. Apenas sabemos que en Valencia haya un establecimiento para señoritas, cuyo presente estado ignoramos. En las demás capitales de provincia, no hemos tenido el gusto de saber algún progreso en este importante ramo. Suplicamos a nuestros amigos y corresponsales, que nos comuniquen el estado en que se encuentre; y sus ideas y proyectos benéficos, que serán publicados en todo o en parte, o como gusten sus autores, en las columnas del Venezolano.[99]

---

97 «Educación. Examen Público», *La Bandera Nacional*, n.º 63, Caracas, 9 de octubre de 1838.
98 «Instrucción Pública», *El Venezolano*, n.º 12, Caracas, 2 de noviembre de 1840.
99 *Idem*.

Seguramente los párrafos del periódico resuman la sensibilidad en torno al asunto. Los hombres de entonces sienten que han hecho algo por salvar a la sociedad. ¡Cómo se ufanan de las luces que han difundido! Pocas de veras, pero capaces de mostrar el empeño de alejarse del pasado. Esporádicas, pero acompañadas por la pasión de unas comunidades en las cuales se alberga la convicción de estar ganando la pelea contra las tinieblas, de haber cumplido con éxito el primer tramo de un sendero progresista. Saben de las necesidades pendientes, en su mayoría gigantescas y difíciles de llenar, pero sienten que están ante un reto accesible. La prensa solo espera noticias de los hechos que pronto llegarán sobre fundaciones educativas, para seguir felicitándose por el triunfo y para animar a los lectores con la hazaña.

PADRE, PADRASTROS Y GLORIAS

Sin embargo, acaso sientan de veras que el inventario no es halagüeño. Tal vez el trabajo de las contadas aulas permita la oferta de exhibiciones en cuyas labores se puedan reconocer los hombres de entonces, el orgullo provocado por la gala de los educandos que responden las preguntas del profesor en presencia de autoridades y deudos y la necesidad de incluir en el periódico la nómina de los muchachos más aprovechados. Ciertamente hacen fiesta en torno a la educación, pero ¿de veras están satisfechos con el resultado? Partiendo de los testimonios examinados es difícil ofrecer una respuesta responsable. De ellos se colige que, junto con los motivos para la alegría, está presente la conciencia de las fallas. El contraste pudo dirigir la mirada hacia el espejo del pasado próximo, en el cual encuentran un comienzo de salvación y un acicate que poco a poco toma cuerpo en la vida de la nación.

La república que se debate entre la atracción de los ideales y la dificultad de convertirlos en fenómenos tangibles, o que solo puede cumplirlos en algunos salones de clase, comienza a regodearse en una epopeya que estima como garantía de redención. Los hijos de la república naciente llegan a sentir cómo las cosas que faltan ahora no faltaron antes, que los grandes hombres de los sucesos precedentes pueden asegurar la existencia de grandes hombres en el presente, que hay un legado de heroísmo obligado a fructificar. La fábrica de una memoria entendida como motivo de orgullo, pero especialmente como auxilio para la composición del futuro, espolea a los hombres que seguramente no vean el salvoconducto en las congregaciones de mentores abnegados y discípulos perspicaces.

Es una orientación digna de análisis, debido a que no aparece al principio promovida expresamente por las autoridades, o porque apenas se maneja dentro de unos límites de ingenuidad y modestia pueblerinas debido a los cuales puede pensarse en la existencia de un proceso espontáneo. No hace falta una orden de Caracas para que algunas poblaciones estén dispuestas a celebrar la historia de la Independencia y a invocarla como panacea. Ninguna evidencia permite suponer que desde el alto gobierno comiencen a orquestar un movimiento alrededor de la reciente gesta, cuando en diversos rincones comienzan a sonar las jaculatorias. El ministerio aún no ha ordenado la conmemoración de las efemérides cuando se organizan fiestas cuyos protagonistas van hacia el pasado en una búsqueda salvacionista.

Acaso no resulte casual en este sentido un primer testimonio que registra en San Fernando de Apure la organización de una fiesta patria expresamente vinculada con una catástrofe natural. El hecho sucede en abril de 1832, y así lo recoge el jefe político del lugar:

> Muchos opinaron que no con la rogativa del Señor Nazareno, para que aplicara su misericordia por los estragos de la creciente de las aguas. Nadie quiso ofender a la sagrada imagen, ni nació del asunto

mayor disputa, pero pareció mejor hacer un paseo con un dibujo del 19 de abril, porque todo calzaba en la fecha. Una niña vestida de La Patria abrió la caminata, en la escolta con seis jinetes con seis banderas; y después dos niños con el dibujo de la junta de abril, y la cara del General Francisco de Miranda, entre unas nubes de el [sic] firmamento despejado, veinte compañeritos en la escolta con banderas. El paso de los empleados llevaba un cartel, de un rótulo sobre Si La Naturaleza Se Opone. El paso de las niñas llevaba un cartón de El Libertador Simón Bolívar haciendo seña con el dedo, ingeniosamente extendido a el [sic] rótulo. Las autoridades con una alegoría de una lanza adornada, pasamos a la Iglesia para saludar postrados ante la sagrada imagen, y vimos después, el paso de la caminata en la compañía del Señor Cura, con debido respeto; quedando todo satisfactoriamente terminado con repique de campanas y ruido de matraca.[100]

Ante la furia de las aguas los habitantes de San Fernando recurren a la primera hazaña de los patriotas. Ante el desbordamiento del Apure recuerdan las palabras que supuestamente pronunció Bolívar ante las ruinas causadas en Caracas por un devastador terremoto: «Si la naturaleza se opone, lucharemos contra ella y haremos que nos obedezca». La gente que entonces puede opinar en la ciudad llanera, seguramente los empleados públicos, los propietarios y los vecinos importantes, dejan por un momento de mirar hacia la iglesia parroquial para invocar una protección terrenal. Lo usual era una procesión de Jesús cargando el madero, como probablemente sucedía en el pasado cuando el mal tiempo azotaba a la población, pero las miradas ahora se dirigen al templo cívico. Todavía más: inauguran el templo cívico para ponerlo al servicio de una situación que los perjudica y frente a la cual no pueden hacer nada, o piensan que no pueden.

---

100 El jefe político de S. Fernando para el Sor. Ministro en los DD. del Interior, San Fernando de Apure, 22 de abril de 1832. *AGN*, Interior y Justicia, tomo XXXI, fol. 63.

La reunión pueblerina cambia al Nazareno por Bolívar, para que el sustituto cumpla una misión de misericordia. Es probable que no se plantearan de manera tan tajante las cosas entre los parroquianos, no en balde la decisión fue acogida sin fricciones, pero nadie puede dudar de que se está ante una curiosa operación simbólica en la cual se relaciona el destino de los lugareños con la obra del adalid de la Independencia, ante una maniobra metafórica que deja en las manos de un héroe del pasado el arreglo de una urgencia posterior. La imagen del Precursor observando a los juntistas del Jueves Santo de 1810 desde un cielo sin nubarrones es una alegoría de refuerzo.

El Libertador que se asume como controlador de la naturaleza y el Precursor representado como heraldo de bonanza, componen una primera alusión al pasado heroico entendido como salvación, un primer cromo distinguido por la ingenuidad que busca el rescate a través de la epopeya reciente. El desfile patriótico de San Fernando en 19 de abril de 1832, está cargado de religiosidad. Termina en Bolívar y en Miranda, pero empieza en la estatua del Nazareno. Es una actividad callejera, pero arranca con unas oraciones en la iglesia del pueblo. Es una actividad organizada por los vecinos, pero cuenta con la compañía del cura y con el alboroto del campanario. Pareciera que se va de una religiosidad a otra sin solución de continuidad, de un protector divino a un ángel cercano y accesible cuyo altar se ha edificado sin mayores advertencias, seguramente como resultado del impulso de unos hombres que, así como desconocen las características del hecho histórico que celebran –una elemental noticia les habría mostrado cómo ninguno de los sorpresivos padrinos participó en los sucesos de 1810– no ven problemas en relacionarlo con la crecida del Apure para procurar consuelo.

En diciembre de 1836 ocurre otro significativo acto en Guanare. Los directivos de una sociedad Progresista que tiene entre sus planes la fundación de un colegio de enseñanza secundaria acuden ante el Concejo Municipal para comunicar que han resuelto conmemorar en acto público el aniversario de la muerte de Bolívar. Los munícipes no solo están de acuerdo con la iniciativa, sino que también se animan a colaborar con cinco pesos para el lucimiento de la función.[101] De acuerdo los vecinos y los ediles, se realiza una ceremonia de la cual se tiene la siguiente descripción:

> Incontables personas se presentaron a saludar la efigie del LIBERTADOR SIMÓN BOLÍVAR, encargada de sus expensas por la sociedad Progresista y que desfilaron sus miembros en andadera de cuatro apoyos, recorrida de la casa de reuniones a la plaza. A la efigie la rodearon las ramas de cafeto y de maíz, significativas de la agricultura, y un libro abierto, en significativo de los tesoros de la educación. Los comitentes de los campesinos llevaron azadones y paletas bajo el rótulo de TRABAJO E INDEPENDENCIA; y unos comitentes de la juventud llevaron un cartel con las palabras sobre LIBERTAD Y CULTURA. Después de un canto funeral, al lado de una pequeña ara bruñida de negro, con crespones, Gobernador y comitiva hicieron saludo a la efigie y se retiraron en silencio, acatamiento imitado por los otros hasta provocarse el caso de llegar a sacudir el llanto de las damas presentes.[102]

Estamos de nuevo frente a un evento nacido del deseo popular, cuya consecuencia es el nexo entre las necesidades del momento y la influencia del prócer y de su época. En el centro de una humilde escena, la representación del héroe se relaciona con los frutos de la tierra y con los beneficios de la educación. La gesta que presidió se vincula con el trabajo y con la cultura del lugar. Los guanareños no están haciendo memoria de un

---

101 Funerales del Gral Bolívar, Guanare, 10 de enero de 1837. *AGN*, Interior y Justicia, tomo CXVI. fol. 22.
102 *Idem*.

personaje y de un pasado yertos, sino la procesión de un motivo que sirve para la atención de sus necesidades. Cargado en andas como las imágenes sagradas, Bolívar es un abogado en cuyas artes se pueden cobijar los asistentes a la procesión que se ocupan de labrar la tierra y desean una buena educación para sus hijos. La sinceridad de la demostración y la gratitud profesada al grande hombre por lo que hizo y por lo que puede hacer se resume en las lágrimas de las mujeres conmovidas ante la presencia de su figura en el catafalco.

El 28 de octubre de 1848, el Colegio Nacional de Guayana celebra el natalicio de Bolívar en un acto que sirve para demostrar los conocimientos de los estudiantes. Hay concursos de ideología y gramática en un salón presidido por las imágenes de los próceres:

> ... la atención de los circunstantes era llamada, desde luego, por el retrato de Bolívar, el del Mariscal de Ayacucho, el del benemérito General Urdaneta y el del ilustre General Heres. El Gobernador de la Provincia, algunos miembros del Concejo Municipal, el Comandante de Armas, el Visitador del Colegio, algunos antiguos compañeros de Bolívar, y otras varias personas; algunas señoritas presididas por la Directora de uno de los establecimientos de educación, y casi toda la juventud boliviana. Tal era la concurrencia. Terminado el acto literario, se procedió a la distribución de los premios, correspondientes a los últimos exámenes.[103]

El nexo con la Independencia no depende solo de la colocación de los retratos de los próceres en un espacio dispuesto para que los párvulos exhiban los resultados de la educación, sino en la asistencia de algunos invitados que formaron parte del Ejército libertador. Es un detalle que ayuda a una explicación sobre los

---

103 El 28 de octubre. *AGN*, Interior y Justicia, tomo CCCLXXXVI, fol. 192.

actos que conocemos. La relación de la epopeya con situaciones posteriores puede entenderse por su cercanía cronológica. No se hacen referencias a fenómenos remotos, sino a episodios que no han tenido tiempo de convertirse en recuerdo, a circunstancias que acaban de ocurrir y en cuya realización actuaron personas que son el testimonio de un éxito demasiado próximo como para que aparezca únicamente en los manuales de enseñanza y en los discursos de ocasión. Ese éxito es todavía parte de la actualidad. Cuando suceden las primeras ceremonias patrióticas los venezolanos de la época realizan la apología de Bolívar y de los campeones que comienzan a acompañarlo en los altares pueblerinos, pero también se celebran ellos mismos. Están congratulándose por un suceso trascendental que han protagonizado, rasgo que permite pensar en la genuinidad de una conducta que no requiere todavía los tirones del gobierno, la creación de una liturgia impuesta por los oficiantes de un culto estereotipado. Aunque ya se comienza a observar una presencia oficial cuyo interés canaliza los eventos. La descripción que hace un funcionario de Mérida sobre la fiesta del 5 de julio de 1849 permite ver ese calor de los primeros tiempos orientado por la mano del Ejecutivo.

> Desde el día 4 se dió comienzo a este grato recuerdo de nuestra gloriosa emancipación política, con el estruendo de las descargas hechas por la guarnición de la plaza y con las agradables melodías de la banda de música, y canciones patrióticas que resonaban en la casa del gobierno provincial.
> La aurora del gran día fue saludada con tres consecutivas descargas de la guarnición: tuvo luego lugar la más solemne Tedéum en la santa Iglesia Catedral, a cuyo acto concurrieron por invitación de la gobernación todas las corporaciones, empleados y particulares a quienes fue posible. Terminados los oficios el I Concejo Municipal siguió a la sala municipal presididos por el Gobernador de la Provincia y allí fue leída por el secretario Municipal el acta de

la Independencia después de un breve discurso que se pronunció por el Gobernador excitando a todos los ciudadanos a la única y buena armonía que debe reinar entre todos los ciudadanos para afianzar de una manera sólida y estable la paz, y dicha futura de la provincia.

Las doce y oraciones fueron también saludadas con repetidas descargas, empleándose la tarde en ejercicios de fuego por el piquete de guarnición. La ciudad fue bien iluminada durante la noche y muchas banderas adornaron de día y noche la casa de Gobierno, la del Gobernador y otros empleados.

La música y canciones de la casa de Gobierno proporcionaron distracción amena a la concurrencia durante las primeras horas de la noche, y su suntuoso baile además de otras privadas diversiones pusieron fin al primer día.

Durante el 6, 7 y 8 el pueblo en masa se manifestó lleno de la mayor animación, ya en paseos, ya en las corridas de toros y las demás diversiones propias del entusiasmo y contento en que siempre fueron saludadas con alegres victorias, la Constitución y leyes de Venezuela y sus autoridades Constitucionales.

Desde el 10 la población ha vuelto tranquila y contenta a consagrarse a sus acostumbrados ejercicios.[104]

La memoria de la suscripción del Acta de Independencia suscita la animación en una población que participa en aglomeraciones y la asistencia a saraos en las casas de algunos vecinos, pero a la espontaneidad se agrega la preocupación de la administración provincial por el desarrollo de unas fiestas cuyo programa es manejado desde la cúpula con ayuda de la guarnición militar. La manipulación del festejo por la autoridad queda patente en el discurso del gobernador llamando a la unidad de los merideños y en la relación que el informe establece entre el

---

104 Informe de G. Villafañe al señor secretario de E. en los DD. de Interior, Mérida, 12 de agosto de 1849. AGN, Interior y Justicia, tomo CCCXCVI, fols. 2-4.

documento de 1811 y la institucionalidad de 1849. ¿Comienza a ocurrir así en la mayoría de las provincias? Las contadas descripciones recogidas sobre las primeras fiestas cívicas no permiten llegar a una conclusión razonable sobre el asunto. Sin embargo, sabemos que en 1853 el presidente de la República ordena a todos los gobernadores que organicen fiestas «dignas y comedidas, con ayuda de demás autoridades y empleados» en recuerdo del 19 de abril. Además, pide que se informe con puntualidad de los actos.[105] El mandato tal vez pretenda imponer en toda la república un estilo adecuado a los intereses del régimen.

Es lo que intenta, sin duda, cuando la administración Monagas ordena la celebración anual de los episodios del 24 de enero de 1848, día en el cual, según la versión oficial de entonces, se detiene una conspiración de los godos que pretenden derrocar desde el Congreso al presidente José Tadeo Monagas. El régimen resuelve solemnizar la fecha del suceso que por medios violentos detuvo la decisión de los diputados. Declara un día de fiesta nacional y ordena que en cada provincia se guarde un presupuesto especial para el jolgorio. Los gobernadores de Trujillo, Mérida y Cumaná se apresuran a festejar por lo grande en sus capitales, según comunican al ministro de lo Interior.[106] Pero no todo es acatamiento. De cómo produce ronchas la decisión informa un documento enviado al gobernador de Barquisimeto por el Ministerio de lo Interior, en 16 de febrero de 1850:

> El señor Jefe Político accidental del cantón San Felipe, Antonio Girón, en oficio de 1 del corriente pone en conocimiento del P.E. varios hechos reprobables y escandalosos que han tenido lugar en aquella ciudad con motivo de la solemnización del 24 de enero,

---

105 Circular para los gobernadores provinciales, Caracas, 14 de marzo de 1853. AGN, Interior y Justicia, tomo CDLXXX, fols. 186-187.
106 Cumplimiento de resoluciones sobre el 24 de de enero de 1848, febrero de 1853. AGN, Interior y Justicia tomo CDLXXVII, fols. 71-72.

elevado a gran día nacional por la legislatura el año pasado; tales como haberse separado de su destino el Sr. Jefe Político propietario Sr. Pedro Francisco Corona el día 23 sin hacer la publicación anticipada que ordena la ley, presentándose después en traje desaliñado el mismo día 24 y en el lugar más visible demostrando con tan extraño proceder, que él protestaba contra la solemnización del día que el Congreso de la nación llamó grande y glorioso. También es digna de reprobación la conducta observada por el sor. Administrador de rentas municipales Sr. José Joaquín Verois, que lejos de contribuir como empleado público a las festividades del día que la Nación solemnizaba, se ocultó y cerró las puertas y ventanas de su casa, probando con este hecho notable su desafección al gobierno que sirve, su enemistad y odio a los poderes legislativos de la república. Varios otros empleados obraron de un modo semejante, empleados que el Jefe Político accidental no enumera y que V.S. se servirá indagar quienes eran para conocimiento de S.E. el P.E. [...] Tengo orden de decir a V.S. que se proceda por esa Gobernación a la inmediata y escrupulosa averiguación de los hechos [...] y que se dé cuenta a la *mayor brevedad de* todo lo que V.S. hiciere en este delicado asunto.[107]

Son decisiones relativas a fiestas patrias sobre cuya intención partidaria no caben dudas, como tampoco en torno a las antipatías que originan. No existe la unanimidad sobre un calendario cívico que no se limite a las fechas y a los hombres de la Independencia, aun cuando en memoria de estos se ponga la brasa para calentar la sardina del futuro. La expresión de actitudes francamente hostiles a la celebración del 24 de enero de 1848 y la actitud represiva del ministerio, registran un cometido político expreso y excesivamente relacionado con el gobierno de turno.

---

107 Dígase al Sor. gobernador de Barquisimeto, Caracas, 16 de febrero de 1859. *AGN*, Interior y Justicia, tomo CDXIII, fols. 14-15.

Una orientación semejante se observa en 1853 en la bandería rival. A través de una curiosa propaganda, los miembros del partido «oligarca» resuelven promover la figura del general José Antonio Páez. Encargan a Francia unos tarros de porcelana que contienen pomada, pero en cuyo exterior se muestra la efigie del Centauro.

Son catorce docenas y media de objetos que han llegado en una barca procedente de Le Havre. Como no se trata de una loción para la piel, sino de una receta para la curación de otros males de actualidad, los liberales rasgan sus vestiduras:

> La introducción de semejantes artículos se opone abiertamente a la moral política y [...] su circulación en el país sino puede tener otra consecuencia que la burla y el escarnio del pueblo venezolano hacia el hombre que más desgracias le ha causado, forman sin embargo un satírico contraste con el espléndido triunfo de las instituciones democráticas y con el arraigo del hombre en el corazón del pueblo de hombres y de ideas tan contrarias a los que formaban el círculo de aquel apóstol del absolutismo y a los que ellos proclamaban. Al que informa le consta que de otra forma y del mismo modo se han expendido en esta provincia en desprecio de la moral pública pañuelos y otros objetos que tienen impresos o inscritos ya el nombre y la efigie del mencionado José Antonio Páez, tratando de magnificar o deificar así, los partidarios de este hombre, el triunfo y el dominio del gran partido liberal en la República. Debe, por tanto, el Gobierno [...] en homenaje a la opinión pública, escarnecida con la introducción de semejantes artículos, impedir en la esfera de sus atribuciones, abusos de esta naturaleza.[108]

---

108 Al secretario de Estado del Despacho de Hacienda, Caracas, 7 de marzo de 1853. *AGN*, Interior y Justicia, tomo CDLXXIX, fols. 401-405 vto.

El gobierno impide la circulación de la pomada paecista, desde luego.[109] La persona que aparece en su superficie y el hombre que la persigue, José Tadeo Monagas, aglutinan afectos banderizos. Son hombres de la Independencia, pero no han tenido la fortuna de desaparecer antes de que la república ensaye sus primeros pasos. Solo en términos relativos forman parte de la historia digna de encomio, porque todavía buscan el poder o lo disfrutan desde la tribuna de dos partidos políticos que dividen a la sociedad.

La Ley de Fiestas Nacionales que se promulga en 12 de marzo de 1849 refleja esas tendencias que no solo se aprovechan del encumbramiento de un pasado proclamado como homérico, sino que comienzan a filtrarse entre sus glorias. Veamos el texto de esa ley:

> El Senado y la Cámara de Representantes de la República de Venezuela, reunidos en Congreso.
>
> Considerando.
> PRIMERO. Que en 19 de abril de 1810 el buen pueblo de esta tierra con entusiasmo santo y heroísmo de mando, arrojando de sus puertos a los opresores de tres centurias, por primera vez reveló su voluntad de gobernarse para sí mismo y su poder para ejecutarla.
> SEGUNDO. Que en 5 de julio de 1811 los egregios Representantes de las provincias unidas declararon solemnemente en Congreso general la Independencia de Venezuela de toda dominación extraña.
> TERCERO. Que en 24 de enero de 1858, agotado el sufrimiento bajo una nueva y odiosa tiranía que rebosaba en abusos y pretensiones retrogradantes y destructoras, supo el pueblo espontánea y valientemente recobrar su dignidad sosteniendo los fueros de la libertad.
> CUARTO. Que en 28 de octubre se ha celebrado siempre el nacimiento

---

109 *Idem*.

del ciudadano Simón Bolívar, que llenó con su nombre el mundo de Colón dirigiendo con su pericia y admirable constancia las legiones venezolanas que fueron de tiempo en tiempo desde las bocas del Orinoco hasta las argentadas cimas del Potosí.

QUINTO. Y que el honor y conveniencia de los pueblos están de acuerdo en consagrar la memoria de los días y de los grandes hombres que han servido para elevarles al rango de nación independiente y libre.

Decretan

ART. 1.º El 19 de abril es el primero de los grandes días de Venezuela y forma la época de su existencia nacional.

ART. 2.º El 5 de julio y el 24 de enero son los grandes días de la Independencia y de la libertad de los venezolanos.

ART. 3.º Los aniversarios de estos tres grandes días, como también del 28 de octubre, serán siempre de júbilo y de patrióticos recuerdos; y todos los tribunales, juzgados y oficinas de la Administración del Estado, lo guardarán como de fiesta nacional.

ART. 4.º El Poder Ejecutivo queda especialmente encargado de hacer solemnizar los referidos cuatro días de una manera digna a la República.[110]

Tres de las cuatro jornadas forman parte del proceso de la Independencia, calificado ya oficialmente como fenómeno susceptible de canonización por su victoria frente al imperio y por la demostración de mando que permite hacer a los capitanes venezolanos. Entre ellos destaca Bolívar, debido a su demostración de pericia militar en el continente. Es la génesis de una memoria castrense del pasado en torno a la cual parece fraguarse la unanimidad, mientras el régimen de turno suma un logro de su inventario y arroja del templo al partido rival. La Ley de

---

110 Ley de Fiestas Nacionales, Caracas, 14 de marzo de 1849. *AGN*, Interior y Justicia, tomo CCCXCI, fol. 392.

Fiestas Nacionales abre una brecha, en relación con las aglomeraciones que suceden al principio sin coordinación oficial para honrar al libertador y al movimiento que lo tuvo como artífice. Seguramente una mezcla del entusiasmo de la colectividad con las necesidades de los gobiernos guiará la mirada hacia el padre y la fragua de su culto que se desarrolla entonces.

La comparación entre Washington y Bolívar que circula en el *Jamaica Despatch* de 3 de octubre de 1832 da pie para la divulgación de los primeros textos apologéticos en nuestra prensa. Impresionado por el cotejo, *Un Militar Retirado, amigo de la justicia y de la dicha de la patria*, se anima a hacer una traducción que inserta en la *Gaceta de Venezuela* para que los lectores sigan los pasos de «todo lo que es bello y exacto». Enarbolando valores esenciales y ofreciendo una luz para el presente, el traductor ofrece los siguientes párrafos:

> El autor dice: de los ancianos solo Washington se presenta en la palestra de la fama, como competidor digno de Bolívar; y si nosotros fuésemos capaces de abogar la causa de este y de apreciar los méritos de aquel, no temeríamos un paralelo entre los héroes del norte y sur de América.
> Washington salió de la clase media de la sociedad y de mediana fortuna, testó al término de su gloriosa vida un caudal honrosamente adquirido. Bolívar por nacimiento el más noble y más rico de su tierra natal, murió en relativa pobreza después de haber prodigado en la causa de su patria, las abundantes riquezas que heredó de sus abuelos. El uno aceptó con gratitud lo que la mezquina bondad de sus conciudadanos le presentó, el otro rechazó noblemente los liberales dones de Colombia, el millón del Perú, los soberbios regalos de Bolivia. Washington dotado con talentos más que mediocres, fue favorecido con un genio frío como el invierno de su residencia boreal. Esto arregló todas sus acciones. Bolívar poseyendo poderes intelectuales de primer orden, fue arrastrado por una imaginación

ardiente como su clima natal. De aquí sus hazañas, de aquí sus errores. El héroe norteamericano rodeado de un pueblo virtuoso y auxiliado por hombres superiores a sí mismo, en talentos y conocimientos políticos, fue llevado por la revolución. Franklin, el inspirado Henry Adams, Jefferson, Hamilton y muchos otros formaron una reunión de patriotismo y de genio. Tales fueron desde el principio sus colaboradores. El libertador de sur América en medio de un pueblo servil y corrompido, abandonado a sus propios recursos dio impulso a la revolución. En su país solo él y los obstáculos que tuvo que vencer, eran grandes. Sucre el más hábil y el más virtuoso de sus tenientes era demasiado joven para ayudarle hasta el último acto del drama. Washington en asambleas populares era incapaz de inspirar a otros los nobles sentimientos que él poseía. Su lenguaje era demasiado incorrecto, y las pocas producciones que nos ha dejado están llenas de defectos literarios. Bolívar, expresivo y elocuente, era el primer orador, y el más elegante escritor en la América del sur. Todas sus composiciones están estampadas con el sello del genio. En las humildes virtudes de la vida social, el patriota de Mount Vernon quizás ha excedido al patriota de San Mateo; pero en genio, en desinterés, en espléndida generosidad, en todos los brillantes y soberbios atributos con que la naturaleza distingue aquellos pocos favorecidos que destina a la inmortalidad, Bolívar era superior a Washington. Los estupendos Andes, plácidos a veces y a veces tempestuosos, pero siempre magníficos, siempre grandes, tal era BOLÍVAR.[111]

Más que un paralelo, parece una maniobra especialmente orquestada para fastidiar a Washington, quien solo descuella frente al criollo en «las humildes virtudes de la vida social». Para la apología de Bolívar, uno de los primeros escritos destinados a la circulación masiva se ocupa de destacar la mediocridad del

---

111 «Paralelo entre Washington y Bolívar», *Gaceta de Venezuela*, n.º 109, Caracas 20 de febrero de 1833.

héroe estadounidense. Pero también la mediocridad de la sociedad venezolana. Bolívar hace la independencia con menguada compañía de asistentes y tratando de sobreponerse a un «pueblo servil y corrompido». La demasía de la presentación solo admite la presencia de algún defecto en la conducta bolivariana, debido a que es provocado por la influencia ambiental. De resto, perfila la figura de un gigante a cuyo talento atribuye la obra de la revolución. Un plan ejecutado por un solo hombre, una guerra ganada por una sola espada, un cúmulo de virtudes mostrado por la encarnación del genio continental, tal es la esencia de uno de los primeros escritos sobre el héroe que puede pasar de mano en mano entre los lectores de entonces.

En agosto de 1839, *La Guirnalda* publica «El retrato y la cena», un cuento cuyo objeto es llamar la atención sobre la humildad del paladín. Derrotado en la batalla de La Puerta, llega a la casa de unos campesinos de Villa de Cura que se han mostrado como partidarios del rey. Sin identificarse, pide pan para calmar el hambre y acepta lo que le dan sin pronunciar palabra. Un niño que vive en el rancho dibuja la silueta del extraño pasante. Antes de marcharse, el forastero deja en las manos de la campesina media onza de oro y una nota que la pobre mujer no puede descifrar porque es analfabeta. Luego se entera de que el papelito dice: «Simón Bolívar le agradece como puede la hospitalidad que le has dado». La impresión hace que la mujer se transforme en ferviente partidaria de la revolución. Coloca en un lugar especial de su casa el retrato realizado por el niño y proclama las cualidades del personaje que con el ejemplo cambió el rumbo de su vida.[112] Ahora los lectores pueden familiarizarse con los rasgos de humildad y sencillez que no podían aparecer en un ditirambo como el anterior, pueden festejar la cercanía del prócer con los humildes ausente en la comparación ya examinada.

---

112 «El retrato y la cena», *La Guirnalda*, n.º 2, Caracas, 1 de agosto de 1839.

En febrero de 1841, el editor de *El Venezolano* quiere dar un paso de mayor profundidad en la exaltación de Bolívar. Toma la iniciativa de recopilar sus escritos y busca la colaboración de los particulares. Veamos la presentación del plan:

> El mejor retrato de un hombre son sus producciones mentales. La historia ha recogido con afanoso esmero las más insignificantes palabras que se escaparon de los labios de Alejandro, de César, de Napoleón y de Washington. La América y especialmente Venezuela tienen la dicha y el orgullo de que Bolívar, famoso capitán del siglo, filósofo y literato, viera la primera luz bajo su cielo. Los amigos, sensibles a la gloria de la patria, se han propuesto reunir en un tomo todos los escritos del inmortal Bolívar, como particular, magistrado y general, para que la posteridad tenga el retrato moral del primer hombre del nuevo mundo. Tenemos reunidos preciosos materiales, muchos de ellos inéditos, y suplicamos encarecidamente a todas las personas que posean documentos de esta especie, se dignen proporcionárnoslos para enriquecer la obra. Más adelante presentaremos al público los términos de la suscripción. EL EDITOR DEL VENEZOLANO.[113]

Entra ahora en la casilla de los protagonistas de la historia universal, no solo por sus capacidades militares sino también por sus atributos de escritor y pensador. Es «el primer hombre del nuevo mundo», según el parecer de unos paisanos cuidadosos del patrimonio colectivo.

En *Mis exequias a Bolívar*, una obra de Juan Vicente González que se hace popular desde el momento de su aparición en 1842, se llega al clímax de la apología. La vehemencia de una pluma reverenciada y temida en su tiempo coloca al personaje en el lugar de los dioses. González es uno de los primeros en

---

113 «Bolívar», *El Venezolano*, n.º 29, Caracas, 8 de febrero de 1841.

fraguar la versión del pecado original de los venezolanos. Dedica párrafos fulminantes a los enemigos de la unión colombiana que declaran la autonomía en 1830.

> Asistí la noche del 31 a la Cámara de Representantes por ver lo que hacían los legisladores de mi patria con el Héroe que la creó, y mi alma quedó tan conmovida que hasta ahora no la ha dejado la funesta impresión. Yo vi escoger con esmero los colores más negros para retratarle, despedazar sobre sus sienes el laurel de la victoria, arrojar un velo de olvido sobre sus hazañas y cubrir con una nube de improperios sus eminentes glorias. En mi vida podré olvidar ese espectáculo.
> [...] ¡Qué confusión de sentimientos! ¡El padre de tres repúblicas abandonado en el desierto! El bramido distante de las olas que azotaban las playas: la luz fúnebre de la luna que medio alumbraba el sepulcro: el silbido del viento que se extendía por todas partes, y que hacía caer de cuando en cuando algunas hojas secas, símbolo de la fugacidad de nuestra dicha: todo esto llenaba mi alma de una melancolía profunda, inexplicable.[114]

La crítica de la obra bolivariana, un comprensible paso en materia política, una conducta necesaria para justificar la destrucción de Colombia, es juzgada como traición e ingratitud. Los políticos fraguan la historia torcida del grande hombre. Los hijos abandonan al padre en inhóspita soledad. La naturaleza se entristece por el tamaño de la felonía. Pero, ¿por qué unas letras tan enfáticas contra los fundadores de la república? El veneno de la tinta guarda relación con la excepcional trascendencia de la víctima, quien es presentada así:

---

114 Juan Vicente González, *Mis exequias a Bolívar*, Caracas, Imprenta de El Venezolano, 1842; *Ha muerto El Libertador*, Homenaje de la Universidad Central de Venezuela en el sesquicentenario de su muerte, Compilación de documentos y estudio preliminar por Ildefonso Leal, Caracas, Ediciones del Rectorado de la UCV, 1980, pp. 181-182.

Las páginas gloriosas de nuestra historia las llena Bolívar, nuestros inmensos campos son el plano de sus batallas, la posteridad, cuando haya de hoy más en América, un monumento a su memoria. A la sombra de su espada, terror de déspotas, estandarte de libertad, los pueblos de América crecerán grandes y poderosos. Nosotros pasaremos, y esta patria, la América toda del sur, no será sino la patria de Bolívar!!!
Nuestros hijos escucharán absortos las relaciones maravillosas de su historia; jamás se borrará en los siglos la huella de sus pasos. Su labio mágico pronunció 'pueblos, naciones' y 'pueblos y naciones' le respondieron del seno de la nada.[115]

La dependencia de las realizaciones de Bolívar es absoluta, no solo en Venezuela sino en el continente meridional. Existía un limbo antes de la aparición del adalid, quien llega para dar vida a la sociedad y para establecer su organización. Luego de su muerte los pueblos han retornado al limbo, o a estadios de oscuridad de los cuales saldrán para ascender a un destino glorioso cuando escuchen otra vez el sonido de su voz de oráculo infalible. Imposible el encuentro de un vínculo tan estrecho, tan inexorable y obligante entre un actor de la historia y sus destinatarios, como el establecido por González en estos párrafos. Si piensa en términos tan exaltados y unilaterales de la entidad del personaje, se entiende que procure el infierno para los que se atrevieron a disentir de sus juicios. Si *Mis exequias a Bolívar* tienen la fortuna de contar con el lector cautivo y entusiasta que merece una pluma tan provista de recursos, numerosos venezolanos se inician en la glorificación del titán y en la repugnancia por sus émulos.

Los honores fúnebres que realiza el gobierno para recibir las cenizas del Libertador, el 17 de diciembre de 1842, son ocasión

---

115 *Ibidem*, pp. 199-200.

para un regocijo jamás sentido por los venezolanos. La llegada de los restos mortales que reposaban en la Nueva Granada es el primer gran acontecimiento cívico de una sociedad que no ha tenido ocasión de reconocerse en una de sus figuras, como pasa en la fecha desde una perspectiva tan inmediata y emotiva. Hasta ahora la sociedad ha festejado el nacimiento de los reyes o ha llevado luto por su muerte, acaso sin el tirón sentimental que por fin la mueve. Durante la guerra ha participado en servicios de difuntos para honrar a los caídos, pero jamás se ha congregado alrededor de la presencia de quien todos consideran inmortal. Algo difícil de narrar, según Fermín Toro, el letrado ocupado de describir los honores fúnebres:

> ... mi descripción será tibia, sin brío mis conceptos y todo el cuadro descolorido, comparado con el esplendor de la escena. No podría ser de otro modo. Cuando se trae a un solo punto de vista, cuando se recuerda en un día todo lo que hay de prodigioso en la carrera de uno de esos seres extraordinarios que de siglo en siglo aparecen marcando las edades del mundo; de un genio que, rodeado de gloria, poder y majestad, se eleva sobre el vulgo de pasiones y sentimientos comunes y solo inspira lo bello, lo noble y lo grande; que moviendo las más ocultas fibras del corazón y explorando las regiones más altas de la inteligencia, llama en torno de sí el valor, el saber, la virtud, el heroísmo y los altos hechos de libertad; que arrastrando con mágico poder la multitud asombrada y mostrándole en el porvenir que penetra sus destinos aun velados, ella inspirada y reverente le sigue, le acata, le deifica: cuando esta escena, digo, aparece, no es dado a un hombre describirla, un individuo no la abraza: solo la voz de un pueblo, de generaciones, de siglos, la interpreta, la difunde, la eterniza.[116]

---

116 Fermín Toro, *Descripción de los honores fúnebres consagrados a los restos del Libertador Simón Bolívar, en cumplimiento del Decreto legislativo de 30 de abril de 1842*, Caracas, Imprenta de Valentín Espinal, 1843; *Ha muerto El Libertador...*, p. 239.

Lo que no puede hacer Fermín Toro en el tiempo del acontecimiento, tampoco es trabajo para quien revisa testimonios desde la lejanía. Solo cabe recordar cómo esa reunión entre el vulgo y el numen ha resultado de una iniciativa de los gobiernos fundacionales, expresada por el presidente Páez en 1833, por el presidente Soublette en 1839 y de nuevo por el primero de los mandatarios en 1842.[117] Los hombres que reaccionan contra Colombia se ocupan de tener en Caracas las cenizas del creador de la nación cuya autoridad habían desconocido en la víspera. Deseo de reconciliarse con el pasado próximo, reconocimiento de una trayectoria excepcional y comienzo de un culto pensado para beneficio de sus oficiantes, lo cierto es que incorporan un elemento susceptible de aglutinar a los hombres en torno a una ilusión, ponen al alcance de la mano un portentoso vehículo de salvación. Las palabras de Páez cuando está a punto de concluir el ceremonial en la catedral resumen esas intenciones fundamentales:

> Queda cumplido ya, señores, el último y tierno deseo del Hijo Ilustre de Venezuela, queda ejecutado así el mandato del Congreso de la Nación, quedan satisfechos nuestros ardientes votos. Los restos venerados del gran BOLÍVAR han sido colocados por nuestra mano en el sepulcro de sus padres, convertido de hoy en más en el altar que recibirá las ofrendas de nuestro amor, de nuestra admiración, de nuestra eterna gratitud.
> Tesoro precioso de Venezuela, ornamento de la patria, estas ilustres cenizas pasarán a la posteridad, guardadas por nuestra ternura y nuestro más profundo respeto, rodeadas del esplendor de la gloria [...]
> La prosperidad de Venezuela fue el primer pensamiento de BOLÍVAR, el primer móvil de sus heroicos hechos: nada hemos omitido de cuanto podíamos hacer en honor de su memoria.

117 *Ibidem*, pp. 241-242.

> Nos resta sin embargo un deber: consagrar al LIBERTADOR el monumento más digno de su gloria: la consolidación de las instituciones de Venezuela por la sabiduría de los legisladores, por la prudencia de la Administración ejecutiva, por la integridad de los Magistrados, por la ilustración del Pueblo, por la unión de todos los Venezolanos.[118]

El fundador rescata al Libertador, proclamando la entidad de las obras que realizó y la permanencia de su presencia a través de los siglos, pero también anunciando la continuación de su magisterio. El presente es el corolario de Bolívar. La consolidación de la república es su mandamiento y una obligación con su memoria. Páez se asume y asume a su gobierno como herederos del grande hombre. ¿No es el primer anuncio oficial de una regeneración dependiente del pasado heroico y de su criatura más famosa, el lanzamiento de una salvación proclamada en el centro de la iglesia más importante?

Según cuenta Bellermann, quien presenció la llegada de los restos de Bolívar a la Guaira:

> El silencio, la seriedad y el orden con que se comportó aquí la clase baja del pueblo eran particularmente dignos de admiración, especialmente tomando en cuenta que a todos se les permitió ver el desembarco en el muelle y, sin embargo, no se vio absolutamente ningún desorden y todo trascurrió mucho más decorosamente de lo que hubiera sido en Europa, de darse el caso.[119]

Las gentes que actúan de tal guisa no tienen motivos para desconfiar del discurso de Páez. Sienten que se ha rescatado de la historia la llave de la salvación y que es conveniente un gobierno que prosiga el sendero trazado por el personaje cuyos despojos han

---

118 *Ibid.*, pp., 271-272.
119 *Diario I*, p. 24.

recibido con sentida parsimonia. Tampoco tienen razones para dudar de las afirmaciones del canónigo José Alberto Espinosa, penitenciario de la Iglesia Metropolitana, rector del seminario y de la Universidad. En su *Oración fúnebre* de 17 de diciembre de 1842, asegura:

> Una sola señal de la Omnipotencia, cristianos, es bastante para el trastorno de los imperios, y hacer pasar los cetros de unas manos a otras. Así, pues, cuando Dios en la sabiduría y rectitud de sus consejos determina obrar esos sucesos de escarmiento y de gloria, de infortunio y de dicha él escoge y envía a los que han de cumplir sus órdenes y llenar su beneplácito: arma sus brazos con el rayo de su poder, y escribe en sus frentes los títulos de sus respectivos designios. El Nuevo Mundo es el teatro de la última escena de esta especie, y el gran Bolívar el elegido desde la eternidad para presidirla. ¡Oh Providencia admirable! ¿Quién podría nombrar a este Héroe sin prosternarse al mismo tiempo ante vuestra diestra y quedar absorto en la profundidad de vuestros juicios? Ah! la poderosa mano, que le eleva a la cumbre de la gloria, y le ofrece a la admiración del universo, esta misma le esconde hoy en la humillación del sepulcro, y solo deja percibir de su grandeza lo que fue, y ya no es. Espectadores sensibles, dirigid una mirada compasiva a esa fúnebre pirámide, y clamemos todos con el Profeta: *Tema a Dios toda la tierra, y estremézcase todo el orbe en su presencia.*[120]

Y agrega, para terminar:

> El Héroe es grande, y tanto como uno de aquellos gigantes que nos han quedado dibujados en las sagradas láminas; pero la altura a que le ha elevado la Providencia, apenas me permite divisarle

---

120 José Alberto Espinosa, *Oración Fúnebre que en las exequias a los restos del libertador, pronunció en Caracas el 17 de diciembre de 1842 el Dr. José Alberto Espinosa*, Caracas, Imprenta de El Venezolano, 1843; *Ha muerto El Libertador*, pp. 328-329.

como una estrella en la cumbre del firmamento [...] ¿Y qué nos resta sino esculpir en el bronce tanto heroísmo y recomendarlo con entusiasmo a las futuras edades?[121]

Reverenciar a Bolívar es adorar a Dios, según el canónigo. La divinidad convierte a Bolívar en arquitecto de la última hazaña de la historia universal y en astro que ilumina el panorama. Ahora son una misma cosa el altar de la catedral en el cual se agradece al señor por la Independencia y el desfile luctuoso ante los restos de la criatura que ha actuado de acuerdo con sus dictados. El presbítero doctor José Alberto Espinosa, celebridad de la época y miembro de la corte arzobispal, manifiesta la existencia de una comunión entre el hacedor omnipotente y el campeador del nuevo mundo, de la cual se pueden esperar en el día los frutos que antaño produjo. La confesión tradicional mezcla el culto laico con el mensaje de las Escrituras, para completar el artículo que faltaba en la codificación del superhombre. La Madre Iglesia se une al coro de las voces que buscan la salvación, ungiendo al Padre de la Patria como herramienta del ser supremo. El sagrado crisma que unta el canónigo en la frente del cadáver que vuelve a la tierra natal significa el origen de una liturgia basada en las gracias de la resurrección y la infalibilidad.

Todos los pasos están dados para que la necesidad manifestada por el país archipiélago de referirse a los antecedentes inmediatos y a su protagonista más célebre se convierta en procesión familiar y recurrente. Aclimatado en poblaciones lejanas debido a la inspiración de unos comarcanos anónimos y devotos, empujado luego por los gobernantes y por los comentarios de los periódicos, legitimado más tarde por un dueto de intelectuales de prestigio y por la cátedra religiosa, existe un desagüe oficial. Con tantas palancas, la sociedad se ofrenda una evasión

---

121 *Ibidem*, p. 349.

capaz de encontrar perpetuidad en el ánimo de las generaciones sucesivas. Acaso sean entonces el desagüe y la evasión más pertinentes, porque encuentran asidero en un capítulo de la vida que ha dejado el fruto tangible de la Independencia después de una guerra exitosa. No en balde cuentan con la plataforma de un individuo que alcanzó en su tiempo notoriedad internacional por una obra recientemente concluida que nadie puede negar. No en balde son fenómenos que acaban de suceder, cercanía susceptible de transmitir sensaciones de presente a lo que está muerto y no puede ya remendar entuertos. No en balde son fenómenos debido a los cuales se ha triunfado frente a España, una potencia de la historia moderna, episodios y gentes sobre cuyas huellas se puede crear, alimentar, inventar y reinventar la hipérbole. ¿Acaso no es la hipérbole que mejor les viene a unos gañanes que deben vestirse de caballeros, a las mujeres encandiladas por las enaguas de París, a unos muchachos que creen en la ilusión ilustrada del teatro y a los vecinos que solemnizan los balbuceos escolares?

CAPÍTULO VII
SALIDA CON GUZMÁN

Entre agosto y septiembre de 1867, Antonio Guzmán Blanco escribe sobre el presente y el pasado de Venezuela. Polemiza con el redactor de *El Federalista*, Ricardo Becerra, con el objeto de justificar al gobierno en el cual sirve desde una posición destacada. ¿Por qué procuramos ahora la presencia del político quien, después de la Guerra Federal, redacta unos artículos con el seudónimo de *Alfa*?, ¿por qué llamar al hombre que a la vuelta de tres años se convertirá en dictador? Debido a la misma razón que volcó la mirada hacia el testimonio de Bolívar cuando estaban a punto de comenzar los tumbos del país archipiélago. Desde su posición de triunfador, pues su carrera se ha elevado en el calor de la lucha contra los fundadores de la república, Guzmán puede realizar un análisis sugestivo. Desde su atalaya de testigo privilegiado de los sucesos que conocemos, pues nace en 1829 y se forma mientras en la casa de su familia comienza y crece el partido de la oposición, está en capacidad de regresar a los hechos con la cercanía y el calor de las vivencias personales, sin necesidad de intermediarios, así sean estas capaces de llevarlo a opiniones que deben provocar cautela en el investigador.

Solo que, más que juicios ponderados, conviene ahora que las ideas fluyan según el aire de quien las expresa. Si caemos en la cuenta de que Antonio Guzmán Blanco es una criatura legítima del período que se ha estudiado, convendremos en que lo que diga en torno a la sociedad sobre la cual ejercerá el gobierno, proviene de la experiencia posterior a 1830 que guía su posición. Convendremos también en que, mientras más tendenciosas o arbitrarias sean sus opiniones, tal vez se ajusten con mayor fidelidad a la influencia del período de su formación como político y como analista de la sociedad. Según conoce cualquier lector medianamente enterado, a partir de 1870 Antonio Guzmán Blanco se erige como civilizador de Venezuela. Está dispuesto a remendar el capote del pasado, quiere hacer la tarea pendiente de acabar con la barbarie, pretende liquidar las trabas del gobierno, quiere burócratas fieles y competentes, hombres saludables, instituciones progresistas, carreteras eficaces y bonanza material.[1] Pretende ser el realizador de los sueños del país archipiélago, en suma. Pero, ¿se ha librado de esa comarca agria y escabrosa, como para ser un pionero sin las ataduras de la crianza a la cual debió someterse junto con los hombres de su tiempo?, ¿hay un tiempo de Guzmán Blanco, esto es, un lapso del siglo XIX suficientemente diverso como para diferenciarse del período fundacional y para encontrar, por fin, la solución de los problemas? La curiosa posición sobre la forma de gobernar, expuesta por quien será el hombre fuerte en las tres décadas finales de la centuria, conduce a una respuesta digna de atención. En el primer texto de la aludida polémica, cuando debe referirse a los puntos cardinales del buen gobernante, dice:

> Es extraño que el órgano de la oposición [...] haga consistir todo el esfuerzo de su argumentación en la existencia de dos extremos, de solo dos políticas, de dos caminos únicos para llegar a la República

---

1   Ver: Ramón Díaz Sánchez, *Guzmán, elipse de una ambición de poder*, Caracas, Edime, 1968; Mary Floid, *Guzmán Blanco: la dinámica de la política del Septenio*, Caracas, Biblioteca Nacional, 1988; María Elena González Deluca, *Negocios y política en tiempos de Guzmán Blanco*, Caracas, Universidad Central de Venezuela, 1981; Tomás Polanco Alcántara, *Guzmán, tragedia en seis partes y un epílogo*, Caracas, Edición de Seguros Caracas, 1992; Inés Quintero (coordinadora) *Guzmán Blanco y su tiempo*, Caracas, Monte Ávila Editores Latinoamericana, 1994; Rafael Rondón Márquez, *Guzmán, el autócrata civilizador*, Madrid, Imprenta de García Vicente, 1952, 2 vols.

con la paz, con la libertad y el progreso. La verdad, la verdad que desentraña de entre la anarquía y el buen sentido, el sentido práctico, es, que la verdad de la patria no está en uno de esos dos extremos, sino entre esos dos extremos: que la política de la Revolución no es, ni la *legalidad* ni la *dictadura*, sino la ley hasta donde sea posible, y el prestigio personal hasta donde lo hagan indispensable la frágil y complicada existencia que atravesamos; que el camino más breve para llegar a la normalidad no son ni los Congresos, ni los códigos, ni el derecho escrito, ni tampoco el poder personal, la arbitrariedad, la autocracia, sino las leyes, la Constitución, los Congresos, las elecciones, y todas las prácticas republicanas, hasta donde el país se preste a realizarlas, y el poder personal por otro lado recortando, reprimiendo, modificando lo que sea el abuso de estas prácticas, o el desacato de los poderes públicos, el desequilibrio o perturbación de las ideas, los principios y los hábitos que queremos establecer.

No debemos olvidar, en las apreciaciones de la alta política, sobre todo, en países caóticos, como los de la América española, que la verdad, en los días críticos, no se ve, no se palpa como las verdades matemáticas, la verdad del derecho, la verdad física, la verdad de los sentidos. No es casi nunca una verdad destacada, perfectos todos sus contornos, perfecta en todas sus relaciones, con tamaño definido y luz resplandeciente. En los días críticos de los pueblos, todo es oscuridad y confusión, y la verdad está como sepultada en el fondo de ese mar embravecido. Por eso es tan difícil aun a los hombres más capaces dar con ella, y por eso debe contemplarse tanto al que logra alguna vez presentárnosla.[2]

El peculiar sendero que encuentra para llegar a la república acepta a medias el imperio de las instituciones. No niega la

---

2   Antonio Guzmán Blanco, «Polémica con Ricardo Becerra», Caracas, 20 de agosto de 1867, en: *Liberales y conservadores. Textos doctrinales*, Colección Pensamiento Político Venezolano del siglo XIX, vol. 10, pp. 427-428.

trascendencia de las leyes ni la necesidad de su acatamiento, pero entiende que no existe la posibilidad real de que las regulaciones y la obediencia desemboquen en la formación de un Estado de Derecho impuesto y vivido a plenitud. De un desconcierto semejante al de los otros países colonizados por España, mana un factor de poder que se concentra en ciertos individuos de privanza y autoridad quienes tienden a imponerse sobre las instituciones, pero que pueden moderarse en su carrera. Las leyes solo regirán un poco, la letra de los códigos vivirá a ratos, lo mismo que los procedimientos electorales, en la medida en que el personalismo ceda ante la civilidad en un juego que terminará en una normalidad caracterizada por el relativismo. El «prestigio personal» es propio de los «días críticos» que se viven, pero también responde a las características de una sociedad que solo está en capacidad de vivir una república menguada. ¿Por qué ese derrotero que se camina un poco? Para escurrirse de una contestación plausible, de momento Guzmán se escuda en el misterio de un país enrevesado cuyas interioridades no saltan a la vista y sobre las cuales no se puede ofrecer una mejor explicación.

Aunque más adelante, en el *Quinto artículo de Alfa*, asegura que el caos se puede entender. También asegura que el entendimiento conduce a una única conclusión: Venezuela solo permite el imperio de los «prestigios personales» y la consecuente obligación de considerarlos en la fragua de una república distinta de las paradigmáticas, de una república hecha según las disposiciones de un desconcierto que aleja la posibilidad de que arraiguen los principios que se han señalado como fundamento de la civilización a lo largo del siglo.

> No; el que las viejas prácticas de las leyes, su estricta práctica, sea la condición de la felicidad en las viejas sociedades de Europa, no implica, como verdad, que se practiquen con igual inflexibilidad en estas sociedades nuevas de América. Ese principio es demasiado

absoluto para ser un dogma de la ciencia política, que es una ciencia de correlaciones. Las condiciones de aquellas sociedades, son enteramente distintas a las condiciones de las nuestras. Anteanoche lo dijimos: son sociedades formadas; estas son sociedades caóticas. En aquellas el derecho es todo; en las nuestras, el hecho es el que decide siempre. Allá la sociedad es omnipotente; acá, los prestigios personales suelen avasallar la sociedad. En Europa, la sociedad es todo; en América, los prestigios personales son mucho. De aquí que un publicista como Montesquieu, asiente que no hay más motor social que el espíritu de la ley; y de aquí que el publicista americano tenga que confesar, y aun aconsejar, que se procure la acción de la ley, pero sin prescindir del todo del influjo del prestigio personal dominante. La cuestión, en tal caso, es que el depositario de ese prestigio, tenga virtudes patrióticas para ejercerlo como complemento de la ley y del derecho, y no lo aproveche para la usurpación. Estas consideraciones se apoyan en un principio, casi axioma, en legislación, desde Solón y licurgo hasta Montesquieu y Bentham, cual es, que las leyes e instituciones deben adaptarse a las peculiaridades de cada época, como de cada pueblo.[3]

Ahora resulta que el modelo que se ha venido proclamando no sirve. La Europa adulta no es el espejo que puede reflejar la incoherencia de una sociedad inmadura. La civilización incipiente no puede modelarse según la horma de las civilizaciones establecidas. Las sociedades que han logrado predominancia frente a los factores de disgregación no sirven para aconsejar a aquella que, debido a los tartajeos de su infancia, debe su sobrevivencia a la cohabitación con los agentes opuestos a un crecimiento que solo es posible a través de transacciones. Los políticos y los gobernantes deben vivir en un laborioso arte de correlaciones. Hay que transar con los personalismos que nacen de un poder superior al

---

3 «Quinto artículo de Alfa». *Ibidem*, pp. 464, 465.

de las instituciones: el poder de los hechos que predomina sobre el derecho y ante cuyo vigor conviene un acuerdo, si no capaz de evitar su influencia, susceptible de impedir que desemboque en la conquista total de la colectividad.

Se trata de una situación irreversible, cuya mudanza no cabe en el designio de los líderes. Ni siquiera los más perspicaces estadistas pueden hacer que las cosas marchen de acuerdo con la prédica republicana:

> Los hombres de Estado [...] son los que crean las situaciones aceptando las condiciones sociales tales como las encuentran. Lo que es crear esas condiciones, eso está fuera del alcance humano, eso queda en la órbita de la omnipotencia; límite que cuando la vanidad y la soberbia humana no respetan, es a riesgo de que el poder del destino, la sabiduría providencial, los castigue con esas ruidosas caídas desde la cumbre del poder hasta el vacío del desengaño. Esa omnipotencia es la utopía de los ambiciosos que no son hombres de Estado. A serlo, no acometerían con las condiciones de libertad, de soberanía popular, de hábitos revolucionarios, de fe en la fuerza, que son condiciones de los nuevos pueblos americanos, crear la situación de su personalidad; sino tomarían esas condiciones, tales como existen y las aprovecharían para crear la situación normal de la República haciéndola dueña de sí misma. En menos palabras, la ambición americana no debía aspirar a infantar situaciones dictatoriales prescindiendo de las condiciones de soberanía de estos pueblos, sino situaciones republicanas, tomando esas condiciones como ellas son y aprovechándolas patrióticamente.[4]

Es de tal magnitud la tiranía de los hechos que los estadistas tienen su mejor arma en la humildad que les permite asumirse como marionetas de la sociedad, o como comedidos protagonistas

---

4 «Segundo artículo de Alfa». *Ibid.*, p. 443.

que en el mejor de los casos pueden evitar la entronización de las autocracias personalistas. Una libertad sentida a la manera americana y la orientación incontenible hacia la fuerza como posibilidad de control social hacen de la política un modesto ejercicio que debe conformarse con contemporizar con las señales emitidas por el entorno. Visto así el asunto, los mejores gobernantes vienen a ser los traductores de una realidad avasallante, pero jamás los promotores de una metamorfosis.

Para Guzmán, la influencia de los personalismos es de una trascendencia que desemboca en la necesidad de enmendarle la plana a Montesquieu. La corrección no se debe a que el autor cometiera errores en su teoría sobre la gobernabilidad, sino porque jamás vio en la realidad que estudiaba un escollo tan colosal, o una fortaleza como la que tanto le preocupa y le atrae a él en Venezuela.

> ... cuando el gran tratadista del *Espíritu de las leyes*, demuestra cuanto se pierden y comprometen relajando su acción, es respecto de sociedades que, como Francia, tienen más de ochocientos años de existencia, es teniendo presente a Inglaterra, a las nacionalidades alemanas, etcétera, etc. Naciones con costumbres establecidas, con hábitos inveterados, con grandes tradiciones, con brillantes ejemplos, con un derecho secular y leyes inmemoriales. De ahí que un pensador de las proporciones de Montesquieu, formule de un modo absoluto sus investigaciones y consejos. En sociedades de esa magnitud, ni aun se concibe lo que en realidad es el prestigio personal, porque no ha habido ninguno que alcance a abarcarlas en su totalidad, ni con un brillo tan centelleante como para deslumbrarlas a todas. En aquel mundo, las sociedades son todas omnipotentes, y los gobiernos sus simples administradores, que todo lo reciben de ellas. Son sociedades tan inmensas, que las grandes personalidades aparecen en el todo, como las eminencias terráqueas en la figura elíptica del planeta, que no llegan a sobresalir para los cálculos proporcionales de la superficie.

Sociedades incipientes, con una Constitución en cada década; con leyes, ya liberales en una época, ya represivas en otra, cuando no represivas y liberales a un tiempo mismo; con gobiernos de hecho casi siempre; con una opinión pública aterrada unas veces, y otras veces reaccionaria, frecuentemente confusa, pero siempre, apasionada; con sus guerras intestinas por toda historia, tradición y ejemplo, y con la ambición personal convertida en el gran motor social y el más grande anhelo de sus más distinguidos ciudadanos, sociedades caóticas, sociedades en formación, ¿cabe que las haya tenido presente el gran publicista francés, cuando escribió su incomparable *Espíritu de las leyes*?

En aquellas sociedades, donde la personalidad no es factor, el derecho debe ser omnipotente. En éstas, donde los partidos, aunque defiendan la doctrina, son personales, el poder personal tiene que entrar, por mucho, en las combinaciones sociales.[5]

El investigador que conozca la historia de Antonio Guzmán Blanco, si recuerda su estilo y sus gobiernos del futuro puede pensar que los anuncia en los artículos que escribe como *Alfa* en 1867. Sin embargo, los artículos se refieren al pasado. El político transformado en lo que el lenguaje de la época denomina publicista, habla de cómo la república ha sido incapaz de existir hasta la fecha, o de cómo tiene que debatirse en una búsqueda constante y estéril. Pero en una búsqueda que no admite evoluciones. Así como ve a Europa como una realidad estable en la cual parece que siempre se ha dado el predominio de la sociedad a través de las instituciones, sin considerar los avatares de un proceso que pasó por diferentes tramos y diversas colisiones hasta llegar a la situación examinada por Montesquieu, encuentra en Venezuela la fatalidad de entenderse con el personalismo. Inspirador de las constituciones, manipulador de las leyes, eje de los partidos

---

5 «Cuarto artículo de Alfa». *Ibid.*, p. 455.

políticos y motivo de las guerras civiles, el personalismo responde a un rasgo profundo de la sociedad venezolana. Existe en cuanto la sociedad venezolana lo requiere para satisfacer sus necesidades y sus anhelos. Existirá mientras la sociedad venezolana no entre en otro capítulo de su vida, un capítulo que pareciera lejano si vemos la contundencia de los argumentos.

Sin embargo, la liebre salta en medio del espeso bosque. Cuando menos se espera, el publicista mira con ojos más apacibles el proceso anterior y llega a conceder que hubo un intento de hacer una república, si no durante todo el lapso que corre entre 1830 y 1858, por lo menos en el tramo de la presidencia de Soublette, entre 1843 y 1846. Pero una república que alaba por los vicios, como si siempre debiera la organización del Estado encallar en el purgatorio de los pecados cívicos.

> El General Soublette es un hombre de capacidad, en quien la habilidad podía suplir todos los demás atributos del espíritu. Tiene instrucción, educado para el gran mundo, lo conoce y, sobre todo, tiene el don de insinuarse a los hombres. Tenía cabeza, conocimientos generales, práctica de los negocios, todos los antecedentes del país y no se le ocultaban sus necesidades. Con ese caudal habría podido hacerse un hombre trascendental; mas el general Soublette careció siempre de iniciativa porque nunca tuvo lo que en el hombre público se llama carácter. Entonces, como en muchas otras ocasiones de su larga vida militar y política, habría podido hacerse el hombre del porvenir. Por esa deficiencia, más diplomático que político, no hizo sino transigir, capitular entre lo que veía con su ilustración y lo que sordamente le disputaba la ambición de Páez. No fue, no, no quiso ser tan independiente como sus aptitudes podían hacerlo y sacrificó lo que la patria tenía derecho a esperar de él, sacrificando su propia personalidad. La historia tiene que tratarlo con cierta benevolencia, porque es evidente que tamaña falta no se la dictó la ambición ni el interés. Él fue siempre desprendido y abnegado,

siempre estuvo conforme con la posición secundaria cuando, con sus medios intelectuales y sus antiquísimos servicios, pudo disputarle el primer puesto a todos sus contemporáneos.

Su gobierno tuvo dos épocas: la primera en que ofreció al mundo el modelo de la República perfecta. La autoridad moderada y circunspecta, desdeñaba las pasiones del partido que la apoyaba, respetando y hasta protegiendo, los derechos de la oposición que la combatía. ¡Cuánta majestad en nuestros Congresos! ¡Cuánta amplitud de discusión! ¡Qué discursos y qué oradores!

[...] Fue época de la prensa libre no estando esa libertad en las leyes. Los periódicos de Venezuela, en esa época, son dignos de la nación más libre y civilizada de la tierra. Y a fe que no dejaba de discutirse la personalidad del Jefe del Gobierno.

[...] Fue la época de las elecciones libres. Había espíritu público y una conciencia nacional. Los ciudadanos de los dos partidos se disputaban las asambleas con un entusiasmo y una fe que ya se perdió la memoria. No solo los días, sino las noches, las empleaban tomando puestos en los locales de las asambleas para consignar sus votos los primeros. Todos los negocios, todos los establecimientos, todos los talleres, se suspendían, porque era el día señalado por la ley para pedirle al ciudadano su opinión sobre la salud de la patria, y era menester no negársela. En esas asambleas, se disputaba y se defendía el voto en las clasificaciones legales, hacíanse trampa los unos a los otros, había disputa y exaltación pero, al fin, se contaban los votos y se declaraba oficialmente la victoria por los más, que éramos los liberales.

Venían luego los colegios electorales, y como era menor el número de electores y hombres menos independientes o más accesibles que el pueblo, el partido exclusivista, que era el del dinero, los bancos los honores y las acumulaciones oligárquicas, seducían o negociaban la elección y triunfaban, al cabo de dificultades, y por muy escasos votos, los representantes de la minoría. El gobierno en nada de esto intervenía, ni con la fuerza ni con la autoridad pública.

Aquella era la república verdadera. No pedimos más para la futura. Pero ¡ah!..., ¿por qué no fue el general Soublette hasta el fin consecuente con su política de moderación y legalidad?[6]

Conviene rescatar dos aspectos del fragmento. Aunque redactado en una clave esencialmente política que no refiere a los sucesos que la investigación ha buscado para el entendimiento del país archipiélago, es evidente que refleja la pugna predominante de la época. Además, acaso resuma, ahora sí con redonda fidelidad, el parecer de una criatura legítima de esa sociedad que surge de los escombros de la Independencia.

Según la versión de Guzmán, los principios no permanecieron en el discurso de los líderes, animando a los candidatos a ciudadanos. Llegaron a fructificar durante un período administrativo. Animaron a los hombres, hasta el punto de conducirlos a participar en los negocios públicos. Influyeron en la conducta de un gobierno que permitió la participación de las personas en los asuntos de interés general, la libertad de prensa y la gestión autónoma del congreso. En los conflictos de un país en formación, por lo menos en uno de los capítulos de gestión presidencial la realidad se supeditó a los valores, la sociedad se encumbró sobre los vehículos de disgregación. Pero sin rebasar la medida de un universo condenado a la atadura de sus limitaciones. Cuando se regocija por un pequeño logro, Guzmán no ve ni por un momento aspectos tan importantes como las carencias materiales, la incomunicación física, las trabas para la recepción de las órdenes y las dificultades para la formación de una burocracia medianamente efectiva que ahora conocemos. Prefiere mirar hacia la figura de Carlos Soublette, esto es, hacia el personalismo que ha convertido en eje de su lectura.

Es evidente que no se ha detenido en un elemento aislado ni trivial. En el mapa fraccionado de Venezuela se establecieron

---

6 «Polémica con Ricardo Becerra», *Ibid.*, pp. 433-434.

diversos mandarinatos manejados según una preocupación particular, sin relaciones con las ideas y con las instrucciones producidas en el centro del gobierno. Han debido ser el criadero de los «prestigios personales» que parecen llamados a determinar una vida apenas tocada por el influjo institucional. Han debido convertirse en una atadura capaz de seguir haciendo su trabajo en la posteridad. Fueron más importantes que las ideas, según Guzmán. Solo que la referencia a un período en el cual triunfaron los principios comienza a desmentir la tesis planteada de forma tan pertinaz. ¿Las cosas sucedidas entre 1843 y 1846 se debieron al presidente de turno, como él piensa, o a que de veras podían los venezolanos de la época ensayar con éxito un modelo de gobierno ajustado a los principios republicanos? ¿El triunfo pasajero de los principios fue obra de un mandatario quien, de acuerdo con el examinador, carecía del carácter que adorna a los estadistas, o de una generación que podía ofrecer testimonios concretos de sus prédicas, aun en medio de la penuria generalizada? Se debiera pensar en la situación, aunque solo fuera para no resignarse a encontrar más tarde un tedioso y yermo desfile de callejones sin salida.

Quizá no esté Guzmán preparado para una respuesta distinta de la que ofreció, porque él es la hechura del país que ausculta desde lejos. Llega al extremo de ver una república perfecta, en el hecho de que un gobierno de entonces haya logrado la perfección resumida en dos bandos políticos que tienen libertad para hacerse trampas a la recíproca, en la justicia apreciada como la posibilidad de contar los factores políticos con la garantía de tirarse entre sí el mismo número de zancadillas. Una democracia y una equidad para las trampas. Una ecuanimidad y una liberalidad para los fraudes. Tales son el adelanto y la excelencia que concede al experimento de 1830 y con los cuales se regocija.

Si concordarnos con la descripción, concluiremos, aunque sin felicitarnos, en que tal situación acaso sea el único puerto de la sociedad cuyos aspectos hemos tratado de desentrañar. Pero si recordamos cómo esa sociedad miró hacia horizontes más altos y se echó en el regazo de unas salvaciones con las cuales creyó abrir trochas para el advenimiento de la convivencia republicana y moderna, estaremos observando un proceso que terminó esperando que otros hombres hicieran una arquitectura más hospitalaria. Es probable que esa sociedad llegara a pensar en un hombre como Antonio Guzmán Blanco, quien parece satisfecho con un remiendo de las cosas, quien apenas se atreve a actuar como un vacilante componedor que debe mantenerse dentro de las supuestas líneas impuestas por la fatalidad de unas taras congénitas, o por la infancia demasiado dilatada del pueblo. Pero también ha debido anhelar otros actores cuya misión fue y ha sido la batalla por el establecimiento de una república cabal. ¿No era lo que reclamaban sus realidades, sus sueños y sus pesadillas? ¿No es el mandato de un credo cuyo contenido nadie se ha atrevido a negar, ni siquiera Guzmán Blanco, desde el período fundacional?

BIBLIOGRAFÍA

I. PIEZAS DE ARCHIVO

Archivo General de la Nación (AGN)

El Gobierno de la provincia de Carabobo al señor secretario de Estado del Dep. del Interior, Valencia, 27 de octubre de 1830. *AGN*, Interior y Justicia, tomo XIV, sección IV del A.N., fol. 63.
Estado de Venezuela, Caracas, 24 de agosto de 1831. *AGN*, Interior y Justicia, tomo XVI, fol. 333.
Eusebio Granados al secretario de Estado en el Despacho del Interior, 1 de febrero de 1831. *AGN*, Interior y Justicia, tomo XIX, fol. 19.
Eusebio Granados, de la provincia de Guayana, al secretario de Estado en el Despacho del Interior, Angostura, 1 de febrero de 1831. *AGN*, Interior y Justicia, tomo XIX, fol. 19.
Gabriel Paleza al gobernador de la provincia, Mérida, 24 de febrero de 1831. *AGN*, Interior y Justicia, fol. XIX, n.º 20.
Juan Ostos de López al Sor. gobernador de Caracas, Caracas, 20 de mayo de 1832. *AGN*, Interior y Justicia, tomo XXIV, fol. 13.
Petición de Curbelo Martín, Cuartel de Casanare, 1815. *AGN*, Intendencia del Ejército, tomo XXIV, hoja suelta.
Petitorios de tropas, Cúcuta, 1817. *AGN*, Intendencia del Ejército, tomo XXIV, fol. 2 vto.
Doña Luisa, viuda de Cárdenas, esposa de oficial que fue del Gral. Páez, al Sor. Ministro de lo Interior, Caracas, 11 de noviembre de 1832. *AGN*, Interior y Justicia, tomo XXV, fol. 98.

Correspondencia del jefe político del cantón Maturín, para el Sor. gobernador y para el Despacho de Interior y Justicia, Maturín, 22 de septiembre de 1833. *AGN*, Interior y Justicia, tomo XXIX, fol. 14.

Correspondencia de David Ten... *AGN*, Interior y Justicia, XXX, n.º 21, fol. 1 vto.

Comunicación de Pablo Urbaneja para el Sor. Presidente, Valencia, 10 de julio de 1832. *AGN*, Interior y Justicia, tomo XXX, fol. 90.

El Concejo Municipal de Maracaibo al Despacho de Hacienda, Maracaibo, 11 de marzo de 1836. *AGN*, Interior y Justicia, tomo XXX, fol. 201.

El jefe político de S. Fernando para el Sor. Ministro en los DD. del Interior, San Fernando de Apure, 22 de abril de 1832. *AGN*, Interior y Justicia, tomo XXXI, fol. 63.

José María Pereira al intendente del Ejército, *AGN*, Interior y Justicia, Tinaquillo, 8 de marzo de 1846, tomo XXXII, fol. 33.

Juan Millán al secretario de lo Interior, *AGN*, Interior y Justicia, Caracas, 14 de mayo de 1856, tomo XXXII, fol. 470.

Representación para el Exmo. Presidente de la República, Maracaibo, 4 de agosto de 1831. *AGN*, Interior y Justicia, XXXIV, n.º 70, fols. 4-4 vto.

El gobernador de Carabobo para el secretario del Interior, Valencia, 6 de marzo de 1842. *AGN*, Interior y Justicia, tomo XXXVI, fol. 46-47.

Carta de Sabino Pérez a Antonio Leocadio Guzmán, Maracay, 7 de enero de 1842. *AGN*, Interior y Justicia, XXXVIII, n.º 9, fol. 14 vto.

Correspondencia secreta para el secretario de la Guerra. *AGN*, Interior y Justicia, Cumaná, 25 de octubre de 1856, tomo XXXVIII, fols. 1-2.

Informe para el secretario de lo Interior, San Fernando, 9 de julio de 1834. *AGN*, Interior y Justicia, tomo XXXVII, n.º 4 vto.

La Diputación Provincial de Mérida al Exmo. secretario de lo Interior, Mérida, 7 de noviembre de 1831. *AGN*, Interior y Justicia, XXXVIII, n.º 9, fols. 20-22.

Correspondencia de Barcelona para el Despacho de Hacienda, Barcelona, 1 de agosto de 1842, *AGN*, Interior y Justicia, tomo XXXIX, fols. 24-25.

Juan Cruz para el Ministerio del Interior. *AGN*, Interior y Justicia, Trujillo, 9 de septiembre de 1846, tomo XXXIX, fol. 22 vto.

Nicolás Pérez a la Oficina Principal, Barcelona, 1 de junio de 1833. *AGN*, Interior y Justicia, fol. XXXIX, n.º 4.

Es requerido el Sor. gobernador, Cumaná, 20 de mayo de 1831. *AGN*, Interior y Justicia, tomo XL, fol. 11.

El jefe político de Barinas para el Sor. ministro de lo Interior, Barinas, 21 de junio de 1839. *AGN*, Interior y Justicia, tomo XL, fol. 33 vto.

Eulogio Mora para el Sor. gobernador de la Provincia, Caracas, 1 de octubre de 1839. *AGN*, Interior y Justicia, tomo XLI, fol. 55 vto.

F. Carmona al sr. secretario del Despacho del Interior, Barinas, 12 de marzo de 1840. *AGN*, Interior y Justicia, fol. XLI, n.º 3.

Solicitación al Exmo. Sor. Presidente, Barinas, 18 de junio de 1839. *AGN*, Interior y Justicia, tomo XLI, fol. 90.

Pedro León al gobernador de Caracas. *AGN*, Interior y Justicia, Valencia, 11 de junio de 1842, tomo XLIV, fol. 200.

Sobre el caso de Juan y Mario Barrios, Caracas, 2 de julio de 1842. *AGN*, Interior y Justicia, tomo XLIV, fol. 206.

Nota del Sor. ministro para proposición, Caracas, septiembre de 1842. *AGN*, Interior y Justicia, tomo XLVI, fol. 114.

Acuerdo de la Diputación Provincial, Caracas, 2 de octubre de 1831. *AGN*, Interior y Justicia, XLVI, n.º 49, fol. 3.

El Gob. de Maracaibo para el Sor. secretario de lo Interior, Maracaibo, 19 de febrero de 1835. *AGN*, Interior y Justicia, tomo XLVI, fol. 1.

Novedades de San Fernando, San Fernando de Apure, enero 10 de 1834. *AGN*, Interior y Justicia, XLVIII, n.º 10, fol. 9.

Comunicado de la Diputación Provincial de Caracas, Caracas, 30 de noviembre de 1840. *AGN*, Interior y Justicia, tomo XLIX, fols. 91-92.

Correspondencia de Tomás León, Valencia, 19 de abril de 1834. *AGN*, Interior y Justicia, XLIX, n.º 1, fol. 1.

El jefe político de la Asunción para el secretario del Interior, la Aunción 10 de julio de 1837. *AGN*, Interior y Justicia, tomo XLIX, fol. 90.

Juana Torres para el jefe político del cantón Caracas, Caracas, 1 de noviembre de 1840. *AGN*, Interior y Justicia, tomo XLIX, fol. 30.

Informe del Concejo Municipal del cantón Turmero, Turmero, 11 de marzo de 1832. *AGN*, Interior y Justicia, tomo LI, fol. 1.

José María Centeno pide abonos de los bienes de Rafael Castillo, Cumaná, 24 de marzo de 1832. *AGN*, Interior y Justicia, tomo LIV, fol. 299.

Del gobierno de Barcelona al Sor. Presidente de la República. *AGN*, Interior y Justicia, Barcelona, 18 de julio de 1832, tomo LVII, fol. 90.

Comunicación de Pablo Arroyo Pichardo al secretario de Estado en el Despacho de Interior y Justicia, Maracaibo, 3 de noviembre de 1836. *AGN*, Interior y Justicia, tomo LVIII, fol. 2.

De las fiebres intermitentes, Caracas, 4 de abril de 1832. *AGN*, Interior y Justicia, tomo LIX, fol. 378 y ss.

Acuerdo de la Diputación Provincial de Apure, Achaguas, 7 de diciembre de 1832. *AGN*, Interior y Justicia, tomo LIX, fol. 382.

Acuerdo de la Facultad Médica, Caracas, 12 de enero de 1832. *AGN*, Interior y Justicia, tomo LIX, fol. 249.

Informe del médico de ciudad, Hospital Público y de Caridad, Maracaibo, octubre 14 de 1832. *AGN*, Interior y Justicia, tomo LX, fol. 200.

La Diputación de Barcelona al señor secretario de Estado en el Despacho del Interior, Barcelona, 15 de septiembre de 1832. *AGN*, Interior y Justicia, tomo LX, fol. 382.

La Facultad Médica al Sor. secretario de lo Interior, Caracas, 9 de julio de 1832. *AGN*, Interior y Justicia, tomo LX, fol. 89.

Información del gobernador de Guayana, sobre sumaria instruida a Antonio Alcalá por padecer el mal de elefancia, Angostura, Jefatura Política Municipal, 30 de julio de 1832. *AGN*, Interior y Justicia, tomo LXI, folio 281.

El gobernador de Maracaibo al Sr. secretario en el Despacho del Interior, Maracaibo, 24 de septiembre de 1832. *AGN*, Interior y Justicia, tomo LXII, fol. 1.

Informe del médico de ciudad, Valencia, 7 de octubre de 1833. *AGN*, Interior y Justicia, tomo LXIII, fol. 99.

Correspondencia de Rafael Diego Mérida al secretario de lo Interior, Caracas, 11 de mayo de 1834. *AGN*, Interior y Justicia, LXIV, n.º 11, fol. 2 vto. Mérida fue un insurgente de carácter intempestivo, que no solo hizo enemigos entre los peninsulares. Su tendencia a las salidas extremas y al fomento de rumores en conventículos, le granjeó la animadversión de numerosos dirigentes republicanos.

Al Sor. secretario de Estado del D. del Interior, Coro, 30 de julio de 1833. *AGN*, Interior y Justicia, vol. LXVII, fol. 6.

Correspondencia de David Ten, del comercio de los Países Bajos, al secretario de lo Interior, Caracas, 22 de octubre de 1836. *AGN*, Interior y Justicia, LXX, n.º 20, fol. 1.

Expediente de la queja que presenta el ciudadano Julián Velásquez contra el juez letrado Antonio José Betancourt, Angostura, 22 de mayo de 1833. *AGN*, Interior y Justicia, tomo LXXI, fols. 179-182.

Inspección del gobernador a la cárcel de Angostura, Angostura, 27 de junio de 1833. *AGN*, Interior y Justicia, tomo LXXI, fols. 163-164.

Policía, noviembre de 1833. *AGN*, Interior y Justicia, tomo LXXIII, fols. 270-272.

La Diputación Provincial de Maracaibo para S.E. el gobernador, Maracaibo, 10 de octubre de 1832. *AGN*, Interior y Justicia, LXXIV, fol. 112.
Los foragidos de Puerto Cabello, Puerto Cabello, 20 de noviembre de 1833. *AGN*, Interior y Justicia, tomo LXXVII, fol. 14.
Diputación Provincial de Cumaná, Reglamento de las cárceles de la Provincia, Cumaná, enero de 1838. *AGN*, Interior y Justicia, tomo LXXVIII, fols. 83-90.
Comunicación de José López Carrillo al secretario de Estado en el Despacho de Interior y Justicia, Trujillo, 11 de junio de junio de 1838. *AGN*, Interior y Justicia, tomo LXXX, fol. 19.
El jefe político para el Sor. ministro en los DD. del Interior y J., Caracas, 9 de octubre de 1833. *AGN*, Interior y Justicia, tomo LXXX, fol. 17.
El Juzgado Primero de Cumaná consulta al Sor. ministro en los Despachos de lo Interior y J., Cumaná, 4 de octubre de 1833. *AGN*, Interior y Justicia, tomo LXXX, fol. 60.
Informe de Calabozo para el señor secretario de Estado en el Despacho del Interior, Caracas, 15 de enero de 1833. *AGN*, Interior y Justicia, tomo LXXXIII, fol. 131.
Remite el capitán Pedro Merchán, sobre el encierro de lázaros de la Villa de Cura, Villa de Cura, 19 de julio de 1833. *AGN*, Interior y Justicia, tomo LXXXIV, fol. 290.
Pedro Istúrriz para el Sor. ministro de lo Interior, Caucagua, 4 de agosto de 1837. *AGN*, Interior y Justicia, tomo LXXXV, fol. 270.
Informe de Pedro Estoquera, de la Corte Superior del Tercer Distrito Judicial, Valencia, 4 de octubre de 1836. *AGN*, Interior y Justicia, tomo LXXXIX, fol. 77.
Correspondencia del gobernador de Barcelona para el Sor. presidente, Barcelona, 20 de febrero de 1837. *AGN*, Interior y Justicia, tomo LXXXIX, fol. 44 vto.
Memoria que dirige el Dr. Ángel Santos al Sor. presidente por su encargo. *AGN*, Interior y Justicia, Caracas, 4 de noviembre de 1857, tomo LXXXIX, fols. 498-500.
Expediente seguido por el Sr. Pedro Meló al Sr. Simón Ramírez, por injurias, 1830. *AGN*, Archivo de Aragua, tomo XCIV, fols. 50-76.
Estado del matadero, Caracas, 11 de febrero de 1832. *AGN*, Interior y Justicia, tomo XCVII, fol. 55.

El gobernador de la Provincia de Maracaibo al Sor. secretario del Interior en el Despacho de Interior y Justicia, Maracaibo, 7 de julio de 1834. AGN, Interior y Justicia, tomo XCVIII, fols. 216-217.

Comunicación de Juana Josefa Machado y María Asunción Delgado al Sor. gobernador de Maracaibo, Villa de Perijá, 9 de abril de 1835. AGN, Interior y Justicia, tomo CVIII, fol. 110.

Petición ante la Corte Superior del Centro, Maracaibo, 23 de junio de 1835. AGN, Interior y Justicia, tomo CIX, fol. 9-11.

La Diputación de Portuguesa al Exmo. secretario de lo Interior, 1 de agosto de 1831. AGN, Interior y Justicia, CXII, n.º 31, fols. 14-15.

Acuerdo de la Diputación de Barquisimeto, Barquisimeto, 16 de noviembre de 1831. AGN, Interior y Justicia, CXII, n.º 22, fols. 7-10.

Minuta para el jefe del cantón, AGN, Interior y Justicia, tomo CXIV, fols. 402-403.

La Diputación Provincial de Cumaná al Exmo. secretario del ramo de lo Interior, Cumaná, 16 de julio de 1831. AGN, Interior y Justicia, CXV, n.º 19, fols. 118-120.

Funerales del Gral. Bolívar, Guanare, 10 de enero de 1837. AGN, Interior y Justicia, tomo CXVI, fol. 22.

Ángel Quintero al presidente de la República. AGN, Interior y Justicia, Valencia, 2 de agosto de 1831, tomo CXX, fol. 25.

Para el secretario de Estado en el Dpto. del Interior, Caracas, 4 de enero de 1838. AGN, Interior y Justicia, tomo CXXI, fol. 145.

José Uzcátegui al presidente de la República. AGN, Interior y Justicia, Mérida, 11 de marzo de 1834, tomo CXXII, fol. 301.

Informe sobre el establecimiento de escuelas de primeras letras en los cuerpos veteranos, según lo previene el Artículo 11 del Plan General de Estudios, AGN, Interior y Justicia, Caracas, 2 de abril de 1835, tomo CXXIII, n.º 2, fols. 22-24 vto.

Detalle de las persecuciones encargadas en Altagracia, Altagracia, 16 de noviembre de 1835. AGN, Interior y Justicia, CXXIV, n.º 2, fol. 2.

Escrito introducido por el fray Pedro de Oviedo, Caracas, 11 de marzo de 1836. AGN, Interior y Justicia, tomo CXXVIII, n.º 18, folio 304.

Comunicación del gobernador de Barcelona al secretario del Interior, Barcelona, 18 de febrero de 1836. AGN, Interior y Justicia, tomo CXXIX, fol. 398.

Esteban Acuña, alcalde primero interino, y [sic] Ignacio Figueredo, segundo del Concejo Municipal del Cantón de San Carlos, se dirijen [sic] al presidente de la República, San Carlos, 22 de febrero de 1836. *AGN*, Interior y Justicia, tomo CXXIX, n.º 62, fol. 446.

El gobernador de Maracaibo al Sor. ministro de lo Interior. *AGN*, Interior y Justicia, Maracaibo, 1 de mayo de 1839, Interior y Justicia, tomo CXXXIII, fol. 2.

Informe pedido sobre la policía, Guanare, 19 de agosto de 1831. *AGN*, Interior y Justicia, tomo CXXXIV, fols. 90-96.

Explicación de los bandidos, de Juan Pilar Pérez, comandante, Puerto Cabello, 1833. *AGN*, Guerra y Marina, tomo CXLI, n.º 6, fol. 98.

Carta de Pedro Larrazábal a Antonio Leocadio Guzmán, Guarenas, 28 de noviembre de 1843. *AGN*, Interior y Justicia, CXLII, n.º 28, fols. 34-35.

Carta de Asención González a Antonio Leocadio Guzmán, Sabaneta, 3 de julio de 1844. *AGN*, Interior y Justicia, CXLIX, n.º 2, fol. 9.

El gobernador de Trujillo para el secretario de lo Interior, *AGN*, Interior y Justicia, Trujillo, 16 de febrero de 1836, tomo CLI, fol. 19.

Resuelto de febrero 28 de 1839, Caracas, 28 de febrero de 1839. *AGN*, Interior y Justicia, tomo CLVI, fol. 380.

Don Juan Troncoso y N. para el Sor. gobernador, Caracas, 25 de abril de 1834. *AGN*, Interior y Justicia, tomo CLXX, fol. 142.

Oficio del gobernador de Barquisimeto sobre unos libros parroquiales, Barquisimeto, 26 de mayo de 1838. *AGN*, Interior y Justicia, tomo CLXXIII, fol. 236.

El jefe político de San Fernando de Apure para el Sor. secretario en el despacho de Interior, Achaguas, 28 de julio de 1838. *AGN*, Interior y Justicia, tomo CLXXV, fol. 285.

Relación de Semana Mayor, Caracas, 27 de abril de 1835. *AGN*, Interior y Justicia, tomo CLXXV, p. 33.

Informe sobre presidios urbanos, Caracas, 9 de agosto de 1838. *AGN*, Interior y Justicia, tomo CLXXVI, fol. 105 y ss.

La Diputación Provincial de Coro, Acuerdo de cárceles y presidio urbano de esta capital, Coro, 1835. *AGN*, Interior y Justicia, tomo CLXXVI, fols. 142-143.

Comunicación del jefe político de Guanare, *AGN*, Interior y Justicia, 9 de septiembre de 1839, tomo CLXXVIII, fol. 119.

Aviso de la Jefatura Política del Cantón Caracas, Caracas, 20 de enero de 1839. *AGN*, Interior y Justicia, tomo CLXXXIV, fol. 166.

Br. Manrique a la Jefatura Política del Cantón Caracas, Maracaibo, 20 de enero de 1839. *AGN*, Interior y Justicia, tomo CLXXXIV, fol. 166.

Copia del expediente remitido a la Corte Superior de Justicia del Segundo Distrito Judicial, Caracas, 23 de marzo de 1839. *AGN*, Interior y Justicia, tomo CLXXXVI, fols. 153-154.

Remitido de particulares para el Sor. ministro en los DD. de lo Interior y Justicia, Caracas, 25 de junio de 1836. *AGN*, Interior y Justicia, tomo CLXXXIX, fol. 144.

Papeles sobre sucesos de Achaguas, San Fernando de Apure, 20 de mayo de 1840. *AGN*, Interior y Justicia, tomo CCXI, fol. 288.

El juez primero de Mérida para el Sor. ministro de lo Interior y Justicia, Mérida, 16 de mayo de 1840. *AGN*, Interior y Justicia, tomo CCXII, fol. 69.

El jefe político de Guanare para el Sor. secretario en los DD de lo Interior y Justicia, Guanare, 1 de julio de 1840. *AGN*, Interior y Justicia, tomo CCXIX, fol. 71.

«Observación de la limpieza de la ciudad de Caracas», Caracas, octubre de 1840. *AGN*, Interior y Justicia, tomo CCXXI, fols. 60-61.

Repetición de carta del capitán Cruz Mendoza al presidente de la Diputación, para ser vista en Caracas, Barcelona Americana, 17 de junio de 1838. *AGN*, Guerra y Marina, tomo CCXXII, n.º 8, fols. 11- 12.

Circular del secretario de Estado, Valencia, enero 25 de 1841. *AGN*, Interior y Justicia, tomo CCXXII, fol. 383.

El primer Circuito de Barinas para el Sor. secretario en los despachos del Interior, Barinas, 30 de abril de 1841. *AGN*, Interior y Justicia, tomo CCXXVI, fol. 445.

El gobernador de la Provincia de Barquisimeto, consulta lo que debe hacerse cuando en una parroquia no se encuentran individuos aptos para comisarios de policía. *AGN*, Barquisimeto, 29 de enero de 1841, tomo CCXXVIII, fol. 414.

Del Gobierno de la Provincia de Barquisimeto, al secretario del Interior. Consulta una medida para el tambor. *AGN*, Interior y Justicia, Barquisimeto, 9 de junio de 1841, tomo CCXXX, fol. 428.

Denuncia de S. Fernando, Caracas, 14 de mayo de 1841. *AGN*, Interior y Justicia, tomo CCXXX, fol. 400.

Informe del comandante José Ardizábal para el Concejo Municipal, Caracas, 11 de agosto de 1840. *AGN*, Interior y Justicia, tomo CCXXX, fols. 5-6.

Resuelto: Dígase al Gobierno de Barquisimeto, Caracas, 31 de marzo de 1841. *AGN*, Interior y Justicia, tomo CCXXX, fol. 31.

Correspondencia de Ángel Francisco Casanova para el presidente de la República, Maracaibo, 25 de julio de 1841. *AGN*, Interior y Justicia, tomo CCXXXV, fols. 176-177 y ss.

Exámenes en la Provincia de Barcelona, Barcelona, 1 de julio de 1841. *AGN*, Interior y Justicia, tomo CCXXXV, fol. 251 y ss.

Resolución de la Junta de Sanidad en el caso de Ángel Francisco Casanova, Maracaibo, 25 de julio de 1841. *AGN*, Interior y Justicia, tomo CCXXXV, folio 176.

Correspondencia del gefe [sic] político de Guanare, Guanare, 4 de septiembre de 1848. *AGN*, Interior y Justicia, tomo CCXXXVI, fol. 57 vto.

El Gobierno de la Prov. de Barcelona consulta sobre el tratamiento que deba darse a los jueces de Primera Instancia, Barcelona, 9 de septiembre de 1841. *AGN*, Interior y Justicia, tomo CCXXXVII, folio 15.

Billete del gefe [sic] político para el Sor. gobernador, Barquisimeto, 4 de noviembre de 1848. *AGN*, Interior y Justicia, tomo CCXXXVIII, fol. 12.

El jefe político notifica al Sor. gobernador, Caracas, 1 de mayo de 1842. *AGN*, Interior y Justicia, tomo CCXLI, fol. 340 vto.

Oficio de Juan María Alcalá para el Sor. secretario en los Despachos de lo Interior y Justicia, Cumaná, 4 de agosto de 1841. *AGN*, Interior y Justicia, tomo CCXLI, fol. 193.

Duplicado de correspondencia de José de Moreno para el gobernador de Maracaibo, Caracas, 2 de diciembre de 1841. *AGN*, Interior y Justicia, tomo CCXLII, fol. 90.

El jefe político del cantón Caracas para el Sor. secretario en los Despachos de lo Interior, Caracas, 22 de julio de 1841. *AGN*, Interior y Justicia, tomo CCXLII, fol. 27.

Resumen del procurador municipal de Ocumare, Caracas, 12 de enero de 1841. *AGN*, Interior y Justicia, tomo CCXLIII, fol. 189.

La Diputación Provincial de Barinas Decreta, Barinas, 13 de diciembre de 1841. *AGN*, Interior y Justicia, tomo CCXLV, fol. 304 y ss.

Ordenanza de Caminos de Barinas, 1841. *AGN*, Interior y Justicia, tomo CCXLV, fol. 301.

Gobierno de la Provincia de Cumaná, n.º 19. *AGN*, Interior y Justicia, tomo CCXLVI, fol. 314.

Comunicación sobre Tiznados, Palacio del Arzobispo, Caracas, 19 de marzo de 1842. *AGN*, Interior y Justicia, tomo CCXLVII, fol. 162.

Para el Sor. secretario de Estado en los DD. de Interior y Justicia, Valencia, 19 de enero de 1842. *AGN*, Interior y Justicia, tomo CCXLVII, fol. 53.

Correspondencia de Lázaro Blanco, Caracas, 2 de mayo de 1842. *AGN*, Interior y Justicia, tomo CCXLIX, fol. 137.

Colegio Nacional de Barcelona, Barcelona, 4 de agosto de 1842. *AGN*, Interior y Justicia, tomo CCLII, fol. 326.

Estado de los ríos, Caracas, 10 de noviembre de 1842. *AGN*, Interior y Justicia, tomo CCLX, fol. 22.

El asunto de las cárceles de Valencia y Puerto Cabello, con las novedades de procedimientos. Caracas, 11 de noviembre de 1848. *AGN*, Interior y Justicia, tomo CCLXXII, fols. 40-99.

Señor secretario de Estado en los Despachos de lo Interior y Justicia, Barcelona, 31 de agosto de 1844. *AGN*, Interior y Justicia, tomo CCCVIII, fol. 8-9.

Proyecto de ley reformatoria de la que señaló sueldos a los altos funcionarios empleados de las secretarías del Despacho, 5 de abril de 1848. *AGN*, Interior y Justicia, tomo CCCXXI, fols. 326-328.

Carta de Julián Acevedo, gefe [*sic*] político, para el Sor. gobernador, Calabozo, 16 de febrero de 1847. *AGN*, Interior y Justicia, tomo CCCXLV, fol. 11.

Decreto de la Diputación Provincial de Trujillo, Trujillo 7 de diciembre de 1847. *AGN*, Interior y Justicia, tomo CCCXLV, fol. 300.

Concepción Ibarra se queja de la Junta Cantonal de Caracas. *AGN*, Interior y Justicia, tomo CCCLI, fols. 102 y ss.

República de Venezuela, Gobierno de la Provincia de Carabobo, n.º 1.758, Valencia, 24 de diciembre de 1847. *AGN*, Interior y Justicia, tomo CCCLIX.

Consulta del administrador de la Aduana de Cumaná al señor secretario de E. en el Despacho de Hacienda, Cumaná, febrero 26 de 1848. *AGN*, Interior y Justicia, tomo CCCLXVIII, fol. 115.

Secretaría del Interior. Presupuesto de sueldos de sus empleados y gastos de escritorio del presente mes, Caracas, marzo 31 de 1848. *AGN*, Interior y Justicia, tomo CCCLXX, folio 437.

Correspondencia del jefe político para el Sor. secretario en el D. del Interior y Justicia, Cumaná, 25 de abril de 1848. *AGN*, Interior y Justicia, tomo CCCLXXII, fol. 3.

El gobernador de Carabobo ante lo ocurrido en el Cantón de Ocumare, respecto a individuos que padecen el Mal de Lázaro, Valencia, 3 de junio de 1848. *AGN*, Interior y Justicia, tomo CCCLXXV, fol. 131.

Informe del gobernador de Carabobo sobre casos de Lázaro en Ocumare de la Costa, Valencia, 3 de junio de 1848. *AGN*, Interior y Justicia, tomo CCCLXXV, fol. 131.

Provincia del Guárico, Don Andrés Level de Goda para el señor secretario en los DD del Interior y Justicia, Calabozo, 25 de noviembre de 1848. *AGN*, Interior y Justicia, tomo CCCLXXXII, fol. 284.

El 28 de octubre. *AGN*, Interior y Justicia, tomo CCCLXXXVI, fol. 192.

José Tomás Machado al presidente de la República, *AGN*, Interior y Justicia, Ciudad Bolívar, 18 de enero de 1849, tomo CCCLXXXVN, fol. 314.

El jefe político del cantón Barquisimeto para el Sor. gobernador. Barquisimeto, 2 de mayo de 1849. *AGN*, Interior y Justicia, tomo CCCXCI, fol. 200.

Informe sobre el matadero principal, Caracas, 1 de marzo de 1849. *AGN*, Interior y Justicia, tomo CCCXCI, fol. 368 vto.

Ley de Fiestas Nacionales, Caracas, 14 de marzo de 1849. *AGN*, Interior y Justicia, tomo CCCXCI, fol. 392.

Oficio sobre hospitales de Guayana, Ciudad Bolívar, 5 de febrero de 1849. *AGN*, Interior y Justicia, tomo CCCXCI, fol. 4.

J.C. Vetancourt al secretario de Estado en los DD. del Interior y Justicia, Cumaná, 10 de abril de 1849, *AGN*, Interior y Justicia, tomo CCCXCIII, fol. 1.

Informe de G. Villafañe al señor secretario de E. en los DD de Interior, Mérida, 12 de agosto de 1849. *AGN*, Interior y Justicia, tomo CCCXCVI, fols. 2-4.

Para el Sor. presidente de la República, Maracaibo, 20 de septiembre de 1849. *AGN*, Interior y Justicia, tomo CDII, fol. 102.

Del jefe político de La Guaira para el secretario de lo Interior y Justicia, Caracas, 19 de septiembre de 1849. *AGN*, Interior y Justicia, tomo CDIV, fol. 99.

Se envía la copia de la medida sobre ropa de las mujeres, con copia del sínodo sobre trages indesentes [*sic*], Mérida, 4 de mayo de 1849. *AGN*, Interior y Justicia, tomo CDV, fol. 11.

El Gobierno Superior Político de la Provincia de Guayana, para el secretario de Estado en los Despachos de Interior y Justicia, Ciudad Bolívar, 17 de octubre de 1849. *AGN*, Interior y Justicia, tomo CDVII, folio 25.

Medicatura de Ciudad. Informe para el señor gobernador, presidente de la Junta Superior de Sanidad de esta Provincia, Ciudad Bolívar, 30 de noviembre de 1849. *AGN*, Interior y Justicia, tomo CDVII, fol. 270.

El alcalde de Barinitas consulta y pide tambor. *AGN*, Interior y Justicia, Barinitas, 18 de febrero de 1849, tomo CDVIII, fol. 11.

La Diputación Provincial de Caracas Resuelve, Caracas, 14 de noviembre de 1849. *AGN*, Interior y Justicia, tomo CDVIII, fol. 172.

Correspondencia del gobernador de Barcelona al secretario del Interior. *AGN*, Interior y Justicia, Barcelona, 27 de agosto de 1849, tomo CDIX, fol. 24.

Ramón Rodríguez noticia sobre el Concejo de San Cristóbal, San Cristóbal, 8 de enero de 1850. *AGN*, Interior y Justicia, tomo CDIX, fol. 12.

Informe para la navegación, 12 de septiembre de 1850. *AGN*, Interior y Justicia, tomo CDX, fol. 176.

Manuel de la Plaza al secretario de Estado en el Despacho del Interior, 16 de febrero de 1839. *AGN*, Interior y Justicia, CDXII, fol. 71.

Dígase al Sor. gobernador de Barquisimeto, Caracas, 16 de febrero de 1859. *AGN*, Interior y Justicia, tomo CDXIII, fol. 14-15.

Manuel de la Plaza al secretario del Estado en el Despacho del Interior, Caracas, 2 de noviembre de 1850. *AGN*, Interior y Justicia, tomo CDXXXIII, fol. 70.

Correspondencia interferida y recogida de Barquisimeto, Barquisimeto, 2 de agosto de 1850. *AGN*, Interior y Justicia, tomo CDLI, fol. 24.

Informe sobre los empleados de Justicia, Caracas, 30 de mayo de 1849. *AGN*, Interior y Justicia, tomo CDLXX, fol. 70.

Cumplimiento de resoluciones sobre el 24 de enero de 1848, febrero de 1853. *AGN*, Interior y Justicia, tomo CDLXXVII, fols. 71-72.

Jefatura Política del Cantón Santa Lucía, al Sor. gobernador de la Provincia. *AGN*, Interior y Justicia, Santa Lucía, 8 de febrero de 1853, tomo CDLXXVII, fols. 353-353 vto.

Pedro Bosque sobre irregularidades del médico de sanidad, La Guaira, 21 de febrero de 1853. *AGN*, Interior y Justicia, tomo CDLXXVIII, fols. 264-264 vto.

Al secretario de Estado del Despacho de Hacienda, Caracas, 7 de marzo de 1853. *AGN*, Interior y Justicia, tomo CDLXXIX, fols. 401-405 vto.

Informe de la Municipalidad de Obispos, indicando mejoras en algunos ramos de la administración. *AGN*, Interior y Justicia, Obispos, 23 de febrero de 1853, tomo CDLXXIX, n.º 1, fol. 3 vto.

Circular para los gobernadores provinciales, Caracas, 14 de marzo de 1853. *AGN*, Interior y Justicia, tomo CDLXXX, fols. 186-187.

El jefe político del cantón para el señor gobernador y jefe superior, Caracas, 15 de marzo de 1853. *AGN*, Interior y Justicia, tomo CDLXXX, fol. 209-209 vto.

Gefatura Política del Cantón La Guaira, al Sr. Gob. de la Provincia de Caracas, La Guaira, 18 de marzo de 1853. *AGN*, Interior y Justicia, tomo CDLXXX, fols. 278-291.

Informe de Juan Nepomuceno Urdaneta sobre salubridad en Trujillo, Trujillo, 14 de marzo de 1853. *AGN*, Interior y Justicia, tomo CDLXXX, fol. 156 y ss.

Informe del Cuartel de Serenos, Caracas, 16 de marzo de 1853. *AGN*, Interior y Justicia, tomo CDLXXX, fol. 238.

Oficio para el Sor. gobernador, Valencia, 16 de febrero de 1853. *AGN*, Interior y Justicia, tomo CDLXXX, fol. 88.

El jefe político informa sobre condiciones de la cárcel, Barquisimeto, 8 de abril de 1853. *AGN*, Interior y Justicia, tomo CDLXXXI, fols. 347-348.

Medidas del gobernador de Carabobo para la armonía de los vecinos de Nirgua, Valencia, 2 de abril de 1853. *AGN*, Interior y Justicia, tomo CDLXXXI, n.º 124, fols. 349-353.

Expediente sobre cárcel y detenimientos de San Cristóbal, San Cristóbal, 9 de noviembre de 1853. *AGN*, Interior y Justicia, tomo CDLXXXII, fol. 201.

El Concejo Municipal de Yaritagua para el señor gobernador de la Provincia, Yaritagua, 7 de enero de 1856. *AGN*, Interior y Justicia, tomo DLXXVII, fol. 202.

Acuerdo del Concejo Municipal de Caracas, Caracas, 5 de febrero de 1856. *AGN*, Interior y Justicia, tomo DLXXIX, fol. 38.

Expediente relativo a que el Dr. Felipe Jiménez pretende que se declare texto forzoso y preferente en las Universidades y colegios su traducción de la Historia de Derecho Romano, por M. Ch. Giraud, *AGN*, Interior y Justicia, 1856, tomo DLXXIX, fol. 234.

Para el orden en la Iglesia, Maracaibo, 10 de enero de 1856. *AGN*, Interior y Justicia, tomo DLXXIX, fol. 60.

Sobre la aparición del cólera en la Provincia de Barcelona, para el Sr. secretario de E. en los DD del Interior y Justicia, Barcelona, 10 de febrero de 1856. *AGN*, Interior y Justicia, tomo DLXXIX, fol. 101.

Oficio sobre el tema de la cárcel, para el secretario de E, en los DD del Interior y Justicia, Caracas, 16 de mayo de 1856. *AGN*, Interior y Justicia, tomo DLXXX, fol. 290.

República de Venezuela, Gobierno Superior Político de la Provincia, n.º 24, Barinas, 3 de marzo de 1856. *AGN*, Interior y Justicia, tomo DLXXX, fol. 400.

El alcalde T. Arbisu, recomienda y ruega, Valencia, 11 de mayo de 1841. *AGN*, Interior y Justicia, tomo DLXXXI fol. 124.

Oficio de Pascual León para el Sr. secretario de E. en los DD de lo Interior, Mérida, 22 de abril de 1856. *AGN*, Interior y Justicia, tomo DLXXXIII, folio 312.

El gobernador de Maracaibo para el secretario de lo Interior, Maracaibo, febrero 11 de 1856. *AGN*, Interior y Justicia, tomo DLXXXV, fol. 122.

Comunicación del Valle de Nuestra Sra. Pascual, para el presidente de la República. *AGN*, Interior y Justicia, 14 de mayo de 1840, Interior y J.

Archivo Arquidiosesano de Caracas (AAC).

Episcopales, legajo 37.

Matrimoniales, legajos 150, 200, 290.

II. HEMEROGRAFÍA

Correo de Caracas, Caracas, 1839-1840.
Crónica Eclesiástica de Venezuela, Caracas, 1855-1857.
Diario de Avisos, Caracas, 1837-1856.
Eco de la Juventud, Maracaibo, 1858.
El Ateneo, Caracas, 1854.
El Canastillo de Costura, Caracas, 1826.
El Candelariano, Caracas, 1851.
El Conciso, Caracas, 1836-1843.
El Constitucional de Caracas, Caracas, 1836.
El Diablo Asmodeo, Caracas, 1850.
El Foro, Caracas, 1858.
El Liberal, Caracas, 1837-1847.
El Manzanares, Cumaná, 1843.
El Mercurial, Valencia, 1831.
El Monitor Industrial, Caracas, 1858-1859.
El Mosaico, Caracas, 1854.
El Nacional, Caracas, 1837-1838.
El Porvenir, Caracas, 1841.
El Promotor, Caracas, 1843.
El Repertorio, Caracas, 1845.
El Venezolano, Caracas, 1840-1846.
El Vigía de Occidente, 1859.

El Vigía, La Guaira, 1846.
Gaceta Constitucional de Caracas, Caracas, 1831-1832.
Gaceta de Carabobo, Valencia, 1838.
Gaceta de Venezuela, Valencia, 1831-1833.
La Bandera Nacional, Caracas, 1838-1839.
La Esperanza, Caracas, 1857.
La Estrella, Caracas, 1849.
La Guirnalda, Caracas, 1837-1840.
La Oliva, Caracas, 1836.
Los Venezolanos, Caracas, 1832.
Prensa Ministerial, Caracas, 1855.

III. ARTÍCULOS Y ANUNCIOS EN LA PRENSA

«Aseo público», *El Liberal*, n.º 77, Caracas, 7 de marzo de 1842.
«Al ilustrado buen gusto venezolano», *El Venezolano*, n.º 75, Caracas, 10 de noviembre de 1841, p. 1.
«Al buen gusto», *El Liberal*, n.º 533, Caracas, febrero de 1845.
«Álbum. Almacén de Modas», *La Guirnalda*, n.º 9, Caracas, 20 de enero de 1840.
«Álbum», *La Guirnalda*, n.º 2, Caracas, 1 de agosto de 1839.
«Almacén de Música de Eduardo Peyer», *El Venezolano*, n.º 18, Caracas, 7 de diciembre de 1840.
«Año 1845. Gefatura Política de Calabozo a cargo del Sr. Antonio Abreu», *El Venezolano*, n.º 275, Caracas, 9 de abril de 1845.
«Anuncios», *Diario de Avisos*, n.º 3, Caracas, 5 de diciembre de 1837.
«Arbitrariedades», *El Liberal*, Caracas, 7 de junio de 1845.
«Arranques de policía», *El Venezolano*, n.º 93, Caracas, 1 de febrero de 1842.
«Atentado escandaloso cometido por el Juez de Primera Instancia de San Felipe José Joaquín Freites», *El Venezolano*, n.º 131, Caracas, 13 de septiembre de 1842.
«Aviso», *El Conciso*, n.º 31, Caracas, 20 de febrero de 1837.
«Aviso», *El Conciso*, n.º 102, Caracas, 14 de mayo de 1836.
«Aviso», *El Conciso*, n.º 24, Caracas, 13 de febrero de 1837.
«Aviso. Retratos al Daguerrotipo», *El Ateneo*, n.º 3, Caracas, 3 de julio de 1854.
«Aviso», *El Vigía*, n.º 153, La Guaira, 6 de enero de 1846.
«Avisos. Arado», *El Venezolano*, n.º 62, Caracas, 9 de agosto de 1841.

«Avisos», *El Venezolano*, n.º 107, Caracas, 3 de mayo de 1842.
«Avisos. Policía», *El Promotor*, n.º 27, Caracas, 24 de octubre de 1843.
«Baratillo», *El Venezolano*, n.º 158, Caracas, 31 de enero de 1843.
«Bolívar», *El Venezolano*, n.º 29, Caracas, 8 de febrero de 1841.
«Caballos», *El Liberal*, Caracas, n.º 49, 18 de abril de 1837.
«Caminos», *El Liberal*, n.º 191, Caracas, 24 de diciembre de 1839.
«Caminos», *El Venezolano*, n.º 64, Caracas, 23 de agosto de 1841.
«Cañería de agua sucia», *Diario de Avisos*, n.º 12, Caracas, 27 de febrero de 1856.
«Cárceles», *El Candelariano*, n.º 77, Caracas, 5 de noviembre de 1851.
«Cargas concejiles», *El Conciso*, n.º 1, Caracas, 20 de enero de 1837.
«Cargas concejiles», *El Conciso*, n.º 2, Caracas, 21 de enero de 1837.
«Cargas concejiles», *El Conciso*, n.º 2, Caracas, 21 de enero de 1837.
«Cargas concejiles», *El Conciso*, n.º 5, Caracas, 24 de enero de 1837.
«Carta», *El Liberal*, n.º 39, Caracas, 17 de enero de 1837.
«Catecismo de Economía Doméstica», *El Liberal*, n.º 576, Caracas, 13 de diciembre de 1845.
«Chaguaramal de Perales», *El Liberal*, n.º 240, Caracas, 15 de noviembre de 1840.
«Cimenterio», *El Venezolano*, n.º 140, Caracas, 25 de octubre de 1842.
«Ciudad de Cura», *El Promotor*, n.º 31, Caracas, 20 de noviembre de 1843.
«Coche de vapor», *El Venezolano*, 21 de diciembre de 1840, p. 1.
«Coches de paseo», *El Venezolano*, n.º 73, Caracas, 2 de noviembre de 1841.
«Código Moral del Doctor Franklin», *El Nacional*, n.º 82, Caracas, 29 de octubre de 1837.
«Colegio de la Independencia», *El Liberal*, n.º 122, Caracas, 11 de septiembre de 1838.
«Colegio de la Independencia», *El Liberal*, n.º 267, Caracas, 27 de abril de 1841.
«Colegio de la Independencia. Exámenes Públicos», *El Conciso*, n.º 65, Caracas, 20 de marzo de 1837.
«Colegio de la Independencia. Exámenes Públicos», *El Liberal*, n.º 46, Caracas, 4 de abril de 1837.
«Colegio de la Independencia», *El Liberal*, n.º 177, Caracas, 17 de septiembre de 1839.
«Colegio de S. Luis de Cura», *El Promotor*, n.º 17, Caracas, 14 de agosto de 1843.
«Colegio de Vargas», *El Foro*, n.º 158, Caracas, 27 de agosto de 1858.
«Colegio Roscio», *El Promotor*, n.º 2, Caracas, 1 de mayo de 1843.

«Colonia la Riqueza», *El Mosaico*, Caracas, Imprenta de Félix Bigott, 1854.
«Con colores naturales», *El Diablo Asmodeo*, Caracas, 30 de mayo de 1850.
«Correos», *El Liberal*, n.º 188, Caracas, 3 de diciembre de 1839.
«Costumbres de Barullópolis», *El Mosaico*, enero de 1854.
«Costumbres», *El Mosaico*, Caracas, 1854.
«Costumbres. El Elegante», *La Esperanza*, Caracas, 1 de diciembre de 1857.
«Crónica del Teatro», *El Liberal*, Caracas, 14 de enero de 1842.
«Crónica del Teatro», *El Liberal*, Caracas, 4 de enero de 1842.
«Crónica. Exámenes Públicos», *Eco de la Juventud*, n.º 18, Maracaibo, 20 de junio de 1858.
«De las mujeres en la familia», *Crónica Eclesiástica de Venezuela*, n.º 30, Caracas, 3 de octubre de 1855.
«De las mujeres», *Crónica Eclesiástica de Venezuela*, n.º 30, Caracas, 3 de octubre de 1855.
«De Venta», *El Conciso*, n.º 69, Caracas, 1 de abril de 1837.
«De Venta», *El Promotor*, n.º 26, Caracas, 16 de octubre de 1843.
«Dictamen», *El Conciso*, n.º 53, Caracas, 14 de marzo de 1837.
«Diversiones», *El Mosaico*, Caracas, 1854.
«Editorial», *El Liberal*, n.º 581, Caracas, 17 de enero de 1846.
«Educación de niñas», *El Liberal*, n.º 126, Caracas, 9 de octubre de 1838.
«Educación popular en los Estados Unidos», *Prensa Ministerial*, n.º 13, Caracas, 7 de septiembre de 1855.
«Educación. Examen Público», *La Bandera Nacional*, n.º 63, Caracas, 9 de octubre de 1838.
El Canastillo de Costura, n.º 1, Caracas, 1826.
El Canastillo de Costura, n.º 2, Caracas, 1826.
«El entierro de Don Cosme», *El Mosaico*, Caracas, 1854.
«El Matrimonio», *Crónica Eclesiástica de Venezuela*, n.º 125, Caracas, 29 de julio de 1857.
«El prisionero de Santa Elena», *Gaceta Constitucional de Caracas*, n.º 10, Caracas, 28 de julio de 1831.
«El retrato y la cena», *La Guirnalda*, n.º 2, Caracas, 1 de agosto de 1839.
«Elíxir restaurador», *El Venezolano*, n.º 272, Caracas, 4 de marzo de 1845.
«Elíxir Tónico Antiflemático del Doctor Gillie», *El Venezolano*, n.º 141, Caracas, 1 de noviembre de 1842.
«Escándalos en La Victoria», *El Venezolano*, n.º 131, Caracas, 13 de septiembre de 1842; «Señor Redactor de El Venezolano», *Ibidem*, n.º 140, Caracas, 25 de octubre de 1842.

«Esgrima», *El Liberal*, n.º 553, Caracas, 5 de julio de 1845.
«Examen de niñas», *El Liberal*, n.º 85, Caracas, 26 de diciembre de 1837.
«Exámenes de las Escuelas Primarias», *El Venezolano*, n.º 82, Caracas 7 de diciembre de 1841.
«Exámenes Públicos», *El Nacional*, n.º 93, Caracas, 7 de enero de 1838.
«Exámenes», *El Venezolano*, n.º 24, Caracas, 11 de enero de 1840.
«Fallecimiento del Sr. Maneiro», *El Promotor*, Caracas, 9 de octubre de 1843, vol. I, n.º 25, p. 217.
«Filarmonía», *El Liberal*, n.º 542, Caracas, 25 de abril de 1845.
«Fisiología de la corbata», *El Vigía de Occidente*, n.º 12, 18 de julio de 1859.
«Fisiología del sombrero», *El Vigía de Occidente*, n.º 6, 26 de junio de 1859.
«Folletín. El Viernes Santo», *El Liberal*, Caracas, 27 de marzo de 1847.
«Gran lotería de 20.000 $», *El Liberal*, n.º 266, Caracas, 20 de abril de 1841.
«Hidrofobia», *Diario de Avisos*, n.º 4, Caracas, 6 de diciembre de 1837.
«Hidrofobia», *El Liberal*, n.º 73, Caracas, 3 de octubre de 1837.
«Impermeabilidad moral», *Correo de Caracas*, n.º 103, Caracas, 22 de diciembre de 1840.
«Instrucción Pública», *El Promotor*, n.º 8, Caracas, 12 de junio de 1843.
«Instrucción Pública», *El Venezolano*, n.º 12, Caracas, 2 de noviembre de 1840.
«Instrucción Pública», *Gaceta Constitucional de Venezuela*, Caracas, 24 de noviembre de 1831.
«Instrucción Pública. Necesidad del Estudio de la Historia Universal», *El Promotor*, n.º 7, Caracas, 5 de junio de 1843.
«Interior», *El Venezolano*, n.º 235, Caracas, 20 de octubre de 1840.
«Introducción», *La Oliva*, Caracas, 1 de enero de 1836, trimestre 1, n.º 1.
«La familia», *Crónica Eclesiástica de Venezuela*, n.º 127, Caracas, 12 de agosto de 1857.
«La Inmunidad», *El Promotor*, n.º 2, Caracas, 1 de mayo de 1843.
«La Polka», *El Liberal*, n.º 536, Caracas, 22 de marzo de 1845.
«Ley que señala los casos en que debe ser allanada la casa de un colombiano», *Gaceta de Venezuela*, Valencia, 30 de enero de 1831, n.º 4, p. 23.
«Ley estableciendo penas para el delito de detención arbitraria», *Los Venezolanos*, Caracas, 12 de mayo de 1832, n.º 1, trimestre 1.
«Ley Mercantil», *El Liberal*, n.º 89, Caracas, 23 de enero de 1838.
«Llamamos la atención de la autoridad», *El Monitor Industrial*, n.º 174, Caracas, 5 de abril de 1859.
«Los cometas y las mujeres», *Gaceta de Carabobo*, n.º 2, Valencia, 4 de febrero de 1838.

«Los Mártires», *El Liberal*, n.º 579, Caracas, 3 de enero de 1846.
«Lotería de 1.600 fuertes», *El Venezolano*, n.º 82, Caracas, 7 de enero de 1841.
«Loza y cristales», *El Venezolano*, n.º 51, Caracas, 31 de mayo de 1841.
«Manifestación», *El Liberal*, n.º 269, Caracas, 11 de mayo de 1841.
«Marrasquino de Zera», *El Venezolano*, n.º 20, Caracas, 14 de diciembre de 1840.
«Medicinas. Drogas», *El Monitor Industrial*, n.º 204, Caracas, 12 de marzo de 1858.
«Modas», *La Guirnalda*, n.º 2, Caracas, 1 de agosto de 1839.
«Modas», *La Guirnalda*, n.º 7, Caracas, 1 de diciembre de 1839.
«Modas. Vestidos para paseos y visitas», *La Guirnalda*, n.º 1, Caracas, 18 de julio de 1837.
«Moral», *La Guirnalda*, n.º 8, Caracas, 15 de diciembre de 1839.
«Música. A las señoras», *El Diablo Asmodeo*, Caracas, 30 de mayo de 1850.
«Música», *El Venezolano*, n.º 12, Caracas, 2 de noviembre de 1840.
«Otro Comunicado», *Gaceta Constitucional de Caracas*, Caracas, n.º 30, 28 de enero de 1832.
«Paralelo entre Washington y Bolívar», *Gaceta de Venezuela*, n.º 109, Caracas, 20 de febrero de 1833.
«Pesos y medidas», *El Conciso*, n.º 20, Caracas, 9 de febrero de 1837.
«Pianos», *El Monitor Industrial*, Caracas, 24 de enero de 1859.
«Píldoras de Morison», *El Venezolano*, n.º 12, Caracas, 2 de noviembre de 1840.
«Píldoras de Vida y Amargo de Phenix por Mofeat», *El Liberal*, n.º 93, Caracas, 20 de febrero de 1838.
«Policía», *El Venezolano*, n.º 40, Caracas, 5 de abril de 1841.
«Progresos de Venezuela», *El Liberal*, n.º 106, Caracas, 22 de mayo de 1838.
«Progresos de Venezuela», *El Liberal*, n.º 106, Caracas, 22 de mayo de 1838.
«Progresos», *El Liberal*, n.º 632, Caracas, 2 de enero de 1847.
«Prospecto», *Los Venezolanos*, Caracas, 12 de mayo de 1832, Trimestre 1, n.º 1.
«Protesta», *El Monitor Industrial*, n.º 235, Caracas, 18 de abril de 1858.
«Remitido», *El Constitucional de Caracas*, n.º 48, Caracas, 30 de noviembre de 1836.
«Remitidos. Sociedad Dramática», *El Liberal*, Caracas, 4 de enero de 1842.
«Remitidos. Sr. Redactor de El Venezolano», *El Venezolano*, n.º 56, Caracas, 5 de julio de 1841.
«Renuncia del Presidente del Estado», *La Oliva*, n.º 9, Caracas, 1 de mayo de 1836.

«República de Venezuela, Concejo Municipal, n.º 72», Caracas, 17 de abril de 1839, *Correo de Caracas*, n.º 16, Caracas, 23 de abril de 1839.
«Robo Escandaloso», *El Liberal*, n.º 544, 23 de abril de 1845.
«Sabios y caminos», *La Bandera Nacional*, Caracas, 4 de enero de 1839.
«Sección Administrativa. Gobierno Superior Político de la Provincia. Gefatura Política del Cantón», *El Venezolano*, n.º 8, Caracas, 19 de octubre de 1840.
«Sección Administrativa Provincial. Gefatura Política de Caracas. Policía», *El Venezolano*, n.º 3, Caracas, 7 de septiembre de 1840.
«Seguimos en las mismas», *La Estrella*, Caracas, 11 de febrero de 1849.
«Sentimientos del vulgo inocente o si se quiere culpable», n.º 4, Caracas, 24 de diciembre de 1831.
«Sobre la crisis», *El Manzanares*, n.º 12, Cumaná, 30 de mayo de 1843.
«Sobre la industria y sus relaciones con los progresos de la sociedad», *La Guirnalda*, n.º 9, Caracas, 25 de enero de 1840.
«Sobre un camino importante», *El Liberal*, n.º 141, Caracas, 12 de enero de 1839.
«Sociedad Dramática de Aficionados», *El Liberal*, Caracas, 25 de enero de 1842.
«Sociedad Progresista de Coro», *El Venezolano*, n.º 103, Caracas, 5 de abril de 1846.
«Sr. redactor del Liberal», *El Liberal*, n.º 199. Caracas, 18 de febrero de 1840.
«Teatro de Caracas», *Diario de Avisos*, n.º 39, Caracas, 2 de junio de 1855.
«Teatro», *El Venezolano*, n.º 274, Caracas, 29 de enero de 1845.
«Teatro», *El Constitucional de Caracas*, n.º 32, Caracas, 10 de agosto de 1836.
«Un amante del orden a los sancarleños», *El Liberal*, n.º 198, Caracas, 11 de febrero de 1840.
«Un Diario», *El Nacional*, n.º 79, Caracas, 1 de octubre de 1837.
«Un estudiante. Recuerdos de la Universidad», *El Mosaico*, Caracas, 1854.
«Un viaje a los Andes», *El Porvenir*, n.º 14, Caracas, 4 de noviembre de 1841.
«Utilidad de tener un banco», *El Liberal*, n.º 134, Caracas, 5 de noviembre de 1838.
«Variedades. Álbum de señoritas», *El Repertorio*, Caracas, marzo de 1845.
«Variedades», *El Conciso*, n.º 13, Caracas, 17 de julio de 1843, p. 109.

IV. IMPRESOS DE LA ÉPOCA

Acosta, Cecilio. *Obras Completas*, Caracas, Ediciones de la Casa de Bello, 1982, 3 vols.

Actas del Congreso Constituyente de 1830, Caracas, Ediciones del Congreso de la República, 1979, 2 vols.

Apéndices al Sínodo Diocesano de Santiago de León de Caracas, Estudio Preliminar de Manuel Gutiérrez de Arce, Caracas, Academia Nacional de la Historia, 1975, 2 vols.

Arbiol, Antonio. *Estragos de la lujuria y sus remedios conforme a las divinas escrituras y Santos Padres de la Iglesia*, México, Librería Religiosa Herrero Hermanos, 1897.

Arellano Moreno, Antonio (recopilador). *Memorias provinciales*, Caracas, Ediciones del Congreso de la República, 1973.

Bellermann, Ferdinand. *Diarios*, Caracas, Fundación Cisneros, Texto inédito con Estudio Preliminar de Helga Weissgärber, 2000.

Bolívar, Simón. *Doctrina del Libertador*, Prólogo de Augusto Mijares; Compilación, notas y cronología de Manuel Pérez Vila, Caracas, Biblioteca Ayacucho, 1976.

_____. *Obras completas*, Caracas, Librería Piñango, 1982, 3 vols.

Cajigal, Juan Manuel. *Escritos literarios y científicos*, Caracas, Imprenta Nacional, 1956.

Carreño, Manuel Antonio. *Manual de urbanidad y buenas maneras*, Bélgica, Imprenta de la Vda. de Ch. Bouret, 1897.

Castillo Lara, Lucas (recopilador). *Personajes y sucesos venezolanos en el archivo secreto vaticano (siglo XIX)*, Caracas, Academia Nacional de la Historia, 1998, 3 vols.

Castro, Francisco de. *Reformación cristiana. Así del pecador como del virtuoso*, Madrid, Librería de Ángel Calleja, 1853.

Codazzi, Agustín. *Resumen de la geografía de Venezuela*, Caracas, Biblioteca Venezolana de Cultura, 1940, 3 vols.

Espinosa, José Alberto. «Oración Fúnebre que en las exequias a los restos del Libertador, pronunció en Caracas el 17 de diciembre de 1842 el Dr. José Alberto Espinosa», Caracas, Imprenta de El Venezolano, 1843. *Ha muerto el Libertador*, Caracas, Universidad Central de Venezuela, 1980.

González, Juan Vicente. «Paz, libertad y progreso», en: *La Doctrina Conservadora, Juan Vicente González*, Colección Pensamiento Político Venezolano del siglo XIX, Caracas, Ediciones de la Presidencia de la República, 1961, vol. 2.

_____. «Mis exequias a Bolívar», Caracas, Imprenta de El Venezolano, 1842, en: *Ha muerto El Libertador*, Homenaje de la Universidad Central de Venezuela en el sesquicentenario de su muerte, Compilación de documentos y estudio preliminar por Ildefonso leal, Caracas, Ediciones del Rectorado de la UCV, 1980.

Guzmán Blanco, Antonio. «Polémica con Ricardo Becerra», Caracas, 20 de agosto de 1867. *Liberales y conservadores. Textos doctrinales*, Caracas, Presidencia de la República, Colección Pensamiento Político Venezolano del Siglo XIX, 1961, vol. 10.

Guzmán, Antonio Leocadio. «Exposición que dirige al Congreso de Venezuela en 1849 el secretario del Interior y Justicia», en: *La doctrina liberal. Antonio Leocadio Guzmán*, Caracas, Presidencia de la República, Colección Pensamiento Político Venezolano del Siglo XIX, 1961, vol. 6.

_____. «Memoria del Interior y Justicia» 1831, en: *La doctrina liberal. Antonio Leocadio Guzmán*, Caracas, Presidencia de la República, Colección Pensamiento Político del Siglo XIX, 1961, vol. 5.

Ker Porter, Robert. *Diario de un diplomático británico en Venezuela (1825-1842)*, Estudio Preliminar de Malcom Deas, Caracas, Fundación Polar, 1997.

Lander, Tomás. «Fragmentos semanales», noviembre de 1833, en: *La doctrina liberal. Tomás Lander*, Caracas, Presidencia de la República, Colección Pensamiento Político Venezolano del Siglo XIX, Caracas, 1961, tomo 4.

_____. «Fragmentos» n.º 8, noviembre de 1832, en: *La doctrina liberal. Tomás Lander*, Caracas, Presidencia de la República, Colección Pensamiento Político Venezolano del Siglo XIX, 1961, vol. 4.

_____. «Notas o apuntamientos», en: *La doctrina liberal, Tomás Lander*, Caracas, Presidencia de la República, Colección Pensamiento Político Venezolano del Siglo XIX, Caracas, 1961, vol. 4.

_____. «Fragmentos Número 12», Caracas, Imprenta de Tomás Antero, 1835, en: *La doctrina liberal. Tomás Lander*, Caracas, Presidencia de la República, Colección Pensamiento Político Venezolano del Siglo XIX, 1961 vol. 4.

_____. «Artículos de la Carta n.º 2», Caracas, 30 noviembre de 1833, en: *La doctrina liberal. Tomás Lander*, Col. Pensamiento Político Venezolano del Siglo XIX, Caracas, Ediciones de la Presidencia de la República, 1961, vol. 4.

_____. «Manual del Colombiano o explicación de la Ley Natural. Van añadidos los deberes y derechos de la Nación y del Ciudadano», en: *La doctrina liberal, Tomás Lander*, Caracas, Presidencia de la República, Colección Pensamiento Político Venezolano del Siglo XIX, Ediciones, 1962, vol. 4.

Leal, Ildefonso (recopilador). *Ha muerto El Libertador*, Caracas, Universidad Central de Venezuela, 1980.

Materiales para el estudio de la cuestión agraria en Venezuela, Estudio Preliminar de Germán Carrera Damas, Caracas, Universidad Central de Venezuela, 1973, vol. 1.

Montenegro y Colón, Feliciano. *Lecciones de buena crianza moral*, Caracas, s/e, 1841.

Mudie Spence, James. «La tierra de Bolívar», en: *La mirada del otro. Viajeros extranjeros en la Venezuela del siglo XIX*, Estudio Preliminar y recopilación de Elías Pino Iturrieta y Pedro Calzadilla, Caracas, Fundación Bigott, 1990.

Páez, José Antonio. *Autobiografía del general José Antonio Páez*, Caracas, Ediciones Antártida, 1969, 2 vols.

Páez, Ramón, *Escenas rústicas en sur América, o la vida en los llanos de Venezuela*, Caracas, Academia Nacional de la Historia, 1973.

Pelgrón, J.M. «Alocución, Memoria de la Sociedad Económica de Amigos del País», Caracas, 27 de diciembre de 1830; *Sociedad Económica de Amigos del País, Memorias y Estudios*, Caracas, Ediciones del Banco Central de Venezuela, 1958, vol. 1.

Querales, Juan Bautista, (compilador) *Soublette y la prensa de su época*, Caracas, Academia Nacional de la Historia, 1979.

Sociedad Económica de Amigos del País. *Memorias y estudios*, Caracas, Ediciones del Banco Central de Venezuela, 1958, 2 vols.

Toro, Fermín. «Descripción de los honores fúnebres consagrados a los restos del Libertador Simón Bolívar, en cumplimiento del Decreto Legislativo de 30 de abril de 1842», Caracas, Imprenta de Valentín Espinal, 1843, en: *Ha muerto El Libertador*, Caracas, Universidad Central de Venezuela, 1988.

_____. «Ideas y necesidades», en: *La doctrina conservadora. Fermín Toro*, Caracas, Presidencia de la República, Colección Pensamiento Político Venezolano del Siglo XIX, 1961, vol. 1.

_____. «Reflexiones sobre la ley de 10 de abril de 1834», en: *La doctrina conservadora. Fermín Toro*, Caracas, Presidencia de la República, Colección Pensamiento Político Venezolano del Siglo XIX, 1961, vol. 1.

Unos espectadores amantes del pudor, *Desfachatez de Eulogia Arocha, el día solemne del Viernes Santo*, Caracas, Imprenta de Tomás Antero, 1840.

Vargas, José María. «Discurso del Doctor José María Vargas, en la Sociedad Económica de Amigos del País, de la Provincia de Caracas», Caracas, 3 de febrero de 1833, en: *Liberales y conservadores. Textos doctrinales*, Caracas, Presidencia de la República, Colección Pensamiento Político Venezolano del Siglo XIX, 1961, tomo 10.

_____. «Discurso en la Sociedad Económica de Amigos del País, Junta General de 27 de diciembre de 1831», en: *Sociedad Económica de Amigos del País, Memorias y Estudios*, Caracas, Banco Central de Venezuela, tomo I.

Williamson, John. *Las comadres de Caracas*, Caracas, Academia Nacional de la Historia, 1973.

V. BIBLIOGRAFÍA AUXILIAR

Alberto Solange y Serge Gruzinski. *Introducción a la historia de las mentalidades*, México, Instituto Nacional de Antropología en Historia, 1979.

Alcibíades, Mirla. «Colegios privados para niños y niñas en la Caracas republicana (1830-1840): conductas, normas y pareceres», *Revista de pedagogía*, Caracas, Escuela de Educación de la Universidad Central de Venezuela, 1999, n.º 58.

Anino, Antonio. «Ciudadanía *versus* gobernabilidad republicana en México. Los orígenes de un dilema», en: *Ciudadanía política y formación de las naciones*, México, El Colegio de México-Fondo de Cultura Económica, 1999.

Antei, Giorgio. Mal de América: *Las obras y los días de Agustín Codazzi*, Bogotá, Museo Nacional y Caracas, Instituto Autónomo Biblioteca Nacional, 1993.

Appun, Karl F. «En los trópicos», en: *La mirada del otro. Viajeros extranjeros en la Venezuela del siglo XIX*, Estudio Preliminar y recopilación de Elías Pino Iturrieta y Pedro Calzadilla, Caracas, Fundación Bigott, 1993.

Arcaya, Pedro Manuel, *Estudios de sociología venezolana*, Caracas, Editorial Cecilio Acosta, 1941.

Arcila Farías, Eduardo. *Historia de la ingeniería en Venezuela*, Caracas, Colegio de Ingenieros de Venezuela, 1961.

Archila, Ricardo. *Historia de la medicina venezolana*, Caracas, Tipografía Vargas, 1953.

Armas Chitty, J.A. *Fermín Toro y su época*, Caracas, Ministerio de Educación, 1966.

Barran, José Pedro. *Historia de la sensibilidad en el Uruguay*, Montevideo, Ediciones de la Banda Oriental, Facultad de Humanidades y Ciencias, 1993, 2 vols.

_____. *Medicina y sociedad en el Uruguay del novecientos*, Montevideo, Ediciones de la Banda Oriental, 1993, 2 vols.

Brading, David. «La ciudad en la América borbónica: élite y masas», en: *Ensayos histórico-sociales sobre la urbanización en América Latina*, Buenos Aires, Ediciones Clacso-Siap, 1978.

Bushnell, David. *The Santander regime in Gran Colombia*, Univ. of Delaware Press, 1954.

Calcaño, José Antonio. *La ciudad y su música*, Caracas, Tipografía Vargas, 1958.

Camacho, Antonieta. «Salud, alimentación y mano de obra agrícola en la cuenca del lago de Valencia», en: *Historia de la salud en Venezuela*, Caracas, Fondo Editorial Tropykos-Conicit, 1999.

Capelletti, Ángel. *Positivismo y evolucionismo en Venezuela*, Caracas, Monte Ávila Editores, 1994.

Carmagnani, Marcelo. *Formación y crisis de un sistema feudal. América Latina del siglo XVI a nuestros días*, México, Siglo XXI, 1980.

Carrera Damas, Germán. *Temas de historia social y de las ideas*, Caracas, Universidad Central de Venezuela, 1969.

Castañeda, Carmen. «La formación de la pareja y el matrimonio», en: *Familias novohispanas. Siglos XVI al XIX*, México, El Colegio de México, 1991.

Clement, Jérôme. *Un homme en quête de vertu*, París, Grasset, 1992.

Cunill Grau, Pedro. *Geografía del poblamiento venezolano en el siglo XIX*, Caracas, Ediciones de la Presidencia de la República, 1987, 3 vols.

_____. *Venezuela*, Madrid, Biblioteca Iberoamericana, Anaya, 1988, vol. II.

Cunninghame, R. *José Antonio Páez*, Buenos Aires, Imprenta de López, 1959.

Chiaramonte, José Carlos. *Formas de sociedad y economía en Hispanoamérica*, México, Editorial Grijalbo, 1984.

Díaz, Fernando. *Caciques y caudillos*, México, El Colegio de México, 1972.

Díaz Sánchez, Ramón. *Guzmán, elipse de una ambición de poder*, Caracas, Edime, 1968.

Dorronsoro, Josune, *Pal Rosti: una visión de América Latina*, Caracas, Galería de Arte Nacional, 1983.

Drigalski, Wilhem. *Hombres contra microbios*, Barcelona, Editorial labor, s/f.

Duby, Charles. *L'Histoire continué*, París, Ed. O. Jacob, 1991.

Eastwick, «Venezuela, o apuntes sobre la vida en una república suramericana con la historia del empréstito de 1864» en: *La mirada del otro. Viajeros extranjeros en la Venezuela del siglo XIX*, Estudio Preliminar y recopilación de Elías Pino Iturrieta y Pedro Calzadilla, Caracas, Fundación Bigott, 1993.

Esparza, José. «Sobre el origen histórico del virus de la vacuna», en: *Historia de la salud en Venezuela*, Caracas, Fondo Editorial Tropykos-Conicit, 1999.

Fernández Heres, Rafael. *La educación venezolana bajo el signo de la Ilustración, 1770-1870*, Caracas, Academia Nacional de la Historia, 1995.

Floid, Mary. *Guzmán Blanco: la dinámica de la política del Septenio*, Caracas, Biblioteca Nacional, 1988.

Franceschi González, Napoleón. *Vida y obra del ilustre caraqueño don Feliciano Montenegro Colón*, Caracas, Ediciones de la Alcaldía de Caracas, 1994.

Frassato, Luigi. *Agustín Codazzi: biografía (1793- 1859)*, San Joaquín, Fondo Editorial M. Brito, 1995.

Gaos, José. *Historia de nuestra idea del mundo*, México, Fondo de Cultura Económica, 1973.

García Ponce, Antonio. *Los pobres de Caracas*, Caracas, Instituto Municipal de Publicaciones, 1995.

Giraldo Jaramillo, Gabriel. *Viajeros colombianos en Venezuela*, Bogotá, Imprenta Nacional, 1954.

Gilmore, Robert. *Caudillism and militarism in Venezuela*, Athens, Ohio, 1964.

Gil Fortoul, José. *El hombre y la historia*, Caracas, Ministerio de Educación, Colección Obras Completas, vol. IV.

_____. *Historia constitucional de Venezuela*, Caracas, Ministerio de Educación, Colección Obras Completas, vols I-III.

Gómez Tovar, Illiana. «La reacción de la iglesia católica ante la epidemia de viruela en la ciudad de Caracas entre 1763 y 1777», en: *Historia de la salud en Venezuela*. Caracas, Fondo Editorial Tropykos-Conicit, 1999.

Gonzalbo Aizpuru, Pilar y Cecilia Rabell. *Familia y vida privada en la historia de Iberoamérica*, México, El Colegio de México-UNAM, 1996.

González Deluca, María Elena. *Negocios y política en tiempos de Guzmán Blanco*, Caracas, Universidad Central de Venezuela, 1981.

González Guinán, Francisco. *Historia contemporánea de Venezuela*, Caracas, Ediciones de la Presidencia de la República, 1954, 15 vols.

González Stephan, Beatriz. «Modernización y disciplinamiento del espacio público y privado», en: *Esplendores y miserias del siglo XIX. Cultura y*

Sociedad en América Latina, Caracas, Monte Ávila Editores Latinoamericana, 1995.

Grases, Pedro, *Estudios bibliográficos*, Caracas, Ministerio de Educación, 1968, 2 vols.

Guerra, Francisco Javier. «El soberano y su reino. Reflexiones sobre la génesis del ciudadano», en: *Ciudadanía política y formación de las naciones*, México, El Colegio de México-Fondo de Cultura Económica, 1999.

Guerrero, Luis Beltrán. *Perpetua heredad*, Caracas, Ministerio de Educación, 1965.

Hernández Chávez, Alicia (coordinadora) *Cincuenta años de historia en México*, México, El Colegio de México, 1991, 2 vols.

Irazábal, Carlos, *Hacia la democracia*, Caracas, Catalá Ediciones, 1974.

Izard, Miguel. *El miedo a la revolución. La lucha por la libertad en Venezuela. 1777-1830*, Madrid, Editorial Tecnos, 1979.

Khon de Beker, Marisa. *Tendencias positivistas en Venezuela*, Caracas, Universidad Central de Venezuela, 1970.

Kuhn, T.S. *La estructura de las revoluciones científicas*, México, Fondo de Cultura Económica, 1990.

König, Hans Joachim. *En el camino hacia la nación*, Bogotá, Banco de la República, 1994.

Landaeta Rosales, Manuel. *Biografía del Valiente Ciudadano General Ezequiel Zamora*, Caracas, Oficina Central de Información, 1975.

Laski, H.J. *El Liberalismo europeo*, México, Breviarios del Fondo de Cultura Económica, 1961.

Leal, Ildefonso. *Nuevas crónicas de historia de Venezuela*, Caracas, Academia Nacional de la Historia, 1985, 2 vols.

Lisboa, Miguel María, «Relación de un viaje a Venezuela, Nueva Granada y Ecuador», en *La mirada del otro. Viajeros extranjeros en la Venezuela del siglo XIX*, Recopilación y Estudio Preliminar de Elías Pino Iturrieta y Pedro Calzadilla, Caracas, Fundación Bigott, 1993.

Lovera, José Rafael. *Codazzi y la Comisión Corográfica (1830-1841)*, Caracas, Instituto Autónomo Biblioteca Nacional, 1993.

_____. *Historia de la alimentación en Venezuela*, Caracas, Monte Ávila Editores Latinoamericana, 1988.

Lynch, John. *Las revoluciones hispanoamericanas*, Barcelona, Editorial Ariel, 1976.

Luna, José Ramón. *El positivismo en la historia del pensamiento venezolano*, Caracas, Editorial Arte, 1971.

Mcneill, William. *Plagas y pueblos*, Madrid, Siglo XXI, 1984.

Marciano, Rosario. *Teresa Carreño, compositora y pedagoga*, Caracas, Monte Ávila Editores Latinoamericana, 1971.

Martínez, David. «La incorporación de la vacuna antivariólica en Puerto Cabello en 1804», en: *Historia de la salud en Venezuela*, Caracas, Fondo Editorial Tropykos-Conicit, 1999.

Mieres, Antonio, *Ideas positivistas en Gil Fortoul y su historia*, Caracas, Universidad Central de Venezuela, 1981.

Milanca, Mario. *Teresa Carreño. Gira caraqueña y evocación*, Caracas, Cuadernos Lagoven, 1987.

Miliani, Domingo. *Tríptico venezolano*, Caracas, Fundación Promoción Cultural Venezolana, 1984.

Morón, Guillermo. *Historia de Venezuela*, Nueva York, Mells Co., 1963.

Mujica, Héctor. *La historia en una silla*, Caracas, Universidad Central de Venezuela, 1982.

Núñez, Enrique Bernardo. *La estatua de El Venezolano*, Caracas, Universidad Central de Venezuela, 1960.

_____. *Codazzi o la pasión geográfica*, Caracas, Universidad Central de Venezuela, 1961.

Núñez, Estuardo. «Lo latinoamericano en otras literaturas», en: *América Latina en su literatura*, Edición por César Fernández Moreno, México, Siglo XXI Editores, 1972.

Nuño, Alicia. *Ideas sociales del positivismo en Venezuela*, Caracas, Universidad Central de Venezuela, 1969.

Ocando Yamarte, Gustavo. *Historia político-eclesiástica de Venezuela (1830-1847)*, Caracas, Academia Nacional de la Historia, 1975, 2 vols.

Pacheco, Alfredo. *Guía práctica de reducciones de monedas*, Caracas, Imprenta de la Religión, 1985.

Parra Márquez, Héctor. *Sitios, sucesos y personajes caraqueños*, Caracas, Empresa El Cojo, 1967.

Parra Pérez, Caracciolo. *La monarquía en la Gran Colombia*, Madrid, Ediciones Cultura Hispánica, 1957.

_____. *Mariño y las guerras civiles*, Madrid, Ediciones Cultura Hispánica, 1954-1957, 5 vols.

Pellicer, Luis. *La vivencia del honor en la Provincia de Venezuela (1774-1809)*, Caracas, Fundación Polar, 1996.

Pérez Vila, Manuel. «El gobierno deliberativo. Hacendados, comerciantes y artesanos frente a la crisis. 1830-1848», en: *Política y economía en Venezuela*, Caracas, Fundación J. Boulton, 1976.

Picón Salas, Mariano, «Venezuela: algunas gentes y libros», en: *Venezuela Independiente*, Caracas, Fundación Mendoza, 1962.

Pino Iturrieta, Elías (coordinador). *Quimeras de amor, honor y pecado en el siglo XIX venezolano*, Caracas, Editorial Planeta, 1994.

_____. «La reputación de doña fulana Castillo (Un caso de honor y recogimiento en el siglo XIX venezolano)», *Tierra Firme*, Revista de Historia y Ciencias sociales, n.º 56, Caracas, octubre-diciembre de 1996.

_____. «El pensamiento de Tomás Lander», *Ideas y mentalidades de Venezuela*, Caracas, Academia Nacional de la Historia, 1998. (2)

_____. *Fueros, civilización y ciudadanía. Estudios sobre el siglo XIX en Venezuela*, Caracas, Universidad Católica Andrés Bello, 2000.

_____. *La mentalidad venezolana de la emancipación*, Caracas, El Dorado Ediciones, 1991.

_____. *Las ideas de los primeros venezolanos*, Caracas, Monte Ávila Editores Latinoamericana, 1993.

_____. *Ventaneras y castas, diabólicas y honestas*, Caracas, Editorial Planeta, 1995.

Pino Iturrieta, Elías y Pedro Calzadilla. *La mirada del otro. Viajeros extranjeros en la Venezuela del siglo XIX*, Caracas, Fundación Bigott, 1993.

Plaza, Elena. *Gil Fortoul. Los nuevos caminos de la razón*, Caracas, Academia Nacional de la Historia, 1988.

Polanco Alcántara, Tomás. *Guzmán, tragedia en seis partes y un epílogo*, Caracas, Edición de Seguros Caracas, 1992.

Posada Carbó, Eduardo. «Alternancia y república: elecciones en la Nueva Granada y Venezuela, 1835-1837», en: *Ciudadanía política y formación de las naciones*, México, El Colegio de México-Fondo de Cultura Económica, 1999.

Puerta Flores, Ismael. *Cinco temas sobre pasiones y otros ensayos, Caracas*, s/e, 1949.

Quintero, Inés (coordinadora). *Guzmán Blanco y su tiempo*, Caracas, Monte Ávila Editores Latinoamericana, 1994.

Ramos de Francisco, Consuelo. «La pediatría venezolana a través de su literatura, 1830-1908», en: *Historia de la salud en Venezuela*. Fondo Editorial Tropykos-Conicit, 1999.

Ratto Ciarlo, José. *Historia caraqueña del periodismo venezolano*, Caracas, Concejo Municipal del Distrito Federal, 1967.

Rodríguez Campos, Manuel. *La libranza del sudor*, Caracas, Academia Nacional de la Historia, 1989.

Röhl, Eduardo. *Exploradores famosos de la naturaleza venezolana*, Caracas, Tercera Conferencia Internacional de Agricultura, 1948.

Rondón Márquez, Rafael. *Guzmán, el autócrata civilizador*, Madrid, Imprenta de García Vicente, 1952, 2 vols.

Rosti, Pal, «Memorias de un viaje por América» en: *La mirada del otro. Viajeros extranjeros en la Venezuela del siglo XIX*, Estudio Preliminar y recopilación de Elías Pino Iturrieta y Pedro Calzadilla, Caracas, Fundación Bigott, 1993.

Sabato, Hilda. (coordinadora). *Ciudadanía política y formación de las naciones*, El Colegio de México-Fondo de Cultura Económica, 1999.

Salcedo Bastardo, José L. *Historia fundamental de Venezuela*, Caracas, Universidad Central de Venezuela, 1970.

_____. *Por el mundo sociológico de Cecilio Acosta*, Caracas, Ministerio de Educación, 1946.

Seed, Patricia. *Amar, honrar y obedecer en el México colonial*, México, Consejo Nacional para la Cultura y las Artes, 1991.

Solórzano, Katty. *Se hizo seña. Medición y percepción del tiempo en el siglo XVIII caraqueño*, Caracas, Editorial Planeta, 1998.

Soriano de García-Pelayo, Graciela. *Venezuela 1810-1830: aspectos desatendidos de dos décadas*, Caracas, Cuadernos Lagoven, 1988.

Stein, Stanley y H. Barbara. *La herencia colonial de América Latina*, México, Siglo XXI, 1978.

Taylor, William. *Ministros de lo sagrado*, México, El Colegio de Michoacán, 1999, 2 vols.

Tejera, Felipe. *Perfiles venezolanos*, Caracas, Tipografía la semana, 1905.

Tosta, Virgilio. *El caudillo en once autores venezolanos*, Caracas, s/e, 1960.

_____. *Unidad del pensamiento de Cecilio Acosta a través de sus cartas*, Caracas, s/e, 1951.

Troconis de Veracoechea, Ermila. *Historia de las cárceles en Venezuela*, Caracas, Academia Nacional de la Historia, Estudios Monografías y Ensayos, 1983.

Úslar Pietri, Arturo. *Materiales para la construcción de Venezuela*, Caracas, Ediciones Orinoco, 1959.

Vallenilla Lanz, Laureano. *Disgregación e integración*, Caracas, Tipografía Universal, 1930.

Velásquez, Ramón J. (coordinador). *Repaso de la historia de Venezuela*, Caracas, Comisión Presidencial sesquicentenario del Descubrimiento de Venezuela, 1998.

Venegas Filardo, Pascual. *Viajeros a Venezuela en los siglos XIX y XX*, Caracas, Monte Ávila Editores, 1983.

Yépez Colmenares, Germán (coordinador). *Historia de la salud en Venezuela*, Caracas, Fondo Editorial Tropykos-Conicit, 1999.

Zea, Leopoldo. *El pensamiento latinoamericano*, México, Editorial Pormaca, 1965, 2 vols.

Zeldin, Theodore. *Historia íntima de la humanidad*, Madrid, Alianza Editorial, 1997.